江苏科技创新国际化
发展研究报告
2016

主 编　张为付

南京大学出版社

图书在版编目(CIP)数据

江苏科技创新国际化发展研究报告. 2016 / 张为付
主编. — 南京：南京大学出版社，2017.9
ISBN 978-7-305-19272-2

Ⅰ. ①江… Ⅱ. ①张… Ⅲ. ①技术革新—国际化—研
究报告—江苏—2016 Ⅳ. ①F124.3

中国版本图书馆 CIP 数据核字(2017)第 219755 号

出版发行　南京大学出版社
社　　址　南京市汉口路 22 号　　　　　邮　编　210093
出 版 人　金鑫荣
书　　名　**江苏科技创新国际化发展研究报告(2016)**
主　　编　张为付
责任编辑　周　军　王日俊

照　　排　南京南琳图文制作有限公司
印　　刷　江苏凤凰数码印务有限公司
开　　本　787×1092　1/16　印张 19.75　字数 473 千
版　　次　2017 年 9 月第 1 版　　2017 年 9 月第 1 次印刷
ISBN 978-7-305-19272-2
定　　价　138.00 元

网址：http://www.njupco.com
官方微博：http://weibo.com/njupco
官方微信号：njupress
销售咨询热线：(025) 83594756

指导委员会

主　　任　陈章龙　宋学锋

委　　员　徐　莹　赵芝明　鞠兴荣　王开田

　　　　　章寿荣　潘　镇　谢科进　邢孝兵

　　　　　党建兵　张为付　宣　烨

编写委员会

主　　编　张为付

副 主 编　杨　林

编写人员　胡雅蓓　陈　芸　顾红芳　张逸云

　　　　　赵玉婷　陈吉玲　刘　娟

本书为江苏高校优势学科建设工程（PAPD）、江苏高校现代服务业协同创新中心（CNISCC）、江苏高校人文社会科学校外研究基地"江苏现代服务业研究院"（JIMSI）、江苏省重点培育智库"现代服务业智库"的研究成果。

书　　　名：江苏科技创新国际化发展研究报告 2016

主　　　编：张为付

出 版 社：南京大学出版社

序 言

在知识经济的加速和经济全球化的两个国际发展趋势下,各国都在加紧科技创新战略布局,尤其是科技创新的国际化战略布局。2015 年,美国在《美国国家创新战略》报告中制定了三套战略计划,在全球扩建创新要素。英国首次将创新经费明确在核心科学年度预算中,强调创新在国家进步中的核心地位。德国发布首个针对国别的科技合作战略,加快推进科技创新国际化步伐,提升科技创新国际化影响力。日本在调整本国科技管理体系的同时,大力推动与欧盟建立研究创新战略合作伙伴新关系。我国自 2006 年提出建设创新型国家以来,经过多年的学习和发展,无论是政策体系还是不同主体的科技创新国际化实践均得到了大幅提升。2015 年,中国加快落实创新驱动发展战略、加快推进创新型国家建设,在国务院印发的《深化科技体制改革实施方案》中明确提出,到 2020 年进入创新型国家行列;坚持全球视野强化科技开放合作,编制"一带一路"科技创新合作专项规划;面向转型升级打造区域创新高地,加快自主创新示范区、国家高新区、科技示范园建设,支持北京、上海加快建设具有全球影响力的科技创新中心。此外,在加强成果转化应用、深入推进科技计划管理改革、大众创新创业、深化科技体制改革和科技创新系统谋划方面均取得很大进展。

对于在我国经济和社会发展格局中处于重要地位的江苏而言,其国民经济各项指标年均增长速度均快于全国同期平均水平,且江苏省创新能力在中国区域排行中连续七年位居榜首,建设创新型省份和探索创新国际化路径也是其重要任务。同时,科技创新国际化是促进江苏发展从"要素驱动""投资驱动"向"创新驱动"转变的重要途径。创新国际化是在后危机时代江苏省实施"创新驱动战略"的背景下提出的,具有很强的时代性,国家对此也给予了高度期待。2015 年,江苏省紧扣贯彻落实习近平总书记视察江苏重要讲话精神这条主线,围绕"迈上新台阶、建设新江苏"展开工作布局,深入实施创新驱动发展战略,贯彻落实"一带一路"国家战略大力拓展对内对外开放新空间。2014 年 11 月,国务院批复苏南地区建设国家自主创新示范区,科技部部长万钢也对此表示期待,指出要把苏南示范区建成为创新发展引领区、深化改革试验区、区域一体化先行区和具有国际竞争力的创新型经济发展高地。2015 年 10 月,经李克强总理签批,国务院正式批复同意在苏州工业园区开展开放创新综合试验。作为全国首个开放创新综合试验区域,苏州工业园区将以建设中国开发区升级版、世界一流高科技产业园和国际化开放合作示范区为发展目标,着力构筑开放合作、产业优化升级、国际化创新驱动、行政体制改革、城市综合治理等五个示范平台。可以说,2015 年江苏科技创新国际化成效显著,"走出去"规模及其效应不断增大。但是,目前江苏科技创新国际化仍然存在诸多短板,甚至有可能会演变成未来持续经营发展的瓶颈,例如,专利转化率低、高科技含量成果有限、科技产品的商业化程度不高、知识产权保护环境不完善、科技对经济的支撑作用仍处于较低水平。上述这些发展现状和困境,与当前江苏省在全国经济发展格局中所处的地位不甚协调,也与我国经济发展规模在世界所占份额很不相符。因此,如何进一步提高江苏省范围内的企业、产业乃至区域的国际化创新能力,增强区域内不同主体的国际竞争力,将会成为未来相当长时期内经济发展的重中之重。显然,全面系统地研究和讨论"科技创新国际化"这一命题,既具有长远的战略意义,又具有很强的时代意义。

鉴于此,本报告选取江苏科技创新国际化作为研究命题,按照综合篇、区域篇、行业篇、企业篇以及政策法规篇等不同的角度,试图比较全方位地对江苏省科技创新国际化的发展历程和现状进行分析,探讨其中可能存在的一系列问题,并结合发达国家的成功经验和江苏省自身的情况,提出相应的政策建议和措施,以期能够为江苏省科技创新国际化综合实力的提升提供有价值的路径和启示。关于本研究报告不同篇章的研究思路、方法以及主要内容,现进行简要阐述如下:

第一部分为综合篇。在本篇中,首先对科技创新国际化的相关概念和理论基础进行了较为详细的界定和说明,阐明了科技创新国际化的特征和表现形式,同时,结合江苏的实际情况总结其发展历程以及存在的现实规律和特点;其次,从机遇和挑战两个方面详细描述了江苏省科技创新国际化的现状,在肯定其所具备的优势的同时,指出目前所存在问题:教育资源转化与社科发展脱节,创新创业载体建设水平不高,区域科技创新国际化发展不均衡等;最后,根据实际存在的问题提出相应的对策,包括:充分调动各类创新主体的积极性;提升省内各行业及区域产业发展的均衡性;强化科技创新平台,完善沿海区域科技创新体系;推进国际科技交流合作,在服务人才国际化战略上求突破;聚集高层次人才,提高高新技术开发区科技创新国际化水平;强化企业科技创新意识和专利保护,鼓励科技创新成果的涌现;因地制宜,加强高新技术产业开发区北移效率;健全科技创新平台,完善科技创新体系建设;加强国际间项目交流与合作,支持国际学术组织活动;加强企业创新人才队伍的建设和引进,为企业自主创新提供支撑。

第二部分至第四部分则是分别按照区域篇、行业篇、企业篇等不同的主体,对江苏科技创新国际化进行了较为全面系统的研究和探讨。其中,第二部分按区域将江苏划分为苏南、苏中和苏北三个区域,通过调研分析江苏不同区域的科技创新国际化现状,以及比较分析江苏与长三角区域城市、江苏与长三角以外的城市群科技创新国际化状况,总结相应的经验,分析其中存在的一系列问题,并进一步探索提出相应的政策建议和措施。第三部分是行业篇,这部分内容围绕江苏重点发展规划,着重分析技术含量相对高、创新成果较多的高新技术产业,包括新能源产业、生物技术和新医药产业、节能环保产业、高端装备制造业以及智能电网产业等。通过对这些典型产业的现状分析,解释其中存在的问题,并提出相应的对策建议。其中,在高新技术产业中,普遍存在产业规模逐年递增,产业集聚化程度高,但是人才匮乏、产业链不完善、产业处于价值链底端等现象,因此,在保持政府投入增长趋势的情况下,要积极提升产业内企业的自主创新能力,培育龙头企业和骨干企业,产学研协同创新,提升企业科技创新国际化竞争力。第四部分是企业篇,主要采用典型案例分析法对江苏企业科技创新国际化的成功案例进行研究和探讨。选取的典型案例包括江苏恒瑞医药股份有限公司、天合光能股份有限公司、江苏长电科技股份有限公司、亨通集团有限公司、徐州工程机械股份有限公司,重点研究了以下几个方面:企业的发展历程、创新国际化的表现形式和特征、创新国际化的典型做法、创新国际化的形成机制及其对其他企业的启示和借鉴意义。

最后一部分是相关政策法规及其解读,主要包括《中共中央——国务院关于深化体制机制改革加快实施创新驱动发展战略的若干意见》《科技部关于进一步推动科技型中小企业创新发展的若干意见》《深化科技体制改革实施方案》《江苏省推进众创空间建设工作方案》《省政府办公厅关于支持江苏省产业技术研究院改革发展若干政策措施的通知》《江苏省人民政府关于建设苏南国家自主创新示范区的实施意见》《中共科学技术部党组关于落实创新驱动发展战略加快科技改革的意见》等多项相关政策及其相应的解读,详细介绍了江苏省科技创新国际化的政策环境,为区域、行业和企业的科技创新国际化进程奠定了扎实基础。

通过对江苏科技创新国际化发展整体情况的研究分析,本报告初步得出了以下主要观点:

(一)在江苏科技创新国际化的进程中,各个地区由于自身的资源和能力的不同,苏南地区在创新国际化水平和经济效益转化上最好,而苏中、苏北则表现出发展速度较慢,创新人才、技术、资金不足,产业结构层次偏低以及风险机制的不健全。因而,苏南地区应继续加强共计划合作基地的建设,在"走出去"上,已建立海外研发机构、建立国际技术联盟多途径获取核心技术为重点。苏中和苏北一方面要加强自主创新能力的提升,另一方面也要寻求政策上的倾斜和苏南地区资源向这两个地区流动。

(二)跨国技术合作是迅速提升一个企业、产业和地区创新能力和水平的重要途径,而创新国际化组织在其中起到了搜集资源和汇集经验的重要作用,江苏应继续在跨国并购、R&D机构以及建立国际技术联盟三方面下工夫,完善审批制度。熟悉和解决跨国并购的法律问题、R&D投入情况以及国际技术合作问题等,尤其要注意解决在国际技术合作的问题上出现的"三低"现象,即科技层次低、科技转化率低、专利保护意识低的现象。在人才创新国际化方面,高校应加强优质高端人才的培育;企业应完善其人才培养和引进机制;政府要出台政策和开展活动推动创新国际化人才的培育和引进。从技术的角度说,应继续以国外先进水平为标准,并解决知识产权保护、科技成果转化等问题,实现技术的国际化创新。在品牌创新国际化的进程中,也发现品牌发展、明确的品牌定位等方法提升江苏省在品牌创新国际化的地位,使其迈入新的发展阶段。

(三)江苏在科技创新国际化进程中,以高新技术产业为战略发展重点,下一步应继续放宽发展政策,建设发展示范区,以国际化创新基地为重点,通过产业集群效应发挥规模经济的效益。同时,建立国际创新交流体系和技术转移平台,构建产学研联盟体系,加快创新资源向江苏流动。在企业层面,要以培育国际型的创新性领军企业为突破口,通过示范和引领作用加快各个企业的发展。

　　本报告通过采用文献检索、数据调研、统计分析、典型案例等多种不同方法,对江苏科技创新国际化这一命题进行了多方位的研究和探讨。总体而言,迄今江苏科技创新国际化发展取得了很大的进展和丰硕的成果,但科技创新国际化范围和水平仍然稍显不足,创新国际化过程中的管理和技术支撑作用仍然不够明显,地区发展仍然存在不均衡的情况,也尚未形成明显的优势和特色。作为改革和实践先锋的江苏,要想牢牢把握发展主动权,必须要在继续加快实施创新驱动发展战略上迈大步,实现创新驱动,适应并引领经济发展新常态。这需要政府、行业协会及企业等不同主体明确各自角色和地位,共同努力夯实江苏科技创新国际化发展的环境基础,提升科技江苏创新发展的动力之源。当然,限于研究者的学术水平,本报告肯定也存在一些不足或者局限性,我们诚恳欢迎读者批评和指正。

编　者

2017.6

目　录

综合篇

区域篇

政策法规篇

综合篇

第一章　江苏科技创新国际化的发展历程和现状

一、科技创新国际化的内涵与外延

(一) 科技创新国际化的内涵

1. 创新的内涵

根据商务印书馆出版的第五版《现代汉语词典》的解释,创新是指"抛开旧的,创造新的"。创新来源于人们对于现状的不满足,从而产生对于现状有所改变的需求。为了满足这个需求,从而产生出的对旧事物的升级或对新事物的构造。与此同时,它也是新思维、新发明、新描述的集合体。有效的创新可以创造新的生产力,可以推动社会的进步,而在经济学上的创新需要能为企业带来经济效益的能力。在企业经营上创新的概念最早由熊彼特(Schumpeter,1912)在《经济发展理论》一书中提到"创新是指把一种新的生产要素和生产条件的新结合引入生产体系",并将创新划分为产品创新、技术创新、组织创新、市场创新和来源创新这五种情况。[①] 二战后,随着新技术革命的迅猛发展,美国经济学家沃尔特(Walt Whitman Rostow,1960)在《经济成长的阶段》中提出了世界各国经济发展的六阶段理论,将"创新"的概念发展为"技术创新",把"技术创新"提高到"创新"的主导地位,并认为技术创新将使生产力得到大幅提高。此后,许多学者在此基础上从多个角度和层次上不断拓展创新理论,使之以技术创新为起点在经济学、管理学等多个领域得到了长足发展,并越发受到企业管理人员的重视,成为帮助企业获取核心竞争力、驱动企业发展壮大的一个关键要素。国内大部分学者对于创新的定义多认为创新是对旧事物的继承之后的再创造[②],并由此还引入了"自主创新"的概念,并多认为创新可以是多角度、多领域的革新,自主创新包括原始创新、集成创新和引进消化吸收再创新。[③] 本报告认为,创新是对于旧事物、方法或者观念的一种继承和再创造。

2. 科技创新的内涵

科技创新是创新中的一种,和其他创新类型相比,它对创新的技术性有了不一样的要求。科技创新理论是专门从事科学发现、技术发明创造和技术创新理论研究的学科,从各种科技创新活动中抽象概括出一般的创新理论和创新原理,为从事科技创新活动

---

① 熊彼特. 经济发展理论[M]. 中国画报出版社. 2012.6.1.

② 罗崇敏. 论创新[M]. 人民出版社,2004.

③ 赵文,朱孔来. 对自主创新概念及其内涵的思考[J]. 集团经济研究,2007(32):274-274.

的科技人员提供创新理论和创新方法指导①。科技创新要求创新在知识、技术方面对工艺、生产方式和经营管理模式等进行改造升级或者创造,从而提升产品质量、提高服务水平。我国学者对科技创新的内涵说法不一,现有文献普遍认为科技创新最核心的特性是科技创新者拥有科技知识产权;科技创新者在创新过程中起主导作用。董为民(2010)认为,科技创新在学术研究领域是一个不断发展的概念,其内涵与外延与某一国家在一定时期的经济和社会发展背景密切相关,理解科技创新的内涵首先要正确理解科技创新概念提出的时代背景;其次要考虑我国基本国情、技术发展水平现状和战略目标;再次要把握不同层级政府的职责定位、产业特点和企业规模及企业现有创新能力的不同。理解科技创新内涵,还要将科技创新与政府、企业各自的职能相联系。由此,他提出科技创新是创新主体(国家、高等院校、科研院所、本土企业)为维护和保障国家整体利益,从提升竞争力和自身利益出发,根据创新主体形成竞争优势的需要,实现拥有科技知识产权的科学发现、技术突破、工艺改进和变革相关制度的行为。② 现在对于科技创新的内容划分有很多种方式,大部分学者都认为科技创新包括了知识创新、技术创新和现代科技引领科技创新的管理创新这三种类型。本报告认为,科技创新是为了使新产品、新技术或是新管理方法更加服务于组织目标的一种更新再创造。

3. 科技创新国际化的内涵

企业国际化将企业的经营活动的范围从本国拓展到各国上,在内容上也包括了产品设备进出渠道、管理团队、生产技术、投资来源等方面,其最终目的还是为了保证企业持续性的获利和发展。20世纪80年代以来,随着全球知名企业跨国经营活动的状态趋于频繁,创新国际化越发成为各跨国企业之间相互竞争的一个重要优势。随着跨国公司技术创新国际化实践的发展,其成效也日趋凸显出来,由于这还是一块不太成熟的、变动性较强的领域,且其所能为企业带来的利益和对社会发展的作用又十分可观,该领域内的学者们对于创新国际化的研究也越发深入,企业家们也纷纷关注起对于企业创新国际化的投资和开发。在对于我国企业创新国际化战略的研究方面,有学者提出企业创新国际化活动的顺利进行需要政府的引导和支持③。在对全球科技创新中心发展的总体趋势的研究上,也有学者依据空间布局的划分,提出从以欧美为重心向亚太地区扩展;在创新策源上,从大公司为主向跨国公司和中小企业协作并举转变;在创新方式上,从封闭研发向开放式融合研发转变;在创新内涵上,从单一科技创新向跨领域全面创新转变;在创新模式上,从单区域独立创新向跨区域协同创新转变的全球科技创新中心发展的总体趋势④。

科技创新国际化是对创新国际化的一种细分,它是创新国际化的一种。目前学术

① 陈九龙,刘奇.关于科技创新理论体系化建构的设想[J].自然辩证法研究.2006.2(10):84-88.

② 董为民.科技创新的内涵与要素[N].光明日报.2010,9,16.

③ 沈木珠.江苏推动创新国际化发展路径选择和政策措施研究[J].科学发展.2011,11.

④ 肖林,周国平,严军.2015上海建设具有全球影响力科技创新中心战略研究[J].科学发展.2015(4):63-81.

界普遍认同科技全球化是科技创新国际化是一个国家或研究机构积极参与全球科技合作与竞争、共同应对国际科技问题与挑战[①]，并通过技术和研发能力等生产要素的大规模跨越国界转移和流动[②]，使得科技发展的相关要素在全球范围内进行优化配置，从而更加利于企业充分运用自身资源提升自身创新能力、创造利益、提高企业竞争能力并为企业可持续发展提供坚实的基础。科技创新国际化继承了科技创新和创新国际化的特点，对知识创新、技术创新和以现代科技引领的管理创新赋予了国际化的概念，这可能包含了对科技创新相关知识技术的国际化交流和应用。笔者认为，科技创新国际化是对于科技创新资源在全球进行科学配置，并通过这种资源配置整合达到知识、技术或者管理方法上对于传统做法或者概念的突破和再创造，从而增强创新主体的竞争力和活力。

类似于科技创新国际化的概念还有技术创新国际化，谢钰敏、魏晓平（2013）认为，技术创新的国际化是企业创新国际化的核心，它能带动企业创新系统中的其他创新要素如文化创新、组织创新、管理创新、营销创新等的协同演进，最终实现企业研发、生产和营销的全球化协调发展[③]。虽然在叫法上存在一定的差异，科技创新国际化和技术创新国际化本质上都是企业为了提升自身创新能力和竞争力而参与全球资源配置的活动中，通过对国际资源的利用对原有知识、技术、管理方法的"扬弃"达到资源优化。因此，在党的十八大强调以全球视野谋划和推动创新，直指科技创新国际化的背景下，越来越多的企业倾向于尽可能地向海外谋求更多的发展空间，进行科技创新的跨国交流，增强企业竞争力和活力。本报告认为，科技创新国际化是组织为了实现自身战略目标而对于其现有产品、技术或是管理方法的继承和再创造。

（二）科技创新国际化的外延

1. 科技创新国际化的主体

（1）实施科技创新国际化活动的地区政府

科技创新主体可从宏观和微观两个角度分为国家科技创新和企业科技创新两个层次，国家科技创新更多体现战略取向、政策方针、路径选择；企业科技创新更多体现着具体的技术创新活动[④]。而政府作为一个地区各项工作的主导者、引导者和监控者，是国家科技创新国际化活动的实际掌控者。美国科学研究发展局局长维瓦尔（Vannevar Bush，1945）提出了科学知识对于人民福利、国家稳定等方面的重要作用，并强调联邦政府对于科学知识的探索和对于创新事物发掘的重要性。1980年的《拜杜法案》、1968年的《联邦技术转移法》、1989年的《国家竞争力技术转移法》、1991年的《美国技术优先法》、1995年的《国家技术转移促进法》等都是政府通过政策和措施对国家科技创新的

①　白春礼.加快科技创新国际化步伐[J].求是.2013,10.

②　江小娟.全球化中的科技资源重组与中国产业技术竞争力提升[M].中国社会科学出版社.2004.

③　谢钰敏,魏晓平.企业创新国际化发展模式研究[J].工业技术经济.2013,1(1).

④　董为民.科技创新的内涵与要素[N].光明日报.2010,9,16.

有力作为。

我国的国情使政府干预的优势得以彰显,作为科技创新国际化的参与主体之一,政府拥有引导建立科技创新平台、支撑管辖内部各创新主体科技创新、建立相应指标监管并指导各地区科技创新活动情况的责任。江苏地区科技创新平台的构建相对于国家层面较为微观,也更加适合采取一些因地制宜的措施和对策,尤其是在地方支柱产业的塑造和发展延伸产业上。此外,国际化浪潮和信息化推动下,一个区域的科技创新国际化进程离不开政府辅助搭建的技术交流平台和相应的激励性支持。因此,在区域科技创新平台体系的搭建过程中,政府需要主导并维护之,并时时根据国家战略目标的指示细化到当地,结合具体情况作出具体政策修改和提出相应号召。作为区域科技创新国际化的领导者,政府需要通过以政策为统筹、干预为手段、指导为辅助的策略,完善相关的各项基础设施和扶持体系,吸引外资和技术投入,加快对外贸易平台的建设和完善,积极建设信息化平台,建立内外部信息、技术、人才、资源等交流合作,为区域内部各企业、机构、人才创造良好的创新环境。

(2)科技创新国际化企业

企业是科技创新国际化的重要环节,是最具有活力的市场主体,其最坚实的竞争力来源就是创新。作为科技创新国际化的直接主体,企业通过对市场需求进行调研,寻找出公司有能力研发的产品,交付给研发团队,投入研发资源,以求提高产品的创新力度和使用价值。此外,在研发过程中有条件的企业还会派出技术员与海外专家进行交流或是聘请海外专家协助研发,甚至直接购买外部研发成果进行生产。其最终目的和结果是提高自身创新活力,从而增强企业竞争力,并从侧面推动了社会的进步和发展。

企业参与科技创新的动力来自逐利[1]。在与国际接轨之后,国内企业得到了更多的发展机会,也面临了更多更强大的竞争对手。为了保证自己在与更多更强大的对手的竞争中不败下阵来,企业需要提升自己的科技创新能力[2]。来自海外的先进技术是外商获得成功的重要武器,拥有核心技术的企业可以为消费者提供具有更高效用或是更低价格且难以复制的产品,从而满足消费者的需求,以提升自身的竞争力。因此,企业需要重视对科技创新项目的投资,加大科研技术的交流合作,加快科技创新成果的转化进程,从而形成独特的技术优势,以核心技术提高竞争力,抢占市场份额。

在科技创新国际化发展的初期,欠缺足够资源(人才、资金、技术、场地等)的企业之间除了吸引外资投资、技术、人才,还可以相互之间形成产业集群,利用区域优势共同研发,这不仅有效地帮助企业融到足够资源,还能帮助企业分散研发失败或是研发成果不受欢迎带来的风险。类似于区域的历史、地理背景产生的不同区域科技创新体系,企业研发方式的选择也应根据自身条件和外部环境因素进行选择。

(3)科技创新相关高等院校

---

① 苑鹏,刘玉萍,宫哲元. 龙头企业在农业科技创新中的作用及发挥政府的引导功能研究[J]. 农村经济,2008(1):3-7.

② J. 毕斯. 策略性 R&D 与创新[M]. 中国税务出版社. 2000.

高等院校作为学科专业知识的掌握者和知识创新的主体,在科技创新国际化过程中受到企业的重视。高校科技创新要素构成是指高校在科学研究实践活动中创新能力构成的基本要素及其相互组合的联结方式,是由知识、技术、管理等诸多相互联系的能力要素组合而成的有机整体①。企业需要得到适合市场需求的产品或者生产技术;而高校需要足够的资金支持自己学科领域内相关技术的创新研究,其研发成果也需要通过企业生产作为媒介得以体现出来,从而推动学科乃至社会的进步。二者的利益相互交融使得二者构成彼此的需要。此外,在科技创新国际化过程中,高校不仅承担着研发的责任,还肩负着培育更多创新人才的使命,它们是科技创新国际化的重要参与主体之一。在“全球村”的时代背景下,科技创新相关高等院校的范围不仅仅局限于科技创新主体所在版块的高等院校,还应当包括世界各地能联系上的高等院校。

（4）科研机构

科研机构在科技创新国际化中的作用类似于高校,他们负责研究更新的技术,以满足市场或是企业的需求;而企业回报以足够的研发资金,并获得技术。有学者认为,在承担“较小型”的科技计划方面,大学的科研体制因其具有灵活多样的特点,发挥着重要的作用;而国家的大中型计划一般由政府科研机构来承担②。科研机构通常有质量较高、数量充足的研发人员,且由于收益和研发任务主要来源于雇主的委托,所以有较为明确的研发目标。也有些科研机构会事先研发出技术或产品,等待企业直接购买。研发机构是生产具有直接使用价值的科技创新技术和知识的主力军,也是知识生产和传播的重要载体。同样,在“地球村”时代背景下,科技创新所涉及的科研机构的范围也拓展到全球的科研机构,任何可能联系上的科研机构都属于本报告定义的科技创新国际化相关的科研机构的范畴。

（5）中介机构

科技创新国际化中的中介机构指的那些为科研技术、成果交易、知识转化、技术扩散等提供咨询、代理、评估等服务功能的机构。信息是第三方策略中的关键,成功的第三方策略的应用包括将愿意谈判的人组织起来、用充足的资源来保证彼此的利益都有实现的可能性③。而科技中介机构作为创新过程中的第三方、经纪人、信息中介④,在创新过程中,主要以代理人或经纪人身份连接创新的双方或多方⑤科技成果需要通过

---

① 张林,曾昭智.高校科技创新体系建设的核心问题与战略措施[J].技术与创新管理,2004,25(1):19－22.

② 张菊.法国高校与政府研究机构的合作及对中国的启示[J].科技进步与对策,2003,20(4):130－132.

③ Ronald Burt.结构洞:竞争的社会结构[M].任敏,李璐,林虹译.格致出版社,上海人民出版社.2008.

④ LYNN L H, REDDY N M, ARAM J D. Linking Technology and Institutions: The Innovation Community Framework[J]. *Research Policy*. 1996,25(10):91－106.

⑤ HOWELLS J. Intermediation and the Role of Intermediaries in Innovation[J]. *Research Policy*. 2006,35(5):715－728.

转化才能帮助企业带来经济效益,科研机构在其中发挥其媒介作用。科研机构在没有直接收到企业订单的时候仍需继续其本职研发工作,而为了寻求一个能够使研发投入得到回报——即研发有市场的产品,需要有中介机构为没有足够的市场需求了解的科研机构以研发方向的指引。另一方面,科技中介机构还为需要购买科技创新成果的企业寻找合适他们生产转化的科技创新技术。国内外企业的资金、人才、技术、设备、产品、知识等的交换都需要中介机构的支持,可能存在中介机构联系两个企业、两家甚至多家中介机构分别联系多家企业和多家中介机构的情况。

（6）国际学术交流论坛

有教育方面的学者指出,科技创新交流论坛有利于科研人员积累相应知识、启迪思路、培养创新意识,有助于他们提升科研能力和创新思维[①],而国际化的学术交流论坛更是为此提供了一个更加广阔的平台。学术论坛上积聚着相关领域中在当前时代下最活跃的人才,而参与到国际学术交流论坛的科技创新型企业和学者更加深入地接触到相关领域的更全面的人才,促进了知识的交流与交换,也为与会企业提供了一个高端的人才招募平台。

2. 科技创新国际化的构成要素

（1）人才

科技创新离不开人才的支持,充足、有质量的人才对于加快科技创新国际化具有重要的推动作用,科技创新人才是科技创新国际化进程的重要战略资源,是科技创新的核心力量。科技创新人才在国际上通用的概念是国际创新资源,是系统地从事或者有从事生产、传播、推动和运用科学和技术的潜力的具有创造力的人力资源。刘敏、张伟（2010）指出,狭义科技创新人才是指直接参与、从事科技创新活动及为科技创新活动服务的所有人员;广义科技创新人才是指科技人力资源,包括现在和潜在从事科技活动的人员。科技创新人才需要具备一定的科技创新知识、创造性思维、创新精神,是兼具创新和科技两种功能的复合型人才[②]。

（2）技术

世界知识产权组织在《供发展中国家使用的许可证贸易手册》（1977）中提到,技术是制造一种产品的系统知识,所采用的一种工艺或提供的一项服务,不论这种知识是否反映在一项发明、一项外形设计、一项实用新型或者一种植物新品种,或者反映在技术情报或技能中,或者反映在专家为设计、安装、开办或维修一个工厂或为管理一个工商业企业或其活动而提供的服务或协助等方面。技术来源于科学,作用于产业,技术推动了科技创新的进程,而科技创新所创新的也可以是技术。技术是能为企业带来经济效益的科学知识。

---

① 都宁,刘梅华.学术交流活动对高校科技创新能力的影响[J].中国高校科技,2015(11):20-21.

② 刘敏,张伟.科技创新人才概念及统计对象界定研究——以甘肃为例[J].西北人口,2010,31(1):125-128.

美籍奥地利经济学家熊彼特(J·A·Schumpeter,1912)在他的《经济发展理论》[①]一书中将创新活动归结为生产新产品或提供一种产品的新质量;采用一种新的生产方法、新技术或新工艺;开拓新市场;获得一种原材料或半成品的新的供给来源;实行新的企业组织方式或管理方法这五种形式。随后有经济学家根据此将创新区分为技术创新和制度创新。

(3) 资金

无论是企业、高校还是研发机构本身进行科技创新活动需要资金,企业直接购买相应的科研成果也需要充足的资金。人才的聘任、技术的研发都需要资金,金融在一个地区的创新推动机制中发挥着重要作用,一个地区的科技创新水平不仅要看当地的技术水平,也要看当地企业对于科技创新事业投入的资金力度。可以说,资金是科技创新国际化的基础。科技创新国际化的资金来源可以由企业自己通过融资、投资活动得到,也有些来源于政府对于符合条件的企业给予的补助。来自于政府的补助包括对于有潜力的项目在研发申报时的补助以及在对于这些项目研发失败时的资金补偿。有学者认为,有选择地适度补偿研发失败的项目将有助于企业创新效率的提高[②]。另一方面,政府还通过对于科技创新企业的相关税收优惠、政府采购等行为降低企业科技创新研发的压力,从而间接发放补助。有学者提出"官、产、学、研、金"相结合的科技创新投融资风险分担体系,通过共同承担科技创新研发的风险,降低企业、研发机构、高校等的研发风险,激励了利益相关方的加入,从而间接鼓励了创新活动的形成。

(4) 科技创新能力

科技创新能力是决定一个国家或地区经济发展方式的关键因素,企业可以通过构建科学的科技创新能力评价指标体系与评价方法来帮助自己增强自主创新能力、提高科技创新对企业经济增长的贡献率[③]。科技创新能力对于企业发展也有着重要作用,它是企业增强竞争力的核心所在,只有提高自身创新能力,不论是技术、知识还是管理方法,才能保证企业经营的活力。

(5) 企业声誉

企业声誉是使公众认知的心理转变过程,是企业行为取得社会认可,从而取得资源、机会和支持,进而完成价值创造的能力的总和。企业声誉对于企业寻找投资、企业间交易交流、企业招聘人员等活动起着重要的影响作用。拥有良好声誉的企业更容易获得投资人的青睐,良好的信誉也使得企业之间交易更容易形成,在人员的招聘上也因为能吸引到更多人才而增加了关键人才的获得率。

(6) 企业信息获取

---

① Schumpeter. Theory of Economic Development [M]. 1912.

② 庞瑞芝,薛宁,丁明磊. 中国创新型试点企业创新效率及其影响因素研究——基于 2006—2010 年创新型试点企业非平衡面板数据的实证考察[J]. 产业经济研究,2012(5):1 - 10.

③ 姜鑫,余兴厚,罗佳,等. 我国科技创新能力评价研究[J]. 技术经济与管理研究,2010(4):41 - 45.

建立在信息反馈基础上的科技创新,既能帮助企业充分利用创新资源,又有助于产品贴近市场,从而使得其效率比起线性的创新模式大大提高①。在"大数据"时代背景下,企业之间的竞争项目增加了一项对于数据的货的能力的竞争,海量数据的支持更有利于企业掌握市场动向和消费者需求,以帮助企业制造出更加贴近市场需求的产品。对于企业信息的获取,不仅仅要考虑产品在市场中的受认可程度,还要考虑企业之间信息获取的相关性。

(7) 科技创新国际化相关成本

这里的成本不包括进出口产品、设备、人才、技术的价值,而是指信息获取成本和交通运输成本这类间接的、因为企业科技创新国际化活动而产生的不可或缺的成本。信息获取成本主要是指为了获取企业科技创新国际化活动所需资金、技术、人才等而需要获取的相关信息产生的成本。交通运输成本主要是指企业为了科技创新国际化活动中进出口货物、设备、人才等造成的成本。

(8) 科技创新国际化政策

科技创新国际化政策包括外交政策和对外贸易政策等。一个国家或地区在外交上保持亲和状态,对于海外投资人和技术人员安全感的提升有着一定程度的影响,相应地就更容易获得科技创新国际化的相关资源。而在对外贸易政策上对于科技创新国际化企业的优待,也更利于企业获取相关资源并维持企业初期的发展。

3. 科技创新系统

由于江苏各区域的地理特征、历史背景,加之时代的改变,区域层面上的科技创新国际化有其独有的特征,越是狭小的区域划分,其特征也越明显,在治理上也越具有针对性。同时,归属于相似产业的企业之间也容易聚集起来,形成区域上的产业集群,从而构成次一级的区域创新系统。英国学者迈特凯夫(Metcalfe)教授指出,在分析一个技术体系的动态图像时,以国家作为单位太大了,因此需要选取一组以技术为基础的有特色的、其制度地理范围以国家为边界、相互衔接的、能共同支撑国家体系的体系②。本报告据此将范围进一步缩小,在研究江苏科技创新国际化的相关创新体系的时候,将各层级区域创新体系作为直接研究目标,细化创新环境,便于对江苏创新体系的把握。

区域创新系统受到自身历史、地理、政策等的影响,产生出不同的区域创新模式。Camagni 和 Capello(2013)将区域创新模式依据创新类型区分为内生创新模式(Endogenous Innovation Pattern)、应用创新模式(Creative Application Pattern)和仿制创新模式(Imitative Innovation Pattern)③。在此基础上,有学者提出了科技创新驱动区域发展的三种模式,即延伸发展模式、新建发展模式、转型发展模式④。对于江苏

---

① 张来武.科技创新的宏观管理:从公共管理走向公共治理[J].中国软科学,2012(6):1-5.

② J. S. Metcalfre. Technological System and Technology Policy in an Evolutationary Framework[J]. *Cambridge Journal of Economics*. 1995(19):25-46.

③ Camagni R, Capello R. Regional InnovationPatterns and the EU Regional Policy Reform: Toward Smart Innovation Policies[J]. *Growth and Change*, 2013, (2):46-67.

④ 董昕.科技创新驱动区域协调发展的国际经验与启示[J].区域经济评论,2016(6):38-45.

地区各层级区域的创新模式的选择和改进需遵循相应的硬性条件。

二、科技创新国际化的特征与表现形式

（一）科技创新国际化的特征

1. 科技创新国际化在空间上呈现集聚效应

集聚效应是是指各种产业和经济活动在空间上集中产生的经济效果以及吸引经济活动向一定地区靠近的向心力。有学者曾对国内30多个省市对外贸易的集聚效应做了相应的研究[1]并指出包括江苏在内的东部地区在空间上的集聚效应呈现出强强集聚的"马太效应"。江苏科技创新国际化在空间上形成集聚效应，随着日趋增加的科技创新型企业的涌现，在区域上逐渐形成一个个科技创新企业组成的高新产业园区，从而在空间上产生聚拢的态势。在此基础上，在地域上相近的企业由于地理未知的集中而增强了彼此之间的联系，受到空间上的集中性产生的生产活动的接近，企业之间的商品流通、劳动力转换、资金周转以及技术创新等活动得以集中运行，从而导致社会分工的深化和在区域内资源利用效率的提高，进而从直接、间接的角度降低了企业运营成本。在此基础上，江苏省以一定区域为单位的企业聚集群由于资本[2]、人力[3]等生产要素的高度集中产生出较高的效益。而正是这样一个企业集聚群内各企业的实力综合在一起得到了加强，从而使区域内、区域内各企业的综合实力都得到提升，有更大的优势从外部吸收资金和人才，并不断向外部输出科技创新产品和向外拓展。

对于刚刚起步的中小企业来说，在区域上的集聚效应使得企业之间形成了资源、信息的共享和生产的分工，既维持了中小企业创新力强的特点，又保证了中小企业生存发展的空间，增加了中小企业与大企业抗衡的能力，提升了资源的运作效率。而这一点在科技创新型企业上显得尤为突出，一方面是科技创新型企业本身自发地相互聚集起来，以保证各企业之间水平不至于倾斜；另一方面，一个地区的科技创新型企业的成果一旦得以彰显，该企业所在区域内的其他企业受到鼓舞或是启发，也可能是相应政府的号召或是自身战略考虑，也纷纷开始走上科技创新国际化的道路。

2. 科技创新国际化在产业层面上呈现乘数效应

乘数效应在区域经济发展方面指通过产业关联和区域关联对周围地区发生示范、组织、带动作用，通过循环和因果积累这种作用不断强化放大、不断扩大影响[4]。科技创新型企业所需要面临的或存在的资源供给和研发失败的困境，然而随着研发成功和研发成果的转化，其作用不仅仅是为企业带来收益，更从侧面推动了该行业乃至整个产业的科技创新国际化的竞争，进而加速了科技创新国际化成果的产出率和转换率，也刺

---

① 魏浩. 中国30个省市对外贸易的集聚效应和辐射效应研究[J]. 世界经济,2010(4):68-84.

② 连蕾,卢山冰. 科技资源区域集聚效应与创新效率研究[J]. 科学管理研究,2015(2):40-43.

③ 季小立,浦玉忠. 产业创新背景下区域人才集聚效应及管理跟进——以江苏为例[J]. 现代经济探讨,2017(4):72-76.

④ 纪玉山,吴勇民,白英姿. 中国经济增长中的科技创新乘数效应:微观机理与宏观测算[J]. 经济学家,2008(1):55-62.

激了科技创新投入国际化,以此为基础,使得整个产业的发展呈现螺旋上升的态势。江苏省苏南、苏北的经济发展、科技创新水平并不均衡,根据数据显示①,苏南地区科技创新国际化趋势率先展现,随后带动了苏中地区相应领域的发展,最后苏南地区受到国家政策和江苏南部以及山东南部地区科技创新国际化的相关活动带来的示范作用的影响,逐步走上科技创新国际化的道路。现在苏北地区的科技创新国际化水平正处于初级阶段,虽然不及江苏省内其他地区,但是正朝着高水平、高层次的方向迈进。

在对于科技创新国际化在产业层面上的乘数效应,笔者认为可以通过对于每一单位的科技创新产出国际化对于与其相关的经济增长的增加速率来表示。

3. 科技创新国际化在企业层面上呈现规模效应

规模效应是指因规模增大带来的经济效益提高②。有学者指出,科技创新效率的关键因素取决于技术层面和科技投入的规模效率③。江苏地区科学教育资源较为丰富,高校众多,科研能力也较强,由历年来的《江苏省国民经济和社会发展统计公报》和苏浙鲁粤沪相应的统计公报的数据显示,江苏投入在科技创新课题上的资源在苏浙鲁粤沪五省市中较强,其高新技术企业占规模以上工业企业数量也较高,科研活动的参与人员也比较多,科技创新活动的规模效率也更加容易得到体现。一方面,由于科技创新国际化导致的企业技术水平的提高,使得虽然总体研发成本增加了产品成本,但是研发成本既定的情况下,随着产品生产规模的扩大,每一单位产品受到了对应的科技创新技术带来的单位变动成本的降低,从而扩大生产规模,使得单位生产成本下降,从而形成规模效应。另一方面,由于国际化分工的精细化,企业尤其是中小企业在科技创新方面有更加具体的方向,在研发上也更加具有针对性,由于分工更加明确,企业的生产一方面因"干中学"变得更有效率,从而降低成本;另一方面也由于单位资源下生产范围缩小导致的生产规模扩大,从而降低了固定成本分摊到每一单位产品的成本,形成规模效应。

(二)科技创新国际化的表现形式

我国科技型企业技术创新国际化战略主要表现形式为以独资、合资、合作等多种形式在海外设立研发机构,或是到国外(发达国家或者发展中国家)兼并或收购科技型企业这两种形式④。在科技创新国际化活动中,企业的人才、资金、技术交流也存在其特殊性。

1. 人才交流国际化

人才作为生产的重要资源,在科技创新型企业中占据重要比重。经过了农业时代、

① 见"区域篇"。

② 翟玉鹏,曹俊文.基于技术效率与规模效率的江苏科技创新效率分析[J].科技与经济,2016,29(4):37-40.

③ 张斌,李新飞,钱福良.科技创新效率的关键因素研究——基于江浙两省24个城市研发效率的因素分解对比[J].价格理论与实践,2015(7):106-108.

④ 杨林.我国科技型企业技术创新国际化战略的理论分析[J].科学管理研究,2010,28(3):5-10.

工业时代、信息经济时代和知识经济时代之后,我们正在迈入人才经济时代①。国际化进程的加剧使得企业可以在国内外交换人才,从而凭借国际化分工使得生产力得到更大化的使用效率。国际化人才以其宽阔的国际视野,成功的国际从业经验,扎实的理论基础和雄厚的创新实力,对于全球化背景下企业的发展战略实现有较强的引领、带动和孵化作用。此外,通过向外输出人才和向内吸引人才的过程中可以达到国内外人才之间的技术交流,从而增加科技创新能力②。

2. 技术交流国际化

科技型企业赖以生存的就是技术优势,而技术本身变化很快,而且随着服务的市场和用户而变化,高科技企业必须能够抓住和开发市场边界的快速变化③。而跨国技术转移已经逐步成为消除区域壁垒,推动全球技术创新和科技进步的重要手段,通过跨国技术转移活动可以有效集聚海外科技创新资源、促进联合研发、实现国际创新成果在江苏产业化,并且有利于发展江苏高科技产业,调整和优化产业结构,推动江苏产业高端化、技术国际化和经济全球化④。跨国公司可以通过购买海外现有技术、研发机构或是聘请海外科技创新技术人才以达到利用海外资源扩充企业科技创新能力的效果。还可以考虑海内外企业合作设立研发机构,共同使用研发成果,这样有效地降低了研发风险和成本,并使海内外技术得到互通交流。此外,还可以通过积极参与海外科技创新技术联盟,促进人才之间技术交流,从而保持竞争和合作的关系,也可以在交流中发现人才,进而聘用。

在技术交流的同时,企业还需考虑到技术专利所有权的归属问题,我国对于专利的保护意识还不够,在国际化交流的过程中需要增强相关意识,既为了防止他人侵权,也为了防止自己侵害他人权利。

3. 资金流动国际化

资金作为研发项目的重要支持在科技创新国际化中扮演着基石的作用⑤。现在江苏省的中小企业总数很多,但是在蓬勃发展的同时,随着我国经济的下行,中小企业也面临着严峻的挑战⑥。中小企业要想摆脱生存困境,必须走提高市场竞争力,实现境外投资、市场电子化和实行国家合作模式的发展之路。科技创新型企业可以通过提升自我竞争力以向外吸引外资投资、向内信贷机构融资,从而增加流动资金,以用在企业日后的各种经营活动中。另一方面,企业的资金可以用于对海外人才的招聘、专家的邀请以及海外研发机构的购买或投资,通过向外投入资金增强自身科技创新国际化能力。

---

①　赵亮亮.人才经济时代:江苏人才国际化的战略选择[J].南京社会科学,2015(2):151-156.
②　刘东.江苏科技创新政策与管理国际学术会议成功举行[J].科学学研究,2015(10):1600-1600.
③　耿玉婉.江苏科技型企业技术创新国际化战略现状分析[J].东方企业文化,2012(2):151.
④　王宇行.江苏跨国技术转移服务的实践与思考[J].江苏科技信息,2013(2):38-39.
⑤　邹昭晞,刘英骥.利用外资与科技创新能力比较:中国与印度[J].改革,2008(6):103-110.
⑥　李根忠.转型后的江苏中小企业发展[J].经济研究导刊,2016(1):12-13.

三、江苏科技创新国际化的演变历程

在 2000 年初就有学者针对国内企业的国际化问题作出相关研究,而对于创新国际化这一概念的思考更多的是自 2005 年 10 月起,胡锦涛同志在十六届五中全会上提出要建设创新型国家这一重大战略思想之后。次年年初,胡锦涛同志又在全国科学技术大会上再一次强调了坚持走中国特色自主创新道路的重要性,并以 15 年为期,设立将我国转变为创新型国家的目标。

响应国家的号召,全国各省市纷纷着手研究创新相关课题,而作为地处全国东南沿海、地形平坦、交通便利的江苏地区,作为长江经济带的重要组成部分,拥有自改革开放以来经济迅猛增长带来的充裕资金和丰富的企业资源,这在江苏省科技创新国际化的进程中占据了强大的先天优势。江苏由南京这一个副省级城市和扬州、徐州、苏州、镇江、泰州、淮安、常州、连云港、无锡、南通、盐城、宿迁这 12 个地级市组成。受地理条件、原始积累等因素的影响,江苏省各市的经济发展状况和其地理位置有着莫大的联系:以南京、无锡、镇江、常州组成的苏南经济区经济发展状况最为良好;以扬州、南通、泰州组成的苏中经济区中等;以徐州、盐城、宿迁、连云港、淮安组成的苏北经济区稍差。以苏南地区领军的江苏各区域关于科技创新方面的投入增长自 2006 年起江苏省召开全省科技创新大会以来显著提高。

"十二五"时期,江苏经济转型升级取得重大进展。创新型省份建设迈出重要步伐,区域创新能力连续 7 年位居全国第一,研发经费支出占 GDP 比重由 2.07% 提升至 2.55%,苏南国家自主创新示范区建设扎实推进。战略性新兴产业销售收入年均增长 16.8%,高新技术产业产值占规上工业比重达到 40.1%,年均提升 1.4 个百分点。信息化发展水平保持全国前列。在"十二五"规划中科技创新指标的完成情况来看,除研发经费支出占地区生产总值比重以 1.5% 的数额超过了规划目标、人力资本投资占 GDP 比重以 0.39% 的数值低于计划目标、科技进步贡献率恰好达到规划目标数值外,人才贡献率、百亿元地区生产总值专利授权数均未达到预期。

根据《中国区域创新能力评价报告 2015》显示,全国区域创新能力排名前十依次是江苏、广东、北京、上海、浙江、山东、天津、重庆、安徽和陕西,其中,江苏已连续八年保持全国第一的名次。2016 年江苏全年实现高新技术产业产值 6.7 万亿元,比上年增长 8.0%;占规上工业总产值比重达 41.5%,比上年提高 1.4 个百分点。战略性新兴产业销售收入 4.9 万亿元,比上年增长 10.5%;占规上工业总产值比重达 30.2%。区域发展协调性进一步提高。苏中和苏北对全省经济增长的贡献率达 45.3%,沿海地区对全省经济增长的贡献率达 18.4%。全省经济社会发展中还存在不少困难和问题,如供给侧结构性矛盾突出,转型升级任务艰巨,实体经济困难较多,有效需求增长乏力,城乡居民增收难度较大等。

"十三五"时期,江苏经济社会发展的目标是到 2020 年:① 创新型省份建设取得重要突破。自主创新能力显著增强,主要创新指标达到创新型国家和地区中等以上水平,具有全球影响力的产业科技创新中心框架体系基本形成,大众创业万众创新体制机制

更加健全,苏南国家自主创新示范区建设取得重大成果。全省研发经费支出占 GDP 比重提高到 2.8%左右,科技进步贡献率提高到 65%以上,人才资源总量达 1 400 万人,每万人发明专利拥有量达到 20 件。② 产业国际竞争力大幅提升。产业迈向中高端水平取得显著成效,战略性新兴产业加快发展,新产业新业态不断成长,具有国际竞争力的先进制造业基地建设取得重大进展,现代服务业贡献份额和发展水平显著提升,农业现代化建设走在全国前列。高新技术产业产值占规模以上工业产值比重达到 45%左右。强化科技创新引领,深入实施科技创新工程,着力构建创新水平与国际同步、研发活动与国际融合、体制机制与国际接轨的现代产业科技创新体系,加快形成重大产业原创性技术成果和战略性新兴产业的重要策源地,努力建设高端创新要素集聚、企业主体创新作用凸显、区域创新功能完善、创新创业繁荣活跃、具有全球影响力的产业科技创新中心。具体要求是:第一步,经过 5 年左右的努力,到 2020 年基本形成产业科技创新中心框架体系,主要创新指标达到创新型国家和地区中等以上水平;第二步,经过 10 年左右的奋斗,到 2025 年形成产业科技创新中心区域的核心功能,成为全球产业技术创新网络的重要节点,全面达到或超过国家 2025 制造业目标,部分创新指标跨入创新型国家先进行列;第三步,到 2035 年全面建成具有全球影响力的产业科技创新中心。

四、江苏科技创新国际化的发展现状

根据《2016 年江苏省国民经济和社会发展统计公报》,2016 年江苏全年实现高新技术产业产值 6.7 万亿元,比上年增长 8.0%;占规上工业总产值比重达 41.5%,比上年提高 1.4 个百分点。战略性新兴产业销售收入 4.9 万亿元,比上年增长 10.5%;占规上工业总产值比重达 30.2%。这说明江苏科技创新国际化活力继续增强,具体体现如下:

科技创新能力增强。区域创新能力连续八年保持全国第一。全省科技进步贡献率达 61%,比上年提高 1 个百分点。90%以上的大中型企业建立了研发机构,省级以上众创空间 384 家。全年授权专利 23.1 万件,其中发明专利 4.1 万件。万人发明专利拥有量 18.5 件。全年共签订各类技术合同 2.9 万项,技术合同成交额达 728 亿元,比上年增长 4.0%。全省企业共申请专利 33.9 万件。

高新产业较快发展。组织实施省重大科技成果转化专项资金项目 173 项,省资助资金投入 13.5 亿元,新增总投入 108.6 亿元。全省按国家新标准认定高新技术企业累计达 1.2 万家。新认定省级高新技术产品 9 816 项,已建国家级高新技术特色产业基地 147 个。

科研投入比重提高。全社会研究与发展(R&D)活动经费 1985 亿元,占地区生产总值比重为 2.61%,比上年提高 0.04 个百分点。全省从事科技活动人员 118 万人,其中研究与发展(R&D)人员 75 万人。全省拥有中国科学院和中国工程院院士 97 人。全省各类科学研究与技术开发机构中,政府部门属独立研究与开发机构达 144 个。全省已建国家和省级重点实验室 170 个,科技服务平台 294 个,工程技术研究中心 3 126 个,企业院士工作站 344 个,经国家认定的技术中心 104 家。

第二章　江苏科技创新国际化的形势与未来展望

一、江苏科技创新国际化的机遇与挑战

2016 年 5 月 30 日,习近平总书记在全国科技创新大会上的讲话吹响了建设世界科技强国的时代号角,全省科技创新大会就大力推进科技创新作出具体部署。江苏要深入学习领会、认真贯彻落实,切实把思想行动统一到中央和省委、省政府的决策部署上来,努力在创新发展上走在全国前列。推进科技创新是顺应发展大势、抢抓时代机遇的迫切需要,是发挥比较优势、激活发展潜力的关键举措,是适应新常态、促进转型发展的根本途径。

(一)江苏科技创新国际化的机遇

1. 产业转移浪潮迫近

高技术产业成为经济发展的制高点,国家加大对高技术的投入。有学者指出,东部沿海地区产业存在向长江中上游地区转移的客观条件和动力①。新一轮的国际产业转移浪潮已经到来,"长三角"地区成为产业转移的中心②。产业转移在推动地区经济发展,缩小区域经济发展差距等方面具有显著作用③。产业转移浪潮的到来能够促进区域产业结构的调整、区域产业的分工与合作,改变"区域"的地理环境以及劳动力就业的空间分布,为科技创新国际化活动提供良好的国际分工基础。产业转移浪潮的到来极大地促进了各地科技创新资源的效率最大化分配,促进了科技创新国际化活动的顺利开展。

2. 国家对新兴产业的扶持

叶锐(2014)提出了关于新兴产业和科技创新之间逻辑联系的一个模型④。该模型中,新兴产业的出现通过带动经济增长拉动科技创新环境的更新,并且由于高端产品的产生占领了新市场、萌生出新的需求,从而推动科技创新活动带的开展;而科技创新由于科技供给的提升为新兴产业的萌发提供了现代要素,并且科技创新推动企业之间的

---

① 彭继增,邓梨红,曾荣平. 长江中上游地区承接东部地区产业转移的实证分析[J]. 经济地理,2017,37(1).

② 陈海波,张瑾,刘洁. 提升江苏区域创新能力的 SWOT 分析及其战略思考[J]. 工业技术经济,2006,25(2):27-28.

③ 张新芝,邱国斌. 两类区域产业转移发生机制的路径选择研究[J]. 科技进步与对策,2017,34(1):37-43.

④ 叶锐,杨建飞. 我国科技创新与战略性新兴产业互动发展机制研究[J]. 管理现代化,2014,34(6):55-57.

竞争,从而导致产业集聚、产业转型、产业升级的情形,进而推动新兴产业的发展。2015年初,李克强总理在国务院常务会议上宣布,中央决定设立国家新兴产业创业投资引导基金,助力创业创新和产业升级,并将中央财政战略性新兴产业发展专项资金、中央基建投资资金等合并使用,盘活存量,发挥政府资金杠杆作用,吸引有实力的企业、大型金融机构等社会和民间资本参与,形成总规模400亿元的新兴产业创投引导基金。该决议的提出,对于促进技术与市场融合、创新与产业对接、孵化和培育面向未来的新兴产业,推动经济迈向中高端水平具有重要意义,对"新常态"下的创业创新型企业而言,既是大好的发展机遇,也是挑战。

3. "十三五"规划的提出

"十三五"规划总体部署中提出了关于构建良好创新创业生态、建立统一开放的技术交易市场体系、提升面向创新全链条的服务能力的总体举措,并提出对众创众包众扶众筹的扶持以及对知识产权和技术标准战略的重视。完善科技与金融结合机制,大力发展创业投资和多层次资本市场。"十三五"规划还强调了要发挥金融创新对创新创业的重要助推作用,开发符合创新需求的金融产品和服务,大力发展创业投资和多层次资本市场,完善科技和金融结合机制,提高直接融资比重,形成各类金融工具协同融合的科技金融生态。在国家的总体部署下,各地科技创新国际化活动在开展上能够更加相互协调和相互支持,从而使科技创新资源在全国范围内得以有效利用。

(二)江苏科技创新国际化的挑战

"十三五"时期,江苏和全国一样,仍处于大有可为的重要战略机遇期,但也面临诸多矛盾叠加、风险隐患增多的严峻挑战。从国际来看,和平与发展的时代主题没有变,世界多极化、经济全球化、文化多样化、社会信息化深入发展,世界经济在深度调整中曲折复苏,新一轮科技革命和产业变革蓄势待发。同时,国际金融危机深层次影响在相当长时期依然存在,全球经济贸易增长乏力,保护主义抬头,外部环境不稳定不确定因素增多,对开放程度较高的江苏经济影响更为直接,带来的挑战更为严峻[1]。从国内情况来看,我国经济发展进入新常态,经济发展方式正从规模速度型转向质量效率型,经济结构正从增量扩能为主转向调整存量、做优增量并举的深度调整,经济发展动力正从传统增长点转向新的增长点,我国整体经济正向形态更高级、分工更复杂、结构更合理的阶段演化[2],而江苏省也正在这转变的浪尖上。这既为江苏经济转型升级提供了重要契机,也形成了倒逼压力。从江苏省来看,经过"十二五"时期的奋斗,全省经济综合实力和发展水平得到显著提升,发展动力正在加快转换,发展空间不断拓展优化,发展的稳定性、竞争力和抗风险能力明显增强。特别是"一带一路"、长江经济带建设、长三角

---

①　刘立. 以非对称赶超战略推进科技强国建设——习近平科技创新思想的重大时代意义[J]. 人民论坛·学术前沿,2016(16):60-69.

②　杨艳. 我国科技创新体系建设的历程及基本现状[J]. 经济研究导刊,2016(31).

一体化等国家战略在江苏交汇叠加，为江苏省提供了新的重大机遇①。必须准确把握战略机遇期内涵的深刻变化，准确把握国际国内发展基本趋势，准确把握江苏发展阶段性特征和新的任务要求，始终保持清醒头脑，坚定信心，锐意进取，奋发作为，不断增创江苏竞争新优势，开辟江苏发展新境界。

1. 各地优惠引资政策相互竞争

随着国际化进程的推进，许多地区开始意识到吸引外资对于本地企业科技创新国际化活动的开展带来的益处而纷纷放宽政策吸引外资投资。在外资有限而各地科技创新资源存在类似特征的时候，"僧多粥少"的状况使得各地为了吸引到更多外资而竞相提高外资投资优惠的力度，从而出现周边发展中国家和国内一些省市的优惠引资政策对江苏利用外资带来激烈竞争的情况②。如何在保证吸引到一定的外资投资的情况下保证利益的最大化，是一个棘手的问题。

2. 海外市场的不确定性日益扩大

根据中国企业家网的数据③显示，占江苏全省出口额50％以上的欧、美、日三大出口市场面临较大不确定性，占全省出口总额50％以上的光伏、船舶、IT以及纺织服装等产业拓展外需难度日益增大。此外，近年来外商投资与本地招商引资的矛盾日益明显。2014年外商独资企业出口额1 530.89亿美元，占出口总额的44.8％，外资独资化倾向导致溢出效应降低；2010年我国遭遇的贸易摩擦事件共计64起，其中有52起涉及江苏企业，涉案额超过29亿美元，江苏涉案数和涉案金额分别占全国的81％和41％。江苏企业科技创新国际化发展面临外资独资化和贸易摩擦不断等瓶颈。

3. 国际金融危机深层次影响依然存在

从国际来看，和平与发展的时代主题没有变，世界多极化、经济全球化、文化多样化、社会信息化深入发展，世界经济在深度调整中曲折复苏，新一轮科技革命和产业变革蓄势待发。同时，国际金融危机深层次影响在相当长时期依然存在，全球经济贸易增长乏力，保护主义抬头，外部环境不稳定不确定因素增多，对开放程度较高的江苏经济影响更为直接，带来的挑战更为严峻。

二、江苏科技创新国际化的优势与不足

（一）江苏科技创新国际化的优势

1. 国际贸易是江苏企业国际化发展的主要方式

根据江苏省统计局网站的统计数据显示，2010—2015年江苏出口总额持续稳定增长，出口额占进出口总额比重连续多年超过50％；2014年江苏省出口总额达3 418.69

---

① 商丽媛，沈瑾秋.江苏省沿海地区"十三五"科技创新发展路径研究[J].江苏科技信息，2016(21)：1-3.

② 陈海波，张瑾，刘洁.提升江苏区域创新能力的SWOT分析及其战略思考[J].工业技术经济，2006，25(2)：27-28.

③ 中国企业全球化报告(2015)[R].中国与全球化智库.2015.

亿美元,占进出口总额的 60.6%;2015 年 1—11 月,江苏实现出口总额 3 080.04 亿美元,占进出口总额的 61.9%。强大的进出口额带动了江苏地区资金的国际流动,为江苏地区科技创新国际化活动奠定了良好的资金流动平台和交易平台。

2. 江苏省对外投资力量逐年增强

根据据江苏省商务厅发布的数据显示,2016 年 1—11 月,江苏共有对外投资项目 1 053 个,同比增长 31.6%;中方协议投资额 140 亿美元,同比增长 45.7%。对外投资从行业上看主要分布在制造业、批发和零售业、商务服务业、科研开发和房地产领域,投资区域逾五成投向亚洲,其次为北美洲、欧洲、大洋洲、拉丁美洲和非洲,其中,中国香港、美国、澳大利亚、印度尼西亚和意大利是江苏对外投资额最多的前五大境外地区。江苏省对外投资力量的增强加快了江苏省科技创新型企业国际化活动的进程,并且凸显了江苏省雄厚的经济实力,为招商引资提供了极具吸引力的环境条件。

3. "集群出海"成为江苏企业"走出去"的新方式

如意大利中小规模企业集聚成群,在国际化活动中形成互惠互利的产业园区一般,江苏也有许多在中小型企业在地域上或是同行业之间形成产业集群,共同推动彼此国际化活动的开展。2013 年 10 月,中国苏纺纺机联盟正式成立,该联盟由江苏省纺机协会牵头,无锡丝普兰喷气织机制造有限公司等 5 家纺机企业共同发起,是全国第一家旨在专门服务于纺机出口的机构,成为纺机行业"集群出海"的践行者。联盟为企业提供专业的服务,引导企业抱团出击,提升在国际市场的综合竞争力。

4. 江苏企业科技创新国际化发展扶持措施密集出台

"十二五"期间国家就已经强调了科技创新对于地区发展的重要作用。"十三五"期间,国家更是大力倡导科技创新国际化活动的开展,并为新兴产业设立相应的基金,扶持初创产业的发展;鼓励科技创新活动和新发明的产生,加速科技创新成果的转化和应用。此举为民间科技创新活动提供了资金支持,在一定程度上抑制了科技创新成果由于外在条件的不足而被迫扼杀在萌芽阶段的情况出现。

(二)江苏科技创新国际化的不足

1. 教育资源转化与社科发展脱节

作为科教资源大省,江苏高校为全国乃至世界各地输送的科技创新人才的能力非常强大,然而在学科教育上存在着科教资源转化不能很好地把握科技发展与经济社会发展的协调性①,使得二者之间出现脱节现象。此外,高校学科方向与地方主导产业契合度不高,使得江苏虽然教育资源丰富,却还是存在着本土人才外流的现象,导致与本地主导产业契合的人才还需大量外招,徒增寻找人才的成本。而这些最终导致的一点就是"高精尖缺"人才和高端成果缺乏。因此,江苏科技创新水平总体上还需要不断提升。

2. 创新创业载体建设水平不高

沿海地区国家级高新区刚刚起步,基础设施建设和政策扶持力度不够。沿海地区

---

① 创新,江苏发展的"第一驱动力"[N]新华日报.2016.11.6.

科技创新服务平台和载体发展不平衡,南通科技服务业发展势头较好,但盐城和连云港两市科技支撑和服务能力远远不能满足新兴特色产业发展的新要求,存在科技孵化器建设不足、孵化功能不强、科技公共研发平台较少等问题。整体来看,江苏沿海地区科技创新平台体系建设缺乏统筹协调,存在互不统属、开放性不足、定位模糊、权责不清、分工不明、重复建设等现象。目前,江苏沿海地区平台的创新能力不够强,还难以充分满足企业发展和产业转型的需求。高层次平台较少,缺少真正具有突破性、有国际影响、对行业发展具有引领作用的技术成果;平台运营机制不健全,平台成果转化能力弱,支持平台建设发展的科技金融尚处于起步阶段。

3. 区域科技创新国际化发展不均衡

根据江苏省科技企业创新能力100强企业[①]的地域分布来看,有68家企业位于苏南,苏中有17家,苏北有15家。结合江苏省县(市)创新能力10强评价结果,我们可以看出苏南有9个县(市)在列,苏中1个县(市)入列,苏北暂未有县(市)入列。这说明了苏南地区是各战略性新兴产业科技创新的主要阵地,而苏北地区科技创新能力相对落后。不均衡的科技创新国际化发展将拖延江苏科技创新国际化的总体进程,不利于江苏省人才和资源在地域上的有效配置。因此,如何做到省内各地均衡发展、发展各地区特色,形成省内区域间的优势互补,是今后需要解决的问题。

三、江苏科技创新国际化的未来展望

江苏要承接国家"十三五"规划的战略布局,大力推动科技创新国际化活动的各项相关活动进程,把握好先进技术、知识、人才的引进、培养和与市场、社科需要相契合的教育工作。

推进江苏科技创新发展、推动企业国际化进程,达到四个方面的突破:一是打造具有全球影响力的科技创新中心,到2020年,培育高新技术企业1.5万家;二是稳固教育大省的地位,加强"产学研"的结合力度,鼓励高校与企业建立"校企联盟"等产学研合作组织,建设若干具有国际竞争力的大科学装置和重点产业科技创新基地,探索建立一批新型产业技术研发组织,加快重大基础研究成果产业化;三是促进城乡区域统筹协调发展,提升江苏各区域科技创新实力的均衡增长,稳步提升苏南地区科技创新能力并在技术上和经验上带动苏北地区,促进省内科技创新的均衡发展;四是深入推进经济国际化、加快"走出去"步伐,巩固提升与以色列、芬兰、英国、美国、德国等国家和地区的产业研发合作交流,探索建立多样化的产业技术创新国际合作平台。

---

① 江苏省科技企业创新能力评价报告(2015)[R].江苏省科技服务业研究会.2016.4.20.

第三章　江苏科技创新国际化的
基本思路与对策措施

一、江苏科技创新国际化的基本思路

(一)充分调动各类创新主体的积极性

创新过程涉及科学价值、技术价值、经济价值、社会价值和文化价值的创造,是一个增值循环过程。创新发展政策不仅要正确处理政府和市场在创新活动中的关系,而且要正确处理中央政府和地方政府在创新活动中的关系。根据下文苏南、苏北2015年度的相关数据来看,江苏省科技创新国际化水平存在着地域上的差异,而关于江苏省科技创新的相关文献和研究在苏南苏北上也有两年的差距。除去苏北受到其历史背景、气候环境和经济发展条件的限制,在科技创新活动,尤其是科技创新国际化活动上的能力没有苏南地区强,还存在着当地技术人员、经营管理人员的科技创新意识不够强烈。此外,在教育上,由于当地的教育资源没有苏南地区强,造成了大量科技创新人才涌向苏南,成就了苏南地区科技创新人才壮大的同时,却使得本地科技创新人才密度不高,为苏北科技创新国际化的进程增添了一定的难度。而创新主体是江苏省科技创新国际化的执行者,加强苏北创新主体的创新意识,有利于推动科技创新国际化活动的展开。所以,在科学价值创造活动过程中要发挥政府的投入主体作用,在经济价值创造活动中要充分发挥市场配置资源的决定性作用,在技术价值创造活动中要注意协调政府和市场配置资源的关系,建立风险分担和收益共享机制,在社会和文化价值创造过程中要注意引导社会利益相关者广泛参与。提升创新发展支撑能力就是要统筹协调各类价值创造利益相关者,强化创新能力建设,为实现新旧动能转换奠定物质技术基础。

(二)提升省内各行业及区域产业发展的均衡性

苏南、苏北之间不论是经济还是科技创新国际化发展的速度都存在着一定程度的差距,这将导致江苏整体科技创新国际化的总进程得到拖延,不利于江苏省科技创新进步步伐的迈进。我们要始终坚持统筹利用两个市场、两种资源,在更高水平"引进来"的同时,不失时机地"走出去";在深化经济领域开放的同时,推进科技、教育、文化、卫生等其他各领域开放;在提高制造业利用外资水平的同时,促进外资向现代服务业、现代农业拓展。要优化基础前沿研究布局,稳定支持基础前沿自由探索。面向世界科学前沿,在生命科学、地球科学、物质科学、空间科学等领域布局建设一批国家重大科技基础设施,发起并组织国际大科学计划和大科学工程,以高端科研设施吸引全球高端人才和团队来江苏省工作,形成一支能力强、水平高的基础前沿科研队伍,力争在物质科学、生命科学领域一些重要方向上引领世界。聚焦人工智能、能源、海洋和空间等战略领域发展需求和重大技术变革,超前部署智能、深海、深地、深空、深蓝等战略科技领域前沿探索,探索国际合作新模式,力争实现关键核心技术突破,形成安全可控技术体系,培育未来产业核心竞争力。

(三)强化科技创新平台,完善沿海区域科技创新体系

2015年江苏全省各类科学研究与技术开发机构中,政府部门属独立研究与开发机构达144个,全省已建国家和省级重点实验室97个,科技服务平台290个,工程技术研究中心2 989个,企业院士工作站329个,经国家认定的技术中心95家。从科技创新平台的建设上讲,江苏省科技创新平台的建设相对于浙鲁粤沪四省市的建设程度还是处于中游位置,要想加强江苏省科技创新能力,还需围绕沿海开发战略,强化科技创新平台支撑,力争在国家级高端研发平台建设上实现新突破;围绕区域产业基础和产业发展导向,大力引进和建设科技与产业创新对接平台、重点关键共性技术研发机构、行业技术与产品开发以及跨国机构区域性研发中心;探索建立新型创新创业平台,大力发展建设"众包"平台等众创空间,建设具有产业特色、国内品牌、国际影响的高端创新创业活动平台。进一步推进产业技术研究院建设,重点打造技术研发、成果转化、科研协作、人才培养等平台,为江苏省各区域创新型经济和广大企业、产业提供发展动力。加快引进高层次科研院所,大力提升已建研究院所的功能发挥,积极促进高校、科研院所与骨干企业联合共建高水平的"协同创新研究院",政府牵头组织开展大型产学研合作活动,促进科技成果转化。

(四)推进国际科技交流合作,在服务人才国际化战略上求突破

2015年,江苏省同澳大利亚、捷克共和国等地区签订了技术合作项目,拓展了江苏省科技创新国际化合作渠道,对于推动江苏省科技创新国际化进程有重要的作用。面对国际合作带来的利益,本报告认为应当继续加强相关合作,努力提升江苏省人才国际化的相关服务措施,为打造国际化人才强省做好准备。首先要深入推进"海智计划",积极放大江苏国际科技交流与人才智力合作大会的优势富集效应,选择一个省辖市专题举办一次海智洽谈会,集中展示科技人才合作成果,力争将江苏海智大会办成有一定国际影响力的品牌活动。其次要不断加大"走出去"步伐,高度聚焦美加、欧洲等重点海外人才密集区域,建立海外科技人才服务站10家。积极资助省青年科学家、青少年创新人才参加国际科技交流活动,同时招引海外创新创业领军级人才来江苏创新创业。三要不断加大"请进来"步伐,积极依托海外科技人才服务工作站,全力做好海智密集区的科技人才引进和高端科普资源开发利用工作。精心组织专业化、特色化、小型化招才引智活动,确保全年引进"双创"型人才团队100人以上,集聚新兴产业项目50个以上。

(五)聚集高层次人才,提高高新技术开发区科技创新国际化水平

继2014年引进境外专家首次突破10万人次之后,2015年江苏全省引进境外专家达102 098人次,较上年增长0.4%,再创历史新高。就全国范围看,全省引进境外专家人次仅次于广东,连续4年列全国第二,占全国引进境外专家总人次的16.4%。可以说,江苏省对外引智能力还是非常强的。此外,江苏省也是教育大省,这使得江苏省不论是在吸引人才方面还是自产人才方面都具有一定的能力。纵观苏浙鲁粤沪五省市科

技创新国际化的综合水平,除广东省超前的科技创新国际化能力之外,江苏总体处于中上的位置。在资金投入上,江苏对于科技创新国际化活动的相关投入毫不含糊,可是却没能达到像广东省那样的产出效率。在其他方面的拔高可能难以在短时间内帮助江苏提升其科技创新国际化能力,但是加强人才的汇聚和稳固能力却是现阶段江苏在科技创新国际化方面做得较为突出的部分。所以,江苏省需要坚持人才优先发展,围绕高新技术区对高层次人才的迫切需求,支持和引导国内外高层次人才特别是掌握自主知识产权和核心技术的领军人才到沿海地区创新创业,打造高层次的科技创新团队。推动沿海地区高新技术企业实现创新国际化,鼓励企业"走出去",并购、合资、参股国际研发企业或设立海外研发中心,开展国际研发合作。围绕沿海重点开发领域,进一步拓展与创新型国家之间的产业研发合作,提高沿海地区科技创新国际化水平。支持南通市继续推进实施"江海英才"等人才计划,鼓励盐城市和连云港市推行积极的人才引进政策,围绕海洋工程、新能源及装备等新兴产业的关键技术攻关和产业化基地建设,制定高层次创新创业人才专项计划,以特色产业基地等科技创新载体为基础,大力引进国内外高层次科技人才,形成以领军人物为核心、团队结构合理的若干技术创新人才团队。

二、江苏科技创新国际化的对策措施

(一)强化企业科技创新意识和专利保护,鼓励科技创新成果的涌现

通过为企业家定期举办讲座、培训活动、联谊活动以及参加 MBA、EMBA 班等,促进企业家创新意识的提高,形成从"要我创新"到"我要创新"的根本改变;发展品牌企业群,加速形成一批具有自主知识产权和知名品牌、科技研发能力强的优势企业群,推动产业技术创新战略联盟构建,促进产学研结合,通过以企业为主体,与高等院校、科研院所合作等形式,提升企业的科技创新能力,促进技术创新体系建设。

此外,对于科技创新专利的保护,江苏省也应当展现出积极的态度,以让科技创新者感受到江苏省对于专利的保护态度和力度,从而在心理上成为科技创新国际化人才选择江苏的一个因素。江苏政府应当着力推动专利技术成果的保护工作,加强专利剽窃的惩罚力度,一方面防止剽窃他人劳动成果的情况出现,另一方面为真正有能力的人才提供了一片和谐、值得信赖的专利申请平台,从而间接地鼓励了当地科技创新成果的涌现。此外,对专利技术保护力度的加强也为海外投资者展现了江苏对于科技创新成果的重视程度,成为吸引外资的有利一环。最后,在预防我方出现科技创新成果剽窃现象的同时,也强势地杜绝了海外投资者剽窃本土专利的可能性,增加了创新者的安全感。

(二)因地制宜,加强高新技术产业开发区北移效率

江苏省南北地区科技创新国际化水平差距存在,应当根据苏南、苏中、苏北地区的特色产业,结合当地经济发展、交通信息和地理环境等因素,乘着对江苏以北地区创新意识的鼓动,加强苏北地区高新技术产业开发区的创建密度。同时,应当加强当地引智政策的实施,加强苏北地区企业对于人才和科技创新技术的认可度,放宽对科技创新人才的入住政策,鼓励有能力的科研人员长期入住江苏省。此外,对于苏南地区和上

海、山东等地科技创新国际化的经验措施,应当有选择地根据宿北地失去的实际情况借鉴。而江苏省政府也应当加大对于苏北科技创新国际化活动的扶持力度,加强江苏省内外、苏浙鲁之间科技创新的相互合作和交流,增强地区之间的共同进步。

(三)健全科技创新平台,完善科技创新体系建设

加强科创园的动态管理,加快科技新城建设。加强部门服务、完善中介服务,为中小企业提供优质服务;进一步办好科技投资担保公司和探索科技风险投资业务,解决科技型中小企业融资难问题。推进企业研发中心建设,提高中小企业的自主创新能力。进一步推进科技创新公共服务平台建设,完善平台的各项功能。切实在建设用地、税费减免等给予平台内创新创业企业政策优惠和重点扶持。同时,要加强各级各类科技项目申报,做大项目总量,突出项目支持重点。

另外,企业科技创新活动离不开资金的支持,也非常需要和话费资金。江苏省应当放宽商业银行对民营企业科技创新项目贷款的条件限制,以及采取财政补贴措施,促使商业银行放宽贷款抵押的条件,增设贷款抵押物,如知识产权、专利权、仓单、提单、汇票、本票及应收账款质押等。推动大型商业银行和股份制商业银行切实开展对民营企业科技创新金融服务,建立民营企业科技创新金融服务的专营机构,设立创新融资专门通道,以缩短审核时间、降低融资成本;放大贷款授信额度,在中国人民银行公布的同期基准利率基础上予以一定的利率优惠;同时,为了弥补放贷银行为科技型民营企业贷款所产生的损失,基于银行的贷款额度,政府可以进行一定的资金补偿。在现有社会征信体系的基础上,建议进一步整合财政、税务、工商、银行、质检、司法及有关中介机构等相关部门,联合推动民营企业信用征信体系建设,建立企业征信获取的长效机制,完善企业信用档案数据库,构建全方位、多渠道的企业信息通报平台。按照企业信用记录的评价标准与制度,进一步引进、培育权威性的信用评级机构对民营企业进行信用评级,评价结果可作为民营企业贷款时银行认可的信用标准和条件。

(四)加强国际项目交流与合作,支持国际学术组织活动

江苏省政府应当针对性的支持若干学科、新生长点、新交叉点、前瞻性的国际合作项目以及高层战略论坛和前沿研讨会衍生的重点合作项目;组织开展与周边国家和地区合作开展的重大战略性项目,包括战略资源可持续开发和战略合作平台建设。同时,江苏省应当积极与发达国家合作,加强江苏省"引智"计划的实施,有效整合和利用全球创新资源,提升我国自主创新的起点水平和效率;加强对于国际先进技术的引进和消化吸收,争取对于核心技术的掌握和创新,从而帮助江苏省科技创新型企业部署前瞻先导技术,在全球创新市场中掌握战略主动权;开展与国际高水平科研机构、研究型大学的合作,建立战略伙伴关系,积极推动双边、多边科研机构之间的合作关系;借鉴国际前端科研机构的运行管理的模式和经验,创建良好的科技创新文化氛围。

此外,江苏省应当创建科技创新国际学术组织、分支机构或者实施国际科学计划,吸收国际优秀科研人员参与工作,充分利用国际上的优质技术资源,采用国际通用的标准和管理规则,增加管理规则的一致性和便利性。

（五）加强企业创新人才队伍的建设和引进，为企业自主创新提供支撑

科技人才是企业进行科技创新的首要资源，加强企业科技人才队伍建设，把人才掌握的科学技术转化为现实生产力，无论是对企业创新能力提升，还是对经济社会发展都具有重要意义。健全鼓励人才到企业创新创业的相关政策，整合出台专门针对企业人才投入的税收优惠政策和金融政策。多渠道、多形式引进高新技术产业发展需要的各类人才，重点通过特殊优惠政策大力引进重点项目、重点行业发展的紧缺人才。

区域篇

前　言

一、区域科技创新国际化范围界定

科学技术知识资源具有无国界性和无限供应性以及非独占性的特性,所以一国经济的发展不仅取决于自己国内的科学技术发展水平,还与其他国家的科技水平有着很大的关系[①],因此,科技国际化是世界范围内科技发展的趋势。科技国际化的核心内容是科技资源配置的国际化,具体表现为科技体制的国际化、科技问题的国际化、科研开发的国际化以及科技成果国际共享。[②] 本报告引用中国科学院院长白春礼对科技创新国际化的定义,认为区域科技创新国际化是指某一区域积极参与全球科技合作与竞争、共同应对国际科技问题与挑战,并有效利用全球科技资源,加速提升自身创新能力的过程。[③]

二、区域创新国际化评价指标

本报告从科技投入国际化、区域科技产出国际化以及区域科技创新环境这三方面来衡量江苏省苏南、苏中和苏北地区的区域科技创新国际化程度。指标层由 10 个指标共同组成,其中,科技投入国际化下设二级指标为科研人员投入、资本投入、技术进口和研发费用,区域科技产出国际化下设二级指标为高新技术产业出口水平、国际专利申请和科技创新成果转化水平,区域科技创新环境下设二级指标为产业集聚水平、产学研合作水平以及政策环境。

人才资源是一个国家或地区具有较强的管理能力、研发能力、创造能力和专门技术能力的人的总称。以科研人员为主的人力资源是国家科技进步与创新的源泉,人力资本具有的“溢出效应”和“内生效应”对经济增长有巨大的促进作用。《“十三五”国家科技创新规划》提出科技创新国际化要实施人才优先发展战略,坚持人才优先发展获取科技的超前引领性,构建科技创新的先发优势。科研投入国际化的路径之一就是充分利用海内外人力资源,包括引进海外人才和国内人才的出国培训,因此,本报告用海外人才引进和 R&D 人员投入强度这两个指标来衡量科技投入国际化中科研人员投入水平。其中,R&D 人员是指直接从事研发与发展的所有人员以及为其提供直接服务的

---

① 闻浩. 长江三角洲经济开放度比较与评价[J]. 上海经济研究,2002(5).

② 肖洪钧,姜照华,赵伟. 城市科技国际化评价模型建构与比较分析[J]. 科学学研究,2005,23(4):484 - 489.

③ 白春礼. 加快科技创新国际化步伐[J]. 中国科技奖励,2013(6):5 - 7.

人员,诸如研究与发展经理、管理人员及全体办事人员。[①] 本报告从 R&D 人员存量和密度以及高层次人才队伍建设两方面来衡量科研人员的投入强度。

资本是科技创新的第一推动力,科技创新国际化是基于科技与资本结合下的驱动发展战略,主要表现在吸引外资和境外投资这两方面。本报告从投资的数量和规模两个角度分别对苏南地区吸引外资和境外投资情况进行分析。

产业经济学认为国家经济增长的直接原因是物质资本和人力资本的增长,以及人力和物力利用效率的提升即全要素生产率,也被称为技术进步的结果,而技术转移是技术进步的关键环节,是科技投入国际化的重要衡量指标,《"十三五"国家科技创新规划》也明确指出要全面提升研究开发和技术转移水平。本报告从技术进口规模和对外技术依存度来衡量这一指标。其中,对外技术依存度是指一国的技术创新对国外技术的依赖程度[②],目前,普遍采用的是从科学技术经费支出结构的角度表示技术依存度,其公式为:技术依存度=技术引进支出总额/R&D 经费支出。

企业及政府在 R&D 经费上的投入最直接影响科研成果,决定着一个企业以及国家的科技水平,理论和实践都表明科技创新产出随着 R&D 经费投入的增加而提高。本报告从全社会研发经费投入水平和政府科学技术支出投入水平这两方面来衡量苏南各市的研发投入水平,其中,全社会研发经费投入用国际通用的"R&D 经费与国内生产总值比重"表示,政府科学技术支出投入用政府科学技术支出与公共财政预算支出比重表示。

高新技术产业历来是地区发展最为关注也是科技创新含量最高的关键行业,我国的高新技术产业主要依靠国内的科技和经济实力,也充分吸收和借鉴国外先进科技资源、资金和管理手段,因而作为科技创新国际化的代表产业比较合理。Thomas Hatzichronoglou 在《OECD 国家工业的全球化》一文指出,高新技术产业的出口比例(如高新技术出口额占生产值、销售额、GDP 等的比重)可以表示高新技术国际化的水平,因此,本报告用高新技术产品出口额与高新技术总产值的比重来衡量各地区的高新技术产业出口水平。

专利是反映创新活动的重要方面,专利分析可以揭示相关产业和技术领域的整体状况及其发展趋势、行业技术创新情况,且专利数据是我国唯一正式授权并可自由获取的创新活动产出测量指标。PCT 专利申请(《专利合作条约》的缩写)是指通过 PTC 途径递交国际专利申请,本报告用这一指标来衡量各地区的科技创新国际化活跃度。

按我国有关政策规定,新产品是指采用新技术原理和新设计构思研制并生产的科研型产品。新产品研发也是高技术产业科技创新的主要任务,而能成功上市并带来销售收入的新产品才具有其价值,本报告用新产品销售收入与新产品开发研发经费投入之比以及新产品出口额占总销售额之比这两个指标来衡量科技成果转化水平。

---

①　杜谦,宋卫国.科技人才定义及相关统计问题[J].中国科技论坛,2004(5):135-140.

②　孙顺成,蔡虹,黄丽娜.对外技术依存度的测算与分析[J].科学学与科学技术管理,2007,28(5):10-13.

产业集聚对一个地区整体产业竞争力及地区经济增长具有重要影响,因此,一个地区的高新技术产业集聚水平能在很大程度上显示这个地区的科技创新能力,本报告用高新技术企业数量占规模以上工业企业数比重和高新技术产业产值占规模以上工业总产值这两个指标来衡量。

产学研水平能有效衡量区域中企业通过与大学和科研机构合作完成技术创新的情况,通过产学研各方资源的合理配置能提高技术创新所需的各种生产要素的有效组合成效,因此,本报告用产学研水平来衡量区域科技创新国际化程度。

区域政策驱动是企业创新活动的重要驱动力之一。[①] 创新既离不开市场"无形的手"调节,也离不开政府"有形的手"调控,政府及政策的主要目的是促进当地创新环境改善,推动企业创新发展。因此,政策环境能有效衡量区域科技创新国际化的外部环境和支撑力度,本报告主要衡量区域科新国际化政策、产业与投资政策、科技金融政策这三方面。

三、数据来源及处理

本报告的数据主要来源于江苏省及各市的统计年鉴,个别指标如海外人才引进计划、政策环境等数据来源于各市政府网站、科技局、财政局等,PCT 专利申请指标数据来源于江苏省知识产权局年报。对于个别城市个别年份的数据缺失,本报告优先采用替代法,即用较为接近或能在很大程度上代表缺失指标的其他指标代替,在没有其他指标替代的情况下,本报告用"—"表示空缺。

---

① 张永安,耿喆,李晨光,王燕妮.区域科技创新政策对企业创新绩效的影响效率研究[J].科学学与科学技术管理,2016,(08):82 - 92.

第四章　苏南地区科技创新国际化发展研究

一、苏南地区科技创新国际化的现状分析

（一）科技投入国际化

1. 科研人员投入

（1）海外人才引进

在海外人才引进方面,苏南地区主要通过两种方式引进海外高层次人才,一是出台各种政策扶持高层次人才在苏创新创业,二是通过各种形式的会议和活动吸引海外高层次人才来苏考察。其中,苏南各市针对海外人才引进实施了如下项目:

表 4‐1　苏南各市海外人才引进项目①

地区	省级、国家级海外人才引进政策	市级海外人才引进政策		
		海外专家学者引进项目	海外专业技术和经营管理人才引进项目	海外创业人才引进项目
南京	1. 长江学者奖励计划 2. 海外高层次人才引进计划（"千人计划"） 3. 青年千人计划	1. 紫金人才计划 2. 外国专家项目	1. 南京市高端人才团队引进计划（"团队计划"） 2. 引进境外技术、管理人才项目	1. 南京智力招商大使计划 2. 领军型科技创业人才引进计划（"321计划"） 3. 海内外高层次创新创业人才计划（"653计划"）
苏州	4. 江苏省"双创人才引进计划"	1. 姑苏人才计划 2. 柔性引进海外智力"海鸥计划"	1. 海外高层次人才引进工程（"1010工程"）	1. 姑苏创新创业领军人才计划 2. 姑苏科技创业天使计划
无锡		1. "530计划"	1. "太湖人才计划" 2. "东方硅谷计划"	1. 引进领军型海外留学归国创业人才计划
常州		1. "522海外人才引进计划"		1. 龙城英才计划
镇江			1. "金山英才"计划	1. 引进培育创新创业领军人才三年行动计划（"331计划"） 2. "江雁计划"

---

① 表 4‐1 资料来源各市政府网站。

南京多渠道、多平台开展引才引智活动,为南京市发展科技创新国际化提供人脉资源和智力支持。2015年,南京市依托"留交会"、"创洽会"、"软博会"、"金洽会"等全市重大华侨活动平台,与各地区单位联合举办了6场引才专场活动,参与17场活动,邀请海外华侨华人高层次人才、创投机构负责人、侨企负责人138人参加;组织9批次海外特邀博士创业团组赴园区对接考察。与高新区、高淳区联合举办了2015"江苏国际生物医药创新创业交流合作洽谈会"南京站活动,来自美国华人生物医药科技协会的60余位嘉宾出席。

苏州近两年来围绕"请进来"的人才战略组织了一系列活动,取得了丰硕成果。第一,2015年苏州通过宣传发动国际精英周收到海外合作组织推荐的优秀项目951个,邀请到海外合作组织的嘉宾572人。第二,通过举办第五届"赢在21世纪"北美高层次人才创业大赛及2015"赢在苏州"国际精英创业大赛欧洲赛区比赛征集项目343个,吸引了3 300多名海外人员参加。第三,通过组织多批海外人才项目实地考察或者参加小型精英周对接活动、举办2015海外人才网优秀人才项目对接会和苏州市人才工作海外合作组织工作座谈会,推动海外人才和海外创新项目落户苏州。第四,苏州市不断发展新的海外合作组织,2015年与27家海外合作组织签约,基本实现主要发达国家和地区的全覆盖。

无锡在引进海外留学人才、海外研发团队和海外智力服务企业这三方面取得突破。截至2015年,无锡市引进的"530"海外留学归国人才超过3 500名,吸引大批海外留学人才回国创新创业,其中不乏"重量级"人物,远远超过了5年引进30名"海龟"领军人才的预期。目前,无锡不仅吸引了大量"海龟"人才创业,也招来不少美国、丹麦、日本等国的海外研发团队,在2015年的"东方硅谷"计划中企业引进高级经营管理人才65人,形成了海外智力和人才的双重集聚。无锡市还制定了柔性引进外国专家和海外智力服务企业的行动计划,计划实施"新型环保节能蓄冷PCM材料开发"等16个项目。

常州对外交流不断深化,"创业之桥"活动和"龙城英才计划"为常州市汇聚领军人才,推动创新发展。2015年"创业之桥"活动中,来自10多个国家和地区的50多名海外高层次人才带着70多个项目,与常州50多家科技园区、孵化器和企业对接洽谈。截至2015年,常州市"龙城英才计划"引进领军人才1 543名,其中,创投机构投资500万元以上或重点企业投资1 000万元以上的重点人才项目115个。常州市全年接待外宾197批、1 025人次,接待外国驻华使领馆官员28批、161人次,外国友好城市团组38批、215人次,外国来访记者4批、8人次。

(2)R&D人员投入强度

近五年来,苏州、常州、镇江三市R&D人员数总体呈稳步上升趋势。从图4-1可以看出,苏州在苏南五市中R&D人员存量最大、增长速度也最快,而南京与无锡近两年R&D人数有下降趋势。表4-2表明,2011年起各市R&D人员与万人口比例均超50,近两年来,无锡、常州、苏州和镇江每万人口中就有超100个的R&D人员。

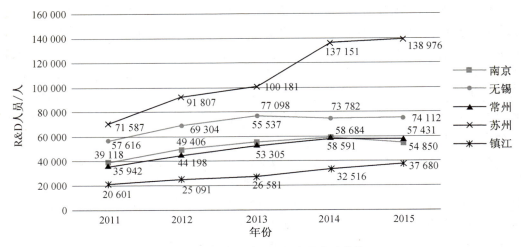

图 4-1　苏南各市 R&D 人员变动趋势

表 4-2　苏南各市 R&D 人员与万人口比例①

地区	2011 年	2012 年	2013 年	2014 年	2015 年
南京	61	61	68	71	67
无锡	124	107	119	114	114
常州	119	94	114	125	122
苏州	95	87	95	129	131
镇江	104	80	84	103	119

　　苏州市近几年来不断加强高层次人才队伍建设。2015 年末全市各类人才总量 227 万人,其中,高层次人才 17.8 万人,高技能人才 49.2 万人;拥有各类专业技术人员 148.5 万人,比上年增长 8.7%;新增国家"千人计划"30 人,累计达 187 人,其中创业类人才 107 人,居全国城市首位。

　　无锡市科技人才队伍不断加强。2015 年全市各类专业技术人员总量 73.46 万人,比上年增长 5.8%,其中,中级职称以上专业技术书人员 16.6 万人,比上年增长 3.7%;全市入选国家"千人计划"的共 8 人,累计培育国家"千人计划"专家 79 人,目前全市共有"千人计划"人才 226 人。

　　镇江市专业技术人才队伍建设持续推进。2015 年全市新增国家"千人计划"16 人、省"双创计划"68 人,新引进创新创业人才团队 180 个;每万劳动力中研发人员数 135 人年,比上年增加 3.9 人年;新增专业技术人才 15 171 人,新增高技能人才 7 067 人,引进企业经营管理人才 901 人,培养创业企业家 149 人。

———————————

　　①　图 4-1 与表 4-2 数据来源与 2012—2016 年各市的统计年鉴。

2．资本投入

（1）吸引外资

从吸引境外投资的项目数和企业数来看，苏南地区取得突破性成果。2015年，南京市全年新批外商投资企业250家；苏州市新引进和培育各类具有地区总部特征或共享功能的外资企业35家，累计超过200家；无锡市全年批准外资项目358个，完成总投资超3 000万美元的重大外资项目65个；镇江市全年工商新注册外商投资企业数93家，新批千万美元以上项目44项；常州市新增协议注册外资3 000万美元以上项目16个，其中，总投资超10亿美元的瑞声射频模组项目成功签约，波士顿锂电池、联合光伏、顺风光电科技等3个项目总投资超5亿美元，全年新增世界500强投资项目5个、增资项目2个，数量创近年新高。

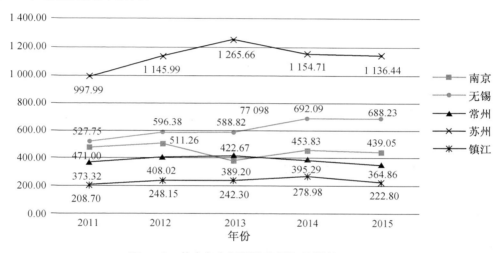

图4-2　苏南各市吸引境外投资总额/亿元

表4-3　苏南各市吸引境外投资总额占固定资产投资总额比重①

地区	2011年	2012年	2013年	2014年	2015年
南京	11.75%	10.92%	7.64%	8.36%	8.09%
无锡	16.65%	16.48%	14.82%	15.01%	14.08%
常州	15.96%	14.78%	14.83%	11.94%	10.73%
苏州	22.17%	21.76%	21.74%	19.07%	19.05%
镇江	17.01%	16.54%	13.82%	13.02%	8.77%

从吸引境外投资的规模来看，见图4-2和表4-3，近几年来苏南各市引资总额呈稳定趋势，苏州吸引境外投资总额在五市中一路领跑，但苏南各市吸引外资额占固定资产总额的比重都有下降趋势，其中，苏州和无锡的下降幅度较小。

除此之外，在高新技术产业投资和实际使用外资方面，苏南五市情况如下。2015

---

① 图4-2和表4-3数据来源于2012—2016年各市统计年鉴。

年,苏州市全年完成新兴产业投资和高新技术产业投资 1 440.5 亿元和 663.0 亿元,分别比上年增长 2.9% 和 13.3%;工业新兴产业投资占工业投资的比重达 60.3%,比上年提高 3.5 个百分点;全年实际使用外资 70.2 亿美元,战略性新兴产业和高技术项目实际使用外资 33.8 亿美元,占实际使用外资的 48.2%。

南京注册合同外资 61.72 亿美元,增长 25.4%。实际使用外资 33.35 亿美元,增长 1.3%,其中,软件信息服务业占比 3.5%,科研技术服务业占比 3.3%。

无锡全年协议注册外资 55.33 亿美元,到位注册外资 32.11 亿美元,增长 3.0%;制造业利用外资占到位注册外资比重达到 58.7%。

常州 2015 年外资项目有所突破。全年全市实际到账注册外资 24.9 亿美元,投资结构不断优化,全市高新技术产业投资 794.6 亿元,增长 13.9%,增幅高于全市固定资产投资增幅 7.2 个百分点;全年实际到账外资 22.5 亿美元,新批协议注册外资 23.6 亿美元。

镇江实际利用外资持平略增,全年实际利用外资 13.06 亿美元,比上年增长0.8%;全年协议利用外资 14.58 亿美元,下降 38.8%。

（2）境外投资

苏南地区一直以来是外商直接投资的主要投向地,苏南具有良好的地理位置和经济基础,在吸引大量的境外直接投资的同时,也为其对外投资奠定了良好的基础。2015年,苏南各地区加快"走出去"步伐,各市境外投资的力度和广度不断加大。

表 4 - 4   2015 年苏南各市境外投资

地区	境外投资项目数量		境外协议投资项目规模	
	新增项目/个	增长幅度	新增投资额/亿美元	增长幅度
南京	170	55.00%	20.60	40.60%
无锡	115	4.55%	17.48	20.00%
常州	67	4.69%	7.55	61.70%
苏州	251	20.10%	20.50	20.40%
镇江	44	25.71%	1.88	−1.05%

在投资力度方面,各市境外投资项目增多,投资总额连年上升。从上表可以看出,苏州市全年新增境外投资项目数量领先,南京项目数量增幅最快且全年境外协议投资项目总额居五市之首。其中,常州全年新备案境外投资项目中涉及"一带一路"国家和地区项目 12 个,中方协议投资额 3.6 亿美元,占比达到 47.8%。无锡全年完成境外投资项目中 1 000 万美元以上项目 33 个。

在投资广度方面,各市境外投资类型和方式多样化,生产加工、资源合作、科技研发等贸易型项目快速发展,非贸易型项目数占比提升,参股并购和风险投资类项目均有所上升。此外,境外投资领域也在不断扩大,无锡市、南京市对外投资由早期以东南亚国家和发展中国家为主逐步向欧美等发达国家扩散,其中,无锡投资市场遍布 82 个国家和地区,已涵盖农业、制造业、金融业、服务业等产业,电子信息、光伏等,高新技术产业加快"走出去"步伐。

　　3. 技术进口

　　对外资依赖程度大一直以来是苏南地区科技创新模式的最大弊端,近几年来苏南地区大力发展高新技术,在提升自身科技创新能力的同时不断降低对外技术引进经费支出,对外技术依存度也在不断降低。

　　(1)技术进口规模

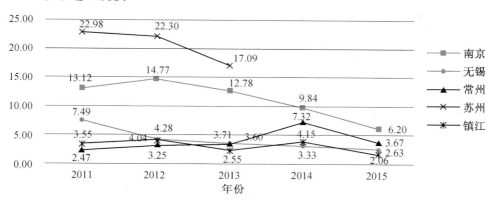

图 4 - 3　苏南各市技术引进经费支出/亿元

(2)对外技术依存度

表 4 - 5　苏南各市对外技术依存度(%)①

地区	2011 年	2012 年	2013 年	2014 年	2015 年
南京	13.36	12.54	9.94	6.95	4.53
无锡	5.57	2.29	1.78	1.56	1.15
常州	3.11	3.42	3.35	5.93	2.70
苏州	12.12	10.69	7.30	——	——
镇江	8.67	7.96	4.08	5.75	2.57

　　从图 4 - 3 中可以看出,近五年来,除常州市外的苏南四市的技术进口规模均出现下降趋势,其中苏州和南京的降幅最大,从长期趋势来看,常州的技术进口规模略微上升。而表 4 - 5 则表明五市近五年都降低了对外技术的依存度,且五市之间的对外技术依存度差距显著降低。

　　4. 研发费用

　　苏南地区不断探索自主创新路线,以科技创新为核心带动全面创新,不断加大研发投入,力图依靠自主设计、研发和发明,以及知识的生产和创造实现对经济现代化和环

---

　　①　图 4 - 3 和表 4 - 5 数据来源于 2012—2016 年各市统计年鉴,其中苏州市 2014 年和 2015 年技术引进经费指标缺失。

境现代化的协同推进。近几年来,苏南地区全社会研发投入和政府科技活动支出不断增加。

（1）全社会研发经费投入

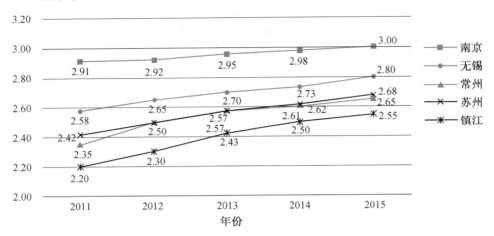

图4-4　苏南各市 R&D 经费与地区生产总值比重(%)

从图4-4中可以看出,苏南五市的 R&D 经费占地区生产总值的比重呈稳步上升趋势,且在 2015 年都达到 2.5% 以上,其中,南京市的 R&D 经费投入比例最高,无锡市次之,镇江市 R&D 经费占地区生产总值比重上升幅度最大。

（2）政府研发投入

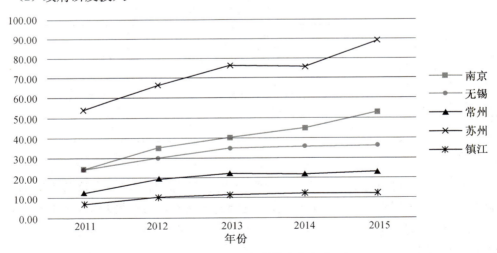

图4-5　苏南各市科学技术支出/亿元

表 4 - 6 苏南各市科学技术支出占公共财政预算支出比重(%)①

地区	2011 年	2012 年	2013 年	2014 年	2015 年
南京	3.61	4.55	4.71	4.85	4.98
无锡	4.04	4.55	4.93	4.74	4.38
常州	3.46	4.84	5.29	4.99	4.69
苏州	5.35	5.98	6.30	5.81	5.78
镇江	3.45	4.35	3.74	3.81	3.52

图 4 - 5 和表 4 - 6 中可以看出,苏州政府的科学技术支出额最大且科学技术支出占公共财政预算支出比重最高,远远领先于其他四市,全市财政性科技投入 86.9 亿元,占公共财政预算支出的 5.7%。整体而言,苏南各市科学技术支出连年上升且科学技术支出占公共财政预算支出比重均超过 3.5%。

(二)区域科技产出国际化

1. 高新技术产业出口水平

随着经济全球化规模的不断增长,苏南地区外向型经济取得了长足的发展,尤其是江苏省高新技术产业出口的迅速增长。苏南地区以高新技术产业为主导的电子信息产业发展成为最具经济活力和竞争力的产业,苏南地区借助本地的资源禀赋、人力资本、地理优势、先进技术和管理等区位优势,着力发展优势产业,因此具有很高的区域竞争力。

2015 年,南京市高新技术产品出口额达 79.08 亿美元,比上年增长 0.9%,占全市总出口额的 23.8%;苏州市高新技术产品出口额为 992.4 亿美元,比上年增长 1.4%,占全市总出口额的 54.7%;常州高新技术产品出口额为 84.88 亿美元;无锡高新技术产品出口额为 7.87 亿美元,比上面增长 24.1%。

表 4 - 7 苏南各市高新技术产品出口额占总产值的比重(%)②

地区	2011 年	2012 年	2013 年	2014 年	2015 年
南京	16.32	18.27	17.33	23.87	23.36
无锡	28.38	31.38	27.44	28.26	27.80
常州	18.58	15.03	13.76	12.54	10.34
苏州	65.00	53.13	51.62	49.05	48.68
镇江	6.22	7.21	5.12	4.97	5.55

表 4 - 7 可以看出,苏南各市的高新技术产业出口水平差异明显。近五年来,苏州市的高新技术产业出口水平都是最高,但呈下降趋势;无锡次之,但出口水平较为稳定;

---

① 图 4 - 4、图 4 - 5 与表 4 - 6 数据来源于 2012—2016 年各式统计年鉴。

② 表 4 - 7 数据来源于 2012—2016 年各市统计年鉴。

镇江高新技术产业出口额与总产值的比重最低,近三年来不足6%。受全球金融危机的影响,苏南地区2015年的高新技术产品出口水平有所下降,但苏南地区有较好的资金基础和技术水平,高新技术产业在外向型发展中与发达国家的差距不断缩小。

2. 国际专利申请

苏南地区注重顶层设计和错位发展,建立以企业为主导的产业研发创新体系,培育形成一批具有国际影响力的创新型企业集群。在国际专利申请方面,苏南地区近几年国际化科技活动越加活跃,科技创新的国际影响力不断上升。

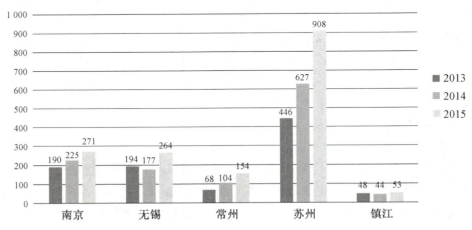

图4-6 苏南各市PCT专利申请量/件

从图4-6和表4-8可以看出,苏南地区中苏州市PCT专利申请量远超其他四市,且近两年来增幅最快,2015年PCT专利申请908件,比2014年增长了44.8%。在PCT专利申请占专利申请总量比重方面,苏州市比重最高,近两年来与其他四市的差距不断加大,2015年苏州市PCT专利比重是镇江市的4倍多。南京和无锡两市国际专利申请水平相当,2015年两市的PCT专利申请量都突破250件,镇江市国际专利申请则远远落后于其他四市,2015年的PCT专利申请只有53件,PCT专利申请占专利申请总量比重仅为0.21%。

表4-8 PCT专利申请量占专利申请总量的比重(%)①

地区	2013年	2014年	2015年
南京	0.35	0.40	0.48
无锡	0.24	0.32	0.46
常州	0.16	0.27	0.40
苏州	0.32	0.61	0.92
镇江	0.17	0.17	0.21

① 图4-6和表4-8数据来源于《江苏省知识产权局年报2013》、《江苏省知识产权局年报2014》和《江苏省知识产权局年报2015》。

南京市的专利质量一直处于全省领先地位。2015年全年受理专利申请56 099件，其中发明专利27 825件；专利授权28 104件，其中发明专利8 244件，分别增长23.0%和56.6%。全年企业发明专利申请10 798件、发明专利授权2 883件，分别增长10.6%和64.1%。截至2015年，全市有效发明专利拥有27 173件，同比增长30.9%，每万人有效发明专利拥有量已达33件，位居全省第一，居全国同类城市前列。

苏州市全市2015年专利申请量和授权量分别达98 704件和62 263件，其中发明专利申请量和授权量43 241件和10 488件，发明专利申请占比由上年的39.6%提高至43.8%。万人有效发明专利拥有量达到27.4件，比上年增加8.9件。

无锡全市2015年发明专利申请量达24 197件，比上年增长6.2%；发明专利授权量达5 480件，比上年增长95.6%。全市获国家、省科技计划到位经费4.88亿元。全市共有国家、省级工程技术研究中心506家，国家、省级高技术研究重点实验室10家，国家级国际合作基地9家，省级外资研发中心41家，省级国际技术转移中心8家。

常州全年2015年完成专利申请38 559件，其中发明专利13 211件；专利授权21 585件，其中发明专利授权2 664件；万人发明专利拥有量18.78件。

镇江研发创新能力不断提升，创成省可持续发展试验区，知识产权示范城市考核在全国地级示范市中排名第四。全年专利授权量14 136件，比上年增长11.3%，其中发明专利授权量2 797件，增长119.7%；万人发明专利拥有量18.5件，比上年增加5.6件。

3. 科技创新成果转化国际化水平

苏南地区近几年来一直坚持走自主研发道路，努力提高科技创新成果，在新产品研发方面取得突破性进展，科技创新成果转换率不断提升，其中新产品出口水平也连年攀升。

从下面两张表中可以看出，苏南各地区的新产品销售收入与研发投入之比都达到10倍以上，新产品的成果转化率近年来得到不断提升，2015年镇江市新产品销售收入与研发投入之比突破20倍，创江苏省新高。在新产品出口方面，近几年来苏南各市新产品国外收入占总收入比重总体起伏波动，其中，常州市海外销售占比较高达20%左右，无锡市近四年来新产品出口比重稳步上升。

表4-9 苏南各市新产品销售收入/新产品开发研发经费投入

地区	2011 年	2012 年	2013 年	2014 年	2015 年
南京	11.08	11.41	12.96	12.75	13.31
无锡	18.47	15.95	15.27	15.97	13.20
常州	11.39	11.35	11.24	12.60	14.04
镇江	15.43	10.96	10.25	19.38	22.44

表 4-10　苏南各市新产品出口额/新产品销售收入①

地区	2011 年	2012 年	2013 年	2014 年	2015 年
南京	10.7%	12.1%	9.4%	13.4%	14.8%
无锡	19.2%	10.7%	10.9%	12.0%	15.2%
常州	22.9%	19.3%	20.9%	22.6%	19.6%
镇江	12.1%	9.7%	9.9%	6.6%	7.7%

常州市 2015 年规模以上工业企业全年完成新产品开发项目 5 655 个,其开发经费支出为 164.9 亿元,获得 2 288.703 4 亿元产值,新产品销售收入 2 314.8 亿元,其中新产品出口额 454.8 亿元。南京市 2015 年新产品开发经费支出 136.1 亿元,2014 年 146.1 亿元,新产品销售收入 11 811.7 亿元,新产品出口销售收入 267.731 36 亿元,新产品产值 1 785.2 亿元。无锡市 2015 年新产品销售收入 2 947.2 亿元,新产品出口 354.3 亿元,全部研发项目经费内部支出 184.535 7 亿元。镇江市 2015 年新产品开发项目 3 296 个,新产品开发经费支出 90.6 亿元,新产品产值 2 119.5 亿元,新产品销售收入 2 033.3 亿元,其中出口额 156.2 亿元。

(三) 区域科技创新环境

1. 高新技术产业集聚水平

苏南地区通过不断加快建设产业园、科技园等自主创新区吸引大批高新技术产业集聚苏南,加快创新资源集聚,营造创新创业良好氛围。2014 年苏南地区成为首个以城市群为基本单元的国家自主创新示范区,2015 年高新技术企业集聚的苏南地区其产业产值贡献了当年地区生产总值的一半左右,苏南地区高新技术产业集聚的集成效应效果显著。

表 4-11　苏南各市高新技术企业

地区	2015 年新增②/家	累计总数/家	高新技术企业数/规模以上工业企业总数
南京	430	1 274	46.9%
无锡	353	1 285	43.0%
常州	245	1 126	26.5%
苏州	927	3 478	34.6%
镇江	154	528	18.6%

---

①　表 4-9 与表 4-10 数据来源于 2012—2016 年各市统计年鉴。

②　表 4-11 数据来源于《关于公示江苏省 2015 年第一批拟认定高新技术企业名单的通知》和《关于公示江苏省 2015 年第二批拟认定高新技术企业名单的通知》统计结果。

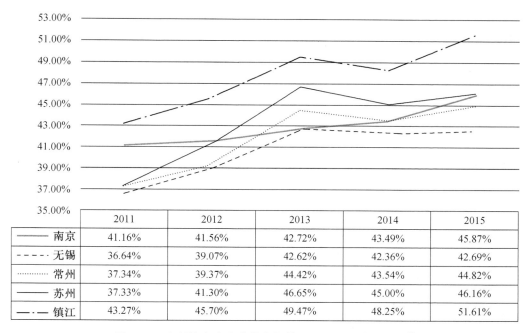

	2011	2012	2013	2014	2015
南京	41.16%	41.56%	42.72%	43.49%	45.87%
无锡	36.64%	39.07%	42.62%	42.36%	42.69%
常州	37.34%	39.37%	44.42%	43.54%	44.82%
苏州	37.33%	41.30%	46.65%	45.00%	46.16%
镇江	43.27%	45.70%	49.47%	48.25%	51.61%

图 4-7　高新技术产业产值占规模以上工业总产值比重①

从上面的图表中可以看出,苏州市高新技术企业数量最多,2015 年高新技术企业累计数占苏南地区的一半左右,南京、无锡和常州三市高新技术企业拥有量相似,其中南京高新技术企业占比最高。无锡市高新技术产业产值占规模以上工业总产值比重达到 42.3%,比上年提高 1.1 个百分点;全年按新标准认定高新技术企业 352 家,省级高新技术产品 946 个。

2. 产学研合作水平

南京市加速科技资源开放共享。2015 年开放全市 123 家科技公共服务平台、26 家开放实验室、62 家院士工作站、45 家战略性新兴产业创新中心、6 家产业协同创新基地等创新服务平台,为全市各类创客的创业创新活动提供技术服务支撑。2015 年末在宁中国科学院院士 46 人、中国工程院院士 37 人;共有省、市级企业院士工作站 62 家;各级工程技术研究中心 718 家,其中国家级 17 家、省级 320 家;省市科技公共技术服务平台 119 家;省级以上重点实验室 89 家,其中国家 31 家、省级 58 家。

苏州市加快产学研建设,大力推进科技创新。2015 年新增省级以上工程技术研究中心 73 家,累计 585 家;新增省级以上企业技术中心 48 家,累计 328 家;新增省级以上工程中心(实验室)10 家,累计 57 家;年末省级以上公共技术服务平台 58 家,其中国家级 15 家。全市拥有省级以上科技孵化器 89 家,其中,国家级和省级分别为 31 家和 58 家,孵化面积超 470 万平方米,省级以上在孵企业超过 6 000 家。

常州市创新平台加快建设。2015 年常州全年新增产学研合作项目 1116 项,重点

---

① 图 4-7 数据来源于 2012—2016 年江苏省统计年鉴。

国际合作项目 20 项以上。新增省级以上企业研发机构 73 家,累计建成"两站三中心"1 159 个,其中省级以上 602 家。新增孵化器、加速器 16 家,累计 108 家;新增孵化、加速面积超 100 万平方米,累计达 800 多万平方米。积极推进江苏省智能装备产业技术创新中心及 4 家省产业研究院预备研究所建设,其中 2 家正式挂牌;完成 20 家市级重大公共研发机构的建设和提升。

镇江市载体建设水平不断提升。苏南自主创新示范区"一区十四园"布局基本形成,国家高新区挂牌运作。拥有国家、省级工程技术研究中心 168 家,省级以上科技企业孵化器 32 家,省级科技公共服务平台 12 家,省级重点实验室 6 家,省级产业研究院 1 家,企业院士工作站 19 家。

3. 政策环境

(1)区域创新国际化政策

南京市自 2012 年推出《南京市加快推进城市国际化行动纲要(2012—2015)》以来,在创新国际化方面相继出台了很多政策。2015 年南京市出台《关于"创业南京"人才计划的实施意见》,设立"创业南京"26 条人才新政全面提升南京人才竞争力、科技竞争力、产业竞争力;为深入实施创新驱动发展战略,进一步鼓励科技型中小微企业加大科技研发投入,南京市出台了《南京市科技创新券实施管理办法》;为深化科技创业投融资体系建设,进一步推动科技银行改革创新和专营专业发展,加强综合金融服务,加大对科技企业的信贷支持,促进科技创业创新发展,制定了《南京市科技银行创新发展实施办法》。

2014 年苏南国家自主创新示范区落户苏州,2015 年国务院印发《关于苏州工业园区开展开放创新综合试验总体方案的批复》,苏州市委、市政府之后出台《关于全力打造苏南国家自主创新示范区核心区的意见》,明确提出高点定位、统筹布局、发挥优势、深化改革、强化保障等目标,确定了"创新驱动发展引领区、深化科技体制改革试验区、区域创新一体化先行区"的战略定位,为苏州市的自主创新探索提供了整体部署。根据国务院《关于深化中央财政科技计划(专项、基金等)管理改革的方案》、省政府《关于深化省级财政科研项目和资金管理改革的意见》的改革精神,进一步鼓励和引导企业加强技术创新活动和成果转化,提升新兴产业核心竞争力,制定《苏州工业园区科技创新能力提升实施细则》。

2015 年,常州市出台《常州国家高新区管委会关于加快苏南国家自主创新示范区建设若干科技创新政策意见》,文件指出常州市为加快苏南国家自主创新示范区建设,决定设立常州高新区苏南国家自主创新示范区建设专项资金,以促进高新技术产业和科技服务业的发展,助推全区产业的转型升级。在产学研机制建设方面,常州市加强政策引导,出台了《关于实施创新驱动战略加快培育创新型企业的工作方案》、《常州市关于推进企业研发机构建设的实施意见》、《常州市特色产业挂钩重点高校院所的指导意见》等多个政策文件,支持创新企业牵头主导产学研合作。此外,常州市在科技资金扶持上出台了《常州市市级科技专项资金管理办法》。

(2)区域产业与投资政策

2015 年,苏州市政府出台了《苏州市人民政府关于促进苏州光伏产业持续健康发展的若干意见》、《关于打造产业科技创新高地的若干措施》等文件,大力打造高新技术产业。同时出台《苏州市促进服务外包跨越发展的若干政策》《苏州市促进服务外包产业加快发展的实施意见》推动本地区以产品技术研发、生物医药、工业设计等为主的 KPO 的国际化步伐。

为推动战略性新兴产业发展,常州市出台了《常州市培育和发展战略性新兴产业三年行动计划(2013—2015 年)》。2015 年,常州市为全力推进十大产业链重点项目建设,加快结构调整和转型升级,下达了《常州市 2015 年十大产业链重点项目投资计划》,确定全市十大产业链重点项目 120 项,总投资 1 163.90 亿元,年内计划投资 338.10 亿元。

无锡市为支持全市重大发展战略实施和产业结构的转型升级,印发了《关于做好 2015 年市科技创新与产业升级引导资金管理工作意见》,明确 2015 年引导资金将针对企业不同阶段和支持重点,聚焦支持无锡市委、市政府确定的重点领域、重点环节和重大项目。针对国务院同意支持苏南建设国家自主创新示范区,无锡市出台了《无锡国家高新技术产业开发区管委会关于推动科技创新创业发展的实施意见》。加快形成以新兴产业为先导、先进制造业为主体、现代服务业为支撑的现代产业体系,出台了《无锡市人民政府关于推进现代产业发展的政策意见》。

(3)区域科技金融政策

为推动地区科技创新和转型升级,2015 年苏州市出台若干政策建议并设立各项财政专项资金,如《苏州高新区关于促进先进制造业发展扶持政策的实施办法》、《苏州高新区人才开发资金管理使用办法》、《苏州高新区科技发展资金使用管理办法》和《苏州高新区鼓励软件与集成电路设计产业发展的实施办法》。

无锡市科技资金的扶持方面,出台了如下政策:《关于做好 2015 年市科技创新与产业升级引导资金管理工作意见》、《无锡市科技发展资金管理办法》、《无锡市科技成果产业化(贷款贴息)资金管理办法》以及《无锡市科技研发(设计)机构资助资金管理办法》。

2015 年,镇江市为了进一步发挥政府在科技创新领域的引领和指导作用,出台了《关于深化市级财政科研项目和资金管理改革的意见》,强化对市级财政科研项目和资金的管理。为推动高新技术产业的发展,激发科技企业的创新活力,镇江市政府下发了《镇江新区鼓励和加快发展高新技术产业的优惠政策》、《镇江市产业引导基金——市科技金融引导基金管理办法》以及《镇江市科技创新风险补偿资金贷款("镇科贷")管理实施细则》。

二、苏南地区科技创新国际化的基本经验

(一)大力引进海外资源

1. 资源引进专业化

近几年来,苏南地区为推动科技创新国际化越来越注重相关海外资源的引进,在人才、资金和技术引进方面呈现专业化对口趋势。在人才引进方面,苏南地区注重引进专业化人才,尤其是"高精尖缺"人才。针对国内经济技术管理类专家不足这一特点,制定

一系列优惠政策和人才引进制度大力引进相关人才,2015 年苏南地区引进的经济技术管理类专家在境外专家中占绝对优势。

在境外投资引进方面,苏南地区大力引导新兴产业投资和高新技术产业投资。通过对外商投资高新技术项目实行税收优惠政策,高新技术产业境外投资额连年增长,其中新能源、电子及通信设备、仪器仪表和航空航天等行业投资额保持翻倍增长,2015 年苏南地区高新技术产业产值突破 35 000 亿元,比上年增长 3.5 个百分点。

在技术引进方面,苏南地区在加大技术引进项目和金额的同时,更加关注技术的消化吸收,主要表现在引进技术的消化吸收经费不断提升。苏南地区通过设立专项经费、成果转化财政预算资金等用于加强集成创新和引进消化吸收再创新,支持企业对引进生产线中的核心制造装备和关键控制系统等的消化吸收,攻克制约产业发展的难点、重点。

2. 引进形式多样化

苏南地区资源引进的形式呈现多样化趋势。在人才引进方面,苏南各市通过海外人才引进政策、人才交流会议、项目引进人才等各种活动形式网络高层次人才。其中,苏州在海外人才引进方面有着丰富的经验,与海外华人机构为人才网络搭建国内引智平台;每年推出“国际精英创业周”、“赢在中国”一系列针对海外人才的海外创新创业大赛为海外精英开通来苏创新创业直通车;持续优化人才配套环境,在人才入户、子女上学、社保等方面不断完善政策为高层次人才提高“保姆式”专业服务。

在技术引进方面,除传统的企业直接购买国外技术这一形式,苏南地区更加注重政府科技计划引导和跨国技术引进合作这些形式。在不断推动国外技术的本土化的同时,苏南地区加快推动本土企业的国际化,鼓励本土企业“走出去”,了解国际市场技术供给和转移渠道,利用国外优势资源就地消化、吸收,在更高起点上实现自主创新。

(二)加强国际交流

1. 多形式国际交流活动

苏南地区通过定期举办技术创新国际交流会、组织邀请国外学者专家访华活动、与海外华人机构合作等形式,开放性地利用国际科技资源,营造全球人才、研发机构和创新成果云集的良好局面,推进地区主导产业技术需求与海外科技资源对接。2015 年,苏州市借助日本、瑞典、比利时等友城代表团访苏等机会,组织商务等各类组织和企业举办推介会等 20 多场,截至年底,苏州市共有 48 个国际友好城市,其中市本级 18 个,自 2008 年以来苏州市友城数量一直处于全国地级市领先地位,友城遍布 5 大洲、23 个国家。

此外,苏南推动地方引进境外高水平的大学、科研机构等来江苏建设国际技术转移服务机构,持续加强创新国际化服务体系建设。2015 年,武汉大学与美国杜克大学合作设立的昆山杜克大学落户苏州,东南大学与蒙纳士大学合作办立的苏州联合研究生院也开始招生。

2. 多层次国际交流体系

苏南地区深化科研体制改革,推进科技体制创新,确立企业在国际交流、合作和技术转移中的主体作用,形成多层次的国际合作交流体系,建立规范、高效的技术转移平台。设立具有网络化、国际化功能的科技型中介机构,支持地方科技创新和跨国技术合作,为地方企业国际化谋划发展新思路。

在交流对象上,南京针对留学人员每年组织留学人员国际交流与合作大会,苏州针对海外创新创业人才每年开展海外精英创新创业大赛。在交流内容上,无锡市召开了海外联谊会年会,汇集 11 个国家和地区的 100 多位海内外理为无锡海外发展建言献策,常州市组织开展海智大会常州智能装备制造海智洽谈会,吸引了 12 名海外专家教授到常州进行技术交流和对接。

(三)搭建科技创新国际化平台

1. 产学研合作平台

近年来,苏南地区着力加大园区科技创新元素的注入,加快培育创新集群,不断推进产学研深度融合。鼓励通过民办公助、公司联营、会员制、产业技术联盟等形式,探索建立一批新型产业技术研发组织,加快重大基础研究成果产业化。支持骨干企业与科研机构、高等院校组建技术研发平台和产业技术创新战略联盟,建立风险共担、利益共享长效机制。支持高校院所进入高新区,设立新型研发机构,开展技术研发、企业孵化等活动。实施产学研协同创新行动计划,探索"互联网+产学研"新模式,支持南京通信与网络、苏州纳米技术等国家科教结合产业创新基地和一批省产学研产业协同创新基地建设。

2015 年上半年,苏州市已与 222 所高校、科研院所开展了形式多样的产学研合作,已建成各类产学研重大创新载体 80 家,政产学研联合体 1 444 个,实施产学研合作项目 10 820 项,合作经费超 200 亿元。此外,苏南地区重点投资新建苏州高新区光电子、苏州工业园区融合通信、无锡高新区微纳制造、常州高新区创意产业等产学研合作重大支撑平台。

2. 科技服务平台

苏南地区进一步加强科技公共服务体系建设,强化技术公共服务、技术成果交易、创新创业融资服务和社会化人才服务"四大平台"建设,促进资金方与技术方双向互动的国际技术转移平台建设。南京市建立了知识产权服务平台、科技文献平台、科技成果转化服务平台、大型仪器共享平台和软科学成果展示平台等科技资源共享与服务的信息化平台。苏州市科技咨询服务平台、科技成果转化服务平台以及研发资源共享服务平台在地区的科技创新中发挥着重要作用,以科技服务平台共享协作网为纽带,苏州形成了开放实验室、产业技术服务以及创业支撑服务平台的三大公共服务体系。

三、苏南地区科技创新国际化存在的问题

(一)创新供给不足

苏南地区适用人才比较缺乏。地区人文专业人才占比过高,科技人才严重不足,2015 年南京市研发人员与万人口比例只有 67,无锡和镇江也未超过 120。另外,企业经营管理人才资源也不足,企业普遍缺乏有创意和有胆识的经营管理大手笔,这直接限

制了企业的成长速度和发展潜力。

(二)区域科技产出差异显著

在专利产出、新产品出口还是对外签订的技术合同成交额来看,苏南五市的差距都十分显著。2015年,南京市万人有效发明专利授予量为10.0,而常州市只有5.7;苏州市高新技术产品出口额占总产值的比重为48.68%,而镇江只有5.55%;南京市技术合同成交额198.3亿元,镇江只有28.54亿元,差异显著。其中,各地区的经济基础会对这些产出指标有很大影响,但创新资源投入的不均衡也是造成产出不均衡的重要原因,例如,不同地区的财政支出中可用支出的强度不同,对当地企事业单位的创新动力有很大影响。

(三)科技成果转化水平不足

近几年来,苏南地区的科技创新能力不断提升,2015年全社会研发投入占GDP比重达2.8%,但是科技转化成果还不到20%,创新"浓度"不够高,自主创新能力欠缺。在专利方面,苏南地区发明专利的数量远远小于实用新型和外观设计专利,尤其是授予量方面发明专利比实用新型和外观专利少一个量级,授予量和申请量之间差距也很大。此外,地区存在"高端产业低端环节"这一问题,如机器人行业虽然是高新技术产业,但苏南地区企业大部分以组装和代加工为主,处于产业链低端,产业集中度低、总体规模小,企业存在盲目扩张和低水平重复建设问题。

四、苏南地区科技创新国际化的相关政策建议

(一)完善创新型科技人才培育机制

创新型科技人才是自主创新的核心主体,建设创新型国家,提升创新能力的关键在于创新型人才的培养,因此,要完善创新型科技人才的培育机制、人才评价机制以及人才激励机制。

加强创新型科技人才的教育培训。科技人才教育培训要适应社会经济和科学技术发展的需要,推行创新型教育方式方法,把创新教育环节融入国民教育、职业教育和继续教育体系。把提升科学研究能力作为创新型人才培养的关键环节,支持研究生参与承担科研项目,为本科生参加科研活动创造条件,突出培养各级在校学生的科学精神、创造性思维和创新能力。根据国家科技和经济发展需要,及时引导高等学校调整优化学科专业,充分发挥高等学校的人才优势和创新潜力,加强交叉学科、新兴学科领域专业人才培养。加强高等学校工程技术类专业的实践教育,推行产学研合作教育模式和"双导师"制,促进高等学校与科研院所、企业联合培养科技人才。以国家重大科研项目和重大工程、重点学科和重点科研基地、国际学术交流合作项目等为依托带动人才培养。鼓励高新区、大学生创业园等机构开展高等学校毕业生技能培训和创业培训。

健全创新型科技人才评级体系。科技人才评价体系对提高科技人员的创新意识和创新能力具有重要的引导作用。建立创新为导向的评级体系,重点衡量人才的创新成果是否具有突破性、科技成果是否具有国际化水准以及科技成果应用价值。发挥政府、市场、专业组织、用人单位等多元评价主体作用,加快建立科学化、社会化、市场化的人

才评价制度,要引入第三方评价,对于从事应用研究、社会服务和技术转移的科技人才,由用户、市场和专家等相关第三方参与评价。

完善创新型科技人才的激励机制。建立科技人才激励机制的目的是调动科技人才的创新热情和主动性,增强他们的创造力、工作效率和组织归属感。各类科研机构要完善工资报酬体系,提高薪酬与科技人才工作业绩的相关度;要建立稳定可行的选拔晋升机制,给科技人才提供发展机会,重视科技人才的成长价值;要夯实科研基础建设,让科技人才有条件从事具有重大创新意义的研究课题,真正使科技人才的个人发展融合到科研机构的整体发展之中。

(二)加大科技创新资金投入

加大科技创新资金投入,兼顾公共科技金融投入与市场科技金融投入。通过科技计划、政策性贷款、创新补贴等直接或间接投入方式促进区域科技创新,发挥政府财政部门在公共科技金融投入中的作用;给予商业银行、风险投资机构及资本市场投资者等投资主体更多的市场空间,市场投资主体能通过分析比较科技创新投资项目的预期收益与风险损失进行选择,从而实现投资收益最大化,从而促进市场科技金融投入实现最大化收益。

建立技术创新风险补偿体系。技术创新通常风险巨大,它需要雄厚的资金支持,防止由于创新失败而使整个企业陷入困境。为了对冲企业技术创新的风险,政府通常需要建立技术创新风险补偿体系。该体系就是依赖于国家和各级政府部门的直接推动与财政支持,由企业、科技保险公司、贷款银行、担保机构及风险投资公司所进行的一种全面、系统、规范的补偿机制与制度安排。技术创新风险补偿体系的直接受益者是技术创新活动的所有参与者。技术创新风险补偿体系的核心思想和主要方式就是通过向每个参与技术创新活动的主体,根据其承担技术创新风险的大小来给予适当的补偿,以提高他们参与技术创新的积极性和主动性。

(三)营造鼓励科技创新发展的良好环境

1. 营造产学研协同创新环境

产学研结合创新是各国推进科技进步的主要手段和成功模式,要鼓励探索多种形式的产学研结合创新模式。其一,鼓励企业建立内部研发机构,自主开展技术创新;其二,鼓励由重点企业、高校或科研机构牵头,围绕重大产业发展的关键技术领域组建产学研结合创新战略联盟,联合开展产业关键技术、共性技术的研究和攻关,共同承接重大研发课题;其三,鼓励共建创新平台,由企业出资到高校、科研机构建立研发平台,引导高校、科研机构到重点企业共建研发中心,支持企业、高校、科研机构根据市场需求共同出资或技术入股联合建设创新基地;其四,鼓励科研机构融入企业、直接转化为企业,鼓励高校、科研机构依托技术优势与企业联合创办公司;其五,鼓励以项目为纽带,以委托研发、技术转让、产学研联合攻关等形式开展技术合作等。

提供更多资源和机会来积极引导和支持产学研合作。设立产学研联合创新专项资金,引导支持各类创新资源向企业集聚;加大与重点科教单位的合作力度,为科技创新工作提供有力支撑;探索依托产学研联合共建重大创新载体,围绕特定产业领域、重大共性技术组织举办专题产学研对接洽谈活动,为中心工作、重点工作提供服务与支撑。

2. 营造产业集群协同创新环境

产业集群的区域发展模式从整体出发挖掘特定区域的竞争优势,对于促进区域快速协同发展、提升区域整体实力具有非常重要的作用。以集群中具有较强科技创新能力的科技开发中心为核心,构建有效的科技创新平台,形成良好的区域创新体系,引导与带动产业集群中企业的科技创新能力,促进产业集群的发展。

3. 营造健康的科技创新保护环境

完善的法律法规体系是实现科技型中小企业融资支持体系功能的重要保障。倡导鼓励创新的基本理念,健全法律法规层面对科技激励的制度安排,为科技创新型企业营造良好的外部环境,促进市场公平竞争。此外,还要明确科技创新中中央政府与地方政府相关的职能部门和职责分工。

第五章　苏中地区科技创新国际化发展研究

一、苏中地区科技创新国际化的现状分析

（一）科技投入国际化

1. 科研人员投入

（1）海外人才引进

苏中三市为进一步吸纳海外高层次人才尤其是学术前沿者、产业领军人物以及创新创业人才等稀缺性人才，制订了一系列人才引进计划，力图提高本地的产业人才梯队水平，丰富地区人才智库，为地区的科技创新国际化奠定人才基础。

表 5-1　苏中各市海外人才引进项目①

地区	省级、国家级海外人才引进政策	市级海外人才引进政策		
		海外专家学者引进项目	海外专业技术和经营管理人才引进项目	海外创新创业人才/团队引进项目
南通	1. 千人计划 2. 双创计划 3. "973 计划" 4. 省"333 工程"	1. "江海英才计划"	1. 产业人才发展 312 行动计划 2. 226 高层次人才培养工程	1. "星湖人才计划"
扬州	1. 省"六大人才高峰行动计划"	1. 外专百人计划 2. 扬州英才培育计划	1. "6+5"重点产业引才行动计划	1. "绿扬金凤计划"
泰州		1. "海外优秀人才引进计划"	1. "113 人才计划"	1. "凤城千人计划"

南通近几年来实施一系列人才计划和人才交流活动，加快实施人才国际化战略。2015 年大力推动南通江海英才计划、产业人才发展"312"行动计划，进一步打造高层次人才、创新创业载体、金融资本等要素聚集的综合性平台。举办中国南通江海英才创业周、江海英才国际创业大赛活动、海外高层次人才项目交流洽谈、南通创新创业大型会展等活动，组织有关园区、企业和海外人才进行项目落户、人才服务等对接洽谈和实地考察，促成了一批海外人才创新创业项目落户南通。

---

① 表 5-1 资料来源各市政府网站。

扬州通过引智和组织出国培训推动全市人才发展。2015年,扬州市批准"外专百人计划"等引智项目53项,引进长期外国专家60人,组织出国培训项目12个。194名人才获市"绿扬金凤计划"资助,累计受资助912人。2015年引进海外留学回国人员182人,海外高层次人才191人。48名国家"千人计划"专家落户扬州创新创业,先后有245名引进人才、12个人才团队、271名博士入选省"双创计划",入选人数连续多年居全省前列,共获省级以上各类人才计划资助达3亿元。

泰州市举办海外人才交流大会和创新创业大赛汇聚人才。2015年,泰州市政府和中国国际人才交流协会联合举办中国医药城首届海外人才智力交流大会,来自16个国家和地区104名人才(团队)报名参赛,55个优质项目进入初赛,有8位创新创业大赛获奖者与中国医药城签约,准备项目落户。同时,泰州市政府与法国法中企业家与管理者协会等6家海外华侨社团组织签署了海外人才合作协议。2015年全市引进高层次人才1 691名,其中,海外人才372名,新引进长期外国专家62人。

(2) R&D人员投入强度

在高层次人才引进方面,苏中各市积极打造人才高地,成果显著。2015年,南通市全年新增国家"千人计划"专家21名,高层次人才41名,省"双创计划"引进团队4个;扬州市全年引进高层次领军人才188名、产业急需的专业技术人才1 631名,入选省创新团队2个、创新人才28名和省"双创博士"83名;泰州市全年引进高层次人才2 095人,新增高技能人才19 384人。

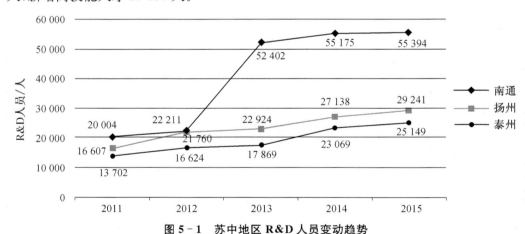

图5-1 苏中地区R&D人员变动趋势

表5-2 苏中各市R&D人员与万人口比例①

地区	2011年	2012年	2013年	2014年	2015年
南通	27	30	72	76	76

---

① 图5-1与表5-2数据来源于2012—2016年各市统计年鉴,对个别无法获取的数据进行替代,其中2011年与2012年南通市R&D人员数由当年的大中型工业企业R&D人员数替代,2011年扬州市R&D人员数由当年的研发机构科技活动人数替代。

（续表）

地区	2011 年	2012 年	2013 年	2014 年	2015 年
扬州	37	49	51	61	65
泰州	30	36	39	50	54

图 5-1 表明苏中各市 R&D 人员数连年呈递增趋势,南通市 R&D 人员数量在苏北三市中遥遥领先,在 2014 年突破了 55 000 人次;泰州市 2015 年的 R&D 人数增长幅度最大,比 2014 年增长 9 个百分点;扬州市 2015 年 R&D 人员数量比去年增长 7.7 个百分点。表 5-2 列示了苏中各市 2011—2015 年 R&D 人员与常住人口的比例,2014 年三市每一万人口中都有至少 50 个 R&D 人员,其中,南通市的 R&D 人员密度最大,处于苏中地区的核心地位。

2. 资本投入

（1）吸引外资

随着经济开放程度不断增加,苏中地区的境外投资经济规模也逐渐与国际海外投资趋势接轨。由于江苏省吸引境外资源向苏南地区倾斜,以及苏中地区自身抗全球经济风险能力较弱,其吸引境外投资规模出现较大浮动波动。

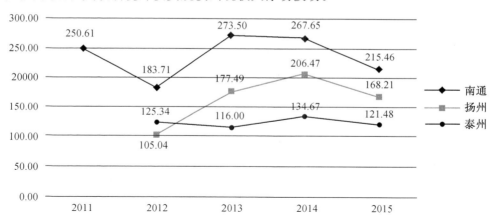

图 5-2 苏中各市吸引境外投资总额/亿元

表 5-3 苏中各市吸引境外投资总额占固定资产投资总额比重①

地区	2011 年	2012 年	2013 年	2014 年	2015 年
南通	10.54%	6.36%	8.29%	6.87%	4.92%
扬州	—	5.89%	8.76%	8.54%	5.89%
泰州		8.62%	6.58%	6.13%	4.51%

---

① 图 5-2 和表 5-3 数据来源于 2012—2016 年各市统计年鉴,其中 2012 年扬州和泰州统计年鉴缺失。

图 5-2 显示,2012 年到 2015 年间南通市和扬州市吸引境外投资总额呈倒 U 型变化趋势,泰州市变化较为平缓。2015 年,三市吸引境外投资总额要有较大幅度下降,其中,南通市吸引外资额与 2014 年相比下降 19.5%,扬州市下降 18.5%,泰州市下降 9.8%。同时,苏中各市 2015 年吸引境外投资额在固定资产投资总额的比重在近五年来出现最低水平,与 2014 年相比,南通市吸引境外投资额与固定资产投资总额比重降低了 1.9 个百分比,扬州市降低了 2.7 个百分比,泰州市降低 1.6 个百分比。

此外,南通市 2015 年新批外商投资项目 315 个,比上年增长 2.6%,其中,千万美元以上项目 168 个,比上年增长 3.7%;新批协议注册外资 50.15 亿美元,下降 1.6%;实际到账注册外资 23.16 亿美元,增长 0.5%。扬州市 2015 年实际利用外资到账 8.48 亿美元,新批外商投资项目 81 个,协议外资 15.78 亿美元。泰州市 2015 年全年新批协议注册外资 12.55 亿美元,比上年下降 49.4%;实际到账注册外资 10.66 亿美元,比上年增长 13.4%。

(2)境外投资

苏中地区紧跟苏南地区"走出去"步伐,鼓励本土企业在境外设厂尤其是鼓励高新技术企业在境外设立研发机构或参股境外高科技研发项目。2015 年,苏中地区境外投资数量和规模都取得很大进展。

表 5-4　2015 年苏中各市境外投资①

地区	境外投资项目数量		境外协议投资项目规模	
	新增项目/个	增长幅度	新增投资额/亿美元	增长幅度
南通	78	0.00%	11.39	23.81%
扬州	26	8.33%	2.36	9.47%
泰州	38	31.03%	1.53	25.33%

南通市 2015 年新批设立境外企业 78 家,中方协议投资额 11.4 亿美元。新签对外承包劳务合同额 11.7 亿美元,下降 37.1%;完成对外承包劳务营业额 24.4 亿美元,增长 7.6%;新派劳务人员 1.42 万人次,增长 51.2%;年末在外劳务人员 2.52 万人,增长 7.9%。

扬州市 2015 年全市完成外经营业额 7.37 亿美元,增长 16%,其中,工程承包完成对外经营业额 6.78 亿美元,增长 18%;全年累计境外投资项目 26 个,中方协议投资额 2.36 亿美元。

泰州市 2015 年新批外商投资项目 38 个,增长 31%,中方协议投资额 1.53 亿美元,增长 25.33%,投资项目现已遍布欧美亚非 30 多个国家和地区。

3. 技术进口

近几年来,虽然苏中三市技术进口规模有所上升,但对外技术依存度有所下降,这

---

① 表 5-4 数据来源于 2016 年各市统计年鉴。

主要是因为苏中地区目前的技术研发水平较为薄弱,仍然主要依托于国外技术引进,但在持续增加技术引进经费的同时,苏中地区更加关注地区的自主研发能力。

（1）技术进口规模

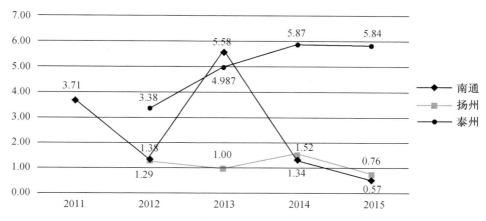

图 5-3　苏中各市技术进口规模情况

从图 5-3 中可以看出,南通市技术引进经费支出波动最大,泰州市呈上升趋势,扬州市相比则较为平缓。2015 年,南通市和扬州市技术引进经费支出分别为 0.57 亿元和 0.76 亿元,与 2014 年相比大幅下降,降幅分别为 57.7％和 50.4％;泰州市进口仪器和设备额总体呈增强趋势,在 2015 年小幅下降,降幅为 0.6％。

（2）对外技术依存度

表 5-5　苏中各市对外技术依存度（％）①

地区	2011 年	2012 年	2013 年	2014 年	2015 年
南通	4.33	1.33	4.72	0.99	0.37
扬州	—	2.25	1.50	2.04	0.90
泰州	—	6.25	7.70	8.06	7.02

从表 5-5 可以看出,泰州市对外技术依存度最高,2014 年达到近五年最高值为 8.06％;南通市对外技术依存度在 2014 年与 2015 年下降幅度较大,2015 年降低至 0.37％;扬州市对外技术依存度在 2012—2014 年都维持较低水平,在 2015 年达到最低水平,为 0.90％。

4. 研发费用

近几年来,江苏省整体的研发经费投入呈不断上升趋势,苏中地区也不例外。苏中

---

① 图 5-3 和表 5-5 数据来源于 2012—2016 年各市统计年鉴,其中,南通市 2011 年和 2012 年规模以上工业企业技术引进经费支出数据缺失,由大中型工业企业技术引进经费支出数据替代;泰州市 2013—2016 年统计年鉴无技术引进经费支出指标,由规模以上工业企业办科技机构仪器和设备进口额替代;扬州市和泰州市 2012 年统计年鉴数据缺失。

地区在不断增加全社会研发投入的同时,着力加强政府引导和支持科技创新的力度,政府科技活动支出规模和占比不断增加。

（1）全社会研发经费投入

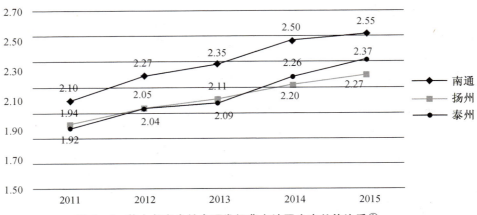

图5-4　苏中各市全社会研发经费占地区生产总值比重①

　　近五年来,苏中各市全社会研发经费占 GDP 的比重都呈现递增趋势。其中,南通市研发投入强度一直处于苏中地区领先地位,2015 年 R&D 经费与 GDP 比重达到江苏省 2.55% 的平均水平;泰州市研发投入强度从 2014 年开始赶超扬州,2015 年该市 R&D 经费与 GDP 比重为 2.37%,与 2014 年相比增长 0.11 个百分点;扬州市研发投入的增长速度较为缓慢,与 2014 年相比,2015 年 R&D 经费与 GDP 比重为 2.27%,只增长了 0.07 个百分点。

（2）政府研发投入

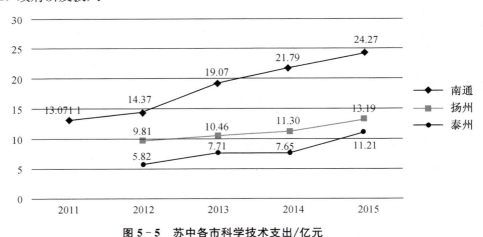

图5-5　苏中各市科学技术支出/亿元

---

①　图5-4数据来源于 2012—2016 年各市统计年鉴。

表 5-6　苏中各市科学技术支出占公共财政预算支出比重(%)①

地区	2011 年	2012 年	2013 年	2014 年	2015 年
南通	3.12	2.80	3.31	3.35	3.24
扬州	—	3.44	3.28	3.07	2.98
泰州	—	1.93	2.24	2.06	2.61

图 5-5 和表 5-6 看出,政府研发投入力度不断加大。2013 年起,南通市大力加强政府科学技术支出,科技技术支出占公共财政预算支出比重开始超过扬州和泰州,并且在之后两年内一直处于领先水平,在 2015 年南通市科学技术支出高达 24.27 亿元,政府研发投入强度达到 3.24%。扬州市政府研发投入强度在苏中排第二位,2015 年科技技术支出占公共财政预算支出比重为 2.98%,与 2014 年相比有所下降。泰州市政府研发投入强度在三市中最低,2015 年科技技术支出占公共财政预算支出比重仅为 2.61%,比 2014 年增长 0.6 个百分点。

(二) 区域科技产出国际化

1. 高新技术产业出口水平

苏中地区受苏南地区经济辐射,外向型经济发展取得一定进展。但由于苏中地区自身的经济基础和研发水平不够稳健,受全球经济波动影响较大,近两年的出口水平尤其是高新技术产品出口有较大幅度的波动。

表 5-7　苏中各市新产品出口额/新产品销售收入②

地区	2012 年	2013 年	2014 年	2015 年
南通	—	19.8%	11.8%	13.6%
扬州	10.0%	7.0%	8.7%	7.1%
泰州	22.7%	13.2%	13.9%	15.1%

从上表可以看出,苏中各市新产品出口水平近几年波动较大,其中,南通市和扬州市新产品出口额与新产品销售收入的比重呈现“倒 V”型变动,泰州市近三年呈递增趋势,且在苏中三市中居首位。此外,泰州市 2015 年的机电产品出口额为 31.94 亿美元,比上年增长 20.3%;扬州市 2015 年高新技术产业出口额 10.7 亿美元,比上年增长 4.9 个百分点。

2. 国际专利申请

近几年来,苏中各市科技创新成果国际化程度不断加强,主要表现在国际专利申请不断增加,且 PCT 专利申请量在专利申请总量中的比重不断提升。

---

① 图 5-5 和表 5-6 数据来源于 2012—2016 年江苏统计年鉴,其中《扬州统计年鉴 2012 年》和《泰州统计年鉴 2012 年》数据缺失。

② 表 5-7 数据来源于 2013—2016 年各市统计年鉴,其中《南通市统计年鉴 2013》新产品出口额指标缺失。

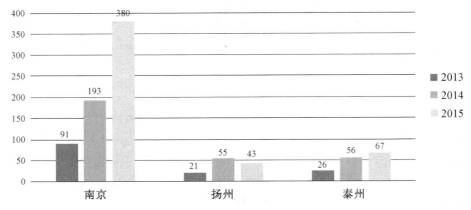

图 5 - 6　苏中各市 PCT 专利申请量/件

表 5 - 8　PCT 专利申请量占专利申请总量的比重(%)①

地区	2013 年	2014 年	2015 年
南通	0.22	0.70	1.09
扬州	0.09	0.24	0.17
泰州	0.10	0.21	0.25

从图 5 - 6 和表 5 - 8 中可以看出,南通市 PCT 专利申请总量上升较快,且在三市中居于首位,PCT 专利申请占比也领先其他两市;扬州市 2015 年 PCT 专利申请与 2014 年相比降低了 21.8%,PCT 专利申请占比也比 2014 年减少了 0.07 个百分点;而泰州市近几年 PCT 专利申请量及其占比都呈上升趋势,但上升幅度较小。

3. 科技创新成果转化国际化水平

科技成果转化工作一直是苏中地区科技创新国际化的重中之重。整体而言,近几年来苏中地区研发投入产出水平不断提升,科技成果转化能力不断提升。

表 5 - 9　苏中各市新产品销售收入/新产品开发研发经费投入②

地区	2011 年	2012 年	2013 年	2014 年	2015 年
南通	28.12	38.04	11.85	11.71	14.27
扬州	—	9.75	8.55	9.17	12.32
泰州	—	9.38	8.51	11.85	10.69

表 5 - 9 显示,2015 年苏中各市新产品销售收入与研发经费投入比都达到 10 倍以上水平,其中,南通市每投入 1 元研发经费能带来 14.27 元的新产品销售收入,扬州市

---

① 图 5 - 6 和表 5 - 8 数据来源于 2013、2014 和 2015 年的江苏省知识产权年报。

② 表 5 - 9 数据来源于 2012—2016 年各市统计年鉴,其中扬州市和泰州市 2011 年统计数据缺失,由于南通市 2012 年和 2012 年统计年鉴没有规模以上工业企业的相关指标,故用大中型工业企业的相关指标代替。

能带来 12.32 元的新产品销售收入,与 2014 年相比增加了 3.15 元,而泰州市 2015 年新产品销售收入与研发经费投入比 2014 年有所下降,降幅为 10%。

此外,从科技进步相关奖项、科技成果转化项目数量以及科技进步贡献率这几个方面来看,苏中三市科技创新成果转换有显著提升。南通 2015 年有 24 项科技成果获江苏省科技进步奖,其中,一等奖 1 项,二等奖 3 项,三等奖 20 项。全年专利申请量 34 770 件,比上年增长 25.6%;专利授权量 25 970 件,增长 109.6%;其中,发明专利申请量 8 741 件,增长 3.4%,发明专利授权量 2 217 件,增长 137.9%,万人发明专利拥有量 15.06 件,增长 30.6%。

扬州获省科技成果转化项目数 17 项,获得项目资金 1.66 亿元,获省科学技术奖 17 项,新认定省级高新技术产品 838 项。

泰州全市 2015 年科技进步贡献率达 59.2%,比上年提高 0.5 个百分点。全市获国家科技奖 5 项,自然科学奖 6 项,发明奖 7 项。新认定的省级高新技术产品 10 项,组织实施的省重大科技成果转化专项资金项目 11 项,认定国家重点新产品项数 12 项。新增省科技创新团队 3 个,省双创博士企业创新类 3 名,新增中国驰名商标 11 件。

(三)区域科技创新环境

1. 高新技术产业集聚水平

苏中地区着力打造高新技术产业集群,吸引跨国公司和研发机构入住产业园区,每年新增数百家高新技术企业,逐步增大集群效应和溢出效应。

表 5-10　苏中各市高新技术企业①

地区	2015 新增/家	累计总数/家	高新技术企业数/规模以上工业企业总数
南通	262	7750	14.8%
扬州	188	640	23.1%
泰州	137	410	14.3%

南通市高新技术产业聚集。2015 年末全市拥有高新技术企业 750 家;新增省级高新技术产品 836 项;新建省级工程中心 34 家,省级企业院士工作站 3 家;新建市级工程技术研究中心 74 家,企业院士工作站 1 家。

扬州市创新资源加速集聚。2015 年,全市拥有高新技术企业 640 家、规模以上工业企业 2 774 家、上市公司 11 家。国家级高新技术产业园区 1 家。省级高层次人才创新创业基地 3 家。省级留学人员创业园 5 家,省级软件园 1 家,省级大学科技园 1 家。国家级文化产业示范基地 3 家,省级文化产业示范基地 3 家。国家级引智成果示范推广基地 3 家,省级引智成果示范推广基地 10 家。省级以上各类科技孵化器 15 家,面积 86.7 万平方米,其中,国家级高新技术创业服务中心 3 家,省级高新技术创业服务中心 12 家。科技孵化器在孵企业 770 家。

---

① 表 5-10 数据来源于 2015 各市统计年报。

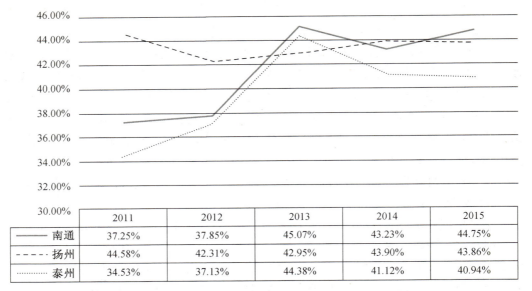

		2011	2012	2013	2014	2015
——	南通	37.25%	37.85%	45.07%	43.23%	44.75%
- - -	扬州	44.58%	42.31%	42.95%	43.90%	43.86%
······	泰州	34.53%	37.13%	44.38%	41.12%	40.94%

图5-7　苏中各市高新技术产业产值占规模以上工业总产值比重

泰州市加速高新技术企业的集聚水平。泰州2015年全年新增高新技术企业数(新标准)137家,累计共有410家,高新技术企业占规模以上工业企业比重达14.3%。全年新增省级以上工程技术研究中心13家、企业技术中心3家、工程中心4家。

2. 产学研合作水平

南通市产学研合作不断创新发展。在以"创新驱动、开放合作、转型升级"为主题的2015年中国产学研合作创新大会上,由南通大学、南通大学技术转移中心、江苏苏通碳纤维有限公司合作申报的"高性能粘胶基活性炭纤维的制备及其应用技术"荣获2015年中国产学研合作创新成果奖二等奖。此外,南通大学设立技术专利中心促进产学研合作进一步加深。通州湾科创城成为南通市产学研集聚示范区,进一步推动企业创新创业发展,加速人才、企业和城市集聚。

扬州大力实施"科教合作新长征"和"科技产业合作远征"计划,校企合作程度进一步加强。2015年全年签订产学研合作协议669项,落户校企研创中心56家。全市建有企业院士工作站19个,国家企业博士后科研工作站30个、省博士后创新实践基地26个,省级以上企业工程技术研究中心185个,企业技术中心156个,企业工程研究中心32个,高技能人才公共实训基地22个。建立校企联盟1 047个,省级重点实验室6个,省级以上重大研发机构1个,省级以上科技公共服务平台14个。全市拥有高等院校5所,国家二级重点学科3个,省一级重点学科6个,省二级重点学科76个,博士后流动站14个,一级学科博士学位授予点11个,二级学科博士学位授予点63个,一级学科硕士学位授予点44个,二级学科硕士学位授予点240个。

泰州市改革科技活动组织模式,激发产学研合作活力。泰州市围绕本市的重点产业、特色产业,组织了"企业院校行——走进兰州、重庆"活动,企业"民参军"对接活动,分地区、分行业组织企业"科技淘宝团",与专家教授对接洽谈。同时举办了"中国泰州首届网上科技洽谈会"和"汽车零部件线下专场洽谈会",来自全国 77 家高校院所的 84 位专家参与在线对接,产生技术合作意向 216 个;来自全国 24 家高校院所的 83 位专家参与现场对接,达成意向性协议 120 多个。

3. 政策环境

(1) 区域创新国际化政策

南通市政府在海外人才引进、科技服务等方面出台了一系列政策来推进地区的科技创新国际化发展。其一,海外人才引进方面的政策有《南通市江海英才引进计划实施办法》《南通市江海杰出英才奖评选奖励试行办法》《南通市留学回国人员成就奖评选奖励试行办法》等。其二,科技服务方面出台了《关于进一步加快发展市区科技服务业若干政策的意见》《南通市专利资助奖励办法》《南通市大型科学仪器设施共享服务管理和经费补贴办法》等文件。

扬州市先后制定出台"十二五"人才发展规划、市人才发展行动计划等一系列政策意见。2013 年,扬州市针对人才政策相对零散、政出多门、落实不力的情况,打出一记政策组合拳,集中出台"6＋1"人才政策,包括《扬州市区引进高层次人才住房保障办法》《关于进一步加快科技产业综合体建设集聚创新创业人才的实施办法》等,在金融支持、住房保障、医疗保健、子女教育等各方面为人才开启绿色通道,并对各类人才进行定期专项培训提升能力。从 2010 年起,市财政不断加大人才工作投入,设立每年 4 000 万元的人才工作专项资金,推动各县(市、区)按不低于本级一般公共预算收入 3% 的标准,设立人才发展专项资金,专门用于人才引进、培养、使用和奖励等,更大力度培养引进经济社会发展急需紧缺人才。

泰州市委市政府 2015 年出台"一号文件",锁定加快推进"人才强企"的若干政策,先后推出"购房券"、"科技创新券"和"创业券",提供创新创业资助、鼓励科技创新、支持安家生活、财税金融支持等,为高层次人才创业提供系列保障。2015 年 2 月出台《泰州市促进开放型经济转型升级的若干政策意见》,鼓励招引高端国际资本,鼓励转变外经贸发展方式,推进全市开放型经济转型升级融合发展。

(2) 区域产业与投资政策

南通市为深入实施创新驱动战略和国家知识产权战略行动计划,推动产业集聚创新发展,出台了《南通市专利助推产业创新发展行动方案(2014—2020 年)》。《市政府关于加快推进"互联网＋"行动计划的实施意见》,加快实施"互联网＋"行动计划,促进移动互联网、云计算、大数据、物联网等新一代信息技术与现代制造业、生产性服务业融合创新,将成为新常态下南通市经济发展的新引擎。

扬州市围绕建设"新兴软件名城"的目标,努力培育壮大工业、农业、商务、旅游、民生、交通、政务等各种业态的"互联网＋",出台《市政府关于加快推进"互联网＋"行动的实施意见》。为支持扬州国家高新区(以下简称高新区)加快建设现代产业科技新城步伐,打造充满活力、辐射全市的区域创新高地、产业创新高地和机制创新高地,引领扬州创新型经济持续快速健康发展,制定《市政府关于支持扬州国家高新技术产业开发区加快发展的政策意见》《市政府关于调整生态科技新城管理体制的通知》等政策。

泰州市为扶持创业投资企业发展,促进新兴产业加速发展,制定《关于印发泰州市新兴产业创业投资引导基金管理办法的通知》。为推进高新技术产业的发展,泰州市政府针对相关行业推出了不同政策,包括《泰州市 2015 年新能源汽车推广应用实施方案》、《市政府关于市级机关部门向泰州医药高新区下放 64 项行政审批等管理服务事项的通知》和《市政府关于印发推进泰州市工业经济加快转型升级若干政策意见的通知》等。

(3)区域财政金融政策

南通市政府通过各项补助政策鼓励科技型企业和初创团队,推动区域科技创新。2015 年先后出台了《南通市市区科技型初创企业和创业团队创新创业创意项目补助管理办法》、《南通市小微企业科技创新券补助管理办法(试行)》、《南通市市级众创空间认定管理办法》、《市政府办公室转发市科技局等部门关于进一步促进科技金融创新实施意见的通知》、《关于进一步加快发展市区科技服务业若干政策的意见》、《市政府关于市本级财政资金支持科技发展的若干政策意见》等文件。

扬州市运用各项奖励政策和补助政策助推地区科技创新发展。2015 年先后发布了《扬州市创新券实施管理办法》、《扬州市科学技术奖励办法》、《扬州市市级科技专项资金管理办法》、《关于进一步明确创业担保贷款相关政策助推"双创"的通知》等政策通知。

二、苏中地区科技创新国际化存在的问题

(一)人才引进结构有待优化

根据中国科技统计年鉴,符合科技创新人才定义的统计指标包括科技活动人员、科研人员、科学家和工程师;创新人才的标准是能够提供具有一定技术含量的、可实现市场转化的专业技术成果。而在苏中地区,无工作、生产经验的留学生占据目前海外引进人才总量的大多数,引进的外国专家也有相当一部分直接进入各高等教学领域。

(二)外资研发溢出效应有限

跨国公司设立研发机构一个重要的目的就是有针对性地研发产业核心技术,并通过知识产权保护等手段和方式,从产业源头抢占所在国同类企业的市场空间。在当前外来投资中,外资控股和独资企业占相当多数,其并不会主动外溢技术,影响自己的市场竞争力,培植潜在的竞争者,这就使所在地通过开放市场获取先进技术的难度加大。从具体的苏中地区的数据来看,苏中地区 2015 年吸引境外投资额达 500 亿美元,但中方境外投资额不足 15 亿美元,两者差距极大,因此,苏中地区外资研发溢出效应十分有限。

(三)国际化合作水平滞后

苏中地区开展国际科技合作与交流的主要形式包括访问学者、组织和参加国家学术会议、开展项目合作研究、参加政府间合作项目等,与国际机构或企业建立联合研究机构、加入国际科技研究组织的形式较少,且多数交流活动存在的持续时间短,合作范围窄,成果不突出。另外,苏中地区大多数科研人员缺乏对国外文化意识、科技合作模

式和法律法规的了解,在申报国际科技合作相关项目时缺乏系统了解,很大程度影响了工作效率和合作进程,极大地打击了苏中地区科研人员国际交流合作的积极性。

三、苏中地区科技创新国际化的相关政策建议

(一)整合内外部资源,实行积极的国际化外向发展

一方面,苏中地区要积极引进外资,把引进外资与提升产业层次结合起来,更多地引进高新技术项目、附加值高的加工制造项目。另一方面,要充分利用好国际国内两个市场、两种资源,增强开拓国际市场的能力,提高国际化经营水平。一是苏中产业要引进和实施国际标准和国际通行的现代管理手段,如 ISO9000 等质量体系、环境体系、社会责任标准认证以及 TPM 等使企业管理进入标准化,管理水平再上一个新台阶,从而促进其竞争力的提高。二是建立良好的质量管理机制,确保产品质量,强化营销技能,提高生产率和效益,增强产业中企业间的凝聚力,以企业间的合作来适应国际市场环境的变化,以保持持续的市场竞争力。

(二)提升产学研合作层次,推动科技合作国际化

苏中地区产学研合作大多局限于本地区的高校与企业,存在国际化交流活动少、合作范围较窄、研究内容不够深入、成果不突出等问题,因此,要加强国内外高校和企业的合作深度和广度。首先,应通过参与、主导和主持实施一些国际合作项目,进一步提高本地区相关领域的科学研究水平,开辟合作渠道,深化合作内容,拓展合作领域,在一些大型国际研究计划中形成重要影响力。其次,苏中地区应加强与国际组织和科研机构的联系,组织实施更多领域的国际科技合作计划,与有关国家建立长期合作伙伴关系,共同提升技术水平和创新能力。

(三)优化调整产业结构,加快科技创新水平

首先,加强高新技术产业建设,如新材料、新能源、生物技术和信息技术等产业,提升产业层次,优化产业结构。其次,利用沿江沿海港口、岸线的天然优势,发展医药和现代物流业等新技术产业。不断培育主导产业,提升产业结构,壮大苏中经济实力。再次,苏中各产业可以通过国内外市场互动,借力发展,在引进、消化、吸收国外先进技术的基础上,创新有自主知识产权的核心技术。一是通过许可合同借助国外厂商转让专利权、专有技术(Know-how)使用权和商标权,将国际化的外向发展转向国际化的内向发展,借此提升企业的技术或商誉。二是企业与外企合作建立利益联盟,做好生产要素的引进,特别是高新技术的引进,使苏中传统工业与新型工业向国际分工产业链中高端转移,更好地开发和拓展国际市场。

第六章　苏北地区科技创新国际化发展研究

一、苏北地区科技创新国际化的现状分析

(一) 科技投入国际化

1. 科研人员投入

苏北地区以激发地区内生发展活力为着眼点,不断探索实践人才支撑工程,建立创新创业载体,引进创新创业人才。2015 年,通过一系列海外人才引进计划的实施和人才引进平台的搭建,苏中地区科研人才取得丰硕成果。

（1）海外人才引进

表 6-1　苏北各市海外人才引进项目①

地区	国家级、省级海外人才引进政策	市级海外人才引进政策		
		海外专家学者引进项目	海外专业技术和经营管理人才引进项目	海外创业人才引进项目
徐州	1. "千人计划"	1. "彭城英才计划"	1. 紧缺型高层次人才引进计划	1. 徐州市高层次创新创业人才引进计划
连云港	2. "双创计划" 3. 省"百人计划"	1. "港城英才计划"	1. "1234 人才行动方案" 2. "三百引才工程" 3. "凤还巢"计划	1. "双创英才聚港城"
淮安	4. "苏北发展急需人才引进计划"	1. "533 英才工程"	1. 淮安市引进高层次人才	1. "淮上英才计划"
盐城		1. "沿海人才计划"	1. "515"引才计划	1. "海外智力盐城行动计划"
宿迁		1. "宿迁英才计划"	1. "十大领域海内外引才行动计划"	1. "宿迁市创业创新领军人才集聚计划"

徐州市打造三大平台引进海外人才。建立"彭城英才"网络服务平台,方便海内外人才了解政策和申报人才项目;借力海外人才合作平台,先后举办"2015 美南专家徐州行"、"2015 海外高层次人才徐州项目洽谈会"、"2015 跨国公司高管徐州行"等活动,其中美南专协联组织了 63 名海外高层次专家来徐州考察交流;打造"徐州籍海外人才"引

---

① 表 6-1 资料来源各市政府网站。

进平台,在华盛顿、硅谷、新西兰、新加坡等地成立11家海外招才引智联络处,通过亲情牌招才引智。

2015年,淮安市政府与教育部留学服务中心签订"中国留学服务中心淮安分中心合作协议",并通过四个方面开展工作。一是建设留学人才基础数据库,登记入库来淮就业、创业的留学人员信息,并在淮安人才网设立"海外人才专区"和微信、QQ等交流平台。二是组织留学人才"双选"活动,两次组团参加教育部留学英才招聘活动。2015年有3名博士、18名硕士签约到江苏财经职业技术学院、淮安经济技术开发区等单位工作。三是完善落实留学人才政策,设立多项人才政策优先惠及留学人才,如对留学人才来淮安创新创业给予项目经费资助,鼓励本市人才出国进修(修研),还在留学人员创新产品推介、自主创新资助、居留落户、通关便利等15个方面出台了加强服务的政策措施。四是加强自身服务能力建设,在市政务服务中心申请了专门窗口,实施专人帮办和零距离服务,及时解决留学人才在淮就业、创业过程中出现的问题和困难,建立留学服务业务工作平台,立项开发"淮安市高层次人才(留学人才)工作网"。

(2) R&D 人员投入强度

从下面图表中可以看出,苏北各市近两年的 R&D 人员数量有所上升,R&D 人员与万人口比例在2015年都达到25倍水平,其中,盐城市2015年每一万常住人口中就有40个 R&D 人员,R&D 人员密度居苏北五市首位。

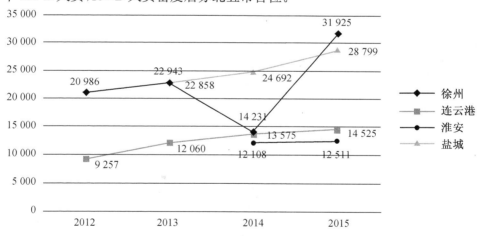

图6-1 苏北各市 R&D 人员变动趋势

表6-2 苏北各市 R&D 人员与万人口比例①

地区	2012 年	2013 年	2014 年	2015 年
徐州	25	27	16	37

---

① 图6-1和表6-2数据来源于2013—2016年各市统计年鉴,其中徐州市 R&D 人员数指标缺失,由科技活动人员数代替;淮安市2012和2013年以及盐城市2012年相关数据缺失,宿迁市统计年鉴数据缺失。

（续表）

地区	2012 年	2013 年	2014 年	2015 年
连云港	21	27	30	32
淮安	—	—	25	26
盐城	—	32	34	40

截至 2015 年,宿迁市已经引进国家"千人计划"专家 32 人,省"双创人才"121 人,"双创团队"1 个,"双创博士"82 人,市"双创"领军人才 322 人,高层次人才总量达 1.5 万人。徐州市全市人才资源总量达 108.8 万人,其中,高层次人才 7.8 万人,人才贡献率提高到 34.6%,人才综合竞争力排名提升到全省第 7 位,五年间共引进高层次创新创业人才 1 400 多名,吸纳 9 500 多名硕博士研究生在徐就业,638 人获市县"双创计划"资助,入选省"双创团队"10 个、"双创人才"190 人,在徐创新创业的"千人计划"专家 56 人。推荐 6 人入选"万人计划",418 人入选省"333 工程"。

2. 资本投入

苏北地区向来是江苏省经济基础和科技实力较为薄弱的一块,苏北地区需要进一步培养外资发展新动能,加大招商引资力度。2015 年,苏北五市在吸引外资方面成效不佳,但在境外投资上取得较大进展。

（1）吸引外资

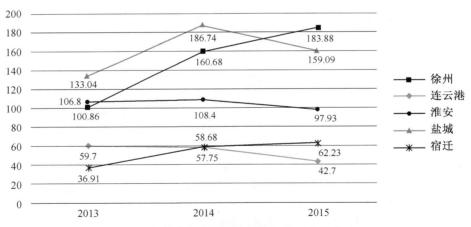

图 6-2 苏北各市吸引境外投资总额总额/亿元

表 6-3 苏北各市吸引境外投资总额占固定资产投资总额比重①

地区	2013 年	2014 年	2015 年
徐州	3.26%	4.38%	4.31%
连云港	4.42%	3.42%	2.06%

---

① 图 6-2 表 6-3 数据来源于 2013—2016 年各市统计年鉴,其中,宿迁市统计年鉴数据缺失。

（续表）

地区	2013 年	2014 年	2015 年
淮安	7.35%	6.04%	4.44%
盐城	6.00%	6.79%	4.72%
宿迁	2.86%	3.70%	3.38%

从图 6-2 和表 6-3 可以看出,苏北各市吸引外资水平差距显著,盐城和徐州近两年吸引境外投资总额超过 150 亿元,淮安市维持在 100 亿元左右,而连云港和宿迁都在 70 亿元水平以下,其中,徐州市和宿迁市近三年吸引境外投资总额呈上升趋势。徐州、淮安、盐城三市在 2015 年吸引境外投资额占固定资产总额比重超过 4%,连云港有较大幅度降低,下降至 2.06%。

（2）境外投资

表 6-4　2015 年苏北各市境外投资①

地区	境外投资项目数量		境外协议投资项目规模	
	新增项目/个	增长幅度	新增投资额/亿美元	增长幅度
徐州	31	40.91%	7.35	196.25%
连云港	23	4.55%	5.10	111.50%
淮安	6	20.00%	0.67	116.94%
盐城	25	0	4.63	212.42%
宿迁	6	0	0.18	17.26%

苏北五市 2015 年境外投资项目数量和境外投资额度均没有下降,徐州市 2015 年全年新增境外投资项目 31 个,比上年增长 40.91%,新增投资额达 7.35 亿美元,比去年增长一倍;盐城新增境外投资项目与去年一样为 25 个,但境外投资额增长一倍;宿迁境外投资项目数量和投资额在五市中最低,增长幅度也最小。

3. 技术进口

从数据中可以看出,苏北地区额技术进口规模和对外技术依存度都较低,这主要是由苏北地区对外开放程度较低以及自身科研实力较弱造成的,与苏南地区不同,苏北地区更需要不断加大技术进口规模,通过技术引进、消化、吸收提升自身的科技水平。

（1）技术进口规模

从上图可看出苏北各市技术引进经费支出波动较大,盐城市呈"U 型"变动,2015 年技术引进经费支出 8.23 亿元,几乎是全年的 4 倍;徐州市呈"倒 V 型"变动,2015 年技术引进经费支出下降幅度较大,仅 0.59 亿元,跌幅为 88.8%;相比之下,连云港的变动幅度较小,技术引进经费支出水平低,2015 年仅为 0.33 亿元。

---

① 表 6-4 数据来源于各市 2015 年国名经济和社会发展统计公报。

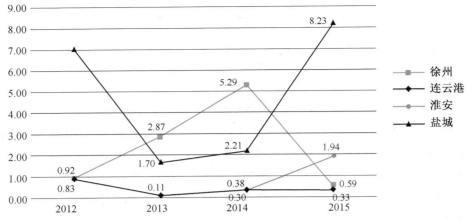

图 6-3　苏北各市技术引进经费支出情况

（2）技术进口依存度

表 6-5　苏北各市对外技术依存度(%)[①]

地区	2012 年	2013 年	2014 年	2015 年
徐州	1.54	4.13	6.65	0.64
连云港	3.91	0.42	0.98	0.95
淮安	—	—	0.97	4.31
盐城	—	3.21	3.51	11.08

近几年来苏北各市对外技术依存度变动幅度很大,且各市间差距显著。徐州市2015 年对外技术依存度暴跌至 0.64%,与上年相比降低了 6 个百分点,而盐城 2015 年对外技术依存度暴增至 11.08%,比 2014 年增长 7.57 个百分点。相比之下,连云港对外技术依存度呈稳步下降趋势,到 2015 年降至 0.95%。

4. 研发费用

在研发投入方面,苏北地区紧跟江苏省科技创新步伐,不断加大研发经费投入力度。2015 年,苏北地区以政府科学技术支出为主导的科研经费再次提升,但与苏南、苏中地区相比差距仍然较大。

（1）全社会研发经费投入

近五年来,苏北五市全社会 R&D 经费占地区生产总值比重均呈上升趋势,徐州市全社会 R&D 经费占地区生产总值比重最高,在 2015 年达到 1.84%;宿迁市的增长幅度最大,从 2011 年的 0.74% 到 2015 年的 1.46%,翻了将近一倍;连云港、盐城和淮安三市的全社会 R&D 经费占地区生产总值比重较为接近,从 2013 年起,三市均超过

---

① 图 6-3 和表 6-5 数据来源于 2012—2016 年苏北各市统计年鉴,其中淮安市技术引进经费支出指标缺失,由研发经费外部支出替代,盐城市 2012 年、淮安市 2012 和 2013 年数据缺失,宿迁市统计年鉴数据缺失。

1.5%的水平。

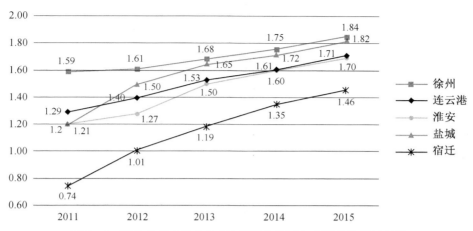

图 6-4 苏北各市全社会 R&D 经费占地区生产总值比重(%)①

（2）政府经费投入

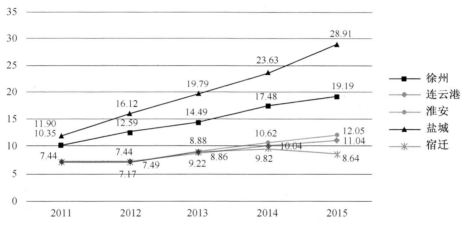

图 6-5 苏北各市科学技术支出/亿元

表 6-6 科学技术支出占公共财政预算支出比重(%)②

地区	2011 年	2012 年	2013 年	2014 年	2015 年
徐州	2.28	2.38	2.43	2.64	2.55
连云港	—	2.40	2.44	2.67	2.59
淮安	2.19	2.19	2.31	2.46	2.35
盐城	2.92	3.40	3.56	3.92	3.87
宿迁	—	2.63	2.96	2.84	2.13

---

① 图 6-4 数据来源于 2012—2016 年各市统计年鉴。

② 图 6-5 和表 6-6 数据来源于 2012—2016 年各市统计年鉴,其中连云港和宿迁 2011 年政府科技支出数据缺失。

图 6-5 可以看出,除宿迁外苏北各市的政府研发投入水平呈增长趋势,其中,盐城市的政府研发投入强度最大,徐州市次之,淮安和连云港政府研发投入较为接近,而宿迁近两年有下降幅度。表 6-6 则表明苏北五市科学技术支出占公共财政预算支出比重均超出 2%,其中,盐城市从 2012 年起突破 3%,在 2015 年达到 3.87%;徐州、连云港、淮安和宿迁 2015 年科学技术之处占公共财政预算支出比重与 2014 年相比均有所下降,宿迁市的下降幅度最大,降幅为 0.71 个百分比。

(二) 区域科技产出国际化

1. 高新技术产业出口水平

苏北地区紧跟江苏外向型经济发展,不断加强高新技术产品出口。但是,苏北地区制造业产业结构层次不高、投资不足,且与苏南、苏北地区相比经济基础较差,近几年来,由于自身外向型经济发展不足且受全球经济波动影响较大,苏北地区的对外出口尤其是高新技术产业出口水平有较大幅度的降低。

表 6-7 苏北各市高新技术产品出口额占产业总产值的比重(%)①

地区	2012 年	2013 年	2014 年	2015 年
徐州	4.23	2.59	2.54	2.12
连云港	2.86	2.53	2.46	3.18
淮安	—	0.84	2.06	1.70
盐城	—	0.26	0.28	0.28

2015 年,徐州市高新技术产品出口额 95.5 亿美元,比 2014 年降低 7.2%,连云港高新技术产品出口 61.6 亿美元,比 2014 年增加 49.9%,淮安高新技术产品出口额为 28.62 亿美元,与 2014 年相比减少了 5.9%,盐城高新技术产品出口 7.0 亿美元,比 2014 年增长 23.4%。从表 6-7 可以看出,盐城市高新技术产品出口占产业总产值比重远远落后于其他市区,徐州市和淮安市 2015 年比重较 2014 年有所下降,连云港市虽然在 2013 年和 2014 年比重有所下降,但 2015 年有较大幅度提升,跃居苏北之首。

2. 国际专利申请

苏北地区为提高本地企业的国际影响力,鼓励企业申请国际专利,并在近三年取得突破性进展。其中,徐州地区国际专利申请破百、宿迁地区破零,但是与苏南、苏中地区相比,苏北五市国际专利申请数量最少,国际影响力也最小。

苏北各市国际专利申请水平差异显著,徐州市 PCT 专利申请量最大,2015 年达到 179 件,是 2014 年的 4 倍左右,PCT 专利申请占专利申请总量比重达到 1.43%;连云港次之,2015 年 PCT 专利申请量占专利申请总量比重为 0.85%,比 2014 年增加 0.53 个百分点;淮安和盐城水平较为接近,2015 年 PCT 专利申请占比分别为 0.15% 和 0.09%;而宿迁市国际专利申请量最少,且占比也最少,仅为 0.09%。

---

① 表 6-7 数据来源于各市统计年鉴和各市商务局统计数据,其中淮安和盐城 2012 年数据缺失,宿迁市统计年鉴数据缺失。

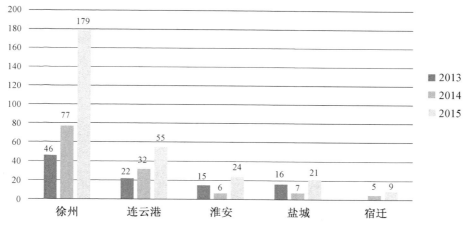

图 6-6　苏北各市 PCT 专利申请量/件

表 6-8　苏北各市 PCT 专利申请量占专利申请总量的比重(%)①

地区	2013 年	2014 年	2015 年
徐州	0.20	0.55	1.43
连云港	0.23	0.32	0.85
淮安	0.12	0.04	0.15
盐城	0.10	0.04	0.09
宿迁	0	0.06	0.09

徐州市 2015 年全年重大科技成果转化专项资金项目总投入 5.93 亿元,较上年增长 43.6%。全市科技进步贡献率达 54%,比上年提高 2.9 个百分点。连云港科技进步贡献率达到 53%,获评"全国科技进步先进市"。

(三)区域科技创新环境

1. 高新技术产业集聚水平

近几年来,江苏省正政府一直在大力推进科技资源向苏北地区转移和集聚,为苏北跨越发展提供强有力的科技支撑。2015 年,苏北五市高新技术企业规模大力提升,高新技术产业产值联创新高,但是与苏南、苏中地区相比差距仍然显著。

表 6-9　苏北各市高新技术企业②

地区	2015 年新增	累计总数	高新技术企业数/规模以上工业企业总数
徐州	74	231	8.0%
连云港	62	140	8.2%
淮安	74	320	12.1%

---

①　图 6-6 和表 6-8 数据来源于 2013、2014 和 2015 年江苏省知识产权年报。

②　表 6-9 和图 6-7 数据来源于各市统计年鉴。

（续表）

地区	2015 年新增	累计总数	高新技术企业数/规模以上工业企业总数
盐城	149	227	7.2%
宿迁	55	184	7.2%

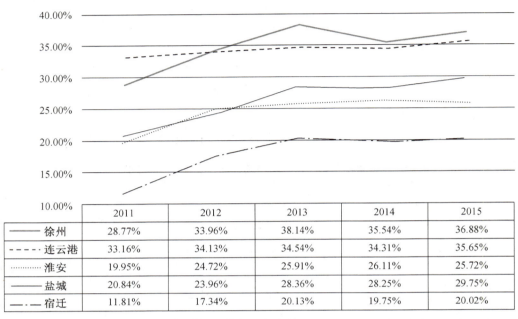

	2011	2012	2013	2014	2015
徐州	28.77%	33.96%	38.14%	35.54%	36.88%
连云港	33.16%	34.13%	34.54%	34.31%	35.65%
淮安	19.95%	24.72%	25.91%	26.11%	25.72%
盐城	20.84%	23.96%	28.36%	28.25%	29.75%
宿迁	11.81%	17.34%	20.13%	19.75%	20.02%

图 6-7　苏北各市高新技术产业产值占规模以上工业总产值比重

徐州全市新增省级高新技术企业 74 家,省级高新技术企业总数达 253 家。全年新增省级工程技术研究中心 8 家,累计达 157 家;新增 4 家省级以上科技企业孵化器,其中国家级 2 家,年末科技企业孵化器达 36 家,其中,国家级 7 家,省级 22 家,在孵企业达 1 500 家以上。

连云港高新区升格为国家级高新区;新获批建设国家级农业科技园区、省级东海高新区;重点产业领域突破一批关键核心技术,荣获国家科技进步一等奖 1 项、二等奖 6 项;荣获中国专利奖金奖 3 项;恒瑞医药成功向美国市场转让创新药品,康缘药业智能制造经验全国推广,正大天晴、豪森药业等 4 家企业跻身全国医药企业创新力 20 强。

2015 年,盐城全市国家级高新技术企业 384 家,新增 149 家,571 个项目获批省高新技术产品,创历年新高。淮安市新增国家高新技术企业 74 家,新认定市级高新技术企业 89 家、市创新型领军企业 10 家,省民营科技企业累计达 320 家。宿迁市新认定省级科技型中小企业 120 家;新增省级企业研发机构 61 家,总数达 219 家。

2. 产学研合作水平

徐州市结合本地实际和发展智慧,提出了具有徐州特色的"政产学研"一体化创新体系。当地政府鼓励企业与高校院所共同制定引才政策,校企联合引进的高层次人才及团队,优先入选市县"双创计划"等人才项目,优先推荐申报省"双创计划"和国家"千人计划"。大力推进"科技副总"试点工作,选聘多名教授担任企业科技副总,先后有来自中科院、中国矿业大学、南京航空航天大学、哈尔滨工业大学等全国知名高校院所的40名"科技副总"特聘专家服务徐州企业,担任技术副总、技术总监、副总工程师等职务,帮助企业完善研发机构建设,加强知识产权工作,引进培养技术人才,并在技术研发、产品开发、成果转化方面开展更深层次的合作交流。

连云港通过科研交流、对接促动多元化产学研合作。连云港开发区以搭建产学研合作平台为突破口,引导和鼓励企业与高等院校、科研机构整合产学研资源,通过联合组建技术转移中心、共建研发机构等方式,实现精准对接,搭建一座信息顺畅、高效便捷的产学研对接桥梁,有效促进科技成果落地开花。同时,还搭建江苏省清洁能源技术及装备产业产学研协同创新基地、国家级抗肿瘤药物产学研联盟、江苏省现代中药产业技术创新战略联盟等平台,并引进徐州工程学院、徐州医科大学、淮海工学院来区设立技术转移中心,促进高校科研成果实现就地转化。截至目前,该市企业与北大、清华等85家高校建立产学研合作"校企联盟",共建研发机构或项目226个。自去年以来,加强与中科院各院所的合作,推动区内企业与中科院近30家院所建立稳定的合作共赢关系。

盐城市采取"请进来、走出去"的方式,大力聚集创新资源,积极组织企业开展产学研活动,促进产学研合作扩面提质。2015年1—10月份,盐城盐都区新签产学研合作项目108项,其中,合作经费30万元以上项目36个,共支付合作经费3 256万元。其中江苏剑桥涂装工程有限公司与华东理工大学合作的"TS型涂装设备"项目,预计年新增销售5 000万元以上。盐城开发区共有驻区重点高校科研院所10家,科技平台133个,签订产学研合作协议100份以上,2015年新增十多个产学研合作项目,其中包括盐城开发区境内企业江苏星月测绘股份有限公司与中国矿业大学4月签约的"产学研全面战略合作"。

淮安市探索产学研协同创新新模式,建立产业技术协同创新联盟,促进产业技术集成创新,提高产业技术创新能力。联盟遵循"统筹规划、稳步推进、优势互补、协同发展"的原则组织建设,按照"成熟一个、启动一个"的方针加以推进,重点围绕该市农业"4+1"、工业"4+2"等优势特色产业和战略新兴产业等领域优化布局。2015年,淮安市已经启动建设了"淮安稻米产业技术协同创新联盟"。全年全市"绿色燃料油调和组分的合成放大新工艺研究"等17个项目获得立项支持,获批项目数创历史新高,获省拨款项目资金300万元。

宿迁市建立全省首个科技领军人才创新驱动中心,为产学研交流合作提供新平台。宿迁市通过连续举办三届宿迁产学研合作洽谈会,聚集众多国内顶尖院校的专家学者将重点围绕宿迁市"4+4"主导产业开展一系列对接活动,推动产学研合作成果在宿迁转化,搭建了企业、高校院所、资本市场三方沟通合作的平台,实现科技资源的有效集聚,有力推动宿迁市产业的转型升级。

3. 政策环境

(1) 区域创新国际化政策

为深入贯彻落实省政府《关于加快推动科技资源向苏北集聚的意见》,加快集聚科技创新资源,徐州市在人才引进与培育、科技专项奖励、技术创新引领等方面出台了有一系列相关政策。人才引进与培育方面有《徐州市高层次创新创业人才引进计划实施办法》、《徐州市"卫生创新(技术攻关)团队"实施方案》等;科技专项奖励方面有《徐州市科学技术奖励办法》、《徐州市 2015 年推动科技创新专项资金》、《徐州市专利奖评选办法》等政策;技术创新引领方面有《关于组织申报 2015 年度徐州市第一批高新技术企业和高新技术产品的通知》、《市政府关于印发徐州市重点众创空间认定管理办法的通知》、《市政府关于加大技术改造推进制造业向中高端迈进的意见》等。

连云港市高度重视人才工作,对引进世界一流的顶尖人才团队,给予专项资金支持。先后出台了《关于进一步加强人才队伍建设的若干意见》、《连云港市加快引进高层次人才实施办法》、《关于实施创业创新领军人才集聚工程的意见》,坚持招才引智与招商引资并举,鼓励引进高层次人才和急需紧缺人才。落实高层次人才服务金卡和人才公寓制度,为其在连出入境签证、户口准入、子女入学和就医等工作生活提供便利和优惠待遇。

盐城市实施人才强市战略,制定《盐城市中长期人才发展规划纲要》、《盐城市"515"人才引进三年行动计划》来聚集创新创业人才和紧缺专业人才,并配套《盐城市 2015 年度科技创新工作考核办法》、《盐城市人民政府专利奖奖励办法》、《关于推荐 2015 年度江苏医药科技奖的通知》等措施全面激发人才创新活力。此外,盐城市专门制定《关于培育科技型中小企业　推动经济转型升级的意见》、《盐城市推进众创空间建设工作方案》等方案响应国家"大众创业、万众创新"的号召。下发《关于组织申报 2015 年度省政策引导类计划(国际科技合作)项目的通知》、《关于组织申报 2015 年度省重点研发计划(产业前瞻与共性关键技术)的通知》等通知引领全市科研发展方向。

淮安市加快引进高层次人才,根据 2015 年《中共淮安市委淮安市人民政府关于组织实施"淮上英才计划"的意见》实施"淮上英才计划",并出台《关于进一步做好留学回国人员来淮就业工作的通知》、《2014—2016 淮安市人才引进落户新政策条件途径材料以及办理流程》、《淮安市高层次学术技术人才选拔培养工作实施意见》、《关于组织开展"533 英才工程"培养对象增选上工作的通知》等意见通知吸引人才落户淮安。

2015 年宿迁市面向海外发布《宿迁市 2015 年度中心城市紧缺急需人才需求目录》,并印发《"宿迁英才计划"政策文件实施细则》,明确引进人才在高薪补贴、安家补贴、在职深造补贴以及柔性引才补助等方面的优惠政策。同时,运用《宿迁市科学技术奖励办法》、《宿迁市专利奖励办法》等奖励性政策激发人才创新活力。

(2)区域产业与投资政策

为规范徐州市产业发展基金的设立和运作,促进徐州市重点产业发展,徐州市政府出台了《市政府办公室关于印发徐州市产业发展基金管理暂行办法》和《徐州市产业发展基金设立产业子基金管理暂行办法的通知》,引导社会资本投向现代产业支撑体系,重点支持千亿元产业、新兴产业及带动性强的转型升级产业,支持科技"小巨人"和初创期、成长期科技企业。在促进高新技术产业发展方面,徐州市下发了《市政府办公室关于进一步加强光伏及风电投资管理的通知》、《市政府办公室关于成立徐州市新能源汽车推广应用工作领导小组的通知》等文件。

连云港市 2015 年发布了《连云港市工业结构调整指导目录（2015 年本）》进一步引导社会资源合理优化配置,针对战略性新兴产业制定《2015 年度连云港市新能源汽车推广应用方案》、《新材料产业振兴规划纲要》等方案提高投资质量和效益,促进高新技术产业结构优化。

盐城市通过发布高新技术产业申报通知和产业技术创新战略联盟指导性文件来引导本市的产业发展与规划。先后发布了《关于组织申报生物医药领域 2015 年省级战略性新兴产业发展专项资金项目的通知》和《关于组织申报新材料领域 2015 年度省级战略性新兴产业发展专项资金项目的通知》、《关于印发盐城市农业科技创新行动计划（2011—2015 年）的通知》等通知,以及《关于启动建设盐城市沿海肉羊产业技术创新战略联盟的请示》、《关于推动产业技术创新战略联盟构建的指导意见》等指导性文件。

淮安市出台扶持政策,支持特色产业健康发展。为壮大新兴产业规模,及时制定、调整和完善财政支持企业发展政策,近年来,淮安市相继出台了《淮安市产业发展资金管理办法》、《淮安市开发园区特色产业园发展专项引导资金管理办法》、《淮安市商务流通发展资金管理办法》、《淮安市再生资源回收体系建设资金使用管理办法》等文件,促进形成了产业发展。

宿迁市为鼓励高新技术等项目投资,制定了《宿迁市鼓励投资优惠政策》,打造宿迁在长三角乃至全国更大范围内投资成本最低、政策条件最优、服务环境最好的城市品牌。此外,针对具体产业,如新能源汽车业,出台《2015 年宿迁市新能源汽车推广应用财政补贴实施细则》和《宿迁市 2015 年新能源汽车推广应用实施方案》。

（3）区域科技金融政策

徐州市不断探索创新财政资金支持企业方式。首先,针对财政专项资金分配碎片化、部门化,使用效益不高、程序不规范等问题,出台了《徐州市拨改投专项资金管理暂行办法》。其次,设立财政专项资金,重点向本市科技创新项目倾斜,大力促进经济及优势产业转型升级,制定《科技型中小企业贷款风险补偿资金池贷款企业推荐管理办法（试行）》、《徐州市市级财政专项资金管理办法》、《市政府关于印发加快推进企业上市融资若干政策意见的通知》等政策建议。

为支持企业创新发展,拓宽融资渠道,推进专利技术转化及产业化,连云港市出台《连云港市企业专利权质押融资补助资金管理办法（试行）》,规定连云港市科技局（知识产权局）、财政局从市级科技专项资金中安排专利权质押融资补助资金。此外,还发布《关于组织申报 2015 年度省级财政促进金融业创新发展专项引导资金的通知》、《2015 年度市工业企业技术改造专项资金拟安排项目公示》等政策通知引导和扶持企业科技创新。

盐城市为科技型企业设立专项贷款业务和资金扶持政策。2015 年颁布的《盐城市金融机构科技型中小企业贷款风险补偿资金池管理办法》、《盐城市金融机构科技、成长型中小企业贷款风险补偿业务合作协议》及《关于做好科技贷款风险补偿资金备选企业库入库企业征集工作的通知》为科技型企业进行科技贷、成长贷提供了政策支持,《盐城市知识产权专项引导资金使用管理办法》、《盐城市科技创新券实施管理办法》等专项奖金管理办法主推科技企业创新。

淮安市不断探索改进支持创新发展的方式方法。首先,创新信贷考核办法,支持实体经济发展,进一步修改完善《淮安市金融机构信贷投放考核奖励暂行办法》。其次,创新机构引进办法,支持金融机构集聚,研究出台《淮安市引进银行业金融机构奖励暂行办法》。再次,创新金融奖励范围,市金融办牵头研究制定金融业支持新兴产业、民生、节能环保等产业和中小企业的奖励政策,完善贷款风险补偿政策,尤其加大对战略性新兴产业贷款损失的补偿力度,鼓励金融业为科技、民生、节能环保等产业提供便捷的金融服务和低成本资金支持。引导政府基金,重点为高科技、新兴产业提供直接股权融资支持,如出台《淮安市市级科技计划专项资金管理暂行办法》。

为提升宿迁市科技金融发展水平,按照省政府制定的《国家促进科技和金融结合江苏省试点实施方案》,宿迁市针对创新型企业融资难问题发布了《关于县域创新驱动发展的若干意见》,着力推动高科技高成长中小企业上市;出台《关于组织申报2015年度市级产业发展引导资金(科技创新资金)项目的通知》,引导资金重点支持工业科技支撑、农业科技支撑、社会发展科技支撑、科技基础设施以及知识产权战略实施等五类项目。

二、苏北地区科技创新国际化存在的问题

(一)创新发展基础薄弱

人才引进力度不足。虽然苏北地区在人才引进培养方面取得了一定的成绩,但与苏南等经济发达地区相比还存在一定差距,主要表现在:一是高层次人才引进仍然比较困难。尽管近年来苏北地区在高层次人才引进上下大功夫,优化了人才政策环境,也加大了人才投入,但高层次人才引进仍是苏北地区人才工作的难点,主要是苏北地区缺乏吸引人才的区位优势,大城市圈吸引人才的辐射效应得不到覆盖;产业相对比较传统,新兴产业集聚高端人才的优势得不到体现;人才政策没有突出的优势,政策的拉动力无法体现;高层次人才工作生活的文化环境和社会保障环境等还不够优化。二是企业创新主体地位还不够突出。自主创新活动尚未成为企业的普遍行为,企业在科技创新意识上还不强,在科研平台建设、专利申报上还很弱,有的企业在经历了多年的发展,没有自主知识产权,自身建立的研发平台也只是简单地化验或检测产品质量,离科研开发还有很大的距离,部分企业仅满足于维持现状,因循守旧,重生产经营、轻科技创新的现象较为普遍,积极进行自主创新活动以实现技术储备的危机感不强,导致企业缺乏长远竞争力。三是特定人才引进措施缺失,尤其是缺少针对外向型经济人才、经济管理人才以及领域内高层次专家的引进措施。

研发经费投入不足。从全社会 R&D 经费占地区生产总值比重之一指标来看,2015 年全国该指标为 2.07%,江苏省为 2.55%,苏北五市的研发投入水平均低于全国平均水平。虽然江苏省是 2015 年全国 R&D 经费支出超过千亿元的五个省市之一,但是苏北五市的总 R&D 投入仅占江苏省的 15.6%。

（二）国际化程度普遍太低

对内国际化方式单一。苏北地区主要通过出台相关优惠政策吸引海外人才和境外投资来实现对内国际化发展,这种方式要求政府有较强的财力支撑,且成效较短不具备长期性。而苏北地区的经济实力远远落后于苏南和苏中地区,且国际化发展基础薄弱、经验不足。因此,苏北地区应当采取多元化的引才和引资措施,借鉴其他城市如苏南地区的做法,选择耗资少、成效显著的做法进行推广。

对外国际化力度不足。其一,境外投资规模不足。苏北五市 2015 年新增的境外投资项目共 91 项,不足苏州市的三分之一,五市全年境外协议投资项目总和为 17.9 亿美元,远低于苏州市当年的境外投资规模 20.5 亿美元。其二,产品出口能力弱。苏北五市高新技术产品出口总额仅占江苏省高新技术产品出口总额的 15%,且近两年来五市高新技术产品的出口额有所下降。其三,科技国际化活动活跃度低。从国际专利申请数量上可以看出,虽然苏北五市 PCT 专利申请总量呈上升趋势,但与苏南和苏中地区相比,2015 年其 PCT 专利申请总量仅为苏中的一半左右且不足苏南的五分之一。

（三）区域创新体系不够健全

苏北地区的企业、大学、科研机构、中介服务机构等主体创新要素的数量不足,质量需进一步提高;共性技术研发平台等科技基础设施等环境要素较为匮乏;产业科技含量较低,一般企业无法掌握和突破产品的核心技术,缺乏原创性技术成果,如盐城的新能源汽车生产企业在技术领域虽然属于新兴产业范畴,但动力电池、电控系统等核心部件仍需外购;连云港的新医药是苏北地区具有代表性的新兴产业,但基本上以仿制药和化学药为主体,自主研发和生物医药的比重较低。

三、苏北地区科技创新国际化的相关政策建议

（一）调整国际市场定位,嵌入国际产业链

苏北各产业应尽快选择有竞争优势的项目,及时调整产品结构以适应成为大企业乃至跨国公司战略伙伴的需要。对以制造和加工业为主的苏北各产业而言,在国际市场上占有比较优势的产业主要是劳动密集型产业,应通过提供原材料、零部件、产品和服务等嵌入国际产业链。嵌入国际产业链分为一般嵌入和深度嵌入两种方式。一般嵌入由于对跨国公司的转换成本低,很容易被替换,从而存在着较大的风险。而深度嵌入由于跨国公司在技术、专用设备等方面的投入造成转换成本较高,一般能维持较长的合作关系。[1] 同时,深度嵌入的另一个好处就是能够在技术上、管理上得到跨国公司的支持,从而提升本产业的核心竞争力。因此,苏北各产业在外向国际化发展中应积极寻求跨国公司在产业链上的价值链再造,促进合作方式的深化,争取跨国公司在技术、资本等方面的投入,进而巩固与跨国公司的合作,获得国际市场的进入及市场拓展。

（二）完善引才政策,增加资助力度和范围

人才政策是高层次人才是否选择苏北地区的首要因素。针对苏北地区高层次人才

---

[1]　梁幸平.苏中、苏北产业外向国际化发展的选择[J].财贸研究,2009,20(6):25-28.

"两小一少一多"的现状,建议当地党委、政府适当加大财政投入力度,扩大引进高层次人才的资助力度。否则,不仅难以吸引更多的高层次人才,现有的高层次人才还可能离开。此外,目前苏北地区高层次人才政策范围较窄,建议按照创新人才和创业人才引进并举、关键人才和团队人才引进并举、自主创业人才和企业创新人才引进并举的原则,扩大高层次人才引进范围。

搭好企业人才引进的平台。举办各类人才交流会、人才招聘会、科技洽谈会等活动,开展校企合作活动,组织企业赴定点院校招聘人才,帮助企业引进各类所需的人才,从而引导各类人才更好地向企业集聚和流动,进一步增强苏北地区产业转型升级的活力。

(三)健全科技服务,构建创新平台

一是抓好创新基础平台建设。依托江苏省产业技术研究院等科研机构和高校,新建立一批大学科技园,重点布局和建设一批以重点实验室为主体的知识创新平台,以工程技术研究中心和企业技术中心为主体的技术创新平台,以科技孵化器和加速器、生产力促进中心、科技成果转化服务机构为主体的创新服务平台。二是推进高新区转型升级发展。充分发挥徐州、盐城国家级高新区的先导示范作用。加强国际创新资源的引进与合作、创新集群的自主培育,创建一流高新区,使其成为苏北中心城市创新驱动发展的主平台。推动有条件的省级高新园区创建国家级高新区,形成高新产业和战略性新兴产业发展的支撑性平台。三是加强区域性园区资源整合。以培育高新园区、现代产业集聚区为导向,推进开发区和工业园区资源整合,构建产业发展的基础性创新平台。

(四)加强国际交流,推进协同创新

其一,突破创新主体间壁垒,充分释放人才、资本、信息、技术等创新要素活力,加强与国外机构在科技合作方面的广度和深度,扩大国际学术交流的范围和层次。其二,在加强海外人才引进的同时,搭建苏北地区人才出国学习平台,出台相关政策鼓励本地人才出国学习,增加学习国外先进技术和知识的机会。其三,积极组织针对海外高层次人才的科技创新比赛和访谈交流活动,引进并对接国际科研项目合作,鼓励高校开展国际学术研讨会,促进地区高校、企业和政府的产学研国际化发展。其四,在苏北地区新兴产业领域新建一批省级以上产业技术创新战略联盟,加快形成以产学研为核心,政府、金融机构、中介组织、创新平台等多元主体协同互动的网络创新模式,有效促进科技与经济深度融合,显著提升创新能力和效率。

第七章 江苏不同区域(苏南、苏中、苏北)科技创新国际化发展比较分析

一、不同区域科技创新国际化的影响因素分析

(一)区域经济发展水平

区域经济实力是科技创新国际化发展资金保障的体现,因而是区域科技创新国际化的重要影响因素。图7-1列示了2011—2015年苏南、苏中和苏北三大区域的生产总值占全省生产总值的比重,可以清晰看出苏南最优、苏北居中、苏中较差的格局分布。但鉴于区域间构成成分的不同,如苏南和苏北由五个城市构成,而苏中仅有三个,这样会影响区域间经济发展水平的影响,因此对其进行标准化处理,通过分析三大区域的区域生产总值分布图来说明区域经济发展水平的差异。

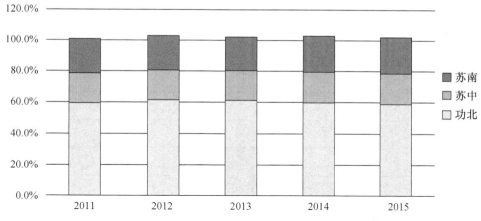

图7-1 三大区域生产总值占全省生产总值的比重①

以动态的年度数据为例,五年中江苏省三大区域生产总值在经过标准化后,年度间的总体趋势大体一致,没有显著变化;以静态的年度数据为例,苏南地区的生产总值高于苏中和苏北地区,尤其是苏州、无锡和南京显著高于标准化水平,虽然镇江在五年中一直低于标准化水平,但因其在苏南地区生产总值中所占份额较小,不足10%,因此并不影响苏南地区在江苏省经济发展水平中的核心地位。同时,虽然南通市的生产总值略高于标准化水平,扬州和泰州处于标准化水平之下,但从总体来看,都略高于苏北地区的五大城市。综合上述分析来看,江苏省三大区域的经济发展水平从高到低的排名

---

① 图7-1和7-2数据来源于江苏省统计年鉴。

依次为苏南、苏中和苏北。

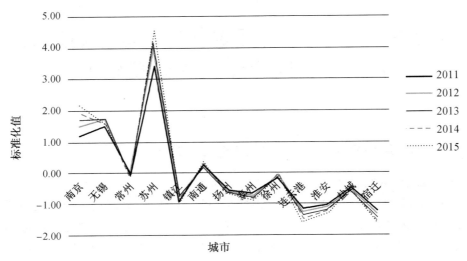

图7-2 标准化后江苏省各城市生产总值占全省生产总值的比重

(二) 政府支持力度

由于创新活动中存在外部性,即在知识积累过程中可能存在知识溢出,由此产生技术外部性,以及创新主体之间可能存在协调失灵,由此产生金钱外部性,这两类外部性都会导致竞争性市场主导的技术创新低于社会最优水平[①],因此政府一般通过直接或

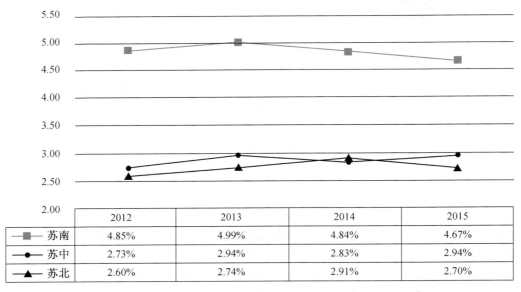

	2012	2013	2014	2015
苏南	4.85%	4.99%	4.84%	4.67%
苏中	2.73%	2.94%	2.83%	2.94%
苏北	2.60%	2.74%	2.91%	2.70%

图7-3 三大区域政府科学技术支出占公共财政支出的比重[②]

---

① 曹坤,周学仁,王轶,等.财政科技支出是否有助于技术创新:一个实证检验[J].经济与管理研究,2016,37(4):102-108.

② 图7-3数据来源于江苏省统计年鉴。

间接的干预来资助和引导企业的创新活动。政府可以通过多种公共政策纠正外部性，如税收、明晰产权、创造市场、规制和财政支出等。因为政府科技支出是政府在技术创新国际化过程中的重大投入，且相比其他指标，数据比较容易获得，因此用政府科技支出代表政府对科技创新国际化的支持力度，显然这一指标在很大程度上影响区域科技创新国际化的成果。

图7-3可以看出，苏南地区政府科学技术支出比重最高，苏中次之，苏北最低。苏南高比例的科学技术财政支出使苏南地区的科技创新国际化成果凸显，苏中与苏北地区的政府科学技术支出比例虽然很小，但是两地区的科技创新国际化成果差异显著。这表明苏北地区在技术创新的转化率上可能明显低于苏南和苏中地区，而且苏北地区科技基础较为薄弱，很难在短时期内改变，单一的政府财政拨款很难对提升科技创新能力产生显著效果。因此，苏北地区应当加快科技成果的转化率，而非盲目加大科技资源的投入。

(三) 区域开放程度

现有研究认为区域开放程度有对内开放和对外开放两个层面。对内开放主要表现为国际投资即FDI，FDI通常伴随着技术溢出、知识溢出、管理制度溢出、信息溢出和人力资本的溢出，因此，本土企业可以通过对先进技术、知识的观测、学习、模仿、消化和吸收之后的集成创新和二次创新，提高本土企业技术创新能力。[1] 对外开放程度主要表现为国际贸易，对于出口企业而言，国际贸易对企业技术创新具有积极的影响，首先，出口企业通过出口获取的利得能够促使进一步加强技术创新活动，形成"先发优势"；其次，出口企业能够迅速地感知国际市场需求，并能够获得市场上最好或最前沿的产品生产、改进等方面的无形知识，从而不断地刺激本身新技术的创造和发展；最后，由于出口的技术往往并不是最重要的、核心的或关键的技术，因此，将这些技术适时地抛售、获得较好的利得，将有利于新一轮的技术创新活动。[2] 综上可以看出，区域开放程度是影响区域科技创新国际化的重要影响因素，本报告分别用吸引境外投资额占固定资产比重和出口依存度即出口额占地区生产总值比重这两个指标来衡量对内开放程度和对外开放程度。

从图7-4的两张图中可以看出，无论是对内开放程度还是对外开放程度，苏南地区开放程度最高，苏中次之，苏北最低，这与苏南、苏中、苏北的地理位置和传统产业结构有很大关系。苏南地区处于沿海位置，对外贸易和旅游业发展迅速；苏中地区处于长江三角洲北翼，是苏南地区和上海地区的双重辐射区，海港业发达；而苏北地区以平原为主，陆上交通较为发达，医药、能源和设备制造为主要产业，而这些产业由于自身特点很难出口，因而江苏省形成了三大区域在科技创新国际化上的阶梯式分布。

---

① 李晓钟，张小蒂.外商直接投资对我国技术创新能力影响及地区差异分析[J].中国工业经济，2008(9)：76-87.

② 李苗苗，肖洪钧，李海波.区域开放程度与企业技术创新能力的关系研究——基于有向无环图的实证分析[J].运筹与管理，2016，25(6)：265-273.

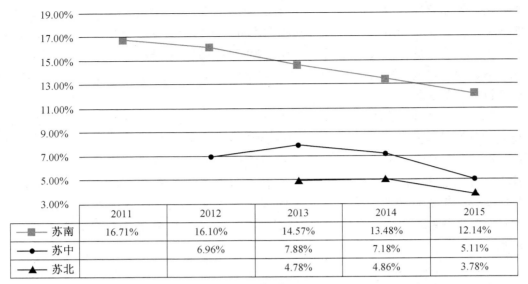

	2011	2012	2013	2014	2015
苏南	16.71%	16.10%	14.57%	13.48%	12.14%
苏中		6.96%	7.88%	7.18%	5.11%
苏北			4.78%	4.86%	3.78%

（a）吸引境外投资额/固定资产总额

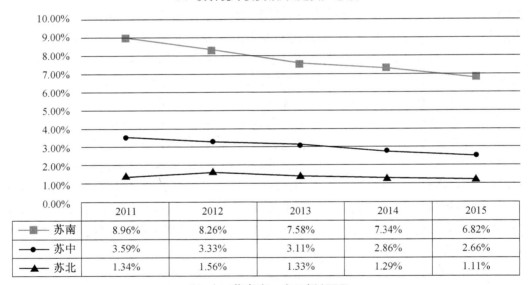

	2011	2012	2013	2014	2015
苏南	8.96%	8.26%	7.58%	7.34%	6.82%
苏中	3.59%	3.33%	3.11%	2.86%	2.66%
苏北	1.34%	1.56%	1.33%	1.29%	1.11%

（b）出口依存度＝出口额/GDP

图7-4　三大区域对外开放程度①

其次,三大区域吸引境外投资比重和出口依存度都出现一定幅度的下降,这并不表明三大区域的对外开放程度有所降低,相反正是由于中国目前完全融入全球化浪潮,全球经济状况下行使得中国的国际投资和国际贸易也出现了巨大下滑。基于世界范围内贸易额和投资额的下降,全球范围内的市场竞争进一步加剧,这表明随着三大区域市场

---

① 图7-3和图7-4数据来源于江苏省以及各市统计年鉴,其中苏中地区2011年、苏北地区2011和2012年部分数据缺失。

化程度的逐步提升,未来创新国际化的负荷也会逐步加强,但是若能合理整合资源,加强科技的战略性创新,江苏省必将迎来新一轮的区域科技创新时代。

(四)产业集聚程度

产业集群不仅能促进技术创新还能有效提升企业出口水平,是区域科技创新国际化的重要影响因素。产业集聚水平的提高一方面可以通过知识和信息外溢、共享基础设施和资本劳动力等要素资源、拓展产业前后向联系等渠道来促进企业和行业全要素生产率的提高①。另一方面,产业集群内广泛存在的产业链乃至产品内分工所形成的纵向非一体化分工协作网络,能够有效地降低各个环节零配件与组装企业的生产成本,有助于降低运输成本和交易成本,提高劳动生产率,使集群具有强大的低成本出口竞争优势。

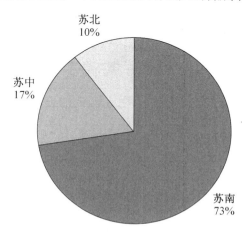

图 7 - 5　三大区域高新技术企业情况②

表 7 - 1　2015 年江苏省三大区域高新技术企业情况

地区	新增/家	累计总数/家	高新技术企业数/规模以上工业企业数	高新技术产业产值/工业总产值
苏南	2 109	7 691	33.7%	46.23%
苏中	587	1 800	16.8%	43.18%
苏北	414	1 102	8.5%	29.60%
江苏省	3 118	10 593	21.8%	39.13%

从图 7 - 5 可以明显看出,苏南地区高新技术企业数量占据江苏省的绝大份额,苏中次之,苏北最少。由表 7 - 1 可以看出,高新技术企业数占规模以上工业企业总数比重与高新技术产业产值占工业总产值比重有正向关联,苏南地区高新技术产业集聚程度远超过江苏省平均水平,而苏中和苏北都低于平均水平。这表明高新技术产业集聚程度是区域科技创新国际化的重要影响因素。

---

① 李思慧.产业集聚、人力资本与企业能源效率——以高新技术企业为例[J].财贸经济,2011,(09):127 - 134.

② 表 7 - 1 和图 7 - 5 数据来源于江苏省及各市统计年鉴。

（五）人力资源禀赋

人力资本是企业技术创新的关键,是区域科技创新国际化发展的重要载体。高素质的人力资本能更好地吸收和消化新知识并将新知识转化为新产品和新技术,实现对技术的原始创新和再创新。有学者指出人力资本对区域技术创新的影响系数随着人力资本水平跨越相应的门槛值而逐渐增大。① 本报告认为 R&D 人员是进行创新性、科学性和系统性科技活动的人员,具有相对较高的知识水平和技能,因此用 R&D 人员与万人口比重来衡量区域的人力资本水平。

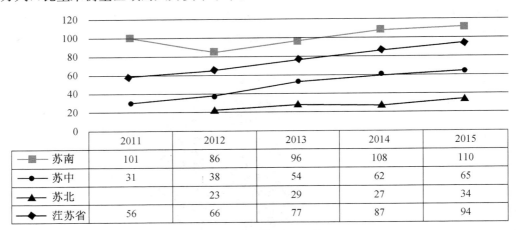

	2011	2012	2013	2014	2015
苏南	101	86	96	108	110
苏中	31	38	54	62	65
苏北		23	29	27	34
江苏省	56	66	77	87	94

图 7-6　三大区域 R&D 人员与万人口比例②

图 7-6 可以看出,苏南地区 R&D 人员与万人口比例居于江苏省平均水平之上,而苏中和苏北地区都低于江苏省平均水平,苏南、苏中、苏北的人力资本水平呈现阶梯式分布。苏南地区需要在保持现有人力资本水平的基础上,继续引进高科技人才,加快本地区经济发展。苏中和苏北地区则要注重教育事业的发展,扩大教育投资,努力提高人力资本水平。

（六）区域创新文化

区域科技创新国际化能力的差异表面上看是创新行为和国际化行为的差异,实质上是区域创新文化的差异,基于文化基因而形成的区域创新能力对区域科技创新国际化至关重要。企业家是区域技术创新的源头,区域企业家创新决策能力的各层次是否匹配,直接决定区域企业创新设想的产生,决定区域 R&D 成果市场化的实现,因此,本报告主要从企业家文化基因角度来研究区域创新文化基因。

区域企业家文化基因是指内化于区域企业家各种文化现象中,体现在企业经营过程中,在时间和空间上得以传承和展开的基本理念和基本精神,包括企业家的价值观、创新动机和创新思维等。从价值观上来看,苏南地区地处江南,受吴文化影响显著,形成

---

① 高彩梅,朱先奇,史彦虎.基于门槛模型的人力资本与区域技术创新研究[J].科技管理研究,2014,(02):1-5.

② 图 7-6 数据来源于江苏省及各市统计年鉴,其中 2011 年苏北地区 R&D 人员数据缺失。

了积极进取、强烈变革的企业家文化特色,而苏中和苏北地区由于区域文化的限制,则形成了相对保守和稳健的企业文化。从创新动机上看,江苏省三大区域呈现出不同创新导向的企业家创新动机,其中,苏中和苏北地区仍旧专注于传统的财富导向型的创新动机,而苏南地区则形成了知识导向型的创新动机,立足于可持续发展和高附加值的创新活动。从创新思维上来看,目前苏中和苏北地区还集中于传统的家族式信用模式创新思维,而苏南地区则已经逐步形成规范的公司治理机制、分工合作的创新型思维方式。

二、不同区域科技创新国际化的动力机制分析

(一)竞争合作机制

竞争合作是推动区域创新能力不断提升的重要动力机制之一,主要通过作用于区域创新系统的核心主体——企业,促进区域内的企业共享创新资源、共担创新风险,不断地寻求技术、组织管理等方面的创新,进而实现区域内企业创新能力的整体提高。

首先,区域创新系统内的企业由于地域上的集中优势,缩短了竞争的过程,减少了交易成本,加速了竞争者的不断涌现,使区域内企业间竞争加剧,迫使企业不断地进行技术创新,获得成本优势。当创新在某一企业率先成功时,区域内其他企业就面临新的挑战。率先创新成功的企业会打破原来的竞争格局和企业间的利益分配格局,使其他企业原有的创新贬值或完全失去价值,从而处于不利的竞争地位。采用旧方式的企业为保卫自己的生存而进行"适应"——不断进行创新,提升自身的竞争实力。同时,率先创新成功的企业也给区域内其他企业带来了新的机遇。率先创新成功企业的知识溢出成为其他企业进行更高层次创新的有效基础。通过非正式合作,采用旧方式的企业能够获得关于创新的信息,从而明确新的发展路径,降低创新风险,提高自身的创新能力。在较清晰的发展路径、较低的创新风险以及较高的创新收益等激励下,采用旧方式的企业会努力成为创新企业的模仿者和追随者。在这个竞争过程中,一方面,那些采用旧方式的企业实现了自身创新能力的提升;另一方面,实现了区域经济的增长。此时的竞争已不再是传统意义上的竞争,而是创新竞争,是新知识的发现过程。竞争是区域创新系统创新的一种无形推力,迫使企业产生紧迫感、压力感,区域内的企业由于受到竞争的隐形压力,迫使它们不断进行技术创新和组织管理创新。

其次,企业之间正式的技术合作互动关系是知识转移的最直接、最重要的形式。以弹性化和专业化为主要特点的区域内企业的合作是区域得以健康发展的关键。在很多的区域创新系统内,企业之间开展合作和技术联盟的现象日益普遍。这种合作不但可以分担某些领域内巨额的研发费用,还可以达到知识共享、人力资源和技术优势互补的协同效应,对合作双方以及整个区域的创新能力都是极大的促进。区域创新系统内的企业通过多种形式的资源共享,并将这些资源在价值链的各个环节进行配置和协调,使各种资源要素特别是知识、技术等高级要素能够合理流动和实现最优组合,使其配置到最能产生经济效能的经济活动中,从而保持企业持续的创新和竞争能力的提升,进而推动区域创新系统整体创新能力的提高。

因此,建立在非正式和正式合作互动关系之上的竞争促使企业不断地进行创新,在

这种创新行动被企业稳定地、持续地执行后,区域创新系统的竞争合作机制由此就形成了,它继续更有效地引导企业创新。

(二) 区域创新系统的网络效应——学习机制

区域创新网络是指一定地域范围内,各个行为主体(即企业、大学或科研机构、政府、中介机构和金融机构)在交互学习与协同创新过程中,彼此建立起各种相对稳定、能够促进创新的、正式或非正式的关系总和①。网络中的各结点在交互学习及协同创新的进程中,发挥的作用和影响各不相同。其中,企业是技术创新及学习的核心主体,处于创新网络的中心位置。大学与科研机构也直接参与创新,通过企业将知识、专利成果商品化,渗透于产品,完成创新活动的整个过程。在很多情况下,大学与科研机构可以充当新企业的孵化器,衍生许多有实力的企业。政府、中介机构和金融机构等网络其他行为主体,则是通过为创新的直接主体提供良好的创新环境和服务设施,间接参与网络的创新活动。

区域创新网络与学习互为存在和发展条件。一方面,区域创新网络通过构建学习平台,为主体间的学习提供基础。这体现在三个方面:第一,创新网络促进了行为主体间的互动关系——互动合作与协同创新,这种互动关系打破了主体的学习边界,扩展了主体的学习维度;第二,创新网络中的各主体之间的合作,形成了相互依赖的关系,彼此都要依赖对方的资源技术来进行技术创新,专业化的分工使得不同主体间可以专注于自己的技术领域,这就提升了各主体学习的深度;第三,各行为主体间以互动合作为联系纽带的网络关系加速了知识的积累、流动、转移、创造的过程,丰富了各行为主体获取知识的途径,提升了各主体学习的广度。另一方面,学习是区域创新网络得以巩固、发展的基础性要素,也是区域创新系统的内核。学习是在各主体互动的过程中进行的,但反过来又通过学习过程和效果改善主体间的互动关系。主体间的学习加速了创新网络中知识的流动和转移,使得区域创新网络内部的合作更加紧密、网络的创新更加有效,从而推动着区域创新系统的不断完善。

区域创新网络学习不仅存在于创新主体之间,而且企业与企业之间以及创新个体与人际网络之间形成的网络学习亦成为创新主体之间学习模式的必要补充,共同发挥提高企业学习能力的作用。区域创新网络中的学习包括创新主体之间、企业与企业之间以及创新个体与人际网络之间的三种模式。

(三) 区域创新系统的知识外溢机制

区域创新系统的知识外溢机制把其构成主体的各种学习活动以及学习成果连接在一起,它们在互动中积累知识、传递知识和分享知识,减少了知识资源的浪费,扩大了知识的产出效率,为区域创新提供了有效的智力保障。在区域内,企业、大学或研究机构的知识创新自然或者主动地外溢到区域内的其他企业,使得企业微观层面上的组织学习表现为宏观层面上整个区域的知识累积,其结果表现为区域知识基础的拓展和企业创新能力的提升。知识外溢机制需要各种载体协助发挥作用,而这些载体发挥作用的

---

① 王焕祥,孙斐.区域创新系统的动力机制分析[J].中国科技论坛,2009,(01):35-40.

方式也正是知识外溢的方式。区域创新系统内的知识外溢主要有以下四种方式。

1. 人才

人才是知识与技术的活载体,携带专业技能、经验和意会知识的人才在企业内部、企业之间以及企业和其他创新主体之间的流动,不同的知识源使他们各自的知识具有更大的异质性,知识的碰撞和整合效应更加明显,不仅使企业的知识存量从静态上得到增加,也增强了企业动态应用知识的能力。使新技术、新思想快速转移、扩散到需要的机构中去,并与原有的知识结合起来,加强技术创新的能力,并使之成为创新的思想源泉。

2. 企业间的合作创新

为了实现创新的成功,企业越来越依赖与其他企业的合作,依靠其他的专业性企业提供互补性的知识和技能。在这个过程中,知识实现了流动和转移,即使是编码化、流动性、转移性非常难的意会知识,也可以在共同解决复杂问题、交流经验和互动学习中实现有效传递。而意会知识的交流和学习对于企业创新能力的提升具有举足轻重的作用,其原因就在于,意会知识的流动、学习影响和优化了企业在技术创新中的行为方式,提升了企业技术创新的层次。

3. 企业的衍生

在成功的区域创新系统内部,企业的衍生活动非常频繁,在这个过程中会促使知识流向新的衍生企业,新的衍生企业便可在母企业原有知识积累的基础上,缩短创新周期,加速企业的成长,从而实现更高层次的创新。

4. 中介服务机构

区域内健全的中介服务机构,为区域内知识的流动和转移提供交换平台,加快了知识流动和转移的速度,减少了知识搜寻和学习的成本,将知识配置到最需要的地方,从而提高了知识的转换率和利用率,促进了知识向创新的转变。

可见,知识外溢的载体同时也是知识外溢机制发挥功效的有效途径,为区域提供了持续的创新动力。

三、不同区域科技创新国际化的路径和模式分析

江苏省区域间、区域内经济发展状况不同,区域间的创新模式也存在较大差异,本报告从创新平台空间布局的角度入手,认为江苏三大区域分别存在各自的布局模式,即苏南地区的均衡布局模式、苏中地区的点轴布局模式以及苏北地区的点极布局模式。同时,在这三大区域内部形成了以一种模式为主导,其他模式相互交融的状况。

(一)苏南地区的均衡布局模式

均衡发展模式即是在技术基础和产业基础较好、财力资源和人力资源等创新要素较为丰富的区域,政府通过有意识地把制度激励和政策制定倾向于平台的基础设施建设,实现研发平台、产业化平台和公共服务平台三大类平台在区域内的均衡布局和产业内的布局平衡。[①] 苏南地区良好的经济基础,为技术创新国际化提供了良好的资金支

---

① 孙庆.区域科技创新平台空间布局模式及其选择研究[J].科技管理研究,2012,32(18):35-39.

持,密集型的高校和研发分布机构分布使其具备了雄厚的科技基础,可以为大力发展前沿高科技研究和基础研究提供各类平台,如技术研发中心、共性技术研发平台等。在均衡发展模式下,苏南地区五个城市经过长期的发展,形成了原始创新、集成创新、引进消化吸收再创新模式齐头并进、共同发展的局面。

1. 原始创新模式

原始创新是企业自己的研发组织依靠自身的技术力量进行研发创新,并在此基础上实现科技成果商品化从而获利。进行原始创新有利于企业掌握核心技术、形成外部技术壁垒、培养创新人才,是科技型企业率先发展的起点和根本,而南京依托于其地理位置、文化中心和政治中心优势,逐步形成了原始创新模式。苏南地区在原始创新的过程中,形成了研发项目组、临时研发项目组两种主要的创新形式。其中,大型的国有企业和事业单位依托政的资金、技术等政策支持,逐步建立了设施完善、装备先进、人才集聚的研发项目组。作为民营科技企业,鉴于资金、技术和成本的限制,盲目的技术开发可能会给企业带来沉重的负担,为提升自主创新力度,使企业拥有自己的知识产权和核心技术,增强国际市场地位和竞争力,企业形成了独具特色的临时项目组形式,其组建成本低,在需要时可以集中有限的资源和力量进行专业化研究,当创新完成后即可解散,节省了维持费用,因此成为民营科技企业自主创新的首选模式。

2. 集成创新模式

以苏州、无锡、常州为代表的三大城市逐步形成了集成创新的国际化模式。集成创新既包括对技术的融合,也包括利用全球资源进行创新,形成具有市场竞争力的产品和产业。集成创新的形式多样,可以是围绕特定市场需求,融合相关各种技术基础上的创新;可以是集成全球各种资源,委托他人研究开发或共同合作进行创新,如企业与研究机构、国内外企业、高校间合作的创新;也可以是通过知识产权许可、跨国兼并、技术交叉许可等多种方式提高创新效率。一个地区竞争力的提高,既需要原始创新,更需要充分利用各种资源、技术的集成创新,集成创新是走向自主创新的必经之路,也是实现技术跨越式发展的一个重要途径。

3. 产学研创新模式

苏南地区在科技创新国际化的过程中,形成了以企业为主导,高校和科研院所共同开发合作的产学研创新模式。产学研合作是企业与高校、科研院所在优势互补、互惠互利、风险共担、共同发展的基础上开展的多种形式的工作,是优势资源整合的一种先进模式,对促进科技与经济结合具有重大意义。产学研合作的主要模式有成果转让、合作开发、人才培养、共建实体、科技园区、校企联盟、战略联盟七种方式。其中,科技园区、校企联盟和战略联盟是苏南地区产学研合作发展的重要方式。

科技园区模式打破了学校、科研机构、企业及政府间的壁垒,使知识经济、技术创新、经济发展和高校发展成为一个连续的有机体。尤其大学科技园是产学研合作很好的发展模式。大学科技园一般由高校发起,联系多家企业和政府参与,主要从事高新技术产品的开发和成果的转化等。大学科技园以大学的科技、人才、资源为依托,以创办有持续创新能力和国际竞争力的高科技企业为主线,把高校推向社会发展的中心,成为哺育知识性企业的场所,成为高科技产业的孵化器,成为产学研结合一体化的有效模式。目前,三大城市高校与企业联合建立的国家大学科技园共有南京鼓楼高校国家大学科技园、东南大学国家大学科技园、南京工业大学国家大学科技园等七个,运转情况良好,有效地促进了江苏省创新经济的发展。

校企联盟是江苏省积极探索科技服务企业服务社会的新模式,是当前形势下深化产学研合作的有效组织形式。校企联盟的内涵丰富,包括一个高校院所的单个学科或团队面向多个企业服务;多个高校院所的一批相关学科或团队集成服务于一个企业或一批企业,形成产学研合作的大联盟;也包括省外乃至海外的高校、科研机构与江苏省的企业建立合作联盟;还包括高校院所服务农业,与县、乡(镇)、村合作,建立各类农业科技基地和园区;还可以是高校院所的学科团队与地方或高新园区合作,共建创新平台、基地和联盟等。

战略联盟是指由企业、大学、科研机构或其他组织机构,以企业的发展需求和各方的共同利益为基础,以提升产业技术创新能力为目标,以具有法律约束力的契约为保障,形成的联合开发、优势互补、利益共享、风险共担的技术创新合作组织。战略联盟的主要任务是组织企业、大学和科研机构等围绕产业技术创新的关键问题,开展技术合作,突破产业发展的核心技术,形成重要的产业技术标准;建立公共技术平台,实现创新资源的有效分工与合理衔接,实行知识产权共享;实施技术转移,加速科技成果的商业化运用,提升产业整体竞争力;联合培养人才,加强人员的交流互动,为产业持续创新提供人才支撑。这种模式优势在于产学研联盟的结合度高、联盟成员之间互动性强、交易成本较低、技术创新能力强,能有效促进合作中各要素与资源的综合利用,具备持久的发展潜力。这种模式提高了产学研合作的组织程度,是产学研合作的进一步升级。截至2015年,苏南地区以长电、法尔胜等骨干企业牵头组建的国家和省产业技术创新战略联盟达45个,形成了以市场为基础、企业为主导的产学研合作长效机制,提高了关键技术、共性技术和前沿技术的创新能力。

(二)苏中地区的点极布局模式

点极模式是指在区域科技创新平台的空间布局过程中,通过培育"增长极"地区或产业作为整个平台发展的中心,进而带动"次增长极"地区或产业各类平台的发展。点极布局模式有极化效应和扩散效应两种效应。极化效应主要表现为科技创新平台在"增长极"地区或产业的集聚发展,使得这些地区或产业的科技力量不断增强,从而吸引人才、资本、信息、技术等要素向其聚集。扩散效应主要表现在"增长极"的自然资源、创新要素和创新活动等的分散和趋向过程中,两种效应相辅相成,通过集聚与扩散的作用带动整个区域各类科技创新平台的发展。

苏中地区有较好的创新要素禀赋,人才资源密集、创新要素富集。扬州高新区、南通高新区、泰州医药高新技术产业开发区均为国家级高新区,苏中地区在机电、汽车、纺织、医药等传统产业领域具有明显的优势,特别是扬州的汽车产业、泰州的生物医药产业等。苏中三地围绕高端装备制造、新材料、智能电网等战略性新兴产业重点领域,组织实施了多项关键技术攻关项目。培育区域产业创新网络是江苏省苏中地区实施创新驱动发展战略、加快供给侧结构性改革、推动产业转型的重要路径。苏中地区要充分发挥各地大型骨干企业或高成长性企业为核心的创新联盟的主导作用,根据不同技术创新类型的需要,基于核心企业的联盟网络式创新呈现出不同的创新层次,注重拓展大企业主导型产业创新网络的多层次的网络嵌套关系,利用战略联盟形成的相互信任拓展产业创新的社会资本,为产业合作创新提供更广阔的空间。

(三)苏北地区的点轴布局模式

点轴布局模式是确定中心地区或产业以及发展轴的等级体系,重点开发较高级别的中心地区或产业以及发展轴,随着区域经济科技实力的增强,再将开发重点逐步转移扩散至级别较低的发展轴,最终形成由不同等级的发展轴以及中心地区或产业构成的多层次结构的点轴系统,进而带动整个区域科技创新平台的发展。从苏北五市的整体布局来看,形成了以徐州为主、连云港和盐城为辅带动淮安和宿迁发展的模式。

与苏南和苏中地区相比,苏北地区结合自身科技状况的实际情况,更多地采用内向国际化以及引进消化吸收再创新的模式。这一创新模式是指企业先直接引进高新技术和产品,进行内部消化吸收,在此基础上二次研发,得到改进完善的技术和产品。由于选择有良好市场前景的产品进行改进和完善,这种创新具有低风险、成效高的优势。苏北地区经济基础相对薄弱,科技型企业虽然难以承担尖端、前沿技术的原始创新,但也具备一定的创新基础,可以通过对前沿领域的产品二次研发,获得先进技术,提升自己的创新能力。在接触高新技术领域过程中,不但使企业直接学习到先进技术,避免无谓的耗费,并且形成包括信誉、高效机制以及技术知识快速积累这类无形资源。高新技术和产品的引进也帮助企业吸引高层次技术人员,为企业注入新鲜的活力。因此,引进消化吸收再创新模式是苏北地区科技型企业提升自身创新能力,提升市场竞争力的一条捷径。

科技创新存在多种模式,一个区域科技创新的模式应与其经济发展水平相适应,在相应的经济发展阶段采取相应的科技创新模式。选择与经济发展相适应的科技模式,可以对经济的发展起到加速的作用,反之,科技创新模式如果与经济发展阶段不适应,则会制约经济发展的速度。如果科技创新投入不足或者科技创新模式滞后,则无法发挥科技创新对经济的巨大推动作用;如果盲目加大科技创新的投入或者科技创新模式超前,科技成果无法被充分的转化和利用,则造成科技资源的浪费,因此,应当要调节区域经济与科技创新的协调发展。

江苏省区域辽阔,各地区创新环境、创新资源、创新要素等千差万别,科技创新国际化所处的发展阶段也不尽相同。因此,各区域在创新国际化的过程中应当结合自身的实际,而不是照搬发达区域创新成功的经验。事实上,在科技创新国际化的过程中,一些地区为了尽快提升创新国际化的水平,出现了大范围模拟标准模式的做法,造成了重复建设、定位模糊、结构趋同等突出问题。结合江苏省企业和政府在创新国际化中的实际现状,本报告认为,应当在区域经济发展水平、区域主导型产业、区域特色定位和区域发展规律的基础上予以综合考量,选择适宜的科技创新国际化模式。

第八章　苏浙鲁粤沪五省市科技创新
国际化发展的比较分析

一、发展基础比较

江苏、浙江、山东、广东、上海五省市地处东部沿海,属于中国经济较发达的省市,科技创新国际化发展起步较早,成果显著。近年来,五省市不断深化改革,科研投入均有提高。然而五省市发展路径各有侧重,原因是发展基础不同,发展目标不同。江苏位于东南沿海,经济发达拥有优势资本资源,产业竞争激烈集群规模较小,科技发展主要通过各企业自行与高校、研究所合作。浙江省有发展成熟的集体经济基础,如早年的"温州"模式,规模较大的民营企业在进军海外市场时亟须进行高技术附加值转型,整体对实用性技术需求较高,侧重于技术是否快速转化为产值。山东省地处三海交界,拥有优越的外贸条件、农业资源、海洋资源,对发展特定技术有得天独厚的优势,但本省智力资源培养能力、引进能力相比较长三角、珠三角地区较为薄弱。广东省制造性企业发展迅速,最早开始寻求海外市场转型,同时城市发展势头迅猛,对高精尖人才有天然吸引力,高新技术发展更快,需要将高新技术与低端制造业整合,实现产业集群技术性整体跨越,创造更多的产值。上海作为国际知名大都市,在吸引海外人才方面乃是近水楼台,上海企业发展成熟,科技创新投入增长平稳。五省市发展基础各有特点,下面结合各类指标进行具体分析。

二、主要指标比较

(一)科技投入国际化

1. 科研人员投入

(1)海外人才引进

江苏省 2007 年启动双创人才项目,双创人才项目包括创业类、企业创新类、高校创新类、科研院所创新类、卫生创新类、文化创新类和高技能类等 7 个类别。截至 2015 年底,双创人才项目已资助引进海内外高层次人才 3 127 名,其中,创业类 1 410 名,企业创新类 1 363 名,事业单位创新类 325 名,高技能类 29 名。江苏省针对海外人才引进实施了长江学者奖励计划、海外高层次人才引进计划("千人计划")、青年千人计划、江苏省"双创人才引进计划"等项目,此外,还有如无锡 530 计划、姑苏人才计划、紫金人才计划这样对不同地区的人才引进计划,并举办如江苏省(伦敦)高层次人才招聘会暨项目洽谈会,提供招聘海外人才机会的平台。

浙江省海外人才引进政策指导上,有《关于大力实施海外优秀创业创新人才引进计划的意见》、《浙江省"海外高层次人才引进计划"暂行办法》等,此外还有浙江省引进海外高层次人才"千人计划"、浙江省海外高层次人才引进计划、"海鸥计划"、"星耀南湖"精英峰会等人才引进项目。

山东省政府有《山东省鼓励社会力量引进高层次人才奖励实施办法》等措施努力创建人才吸引环境,并发布如《山东省引进高层次高技能人才服务绿色通道规定》这样的政策,借给予人才优待来吸引人才。此外,还有海外人才"511"引进计划、国家"青年千人计划"、济南高新区"海右人才计划"等海外人才引进项目。

广东省海外人才引进措施有"珠江人才计划"、"广东特支计划"、"扬帆计划"三大人才引进计划,并制定省内各市的"千人计划"分支,鼓励省内广州大学、岭南师范学院、广东海洋大学、广东开放大学、广东理工职业学院等大学制定吸引海外人才计划。此外,2015年广东省异地人才引进入户的年龄限制也有所放宽。

上海市颁布如《关于服务具有全球影响力的科技创新中心建设——实施更加开放的海外人才引进政策的实施办法(试行)》等政策指导市内各部门制定有地方特色的海外人才吸引措施,以薪酬、投资、第三方评价等市场化方法引才,放宽海外人才入住条件,以吸引海外人才。此外,还有上海市浦江人才计划、上海"青年英才开发计划"等办法吸引各类海外人才。

(2) 科技活动人员投入强度

科研人口是一个地区技术提升的关键,科技的投入首先是对人才的投入。

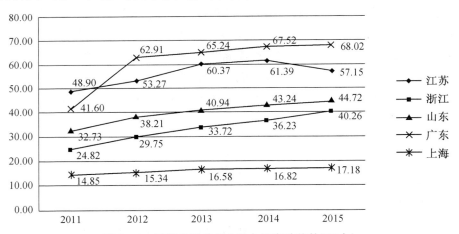

图 8-1 苏浙鲁粤沪 R&D 人员变动趋势(万人)

表 8-1 苏浙鲁粤沪 R&D 人员与万人口比例①

地区	2011 年	2012 年	2013 年	2014 年	2015 年
江苏	0.62	0.67	0.76	0.77	0.72
浙江	0.52	0.62	0.70	0.75	0.83

① 图 8-1 与表 8-1 数据来源于 2012—2016 年苏浙鲁粤沪的统计年鉴。

（续表）

地区	2011 年	2012 年	2013 年	2014 年	2015 年
山东	0.34	0.39	0.42	0.44	0.45
广东	0.40	0.59	0.61	0.63	0.63
上海	0.63	0.64	0.69	0.69	0.71

从上表中看到近年来各省市对技术创新十分重视，科研投入连年增长。其中，2012年经济危机后，与海外市场联系广泛的浙江、广东等地迅速寻求转型，加大了科技投入。广东省2012年研究人员比例增长50%，其他省市也均有增长，山东省增长30%以上，浙江省五年来研究人员人口比例增长近一倍。原先智力资源较丰富的上海江苏两地，研究人员比例变化较平稳。可以看到，近年来各地人才引进计划均有成果，大量科技人才进入东南沿海，可见，如何继续吸引人才，提高技术性人才待遇，激励技术研发积极性成为各省市进一步发展技术创新步伐的重中之重。

2. 资本投入

（1）吸引外资

我国是一个引资大国，但是中国利用外资存量水平仍较低。近年来，相关文件的出台表明我国继续引入外资，推动自身产业升级的意图。

一是吸收外国直接投资中国有较大的空间。一方面，根据联合国贸易和发展会议的统计资料，中国吸收外商直接投资（FDI）存量的人均规模长期低于世界平均水平，最高的是2011年，也仅为世界平均水平的18%，即使吸收FDI存量与GDP比例，中国也处于较低水平，2003年以来中国这一指标一直低于世界平均水平，幅度超过10个百分点，甚至20多个百分点，而近几年FDI占GDP的比重持续下降。未来中国需要进一步在提高吸引外资数量的同时，增强吸引外资的质量，特别是外资推动中国创新能力方面空间巨大。

二是中国进一步降低市场壁垒的空间也较大。金融开放度指标显示，中国与发达国家相比还有一定差距。从国际金融市场来看，中国人民币区域化的空间较大。随着经济实力的提升，中国与周边国家、贸易伙伴的联系越来越紧密，人民币区域化的空间有待进一步拓展。中国信贷、担保、融资、保险等金融服务发展空间明显。在降低贸易税率方面，可以进一步降低工业制成品的关税税率，继续加大对外资的开放力度，加快高新技术进口，充分利用全球资源参与核心技术研发。

三是在推动政府效率提升和市场化机制方面空间更大。研究结果表明，近几年政府效率呈现出下降的趋势，政府下一步的任务是推动自身的职能转变。当前，围绕"权力下放"和全面转变政府职能，中国政府需要切实提高政府效率和对市场的监管水平，为开放式创新提供良好的制度保障，政府各部门出台政策要与WTO的规则保持一致，在产业政策方面，要减少政府直接干预，不能对特定产品提供补贴，要花力气促进科研和自主创新的发展，同时，中国政府和产业界要积极介入、参与国际贸易规则、国际产品标准的制定，为中国赢得更好的外部发展环境。

通过观察省市地区吸引外资总额可以基本了解当地对外开放程度、力度。

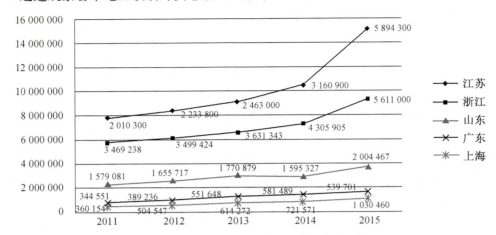

图 8-2　苏浙鲁粤沪吸引境外投资总额/万美元

表 8-2　苏浙鲁粤沪吸引境外投资总额占固定资产投资总额比重(%)①

地区	2011 年	2012 年	2013 年	2014 年	2015 年
江苏	13.69	15.91	17.07	17.37	22.45
浙江	24.48	22.77	27.32	24.69	20.24
山东	3.81	3.34	2.98	2.31	2.58
广东	13.30	11.44	9.85	10.20	11.64
上海	25.62	26.84	27.01	32.27	57.79

　　从表 8-2 中可以看到,近年广东上海两地加大吸引外资力度,2015 年上海境外投资占固定资产比重将近 60%,达到 5 894 300 万美元,其他各省引资额度也略有增长。除了加大自身技术投入吸引外省优秀人才外,各省市还积极寻求与海外资本合作,广泛开展研发合作技术共享,从原本的吸收海外资本开设工厂开发资源转变为吸收海外技术经验寻求共同发展的新模式。在这一轮新的招商引资活动中,应当减小对海外资本的依赖,转而注重于吸收先进技术经验、优秀的研发理念、创新思维,以及吸引更多的海外人才。

　　(3)境外投资

　　除了吸引外资,近年来我国企业还继续响应"走出去"战略的号召。据商务部提供的数字,我国的对外直接投资在 2003 年以后进入了快速发展阶段。2010 年我国境内投资者共对 129 个国家和地区的 3 125 家境外企业进行了直接投资,截至 2010 年底,我国累计非金融类对外直接投资 2 588 亿美元。2014 年是中国对外投资的分水岭,随着"一带一路"战略构想的推进实施、丝路基金与亚洲基础设施投资银行(以下简称"亚投行")的筹备成立,中国的对外投资迎来新纪元。

---

　　①　图 8-2 和表 8-2 数据来源于 2012—2016 年苏浙鲁粤沪统计年鉴。

2015年1月21日,商务部新闻发布会公布的数据印证了中国与全球化智库的预测。据商务部发言人沈丹阳介绍,2014年中国企业对外投资规模达到1 160亿美元,算上中资企业在第三地的利润投资,全年中国对外投资金额高达1 400多亿美元。2015年上半年,我国非金融类对外投资高达3 432亿元人民币,折合约560亿美元,对外直接投资同比增长29.2%,预计2015年全年将持续稳定增长。同时,中国对外投资规模占国际对外投资总额的11%左右,相当于美国对外投资的三分之一。虽然中国对外投资规模与美国之间的差距较大,但从投资增长率的角度分析,美国企业自2008年金融危机发生以来,除2011年外,对外投资增长率均为负值,呈明显的负增长趋势。与之相比,中国企业对外投资在2007—2014年以年均30%的速度持续大幅增长,预计到2025年将达到3 000亿美元以上的对外投资规模。

表 8 - 3　2015 年苏浙鲁粤沪境外投资①

地区	境外投资项目数量		境外协议投资项目规模	
	新增项目/个	增长幅度	新增投资额/万美元	增长幅度
江苏	880	19.57%	1 030 460	42.81%
浙江	228	14.71%	340 995	12.26%
山东	589	14.42%	1 559 474	68.67%
广东	7 033	13.89%	5 614 600	29.39%
上海	1 310	27.89%	2 733 400	46.37%

2015年江苏境外投资项目新增880个,比上年增加19.57%,投资额增长幅度42.81%。浙江境外投资增长幅度最低,新增项目228个,投资规模上升12.26%。山东新增投资项目589个,投资规模大幅上升,增长68.67%,增长幅度最高。广东境外投资项目数量增长7 033个,在本身外资合作众多的基础上增长13.86%,投资规模也增长近三成。上海市新增投资项目1 310个,增长幅度比往年加快,比去年增长27.89%。五省市境外投资项目大幅增加,不仅表现了招商引资、技术引进的成果,更体现自身技术发展的可喜成就。

3. 技术进口

随着当今世界经济的迅猛发展,技术日益成为经济增长的决定因素,许多国家都把技术引进作为提高本国科技水平,加快经济发展,增强综合国力的重要手段。目前,引进国外先进技术已成为我国对外开放的重要内容。通过技术引进,我国的技术水平提高了,完善了工业结构,推动了我国的经济增长,其成就是显著的。

(1) 技术进口规模

随着世界经济不断发展,经济全球化进一步加深,科技革命不断推进,国际分工进一步深化,科学技术水平已成为各国经济和综合国力的决定性因素。在知识经济快速

---

① 表 8 - 3 数据来源于 2014 年、2015 年苏浙鲁粤沪的统计年鉴。

发展的今天,技术引进的重要性非常显著,改进技术引进的方法途径,提高技术引进的成效,对于进一步加快中国科技、经济建设是非常重要的。随着国家对技术进口的各项扶植政策和措施的落实,科技兴贸战略的实施,一系列政策法规的出台,有力地促进了技术引进工作。

技术引进是必要的,通过引进发达国家的先进技术,有利于缩短同这些国家的差距,还可以利用后发优势,开放市场,接触到最新的技术,从技术引进的"技术外溢"中受益,以形成自己的比较优势,再向其他国家出口。

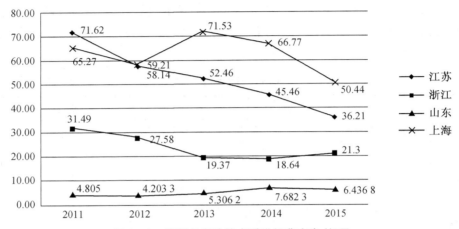

图8-3　苏浙鲁粤沪技术引进经费支出/亿元

(2)技术进口依存度

技术引进额不断增加、技术引进方式和产业分布有所改变、技术引进来源有所增加,但经过仔细的研究分析,我们仍然可以发现在我国当前的技术引进中存在的严重问题,如盲目重复引进、消化创新不足、技术引进来源单一等。随着我国企业自主研发能力增强,科研投入加大,这些问题正在逐步改善,我国企业对技术进口依存度逐渐减少,这一变化从各省市引进经费占研发经费内部支出比变化中可以一窥究竟。

表8-4　技术引进经费占研发经费内部支出比①

地区	2011 年	2012 年	2013 年	2014 年	2015 年
江苏	7.43%	5.32%	4.23%	3.30%	2.40%
浙江	3.93%	2.82%	1.72%	1.49%	1.53%
山东	0.57%	0.41%	0.45%	0.59%	0.45%
广东	—	—	—	—	—
上海	10.92%	8.58%	9.21%	7.75%	5.39%

---

① 图8-3和表8-4数据来源于2012—2016年苏浙鲁粤沪统计年鉴,其中广东省技术引进经费指标缺失。

除了吸引科研人才、加大外资合作,直接进行技术进口也是技术创新的方法之一。过去中国企业更加依赖技术进口,随着近年来自主研发能力加强,尽管对技术进步更加重视,中国企业技术进口规模反而逐步下降,对进口技术依存度更低。

从图8-3、表8-4中可见,江苏省技术引进经费支出,从2011年的71.62亿元下降至2015年的36.21亿元,是技术进口依赖减少最显著的一个省。上海市的技术引进经费从2011年的65.27亿元逐步回落,2013年反弹至71.53亿元,在重视科技研究、技术进步、新科技转化的大背景下,2015年技术引进经费支出降低至50.44亿元。浙江省技术引进经费支出相对稳定,2011年经费支出最高达到31.49亿元,最低减至19.37亿元。山东省技术引进经费最少,在4—6亿元,这也受到当地产业结构的影响。广东省技术引进经费数据缺失。可以看到五省市技术引进经费占研发经费内部支出的比例不断减少,能够推测出我国企业技术发展从全盘依赖进口转变为自主研发、合作研发相结合。引进经费支出占研发经费比例减少,也从侧面说明了近年来我国企业不断加大研发费用的投入。

4. 研发费用

（1）全社会研发经费投入

各省市正在加大研发经费的投入力度,以实现自主研发为主:多种渠道筹集研发经费,合理地调整研发经费在销售收入中的所占比重,正确调整研发经费在基础研究、应用研究和试验发展之间的分配比例,适当提高基础研究的投入经费,将基础研究经费的所占比例提高到研发经费总额的4%左右,提高自主研发的能力。与此同时,要正确调整消化吸收经费与技术引进费用之间的比例,减少技术引进费用的支出,提高技术消化吸收的经费支出,将技术引进工作的着重点放在技术引进后的消化吸收方面。R&D经费占地区生产总值比重逐年增长。

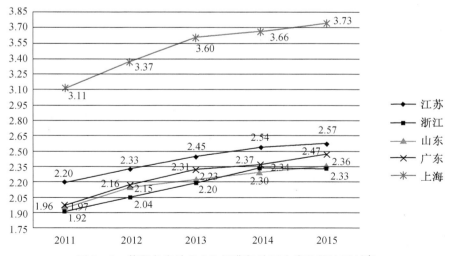

图8-4　苏浙鲁粤沪R&D经费与地区生产总值比重(%)

（2）政府研发投入

研发是一个国家创新的核心和灵魂,研发投入绩效的高低会对国家的创新和经济发展的动力等各个方面产生很大影响。但是,过去我国的政府研发投入产出效率并不理想,民营企业一度成为创新主力。

　　近年来我国政府科技投入答复增长,主要得益于国家创新驱动战略的推进。国家政策体系的不断完善和相关政策的贯彻落实,极大激发了全社会投入自主创新的积极性。企业、政府属研究机构和高等学校是我国研发活动的三大执行主体,2015 年企业投入的研发经费达 10 881.3 亿元,比上年增长 8.2%,对全社会研发经费增长的贡献达 71.1%,成为全社会研发投入的引领者。2015 年,国家加大了对"十二五"科研课题(项目)的执行力度,政府属研究机构和高等学校研发支出增长明显,分别达到 2 136.50 亿元和 998.60 亿元,分别比上年增长 10.9%和 11.2%,增幅分别提高 2.8 个和 6.4 个百分点。

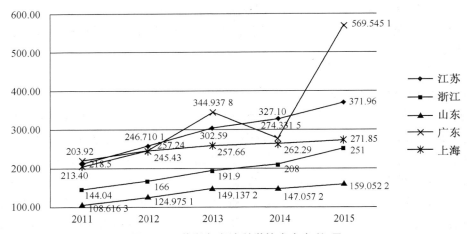

图 8-5　苏浙鲁粤沪科学技术支出/亿元

表 8-5　苏浙鲁粤沪科学技术支出占公共财政预算支出比重①

地区	2011 年	2012 年	2013 年	2014 年	2015 年
江苏	3.43%	3.66%	3.88%	3.86%	3.84%
浙江	3.75%	3.99	4.06%	4.03%	3.78%
山东	2.17%	2.12%	2.23%	2.05%	1.93%
广东	3.04%	3.34%	4.10%	3.00%	4.44%
上海	5.60%	5.90%	5.70%	5.30%	4.40%

　　科技是第一生产力,从表 8-5 中可以看到,经济大省的科学技术支出,在公共财政预算支出中始终占据一席之地,其中,上海省科学技术支出比例最大,达到 6%左右。其他省市基础设施投入仍在增长,科学技术支出比重相对较低,也达到 4%左右。再看表 8-4,从 2011 年到 2015 年,五省市全社会研发经费投入均在不断上升,平均上升规模在 3—4 成,可以发现全社会对技术研发更新十分重视。最具特点的是广东省,在图

──────────

　　① 图 8-4、图 8-5 与表 8-5 数据来源于 2012—2016 年苏浙鲁粤沪统计年鉴。

8－5中,2015年广东省政府研发投入上升至569.5451亿元,将近2011年的三倍,纵观数据,广东省政府研发投入始终是五省市中较高的。其他各省市政府研发投入也均增长,但技术研发还是由企业主导。

(二)区域科技产出国际化

1. 高新技术产业出口水平

随着中国经济的不断发展和出口的不断增强,高技术产业的竞争力不断增强,在外资企业表现尤为明显。在苏浙鲁粤沪五省市中,高新技术产品出口额占总产值的比重有下降趋势,值得我们关注。

表8－6 苏浙鲁粤沪高新技术产品出口额占总产值的比重①

地区	2011 年	2012 年	2013 年	2014 年	2015 年
江苏	28.45%	25.45%	23.73%	23.10%	20.96%
浙江	3.06%	2.69%	2.34%	2.37%	2.44%
山东	2.16%	2.00%	1.95%	2.12%	1.75%
广东	29.43%	29.96%	30.48%	25.24%	18.13%
上海	31.40%	26.21%	25.18%	23.21%	21.11%

长期以来,中国与世界工厂的印象,在对外贸易中,中国最大的优势往往是由低廉劳动力价格带来的制造业产品。然而,近年来,中国高新技术产品也陆续走上世界舞台,2011年江苏高新技术产品出口额占总产值的28.45%,广东和上海高新技术产品出口额比例分别达到29.43%和31.40%,2012年金融危机后世界经济缓和,普通贸易需求增大,五省市的高新技术产品出口额占总产值的比重均有下降,江苏高新产品出口额比例下降为20.96%,上海高新技术产品出口额比例也下降10%左右。可见,我国在高新技术输出方面仍有不足,需要加大科技投入,甚至寻求外部合作,才能跻身国际前列。五省市中浙江山东高新技术出口产品额比重较小大约在2%到3%左右。

2. 国际专利申请

近年来,我国企业紧随国家"一带一路"战略,利用日渐强大的科研创新实力,抢占国外发达国家专利申请的领域,积极布局国际专利,提升我国企业在国际贸易中的竞争力,有助于实现海外市场的高效扩张。

表8－7 PCT专利申请量占专利申请总量的比重②

地区	2011 年	2012 年	2013 年	2014 年	2015 年
江苏	0.19%	0.19%	0.24%	0.38%	0.57%
浙江	0.34%	0.26%	0.27%	0.32%	0.30%
山东	0.38%	0.41%	0.55%	0.37%	0.32%

---

① 表8－6数据来源于2012—2016年苏浙鲁粤沪统计年鉴。
② 图8－6和表8－7数据来源于网络公开资料整理。

(续表)

地区	2011 年	2012 年	2013 年	2014 年	2015 年
广东	4.56%	4.01%	4.36%	4.79%	4.27%
上海	1.06%	1.24%	1.02%	1.27%	1.06%

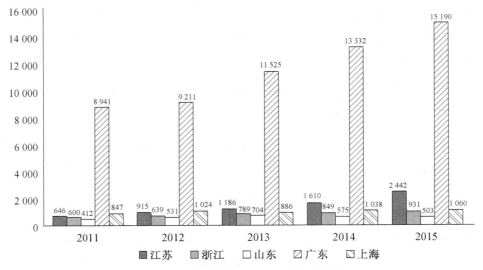

图 8-6　苏浙鲁粤沪 PCT 专利申请量/件

从图 8-6 和表 8-7 可以看出,广东省 PCT 专利申请量远超其他四省市,且自 2012 年起 PCT 专利申请量稳步上升,2015 年 PCT 专利申请 15190 件。而江苏省的 PCT 专利申请量虽然基数很低,但也保持稳步上升的态势,2011 年与浙鲁沪三省市 PCT 申请量差别并不大,但是到 2015 年已经与这三个省市拉开了一定的差距。在 PCT 专利申请占专利申请总量比重方面,广东省比重也是最高,近两年来与其他四市的差距不断加大。其他四省市中,江苏的 PCT 专利申请量占专利申请总量的比重正在逐年增长,而浙鲁沪三省市的数据却分别稳固在 0.3%、0.4% 和 1.1% 左右。

3. 科技创新成果转化水平

从中央到地方,各级政府都在强调科技成果转化,特别是科研院所和高校,一大批专利和新技术无人问津。科技创新成果转化为产值,这里面存在很多困难,应该成为科技创新国际化的着眼点。

(1) 技术市场合同成交额

随着我国加大对知识产权保护力度,众多科技成果(甚至雪藏多年的)终于获得创造价值的机会。近年来,各省市技术合同成交额均有大幅上升。

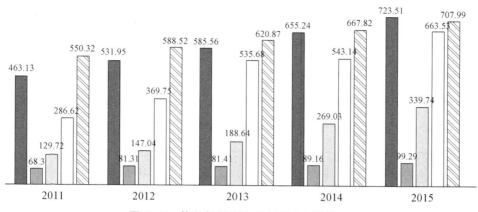

图 8-7　苏浙鲁粤沪技术合同成交额/亿元

从上图可以看出,江苏和上海在技术市场成交交易中一路领先,2015 年全省(市)科技合同成交额分别实现达到 723.51 和 707.99 亿元。在增长态势上,苏鲁沪自 2011 年起都保持稳步增长的状态,而浙江省的技术合同成交额自 2011—2012 年有个小幅度的增长之后,一直保持在 80—90 亿元的水平。广东省的技术合同成交额基本是一个稳定增长的态势,只是在 2014 年有微小的下滑,使得在 2015 年未能达到像苏沪这样的水平。

（2）新产品开发情况

科技创新成果带来商业利润,应当对新技术新专利有刺激作用,然而我们观察了江浙鲁粤沪五省市新产品开发状况后发现,新产品出现速度并未显著增加。是否现有技术成果转化需要时间？还是技术研发遭遇规模瓶颈？这些问题值得进一步关注。

表 8-8　苏浙鲁粤沪新产品销售收入/新产品开发研发经费投入

地区	2011 年	2012 年	2013 年	2014 年	2015 年
江苏	16.15	17.09	16.55	17.52	16.90
浙江	24.43	23.48	27.49	18.42	20.96
山东	—	15.98	14.00	12.54	13.10
广东	13.46	12.98	12.89	12.51	12.37
上海	17.36	15.29	14.55	14.38	13.07

表 8-9　苏浙鲁粤沪新产品出口额/新产品销售收入①

地区	2011 年	2012 年	2013 年	2014 年	2015 年
江苏	29.62%	24.91%	21.74%	18.38%	18.31%
浙江	6.22%	4.90%	3.19%	3.05%	2.51%
山东	—	13.84%	14.26%	16.56%	14.95%
广东	39.53%	38.82%	33.53%	36.60%	33.05%
上海	13.29%	14.25%	10.08%	12.18%	14.45%

在新产品销售收入占其研发经费投入比上看,江苏省的指数在 2011—2015 年在 16%—17% 波动,没有明显的下降态势。广东省和上海市的指数却是逐年下降,尤其是上海市,下降的幅度较大。山东省和浙江省的新产品销售收入占其研发经费投入比重在 2011—2014 年是下降的状态,但是在 2015 年却有一个小幅的回升,展示了当年的新产品利润的下降。在新产品出口方面,江苏、浙江两省的新产品出口额自 2011 年以来逐年下降,可以看出近年来新产品的国际化水平的下降。而山东、广东、上海三省市的新产品出口额相比于新产品销售收入的比重在 2013 年或 2014 年中都有不同程度的上升,但是持续时间并不长,只有上海市的指数至 2015 年停止在了上升的状态上。

(三) 区域科技创新环境

1. 产业集聚水平

工业生产有规模效应,科技研发同样存在。提高产业集聚水平,才能做到抓龙头强带动,抓项目强支撑,抓招商强后劲,抓融合强引擎,深入持久推动产业集聚区建设。产业集聚不仅仅是产业在地理位置上的一个集聚,更包括了这些集聚产业的融合沟通,化零为整才能增强整体竞争力。

表 8-10　苏浙鲁粤沪高新技术企业②

地区	2015 年新增/家	累计总数/家	高新技术企业数/规模以上工业企业总数
江苏	4 722	18 872	38.92%
浙江	1 046	7 905	37.20%
山东	493	3 903	11.06%
广东	1 811	11 105	26.36%
上海	638	6 071	67.50%

---

① 表 8-8 与表 8-9 数据来源于 2012—2016 年苏浙鲁粤沪统计年鉴。

② 表 8-10 数据来源于 2012—2016 年苏浙鲁粤沪统计年鉴。

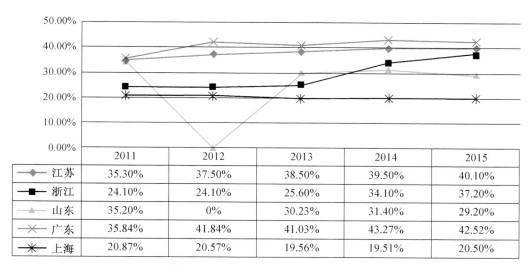

	2011	2012	2013	2014	2015
◆ 江苏	35.30%	37.50%	38.50%	39.50%	40.10%
■ 浙江	24.10%	24.10%	25.60%	34.10%	37.20%
▲ 山东	35.20%	0%	30.23%	31.40%	29.20%
✕ 广东	35.84%	41.84%	41.03%	43.27%	42.52%
✳ 上海	20.87%	20.57%	19.56%	19.51%	20.50%

图 8-8　高新技术产业产值占规模以上工业总产值比重

从以上两表可以看出,江苏省去年涌现了大批高新技术企业,展现了其强大的科技创新潜能,而上海市的高新技术企业虽然不多,但是其高新技术企业数量占该市规模以上工业企业总数达到 67.5%,展现了当地科技创新企业的比重之大。但是在产值上,上海市的高新技术企业似乎并没有很好地发挥其价值,因为该市高新技术产业产值相比于该市规模以上工业企业总产值是苏浙鲁粤沪五省市里最低的。而广东省的高新技术企业虽然不那么多,但是其高新技术产业产值占其规模以上工业企业总产值的比重是这五省市中最高的,体现了其科技创新能力的强大。

2. 产学研合作水平①

江苏全省从事科技活动人员 120.3 万人,其中,研究与发展(R&D)人员 74.6 万人。全省拥有中国科学院和中国工程院院士 96 人。全省各类科学研究与技术开发机构中,政府部门属独立研究与开发机构达 144 个。全省已建国家和省级重点实验室 97 个,科技服务平台 290 个,工程技术研究中心 2 989 个,企业院士工作站 329 个,经国家认定的技术中心 95 家。

浙江全年全社会研究和发展(R&D)经费支出 1 000 亿元,相当于地区生产总值的比例为 2.33%,比上年提高 0.07 个百分点。地方财政科技支出 251 亿元,比上年增长 20.6%。全省有国家认定的企业技术中心 93 家(含分中心)。新认定高新技术企业 1 046 家,累计 7 905 家。新培育科技型中小企业 8 536 家,累计 23 930 家。全年专利申请量、授权量分别为 30.7 万件和 23.5 万件,分别比上年增长 17.5% 和 24.6%,其中发明专利授权量为 2.33 万件,增长 74.6%。

山东自主创新能力增强。登记科技成果 3 011 项,获得国家自然科学奖 2 项,国家技术发明奖 5 项,国家科学技术进步奖 26 项。发明专利申请量 9.3 万件,比上年增长

---

① 本节数据来源于 2016 年苏浙鲁粤沪统计年鉴。

20.9%;发明专利授权量 1.7 万件,增长 60.2%。年末有效发明专利 4.8 万件,增长 37.2%,每万人口有效发明专利拥有量 4.9 件。登记技术合同 20 651 项,成交金额 339.7 亿元,增长 26.3%。

广东年末县及县级以上国有研究与开发机构、科技情报和文献机构 375 个。规模以上工业企业拥有技术开发机构 2811 个。全省科学研究与试验发展(R&D)人员 53.5 万人年(折合全时当量)。全省 R&D 经费支出约占 GDP 的 2.5%。

上海全市有效发明专利达 69 982 件。全市科技小巨人企业和小巨人培育企业共 1 427 家,高新技术企业 6 071 家,技术先进型服务企业 253 家。年内全市认定和复审高新技术企业 2 089 家。年内认定高新技术成果转化项目 603 项,其中,电子信息、生物医药、新材料等重点领域项目占 83.4%。至年末,共认定高新技术成果转化项目 10 500 项。全年经认定登记的各类技术交易合同 2.25 万件,比上年下降 10.8%;合同金额 707.99 亿元,增长 6.0%。

三、主要做法与路径比较

(一) 江苏在科技创新国际化上的做法

1. 加强技术引进,鼓励外资研发机构设立

江苏现有技术水平比起发达国家还有差距,如果仅通过自主创新来提高科技水平,路途相对遥远。为此,江苏首先加大引进、消化、吸收、再创新力度,建立开放技术创新与自主创新相结合的发展模式,逐步提高自己的科技创新能力。鼓励和推动外资研发机构在江苏的设立,实现高新技术产业产值年均增幅,由 30% 提升到 40% 以上。同时,对省内各市满足一定条件的独立或内设外资研发机构予以确认,给予金融支持或科研经费配套支持,推动其在江苏境内长足发展。

2. 完善知识产权保护机制,鼓励自主创新

科学技术的持续发展离不开有效的知识产权保护机制,美国等发达国家在知识产权保护方面的规定比我国完备许多,这为其技术创新提供了有效的保障,促进了科技进步。因此,江苏加大执法力度,依法公正、高效地解决好知识产权纠纷。此外,省内各级政府建立各项科技基金,多渠道多形式筹集资金,重点支持高技术含量、附加值并有广泛市场前景的专利技术。建立以财政扶持为引导,以企业研发为主体,社会力量广泛参与的科研体系。

3. 制定科学的产业集群按规划

江苏利用国际制造业再次转移的时机,江苏南地区的优势资源加以整合,实现世界 500 强在江苏的聚集,建立一个世界尖端的产业集群。其他地区则围绕特色产业,强化专业市场功能。各市县人民政府重点引进和培育关联度大的大企业、大集团,促进一批综合效益好、对集群区域经济带动性强的大型产业项目落地,引导企业朝产业链上游延伸,带动配套项目,拓展产业集群的空间,支持龙头企业的形成,从而打造区域集群和企业生存品牌,提高其国际竞争力。

4. 加大产学研联盟合作的力度与范围

在知识经济时代,人才是市场竞争的第一要素。江苏的产学研合作联盟,发挥教育和人才优势,积极从海外引进先进的研发和管理人员,储备可持续发展智力库的同时,省内外、国内外高校、科研机构建立科技协作联盟,通过项目合作,以及技术引进、人才引进、职业培训等形式,有效开展研发合作和成本转化活动。

（二）浙江在科技创新国际化上的做法

1. 大力拓展技术引进

浙江省与世界各地形成产品型国际科技合作模式,欧美科技领域长期处于国际先进水平,尤其是在制造加工方面,许多工艺技术和产品保持着相当高的水平。因而在国际科技合作中,采用引进先进的生产技术和产品以及成熟的生产工艺技术的合作模式,这样不仅能够降低产品的生产成本,提高生产效率,还能使我方合作企业自身的工艺技术水平、技术含量及产品档次得到较大提升,显著增强合作企业的综合竞争力。

与此同时,浙江省把二次开发型国际科技合作模式加以目标定位。采用这种合作模式,可以巩固发展企业的技术沉淀加深技术开发的深度,提高技术档次。由于一些合作国家或单位具有比较先进的基础研究,同时,科技成果产业化机制相对落后,所以采用二次开发国际科技合作模式,能够加快地方创新速度和科技成果转让,使他国、他地科技为我所用,大大提升产品科技含量,实现产品的市场价值。

2. 大力开拓交流互访,联合开发

浙江省集体制企业发育良好,存在自身的技术研发动力,但是技术研发能力零散,相对薄弱。近年来与浙江省国际科技合作企业科研机构加强合作,引进不少外国专家。

专家是技术的载体,互访是实现技术交流的最有效形式,引进专家是引进技术最有成效的形式。浙江省积极采用引进专家或专家交流互访型的国际科技合作模式,双方科技人员共同努力,研发新品种,也为企业带来了可观的经济利益。联合开发型国际科技合作模式是杭州市国际科技合作单位采用较多的方式,中外双方对新工艺新技术新材料等方面共同开发,促使合作双方技术储备同时得到提升。由于这种合作模式以共同利益为目的,双方技术储备不仅得以同时提升,而且还可以进一步拓宽联合开发的领域,产生较大的经济效益,适合各行各业的企业积极采用。

浙江省积极采用 R&D 型国际科技合作模式,拥有一些优秀的外方科学家、工程技术人员,他们积累了丰富的科学知识和经验,持续创新开发能力强,同时,基础科学研究也处于世界领先地位,因此,有利于增强科技后备力量,提高合作开发潜力。

（三）山东在科技创新国际化上的做法

1. 国内外合作项目

山东省近年来不断开展中外合作办学项目,促进国内外的交流合作。本省科技创新国际化更加依赖高等院校及技术研究所,作为山东省中央部委直属的重点高校,山东大学中国海洋大学与中国石油大学分别开展了各具特色的中外合作项目:山东大学与加拿大国家教育交流中心联合成立的"山东大学加拿大高等教育基础部"是直属于山东大学的中外合作办学机构,中心思想是引进发达国家教学模式,实现国际标准化、规范化的高等基础教育,促进教育多元化发展。中国海洋大学国际教育学院先后开展了美国百强名校项目、德国公立安哈尔特应用技术大学校对校协议硕士项目等形式多样的合作办学项目。中国石油大学已经开展的中外合作办学项目有:石油工程、海洋石油工程联合培养项目、经济管理类联合培养项目、机械与海洋工程类联合培养项目、硕士阶段的中俄本硕连读联合培养项目、中英中澳硕士留学项目、本科阶段的中英州澳本科留学项目、中俄本科联合培养项目等。同时,山东高等教育为了不断拓展国际合作与交流的领域,分别在接收海外留学生、派出本土学生留学以及引进海外优质人才资源等方面取得了显著成绩。

2. 科技支撑产业转型升级

在省科技专项和重大科技创新工程的支持下,高端容错计算机、绝缘碳化硅衬底材料、八挡自动变速器、机器人核心部位 rv 减速器、高速动车组等一批重点领域关键技术实现重大突破,带动全省高新技术产业迅速发展。同时,创新型产业集群不断发展,青岛数字家电、淄博新材料等五个产业集群产值已达千亿规模。

通过加强科技创新平台建设,获批建设青岛海洋科学与技术国家实验室,企业国家重点实验室和国家工程技术研究中心分别达到 17 家和 36 家。在农业科技、海洋科技继续保持领先优势,区域创新综合能力连续五年保持全国第六位。

(四)广东在科技创新国际化上的做法

1. 从加工装配逐渐向高新技术服务延伸

随着广东制造实力在全国范围内的不断夯实,科贸基地不少企业开始突破低层次恶性竞争,以互联网和信息技术、生物技术、新材料和新能源等高新技术为支撑,积极向产业链中高端迈进,提供高质量高附加值的服务。通过高新技术出口与高新技术服务外包加快捆绑融合高端业态开始聚集发展。据调查,超过八成基地企业的生产设备和生产技术处于国际领先水平,约四成企业,现已向海外提供高端或核心研发设计服务。例如,TCL 集团于 2014 年提出建立"服务+产品"新商业模式,与思科公司共同投资建设公有商用云服务平台,现已推出基于云端的视频通讯和协同办公系统。此外,近年来,广州软件出口产业基地互联网、移动互联网、网游动漫、通信软件和工程软件等为代表的优势领域迅速转型发展,现已成为我国国际服务外包产业增长最快、聚集度最高、竞争力最强的区域之一。

2. 自主研发,与全球资源集成相得益彰

从移植型经济向内生型经济转型过程中,科贸基地一些有条件、有基础的产业领域,如化工与新材料、汽车和摩托车等交通运输制造,半导体、通讯及仪器设备等电子信息和光学行业,力求突破行业核心和关键技术,形成自主专利和技术标准。例如,从化钽铌冶炼厂自主研发了用于航空航天和军工等高端产品的超合金系列,其电容器钽粉为国家级重点新产品,产品多次成功应用在神舟系列飞船载人航天工程上,还因为产品性能稳定而被德国斯达克公司等全球顶级企业列为国内唯一供应商。此外,科贸基地越来越多的高新技术企业,特别是战略型新兴产业企业主动融入全球开放式创新体系,通过引进境外先进技术加强与海外知名大学和研究机构的合作的方式,有效的集成、整

合全球范围内的创新资源。

3. 科技创新与商业模式创新有机结合

近年来,科贸基地企业为提升出口效益,不仅在技术创新上加大投入,更开始注重探索符合新型技术发展规律的商业模式、盈利模式和组织模式。据调查,近几年,基地近九成的企业开发了新产品或对现有产品功能进行改进;六成企业对生产设备进行更新换代,实行技术升级;五成以上企业优化业务流程管理;三成以上企业改变或创新的商业运作模式、搭建新型营销渠道,同时开展专利商标等知识产权国际化运营管理,加大境外市场拓展力度,有效扩大了出口。同时,部分企业通过实施兼并收购等,实现跨界、跨行业拓展,构造出独特的价值链。例如,广电运通公司在金融货币处理设备领域取得领先地位后,逐步将业务领域辐射到其他相关行业,大力拓展非金融软件服务领域,如石油系统、电信系统、防空系统、铁路系统、电力系统等。

(五)上海在科技创新国际化商的做法

1. 挖掘城市知识创造的潜力

学校是知识创造的主力军,上海市积极转变发展模式,努力做到从应试教育向素质教育创新教育的转变。大学的教育和研究也要从精英化向大众化转变,培养每个学生创新的能力、创新的意识、创新的思维。在全社会提倡、鼓励终身学习,建立终身学习的体系和激励机制,促进人的全面发展。把知识创造能力嵌入上海本土产业创新能力中,避免区域低端锁定,实现产业价值链向中高端的转移,要构建科学合理的薪酬体系,营造潜心知识创造的科研环境。

2. 加强政产学研用协同创新

充分调动各创新主体的积极性创造性,实施深度合作和开放式合作,要改变产学研协同创新的形式,让产业联盟更好地发挥作用。

3. 增强企业的创新能力

企业是技术创新的主体,要深化国有经济的战略性调整,国有经济尽快退出竞争性行业,放宽民营资本的准入领域,创造民营企业与国有企业公平竞争的环境,建立和完善扶持中小企业发展的政策体系。

4. 加快培育战略性新兴产业

发展战略性新兴产业要突出要点。对于上海来说,信息技术的发展互相融合、健康服务业、新能源产业、教育产业等是未来发展的关键领域,那些挑战传统产业的利益不可避免。政府宜疏不宜堵,要处理好各部门、各行业之间的利害冲突关系。

5. 加快科技体制改革,释放创新力量

制度和体制是一个社会结构的灵魂。上海在科技体制机制创新上,重点完善科技管理体制、企业创新激励体制、产学研用协同创新机制、科技金融结合机制和人才发展机制。在创新服务支撑体系上,注重优化科技基础设施体系、知识产权服务体系、科技中介服务体系和科技创新的软环境。

6. 强化科技成果产业化,复制推广自贸试验区经验

发展新技术、新模式、新业态、新产业,通过加强市区联动,激发各类企业创新主体

活力。自贸试验区扩容是上海推进创新的一个新契机,上海市不断加快制度创新,推广复制的力度。在科技前瞻布局上,上海市加快实施了一批重大科技项目和一批重大创新项目。

四、面临的主要矛盾和问题

(一)省内不同地域科技创新国际化实力差距较大

从江苏省的"双创"人才与企业高新技术企业分布来看,苏南地区居于最高,苏中地区次之,苏北地区最弱。国际化创新人才是国际化创新的第一资源,而在国际化人才创新和高新技术企业涌现方面,苏南苏北差距较大,这样的差距必定会阻碍江苏省内各区域科技创新国际化步伐,从而影响全省对于科技创新国际化进程的全面推进。根据前文数据可知,在产业集群的数量和质量上,苏南地区也明显强于苏北,随着全球化的推进,越来越多的跨国公司进入江苏省,苏南地区凭借其经济、交通、人才、科技创新水平优势获得了许多中外科技创新合作机会,而苏北地区相对弱一些。

(二)招商引资水平有待提升

从吸引境外投资额度来看,江苏省还有待加强。随着外商投资规模的迅速扩大和投资领域的进一步拓宽,吸引外资对我国国民经济的促进作用已越来越明显。吸收和利用外资有利于弥补国内的建设资金的短缺,促进投资增长。在投资不断扩大的过程中,外商投资成为各地筹借和实现投资扩大的一条重要途径。此外,利用外资有利于促进经济增长,在一定程度上缓解了省内人口就业压力。此外,在对外投资方面,江苏也有待提升。从去年来看,江苏相对于前年对外投资项目数量和增长幅度虽然较为不错,但是总体来看还是弱于粤沪。因此,在招商引资和对外投资方面,江苏实力还有待加强。

(三)自主创新能力较弱

虽然江苏的技术研发经费投入较其他四省市高,但在成果产出方面略显不足。这一数据显示出江苏地区科技研发投入成果投入比逊于其他几个省市,使得资金运行效率不足。此外,在高研发投入下,江苏地区 PCT 专利申请量不足,以及新产品出口额占其研发支出的比相对于其他四省市也略显不足,这同样也显示出省内创新能力不足,对于经费的利用效率不够等问题。

五、发展对策思路分析与总结

(一)强化政策引导,增强科技创新动力

发挥政策引导作用,推动全社会关注科技、重视科技、发展科技,努力把科技因子渗透到社会发展各个领域。深化科技体制改革,制定实施相应文件推动科技创新国际化,构建以创新驱动发展为核心的综合性政策体系;针对重点园区和各镇(街道)分别制定专项扶持和配套政策,共同推进上下联动,形成政策叠加效应。县政府确保科技经费增幅高于本级财政经常性收入增幅,改革财政资金投入方式,合理安排资金投向,规范科技项目申报、立项、评审、验收等程序,提高财政专项资金的使用效能。探索建立有利于

科技资源整合的工作机制,进一步优化完善县级科技计划体系,对于政府引导企业开展的科研项目,更多地采用"后补助"及间接投入等方式给予支持,形成企业先行投入、市场验收、政府补助的支持机制。

(二)强化产业培育,形成区域产业合作对接机制

突出创新驱动引领和重大项目带动,促进高新技术企业在各主导产业中的互动并进。围绕高新技术主导产业,狠抓产业龙头,拉长产业链条,提升产业规模和水平;重点扶持一批发展潜力大、市场前景好、科技含量高的中小企业,培育更多的"隐形冠军",做活产业"细胞"。推动工业主导产业和现代服务业互融发展,围绕各市特色产业,加大农业招商和项目推进力度,做大做强各市产业龙头,加快打造高新技术开发区,全面创成国家高新技术示范区。而产业科技特别是产业集群的协同创新是区域科技协同创新的根本落脚点。长江经济带应立足现有优势与发展基础和潜力,发挥各区域产业特色,促进长江经济带各区域产业分工互补、差异发展。要在省市之间形成合理分工,衔接配套的产业布局和层次有序的产业链条,形成布局匹配、衔接合理的现代产业体系。开展长江经济带各省市在科技要素、人力资源、信用体系、市场准入、质量互认、政府服务等层面的对接合作,拓展产业分工途径,提高产业转移对接效率。上海要发挥比较优势,通过市场机制的调节作用,带动周边城市的产业承接与转移,积极构建与长三角、成渝云贵等地区合理分工的产业体系,形成完善的产业链和特色产品集群。加快设立高层次长江经济带产业合作协调机构,共同推进长江经济带各省市联合编制承接产业转移指导目录,明确产业转移和承接重点。

(三)强化平台建设,夯实科技创新基础

根据企业规模和创新基础,分层次、有重点推进各类研发平台建设,支撑产业转型升级。鼓励企业围绕主导产业建设产业研发中心,推动产业发展共性技术研发、重大核心产品攻关和科技成果转化。按照"功能专业化、资源集约化、服务社会化"原则,大力推进公共技术服务平台建设,建成高新技术创业服务中心、科技成果转化服务中心,建立高端省级公共技术服务平台。在科研方面加强建立院士工作站、省级研究生工作站、市级以上企业工程技术研究中心等。在科技平台的带动和促进下,促进高新技术企业的涌现。

(四)强化人才引领,激发科技创新活力

坚持把高层次人才引进作为科技创新重点,通过完善制度安排,创优研发环境,拓宽招才引智平台,进一步吸引、留住、用好高端人才。对高层次创新创业人才,给予年薪、创新补助、期股激励的激励措施;对在省内工作一定年限、作出一定贡献的人才,采取奖励培训进修、奖励出国研修、奖励荣誉证书等办法,提高其业务水平和社会地位,增强在江苏省的荣誉感和自豪感;出台《鼓励企业引才留才用才的实施办法》等文件,关心配偶、关心子女、关心住房。

(五)省内各区域推行不同的科技创新国际化发展战略

由于地理位置、历史背景等差异,苏南、苏北经济发展在一定程度上不均衡,科技创新国际化活动无法达到同步。苏南经济发展水平较高,近江临海,交通便利,苏锡常等

地产业集群规模及发展程度较为可观,初步显现了其科技创新国际化潜能。而苏北地域较为贫瘠,由于交通不便,土地不及苏南肥沃,在历史上遗留的经济实力不如苏南地区,加之以周围缺乏像上海这样的经济实力大市的带领,经济实力和科技创新国际化意识和能力远不如苏南地区。在政策落实和科技化活动的开展时应当因地制宜,分层次、多角度地发展,扎实基础,并借助经济和科技创新国际化大省、大市的"顺风车",推动江苏省科技创新国际化。

引　言

　　近年来,江苏省政府大力推动科技创新国际化,重点支持新能源、新材料、生物技术和新医药、节能环保、软件和服务外包、物联网和新一代信息技术及高端装备制造、光电、智能电网等新兴产业的发展和创新国家化。据统计,2015 年十大战略性产业实际使用外资占江苏省实际使用外资的 46.6%,同比增长 10%。其中,节能环保、新一代信息技术产业、生物技术和新医药、新能源产业、智能电网产业以及物联网和云计算产业实际使用外资同比分别增长 13.3%、45.5%、31.4%、115.5%、87.2%和 9.8%①,是外商投资最为青睐的战略性新兴产业。因此,本篇将从这几个行业着手,分析其发展现状,总结行业内科技创新国际化进程中存在的问题,并提出具有参考性的建议,从而进一步推动省内产业科技创新国际化。

　　行业篇运用的一级指标体系包括:科技创新国际化投入指标、科技创新国际化产出指标以及科技创新国际化环境指标。这一指标体系根据如下模型建立:

　　在该模型中,产业科技创新国际化投入作为自变量存在,产出作为因变量,环境作为调节变量。产业内的投入将决定产业内最终的产出,但在这一过程中,产出还将受到环境的影响。在对江苏省不同产业科技创新国际化现状进行分析时,将从这三个方面着手,对产业科技创新国际化现状产生的原因、存在的不足以及影响因素进行探析,从而更具系统性地提出推动江苏省产业科技创新国际化的对策和建议。

---

　　①　江苏省外商投资网。

第九章　江苏省新能源产业科技创新国际化发展研究

新能源产业,顾名思义,它是区别于石油、煤炭等传统能源的产业,主要是通过新材料和新技术进行开发利用,包括太阳能、生物质能、地热能,风能、海洋能等。与传统能源产业相比,新能源产业具有更强的科技创新国际化动力,更值得对其进行探讨和研究,主要表现在以下几个方面:

1. 新能源产业"新"在绿色,其生产可以节约资源,消费可以保护环境。

传统能源,如石油、煤炭等,在人类较长时间的开采下,总量急剧减少,而在其开采过程中所带来的环境污染和气候问题日益突出,这严重影响了人类的生存环境。与传统能源相比,新能源具有绿色环保、安全清洁等优势。通过大力推动新能源产业的发展,我国正逐渐改变过度依赖传统能源的发展路径,从而达到节约能源、改善环境的目的。比如说,新能源在解决大气污染、温室效应等问题过程中功不可没。专家研究表明,当生产 100 万千瓦时风电时,至少能够降低 600 吨二氧化碳排放量。

2. 新能源产业属综合性高技术产业,具有高技术含量、高风险、高投入等特点。[1]

新能源产业属高新技术产业,在研发过程中具有较高技术含量,研发风险较高。且由于技术障碍导致的成本高、市场小是新能源发展的重大制约因素。不仅如此,我国新能源自主研发能力和创新能力尚处于发展阶段,国内投资水平较低,新能源发展主要依靠进口,竞争力较为薄弱。而与新能源高风险、高投入的特征相比,我国对于新能源产业的扶持和发展力度仍需加强。

3. 能源问题关乎国家和社会的经济发展与安全,新能源产业是国家重点推进的、具有战略性蓝图的产业。[1]

能源产业在产业结构体系中处于基础性地位,能源产业的发展为其他产业提供服务和发展条件。目前,我国仍主要依赖于传统能源来解决其他产业的能源供给问题。但随着传统能源总量的不断减少,消费过程的污染程度不断加剧,新能源逐步在国民经济中占据基础性地位。作为世界人口总量第一大国,我国对能源的需求量远远高于其他国家。因此,我国必须将新能源产业作为国家发展的支柱性、战略性产业,不断探索新能源发展蓝图。

一、江苏省新能源产业科技创新国际化发展的现状分析

新能源产业是江苏省重点发展的战略性新兴产业之一,在构建江苏省现代产业体

---

① 辜胜阻,王晓杰.新能源产业的特征和发展思路[J].经济管理,2006(11):29-32.

系中具有举足轻重的作用①。为提高江苏省新能源产业自主创新能力和综合竞争能力,促进新能源产业持续健康发展,必须坚持自主创新和开放整合相结合,全面提升产业国际竞争力。因此,新能源产业创新国际化是其发展的必经之路。产业创新国际化就是要逐步深化国内外合作,积极探索"引进来"和"走出去"相结合的创新发展模式。江苏省作为资源消耗大省,如何开辟新能源发展道路,缓解传统能源带来的资源和环境压力,发展循环经济,推动经济绿色发展,成为江苏省经济发展的当务之急。

(一)科技创新投入国际化

1. 持续推动"引进来"战略

江苏省"十二五"规划纲要中明确提出,包括新能源、生物技术和新医药、节能环保、物联网和新一代信息技术等六大产业作为战略性新兴产业,其中,新能源占据重要地位。在江苏省"十二五"能源产业推进方案中提到,必须不断深化国际技术合作,吸引新能源跨国公司研发总部或区域性研发中心落户江苏,以独资、合资、合作等形式在江苏省设立研发机构。同时,积极引进一批技术含量高、产业规模大和带动支撑作用强的重大项目。② 在江苏省政府的鼓励和推动下,开始了全方位、多层次实施"引进来"战略。

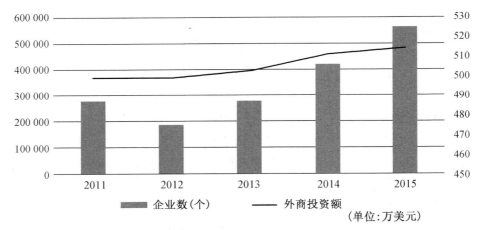

图 9-1　江苏省新能源产业近五年外商投资情况③

从图 9-1 可以看出,近五年来,江苏省新能源产业发展势头良好,存在较好的对外吸引力,外商(包括港澳台)在省内投资的新能源企业数总体上是增加的,从 2011 年的487 家到 2015 年的 525 家,外商投资企业增加了 38 家,增长率约为 7.80%。而相应的投资额呈现不断上升的趋势,且增长趋势平稳,五年内的平均增长率约为 7.25%,至2015 年,外商投资额已达 482 319 万美元。由此可见,省内新能源产业具有较强的吸引

---

① 江苏省"十二五"新能源产业推进方案. http://www.zhev.com.cn/news/show-1377676254.html.

② 江苏省"十二五"新能源产业推进方案. http://www.zhev.com.cn/news/show-1377676254.html.

③ 江苏省统计局.江苏统计年鉴[M].中国统计出版社,2012—2016.

外资和利用外资能力,从资金力度上为"引进来"战略打下扎实基础。在高新技术产业中,外商投资的重点往往放在研发上,他们一般会根据产业内的研发现状,创新动力来选择投资的方向和规模。而图中呈现出新能源产业外商投资额逐年增长的趋势表明,江苏省新能源产业具有一定的研发能力和创新能力,前景可观。

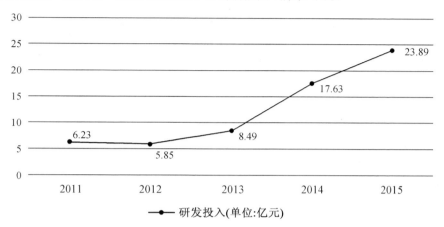

图 9 - 2　江苏省近五年新能源产业研发投入情况①

　　图 9 - 2 呈现了 2011—2015 年,江苏省新能源产业研发投入费用情况。从图中可以看出,省内新能源产业研发费用总体增长幅度较大,总体增长率高达 283%,2015 年研发费用约为 2011 年的四倍左右,其主要增长发生在 2013—2015 年。由此可以看出,江苏省高度重视新能源产业的研发过程,不断提高外资利用效率,具有较高的创新意识。

　　将图 9 - 1 和图 9 - 2 相比,江苏省新能源产业的研发投入增长率远远大于外商投资额的增长率。这二者看似关联不大,但增长率的差距却可以体现出新能源产业内对研发创新的重视程度,这与单纯的劳动密集型产业或资金密集型产业,新能源产业通过科技创新国际化的道路逐步转变为技术或研发密集型产业,并且以一种更为开放的姿态面对国际化的研发过程,而不是"闭门造车"。

　　除了在资金、研发等过程中的投入之外,江苏省新能源产业同样注重人力资源,尤其是研发人员的培养和引进。在新能源产业规划中提出深入实施百名领军人才团队、千名高端人才引进工程及各类引才计划,吸引国内优秀人才、归国留学人才、海外科技及管理人才到新能源产业领域创新创业;将新能源产业所需高端人才纳入省高层次创新人才引进计划和省科技创新创业双千人才工程的重点。

　　光伏产业是江苏最具影响力和带动力的战略性新兴产业。在 2011 年,江苏光伏产业由于国内外市场环境恶化以及负面因素的叠加效应,遭遇了严峻的挑战。但从 2013 年开始,江苏光伏再一次凭借内生增长动力重新焕发生机,呈现出全面发展的良好趋势。时至今日,光伏产业已成为江苏新能源产业中的支柱性产业之一。在经历了近 20

①　江苏省统计局.江苏统计年鉴[M].中国统计出版社,2012—2016.

年的发展之后,江苏光伏产业极具规模,从业人员已超 12 万人次,不仅如此,光伏产业从多个方面引进高端研发人才。2012 年 11 月,江苏光伏科学与高校、科研院等共同建立了光伏科学与工程协同创新中心,已经拥有两院院士 1 名,杰青 3 名,国家百千万人才 1 名,千人计划 3 名、中科院百人计划 7 名、教育部新世纪人才 5 名、省 333 一层次 1 人、三层次 6 名、六大人才高峰 3 名、青蓝计划 6 名、省双创人才 4 名。[①] 在光伏产业中,许多企业与国外研发团队合作成立来增加企业本身的研发人员数量和能力,例如,中电电气(南京)光伏有限公司,该公司就是由中电电气集团与澳大利亚科学家团队合作成立的。

江苏省作为风能资源大省,同时也是风电装备制造强省,江苏省的风电产业位于全国领先地位。全省风电装备生产企业在南京、无锡、常州、南通、盐城等地均形成了完整的产业集聚地,例如,南京的江宁风电产业园、常州的溧阳风电产业园、无锡的风电产业科技园、南通的百万千瓦级海上风力发电基地等。江苏风电产业在科研、创新人才培养和投入方面注重产学研合作。例如,无锡风电科技产业园拥有丰富的人力资源储备库,无锡现有高等院校 1 所,科研机构 41 家,国家和省重点实验室 7 个,两院院士 70 人左右。产业园积极与高校和机构开展合作,以获取具有创新意识和能力的风电产业科研人才。

作为全国发展生物质能利用的主要省份,江苏省人口众多,气候适宜,农牧业发达,有着丰富的农作物秸秆和各种有机废弃物等生物质能资源,因此,江苏生物质能产业发展发展迅速。为进一步加强产业创新,在省政府的支持下,产业内成立了江苏大学生生物质能源研究所,主要从事生物质资源利用及生物质能源领域的产品开发与科技创新研究,将重点面向国家及江苏省在能源、资源与环境等方面的重大战略需求,瞄准国际生物质利用与高效转化的科技前沿,以工业微生物技术和自然生物系统的仿生转化技术为主要手段,研究开发以植物木质纤维素为原料的生物基能源产品、生物基材料及其相关的关键核心技术,致力于为国家和江苏省的生物质能源产业的发展作出贡献。江苏大学生物质能源研究所现有教授、副教授等专职研究人员 10 多人,全部具有博士学位,研究所还聘有 10 多名国内外不同学科与研究领域的著名科学家,同时在此基础上不断培养行业内创新领先人才,由此可见,江苏生物质能产业不仅注重吸引海外人才进行产业创新研究,也积极利用现有的人力资源进一步有效地培养专业化、创新性人才。

2. 积极开拓"走出去"战略

"走出去"是产业科技创新国际化的另一个重要方面,创新和国际化过程都不是单一的吸收过程,而是一个相互碰撞、相互融合的过程。在江苏省"十二五"能源产业推进方案中,政府积极承接国际产业转移,引进一批技术含量高、产业规模大和带动支撑作用强的重大项目;支持有实力的企业到境外投资,合理利用境外资源、建立海外生产基

---

① 江苏省光伏科学与工程协同创新中心 http://cicpse.cczu.edu.cn/90/9e/c7817a102558/page.htm.

地和全球营销网络;支持企业参与国家双边或多边新能源合作计划和工程承包。积极拓展国际市场,优化产品出口结构,推动出口市场多元化。同时,通过外派、进修等形式培养省内新能源产业研发人员,积极参与国际化成熟市场。对于新兴市场,则保持积极谨慎的态度。由此可见,江苏省新能源产业"走出去"战略表现在多个方面。

光伏产业作为江苏省新能源产业中的主导产业,积极通过"走出去"的方式实现科技创新国际化。在江苏新能源产业中名声较大的无锡尚德太阳能电力有限公司,其本身是一家外商独资高新技术光伏企业,尚德全球分支机构遍及北京、上海、旧金山、东京、慕尼黑、罗马、马德里、沙夫豪森、首尔、悉尼等重要城市,拥有4个生产基地,分别位于无锡、洛阳、青海、上海及日本长野。

协鑫新能源控股有限公司自2014年于香港上市之后,在科技创新国际化方面表现突出。从2015年开始,公司着力于储备国际化人才,为未来持续开拓创新做准备。到2016年,协鑫基本完成对美国、日本、欧盟等成熟市场的开拓,同时对于新兴市场业正以积极谨慎的态度进行参与和拓展。2016年8月28日,协鑫宣布完成对美国光伏巨头SunEdison的收购案。SunEdison曾是全球最庞大的清洁能源资产公司之一,协鑫新能源此次并购的技术包括:第五代CCZ拉晶技术和硅烷流化床颗粒硅技术(FBR),即只收购美国企业的技术,接收美国SunEdison公司的技术人员。根据之前订下的协议,收购的现金代价为1.5亿美元(约11.7亿港元)。为积极拓展海外业务,布局海外市场,协鑫与越南电池科技有限公司进行产能合作,快速打造600 MW海外电池产能,公司通过海外全资子公司GCL SYSTEM INTEGRATION TECHNOLOGY PTE. LTD.出资3 200万美金采购600 MW太阳能电池片生产所需的工艺设备、测试设备及工装备件等设备。越南电池负责提供厂房、动力系统等配套设施以及有经验的团队进行运营和管理电池片的生产,通过海外电池产能合作,降低组件电池成本,迅速介入欧美市场,提升市场占有率,提高公司的产品竞争力。

除此之外,江苏省新能源产业中还有许多积极对外投资的企业。常州亿晶光电科技有限公司利用自有资金出资1 560万元港币在香港设立全资子公司香港常州亿晶光电科技有限公司。该公司主要从事单、多晶硅、石英、蓝宝石材料的相关研究。在积极利用香港税收优惠政策,发挥香港贸易中心的作用,进一步拓宽贸易渠道,拓展海外业务的同时,运用香港中西方文化高度融合的特有环境,积极吸收全能型人才,为企业的科技创新道路添砖加瓦。中电(电气)光伏有限公司也逐步加大海外投入,其在欧洲、美国、亚太等地的主要市场均设有分公司、办事处和仓储中心,其运营团队也以本土人员为主,在遵循各地市场特性的基础下积极开拓业务,为客户提供全方位的咨询、技术支持、物流和售后等服务,一切以客户为先。

(二)科技创新产出国际化

产出是衡量效率和效果的标准之一。江苏省从投资、研发、人才等多个方面致力于新能源产业的科技创新国际化,充分显示出新能源产业在国民经济发展过程中的重要性。在这一过程中,江苏省新能源产业的确取得了较好的科技创新产出成果,呈现出较为良好的发展势头以及其作为高新技术产业广阔的发展空间。

1. 新能源产值与出口量不断提升

江苏省新能源发展迅速,规模不断壮大,技术创新水平不断提高。2014年,苏州市新能源产业实现产值1 040.25亿元,较去年同期增长12.8%。2015年上半年,苏州市新能源产业实现产值517.59亿元,较去年同期增长6.6%,增速位列八大战略性新兴产业第三位。2015年,无锡新能源产业实现产值724亿元,常州实现产值500亿元。

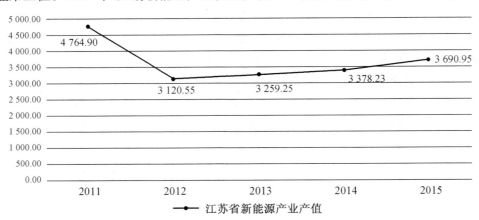

图 9 - 3　江苏省新能源产业产值(单位:亿元)

从图9-3中可以看出,江苏省新能源产业产值除在2012年出现较大波动外,基本成平稳增长趋势。发展状况总体来说呈现较好趋势,2013年、2014年产值增长率保持在4%左右,至2015年,产值增长率上升,达到9.26%。由此可见,新能源产业产值增长率同样处于增长状态,更呈现出江苏省新能源发展态势优良。新能源产业产值从直观上看与科技创新国际化的关联度较低,但从间接角度来看,新能源是外商对于研发投资较大的产业,且新能源作为非传统能源,能够以逐年增长的产值发展,表明产业内研发状况良好,资金利用效率较高。新能源产值的增长趋势在一定程度上能够表现出产业内科技创新国际化的成果。

无锡尚德、中电(电气)、南通林洋新能源、苏州阿特斯、协鑫集团等企业均在境外成功上市,在第六届新能源企业500强发布大会上,协鑫(集团)控股有限公司列500强第2位,是中国唯一入围前10名的企业。协鑫集团是一家以新能源、清洁能源及相关产业为主的国际化综合性能源集团,是全球领先的光伏材料研发制造商与清洁能源开发运营商。协鑫集团所属企业制造的多晶硅和硅片产销量分别占全球约四分之一和三分之一的市场,协鑫集团所拥有的太阳能电站总装机容量居全球第二位。除此之外,阿特斯阳光电力科技有限公司,江苏爱康实业集团有限公司,中盛光电能源股份有限公司,江苏迪盛四联新能源投资有限公司,亿晶光电科技股份有限公司,无锡华光锅炉股份有限公司,三洋能源(苏州)有限公司,中电电气(南京)光伏有限公司,太阳雨控股集团有限公司,江苏吉鑫风能科技股份有限公司,江苏林洋能源股份有限公司等江苏省新能源产业企业均榜上有名。

产业出口额是衡量江苏省新能源产业科技创新产出国际化的重要标准之一。江苏省发展较快的新能源产业包括光伏产业、风电产业和生物质能发电产业等,依据目前的技术,江苏省新能源产业出口产品主要来源于光伏产业。

2013 年以来,江苏省光伏行业在经历"冰冻期"后逐渐复苏,特别是国内光伏应用政策利好,给产业带来了生机。2014 年上半年江苏省光伏产品出口呈恢复性增长,出口规模接近 40 亿美元,同比增长 18.7%,呈现出"走出去"步伐加快、产品结构优化,及技术创新提升竞争力三大特点。目前,全国出口太阳能电池五强企业中,江苏省有三家企业名列其中。2015 年,江苏省光伏行业实现出口交货值 685 亿元,同比增长 16.2%,较 2014 年提高 8.1 个百分点。从月度增速来看,出口交货值连续三个月高速增长,10月份、11 月份、12 月份同比分别增长 78.9%、59.9%、44.4%。

江苏作为我国光伏生产大省,产值稳定,出口额呈现上升趋势,势态良好。由此可见,在经历 2012 至 2013 年间的跌宕之后,随着内外部环境的逐步变化,特别是随着光伏产业内生增长动力的进一步增强,江苏光伏产业已经逐步走出寒冬期,重新焕发生机活力,呈现出全面向好的发展态势,率先向中高端迈进具备许多有利条件。

2. 发明专利申请量

发明专利是衡量产业内创新成果的重要标准之一。根据中华人民共和国知识产权局提供的专利检索数据,2015 年江苏省新能源产业共申请 1 212 件专利,其中,光伏产业类占比最高,占 64%,风电类专利占比为 17%,生物质能类专利占比约为 1%,其余新能源产业占比约为 17%。光伏产业作为江苏省新能源产业的主力军,良好地表现出其科技创新能力,科技创新成果丰富多样。而在其他新能源产业中,科技创新能力仍有较大提升空间。

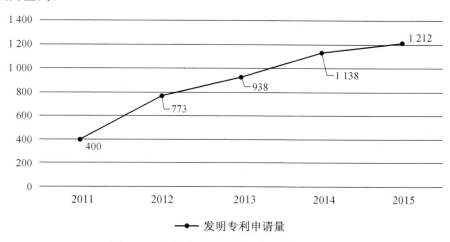

图 9 - 4　江苏省新能源产业发明专利申请量

从图 9 - 4 中可以看出,江苏省新能源专利申请量处于逐步增长的过程,2012 年涨幅最大,同比增长达 93%;2013 年与 2014 年涨幅稳定,均维持在 20% 左右;2015 年涨幅较小,约为 7%。尽管涨幅逐渐缩小,但总量仍处于逐年增长状态,表现出江苏省新能源产业较好的科技创新能力。

协鑫集团作为一家在国际知名的,以环保能源和再生能源为主营业务的专业性能源投资控股公司,发展至今已获得近 2 000 项发明专利,协鑫研发的覆盖多晶硅铸锭及单晶硅、硅片切片、电池组件、系统集成、能源互联网等各领域的技术研发创新能力。半导体级材料、CVD 还原炉、硅烷气、能量墙等多项技术填补国内空白,达到世界领先;硅烷流化床 FBR 工艺进一步降低了多晶硅生产的成本。凭借对光伏产业的卓越贡献,协鑫集团当选为全球太阳能理事会联合主席单位和亚洲光伏协会主席单位,获得社会各界的广泛尊重和高度信赖。

江苏林洋能源股份有限公司成立于 1995 年,是国内知名的智能电表及用电信息管理系统终端产品、系统解决方案提供商之一,到目前为止,林洋能源的专利申请量达391 项,具体包括智能电表及 AMI 系统、LED 及智能照明系统、能效管理平台及节能服务、光伏组件及分布式光伏电站系统、分布式电站运营平台、微电网系统等,涵盖了智能、节能、新能源三大领域。

江苏大学生物质能源研究所作为省内生物质能研究的权威机构之一,其在专业领域共申请专利 17 项,授权量为 3 项。专利主要涵盖了木糖的酶法制备方法、原位构建基因突变文库的方法及试剂盒、制备重组耐热 β-葡萄糖醛酸酶的方法、通过定位改造使极耐热性漆酶基因实现超量表达的方法、通过环境压力提高芽孢杆菌发酵聚-γ-谷氨酸产量的方法、新内切葡聚糖酶及其编码基因和应用等方面的内容,为江苏省生物质能源发展作出了重要贡献。

3. 科技创新成就

协鑫集团作为一家全球领先的光伏材料研发与制造商及新能源开发、建设、运营商,始终秉承"把绿色能源带进生活"的理念,致力于成为受人尊重的全球化新能源和清洁能源企业。二十多年来,协鑫集团始终坚持"价值引领、创新驱动、奋斗为本、协同一家"的核心价值观,以"两条主线、四网一云"为总体战略,打造了从硅材料到光伏装备制造、系统集成、太阳能电站建设运营的光伏一体化产业链,以及从天然气开采、液化、储运到供给、天然气发电的气电一体化产业链,提供电网、热网、天然气管网、信息网和大数据云平台的能源综合服务,并构建起金融支撑产融一体、智慧城市、能源互联网等创新业务产业群。协鑫中央研究院、设计研究总院、协鑫大学与各产业发展协同共建、优势互补,不断提高集团保持可持续发展的核心竞争力。作为中国 500 强企业,协鑫集团连续七年位列中国新能源行业榜首。其分支机构遍布中国大陆 31 个省(市、自治区)、中国香港、中国台湾地区及美国、日本、加拿大、澳大利亚、新加坡、印度尼西亚、埃塞俄比亚、吉布提等世界各地,是全球太阳能理事会主席单位、亚洲光伏产业协会主席单位。协鑫作为江苏省光伏产业的主力军,引领江苏省光伏产业走出国门,走向国际,在全球新能源企业 500 强评比中,协鑫位居全球第二,居全国第一,是我国唯一进入前十的新能源企业。

作为全球新能源 500 强企业之一的常州亿晶光电科技有限公司,是一家成立于2003 年较为年轻的新能源企业,但其用短短 8 年时间成功于 2011 年在上海证券交易所上市。公司把创新作为核心竞争力的源泉,聘请上海交大太阳能研究所所长孙铁囤博士等一批专业人才,建立了自己的太阳能工程技术研究中心,后升级为"江苏省太阳能用材料工程技术研究中心"和"江苏省企业技术中心",2011 年 7 月又启动"江苏省（亿晶）光伏工程研究院"建设工程。为充分利用外智,公司先后与江苏大学、上海交通大学签订产学研合作协议。孙铁囤博士被评为江苏省高层次创业创新人才,又进入"江苏省科技创新创业双千人才工程",2009 年 8 月,应党中央、国务院邀请作为 60 位新中国成立以来各个时期、各个领域,创新、创业、创优优秀人才代表赴北戴河疗养。2008 年 7 月公司被国家人力资源部批准建立博士后科研工作站,同年又被科技部确定为"国际科技合作基地"。这些新平台的建立,为公司的科技创新不断注入新的活力。公司已有两个项目被列为国家火炬计划项目,两个产品被评为"国家重点新产品"。公司产品现拥有国家发明专利 53 项,实用新型专利 122 项,外观设计专利 11 项。公司也被认定为国家火炬计划重点高新技术企业,江苏省高新技术企业,江苏省百强民营科技企业。

江苏吉鑫风能科技股份有限公司（吉鑫科技）,是专注于研发和制造大型风力发电机组用零部件的领先企业,创立于 2003 年,主要生产 750 KW—10 MW 风力发电机组用轮毂、底座、轴、轴承座等系列产品。吉鑫科技积极顺应时代发展的要求,不断进行自身改革和技术创新。2009 年,公司建成省级大型风电金属部件工程技术研究中心,在风电铸造技术方面一直处于国际先进水平。公司多项产品成为省级高新技术产品,3—5 MW 大型海上风电机组用轮毂等专业部件获得国家火炬计划项目证书,吉鑫品牌获得"江苏名牌产品"和"江苏省重点培育和发展的国际知名品牌"等称号。吉鑫科技非常注重知识产权的建设,已拥有美国发明专利 1 项,中国发明专利 8 项,实用新型专利 10 项,荣获省级科技进步奖和机械工业科学技术进步奖,并成为国家火炬计划重点高新技术企业。

（三）科技创新国际化环境

江苏省作为新能源发展大省,始终以鼓励和支持态度,通过政策支持,产业园区建设来为新能源产业的发展提供良好的发展环境。

1. 政府支持政策

政府为加大对新能源的扶持力度,提高新能源在消费中的比例,先后出台了《江苏省新能源产业调整和振兴规划纲要》、《江苏省智能电网产业发展专项规划纲要》、《江苏省风电发展规划》、《江苏省光伏推进意见》等。通过实施财政补助、电价补助、税收引导等方式加快推进新能源产业的发展。在《江苏省"十二五"新能源产业推进方案》中,提出要把江苏省建设成国内综合实力领先,在若干领域跻身世界前列的新能源产业研发、制造和规模应用示范基地,详细提出了在新能源细分产业所要达到的目标。同时对江苏省新能源产业发展提出如下要求:提升企业自主创新能力、实施关键技术攻关计划、完善创新服务体系、培育一批领军型企业、培育一批高成长型企业、优化发展环境,整合创新资源,促进关联企业集聚集中,促进产业链上下游延伸,提高集约发展水平。按照有发展重点、有重大项目、有创新载体、有系统支撑的要求,加快建设特色高技术产业基地。

2. 人才引进项目

据统计,江苏省新能源产业目前面临的人才缺口即将达到 20 万。由于巨大的人才缺口和新能源产业创新发展的客观要求,江苏省逐步开展了多类人才引进项目,以获取海外高层次人才。2015年6月16日,为弥补光伏发电、风力发电相关的新能源人才缺口,行业内展开了全国范围内的"风光互补发电系统安装与调试"比赛。这项比赛通过技术考核,一方面选拔出优秀的人才,另一方面鼓励和吸引更多的人才能够加入到新能源产业的研发中。江苏省阜宁县举办新能源产业高层次人才对接会,一次性引进61名高层次人才。不仅如此,阜宁县大力实施人才资源优先开发、人才结构优先调整、人才投入优先保证、人才制度优先创新"四个优先"战略,制定《阜宁县人才引进激励办法》。县财政设立1.2亿元人才发展专项资金,对领军人才、专门人才、大学生分别在工作补助、购房等方面予以激励和优惠,广纳八方英才,打造人才创新创业高地。

江苏省13市均开发了相关的人才引进计划,例如无锡的"530计划",苏州的"姑苏人才计划",南京的"321计划"、"653计划",常州的"千名海外人才集聚工程",镇江的"金山英才计划"、"331计划",等等。这些城市人才引进计划均针对海外高层次人才,虽然囊括了多种产业的人才,但新能源产业人才在其中占较大比重。由此可以看出,江苏省拥有良好的人才发展环境。同时,在这些计划背后,政府给予了非常大的资金支持,从而解决新能源产业内引进人才在生活和工作中的后顾之忧,从而吸引人才,留住人才。

3. 产业园区建设

江苏省13市基本都建设有新能源产业园区。光伏产业园区主要包括:以徐州、连云港为重点的硅材料产业基地;以无锡、常州、苏州、南京、扬州、镇江等为重点的光伏垂直一体化产业基地;以苏州、南通、淮安等为重点的新一代薄膜太阳能电池产业基地;以苏州、无锡和常州等地区为重点的光伏生产与检测设备产业基地;以镇江和泰州等为重点的光伏配套材料和集成系统基地。风电装备产业园区主要包括:盐城、常州、无锡、南通、镇江大型风电整机制造基地,扬州小型家用风电整机制造基地,南京、连云港、徐州、泰州、盐城配套产品和关键部件制造基地。生物质能产业园区主要包括:苏州、无锡、常州生物质能源成套装备制造基地,徐州、连云港、盐城、淮安、宿迁等生物质能源化高效综合利用示范基地建设。核电产业园区主要包括:连云港核电应用基地,苏州、无锡、南通和镇江等关键零部件及配套产品产业基地。[①]

二、江苏省新能源产业科技创新国际化发展存在的问题

综合现状来说,目前江苏省新能源产业,尤其是光伏产业等优势性产业,总体上位于全国领先位置。但从全球视角来看,新能源产业在创新国际化方面并不十分突出,要想全面迈上中高端发展水平,还存在许多亟待解决的问题。

(一)自主创新能力不足,关键技术存在瓶颈

江苏省新能源产业发展就总体而言在全国范围内占据市场领先地位,但繁荣的发

---

① 江苏省"十二五"新能源产业推进方案. http://www. zhev. com. cn/news/show - 1377676254. html.

展景象使得关键的技术要素和创新能力被忽视。江苏省作为沿海地区,其风电产业早已处于全国领先水平,但与国际先进水平相比,其在风电机组整机设计、风电机组关键部件设计、海上风电机组技术开发,风电场设计建设,电网接纳风电的技术等许多方面存在自主设计、研发创新能力不足等问题。同时,风电产业创新能力不足也带来了风电市场发展的缺陷。例如,江苏省对于风电场规划科学性差,市场上企业多且杂,装机容量较小,这对于风场管理、规模效应、沿海土地和海洋资源和环境等都带来了不利影响。

光伏产业是江苏省新能源产业中的又一领先产业,但其技术创新能力同样有待加强。目前世界上 50% 以上的重大发明创造都产生在战略性新兴产业领域。美国高新技术产业的知识产权价值占资产比例超过 60%,日本新兴产业专利技术平均实施率达到 52%,德国专利申请量常年位居欧盟第一。江苏除天合、阿特斯等少数几家骨干光伏企业具备较强自主创新能力外,大多数中小企业自主创新意识和能力相对不足,"技术跟随"特征较为明显。虽然江苏在晶硅、多晶硅电池及组件等领域技术处于全球领先地位,但许多重大装备的关键核心技术仍然依赖进口,在特殊高效电池、新型电池的研发方面与国外仍有一定差距,目前晶硅电池转化效率普遍在 17%—19%,效率在 20% 以上的高端产品严重不足。同时,产业同构带来过度竞争,部分企业偏好以规模化获取低成本和超低价格,导致附加值不高,盈利能力、市场竞争力不强,在全球贸易摩擦、市场波动加剧的情况下,加大了产业发展风险。

在核电产业中,目前江苏省核电制造、建设和运行能力较从前有明显提升,但在核电设计和关键核电设备制造方面和国外最先进技术水平还有较大差距。生物质能产业在江苏省的发展仅仅处于起步阶段,自身发展技术存在非常大的提升空间,创新能力需要大幅度提升。

(二)过于依赖海外市场,国际影响力不足

目前,江苏省新能源产业,尤其是光伏产业的发展模式表现出典型的"两头在外,大进大出"的特点,即产业发展所需要的原材料和辅材料、关键设备和技术都高度依赖从欧美市场大幅度输入,而产品也集中向欧美市场输出,这一点就决定了新能源产业的发展整体上会受制于欧美市场及其政策的变动和调整,从而导致江苏省新能源产业发展具有较强的局限性。例如,光伏电池、电池组生产所需的高纯度硅料基本依赖进口,导致成本较高;多晶硅生产的核心技术被国外垄断同样提高了生产成本。在这种完全依赖的模式下,江苏省新能源产业在近几年的确得到了较快的发展,参与到行业中来的企业也与日俱增,但付出的代价同样可观。因此,虽然科技创新国际化过程中,"引进来"是重要的一步,但"引进来"不代表照搬照抄,不代表完全依赖。

在产业创新国际化称为衡量产业发展标准之一的今天,江苏省新能源企业在国际上的影响力远远不足,其在国际竞争中常常会处于不利地位。不仅如此,近年来,江苏省甚至是我国频繁遭遇海外市场对新能源产品和企业发起"双反"调查,面对这一现状,如何率先推动产业调整省级,改变单纯依靠产能扩张和过于依赖海外市场的发展模式,不断增强自主创新能力,全面开拓国内潜在市场,使新能源产业走上持续健康发展道路,是江苏省新能源产业国际创新化需要考虑的问题。

(三) 产业链发展缺乏全面性

江苏省新能源产业内细分产业的产业链存在较为严重的发展全面性问题。对于省内较发达的新能源产业,如光伏产业和风电产业,其产业基本完备,但发展缺乏均衡性。江苏省光伏产业在产业链中主要集中发展上游产业,且存在低水平重复、同质化竞争等较为严重的现象,技术含量较高的产业链下游环节则参与度较低,而且光伏产业的主要产品在全球价值链体系中处于低端位置。在风电产业中,盐城和南通等沿海地区已基本形成覆盖技术研发、零部件制造、整机组装、检测认证、风电场开发建设、配套服务等在内的风电产业链,但同样存在注重风场建设、忽视产业配套,注重部件生产、忽视整机制造,注重引进组装、忽视自主研发等产业链发展的不均衡问题。

核能和生物质能在江苏省发展仅出于初始阶段,其在工程设计、系统集成、检测认证、运营维护等方面产业链还未完全形成,不仅均衡性存在问题,完备性也存在较大问题。

(四) 高端技术人才匮乏

人才是产业持续、稳定发展的基石,产业要发展就必须以专业人才作为支撑。江苏省新能源产业在人才方面的确采取了一些措施,例如,引进海外高端人才,外派专业人员进行海外学习等,但这些仍未能弥补高端技术人才匮乏的弊端。

高端人才的获取涉及两个方面,人才培养和人才引进。在人才培养方面,江苏省作为教育大省,省内许多高等学府并未开设新能源对口专业,从而导致目前许多新能源企业的从业人员是从相关专业毕业的,但隔行如隔山,专业不对口将影响从业人员在岗位中表现出来的工作热情和专业技能。例如,许多从事光伏产业的技术人员都是从半导体产业引入的,从而影响了产业核心技术发展的整体水平。因此,江苏省在新能源产业专业人才的培育方面仍需进一步投入。

相较于人才培养,人才引进是获取专业技术人才更为快捷的方法,但如何吸引人才、留住人才成为获取人才的关键。江苏省同其他省市一样,制定了一系列吸引专业人才的政策,但这些政策大同小异,对于高端技术产业人才的引进政策区分性较差,在与其他省份竞争新能源产业专业人才的过程中不具优势,且这些政策的执行力仍有待提高。

三、江苏省新能源产业科技创新国际化发展的对策与建议

从近几年来看,江苏省新能源产业发展面临较大的机遇,同时也存在着许多挑战。面对这样的前景,江苏省必须探索出一条适合自身新能源产业发展的科技创新国际化道路,将江苏省新能源产业打造成为在全国乃至全球占据稳定地位的产业。

(一) 不断提升产业创新能力,积极攻克技术瓶颈

科技创新国际化道路的根本推动力在于创新,重大的科学和技术创新是高新技术产业发展的基本要素之一。在当前江苏新能源产业自主创新能力不足,产学研结合处于较低程度的形式下,应制定创新驱动战略,在目前具有较强实力的新能源产业发展基础上,以关键技术突破和服务提升为核心,推动形成以技术研发、高端装备研制和技术

服务为主要特征的新能源,抢占产业制高点。一方面,积极推进相关产业研究中心、研发中心等新能源中电实验室和技术平台的建设和完善,充分发挥创新平台前沿技术研发、储备和先进技术工程化等作用,不断加强新能源产业创新能力。另一方面,点面结合,秉持严抓重点、整体提升的原则,通过协同创新,集中突破新能源产业发展中的技术瓶颈,提高具有自主知识产权的核心专利数量,提高新能源主线产品的自主设计能力和国产化率,积极争取全国乃至全球的研发优势。

不断提升的创新能力和获取的研发专利,能够为江苏省新能源产业科技创新的国际化提供基础和动力,在"引进来"和"走出去"道路上增加对于海外新能源市场的吸引力。

(二)增强产业集聚效应,形成独立产业链条

为弥补产业链发展的不完备和不均衡,江苏省必须在现有条件下积极优化发展环境,整合创新资源,促进相关产业集聚,使新能源产业在一定范围内形成产业链上下游的延伸,从而提升产业价值。

在光伏产业链中,对于中上游较为完备的产业链,应不断加大生产,保持其竞争力,对于下游产业链,应逐步开发并适当推进。例如,在推动太阳能光热利用、光伏发电协同发展的同时,积极推进连云港硅材料产业基地和南通新一代薄膜太阳能电池产业基地建设,提高对硅原料的提纯,晶硅切片技术等具有较高价值的产业环节的开发,壮大强拉棒、切片、电池、组件生产的企业;保持原有的光电转换、硅片生产技术竞争优势;控制好中下游一部分价值较低、程序性较高产业的发展。

在风电产业链中,在现有风电项目的基础上,进一步加快其他风电项目的开发和建设,促进风电规模化,并以此带动风电装备产业高端化发展,对于盐城、南通大型风电整机制造基地以及配套产品和关键部件制造基地,应协同建设,加大产业链生产的集聚效应,提升产业链整体价值。

在核能产业链和生物质能产业链中,因二者在江苏省的发展仍处于起步阶段,对于产业链的打造,应将注意力集中在关键环节和产品基地的建设上。例如,加快推进核电站扩建工程和核电应用基地建设;围绕生物质成套装备及重点生物质能源产品,推进生物质能源高效综合利用示范基地建设。

(三)扩大产业应用领域,推进国内外合作

在光伏产业中,积极开拓分布式光伏发电市场,推广和建筑结合的分布式并网光伏发电系统,支持自给式光伏产品进入公共设施和佳通,积极探索相应的电力管理体制和运行机制,形成适应分布式光伏发电发展的建设、运行和消费新体系。同时,有序推进光伏电站建设,协调光伏电站与配套电网规划和建设。在风电产业中,继续推进风电规模化发展,加快建设国家千万千瓦级沿海风力发电基地,通过推进非并网风电淡忘海水产业的发展来为风电应用拓展新空间。在核能产业中,在国家和政府的引导下,积极结合国外先进技术和自身创新发展,促进核电产业发展。在生物质能产业,一方面要扩大生物质能原材料的范围,积极探索和发现新的生物质能原料;另一方面,积极拓宽生物质能的运用领域,使其高效化、广泛化。

在积极拓宽自身发展领域后,应积极实施"引进来"和"走出去"战略,积极推动新能源产业参与者通过吸引外资、对外投资、建立海外研究所、吸引外海人才和外派人才等形式与海外研发机构的合作,建立二者之间平等且稳定的战略合作伙伴关系。促进关键性技术研发,加快国际孵化器、检测检验、信息服务、人才培训等公共服务平台建设。在走上国际化道路的同时,积极推广自有品牌,以独特和无可替代的高端定位参与到国际市场中。

(四)优化产业发展环境,完善产业支持政策

产业要发展,除了关键性的决定要素之外,环境、政策等要素同样值得考虑其影响力。只有在适合产业发展的产业环境中,有利于产业发展的政策下,产业才能够积极发展创新,并走上国际化道路。

产业环境和产业政策涉及的主体是政府。政府优化环境、出台政策主要服务产业的两个方面,其一为产业自身的发展,其二为产业内人才的发展。

就目前产业本身发展来说,江苏省内政府主要使用结构性政策来鼓励新能源产业的发展,而功能性政策相对缺失,这将会导致产业链中关键性的环节无法得到比重最大的资源和资金,造成产业链中某些价值偏低的环节盲目扩张,这对由科技创新等推动新能源产业高端化发展的关键环节激励不足。因此,在完善新能源产业支持政策的过程中,江苏省应通过结构性和功能性政策相结合的方式,既关注资金、技术、人才等要素向新能源产业集聚的程度,也注重社会资源向创新等薄弱但关键的环节集聚的程度。积极维护产业内的公平竞争环境,尽可能降低社会交易成本,提高市场效率,充分发挥市场的功能。

就产业内人才发展而言,政府应积极制定人才培养政策和引进政策。其一,在人才培养方面,政府相关部门应以新能源产业发展为目标,积极在省内高校开设对口专业,培养具备专业技术知识的人才,通过产学研紧密合作,培养一批研究开发的带头人。同时,对于培养出来的人才应以持股、技术入股、提供创业基金等方式,留住人才,减少人才流失,营造有利于战略性新兴产业领军人才发展的环境。其二,新能源产业要创新国际化,那么,在人才投入方面就少不了国际化的人才。选择什么样的国际化人才,应由企业根据自身情况决定,但如何留住人才,则不仅仅是企业需要考虑的事,政府也必须为这些国际化人才的生活和发展提供相应的具有优势和区分性的政策,真正从他们的角度出发,为其提供有利于全身心投入研发的生活和工作环境。

另外,除了要完善现有政策,政策的执行力是政府必须关注的另一大要点。如果制定了政策却无法保证政策的执行力度,反而会引起人才的不满情绪,降低政策的激励力度,从而导致更为严重的人才流失。因此,在政策完善的基础上,政府必须实施有力的监督,保障政策执行力度。

第十章 江苏省生物技术和新医药产业科技创新国际化发展研究

生物技术和新医药产业主要包括两个方面的内容,生物技术产业主要包括生物能源、生物工业、生物农业、生物环保等新兴产业领域,将最终解决世界粮食、能源、环境和海洋等影响 21 世纪人类生存的重大问题。新医药产业以新技术、新工艺、新剂型、新装备等的开发应用为特征,是蕴含巨大经济社会效益,最具广阔发展前景的新兴产业,主要包括生物技术药、中药、小分子药物和医疗器械、生物试剂、医用材料等。①

一、江苏省生物技术和新医药产业科技创新国际化发展的现状分析

随着中国社会的迅猛发展,国人对于健康的理念逐步更新,对医药的需求和期待呈逐步递增状态,这为生物技术和新医药产业的发展打下了坚实的基础。而江苏作为新医药和生物技术产业经济成长性最好、发展最为活跃的省份之一,积极将生物技术和新医药产业定性为应对全球金融危机、谋求未来长远发展的战略性高技术新兴产业。近年来,江苏省生物技术和新医药产业发展势头强劲,在全国范围内保持领先水平。

(一) 科技创新投入国际化

1. "引进来"战略初见成效

生物技术和新医药产业是我国重点扶持的战略性新兴产业之一。近年来江苏生物技术和新医药产业快速发展,集群发展态势初显,科技创新水平全国领先,企业创新能力稳步提升,创新平台建设日趋完善。准确把握未来发展机遇,积极拓展科技创新国际化道路,是江苏生物技术和新医药产业发展的关键。

从图 10-1 中可以看出,2012—2014 年外商投资额呈递减趋势,表明在这三年间,生物技术和新医药产业在外商眼中的投资价值较低,而 2014—2015 年,外商投资额涨幅非常大,2015 年外商投资额约为 2014 年的 4 倍多,生物技术和新医药产业得到外商重视,投资价值大幅增长。生物技术和新医药产业投资价值的提升离不开江苏省政府对其的大力支持,省政府积极制定新兴产业发展规划纲要,并大力监督执行,在 2015 年初见成效。

---

① 《江苏科技信息》编辑部.《江苏省生物技术和新医药产业发展规划纲要》解读[J].江苏科技信息,2010(9):1-6.

单位:万美元

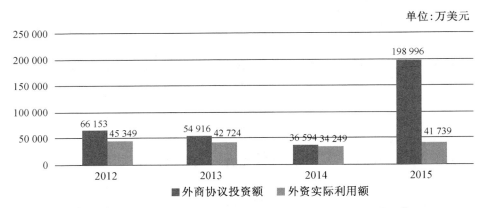

图 10-1 江苏省生物技术和新医药产业外商投资和利用情况①

在图 10-1 中还涉及外资的实际利用情况。从总体上来看,江苏省生物技术和新医药产业的外商投资利用率较高,平均利用率达到 65.23%,表明在该产业中,我省企业在获取投资后积极运用投资资金,提高投资效率和自身投资价值。但就 2015 年的投资利用率来看,效率较低,仅为 20.97%。从绝对值来看,2015 年的外资利用额相对于 2014 年存在涨幅,但却仅仅占总投资的五分之一。这一现象,一部分原因是 2015 年的投资基数大,而另一部分原因则是企业对于投资的飞速增长不能够很好地把握住机会,面对投资额的大幅度跳跃,江苏省生物技术和新医药相关企业显然没有做好准备。

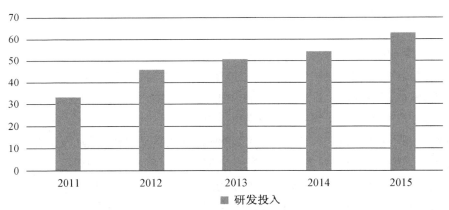

图 10-2 江苏省生物技术和新医药产业研发投入情况(单位:万元)

从图 10-2 中可以看出,江苏省生物技术和新医药产业研发投入额以较为平稳的增长率逐步增加。从 2011 年的 33.37 亿元到 2015 年的 62.95 亿元,产业内研发投入在五年间几乎翻了一番,而五年间的平均增长率也达到了 17.78%。这说明,江苏省生物技术和新医药产业高度重视产业内科研发展,将创新摆在发展的重要位置。

目前,全省 326 家生物医药高新技术企业研发投入占销售收入比例平均达到 6%

---

① 江苏省统计局. 江苏统计年鉴[M]. 中国统计出版社,2012—2016.

以上,其中,恒瑞、先声、康缘等一批医药骨干企业研发投入占销售收入的比重超过8%,创新能力和综合实力持续提升。目前为止,医药行业共有 37 家上市公司公布了2016 年研发投入情况。统计结果显示,在这 37 家医药上市公司中,有 12 家研发费用总额达到亿元级别。其中恒瑞医药最高,达到 11.84 亿元,同比增长 32.82%,成为行业当之无愧的创新领头羊。

研发费用在 2—10 亿元的企业有 5 家,依次是白云山(3.30 亿元)、华润三九(2.80 亿元)、长春高新(2.65 亿元)、华东医药(2.64 亿元)、普洛药业(2.01 亿元);研发费用在 1—2 亿元的企业有 6 家,分别是哈药股份、华润双鹤、东阿阿胶、华北制药、新华制药、安图生物。从研发费用占营业收入的比重来看,有 4 家药企研发费用占营业收入的比重在 10% 以上,分别是智飞生物(16.96%)、万孚生物(11.28%)、恒瑞医药(10.68%)、安图生物(10.60%)。[①] 由此可见,江苏省医药行业研发创新意识与国内其他企业相比要高得多。

除了资金上的投入,江苏省生物技术和新医药产业同样注重研发人才的培养和引进。近年来,海内外大批生物医药领军人物落户江苏,其中,国家"千人计划"人才 50人,占全省"千人计划"人才总数的 15.6%,省双创人才中,生物医药领域有 297 名,占总数的 16.3%。

江苏恒瑞医药股份有限公司始建于 1970 年,是国内最大的抗肿瘤药和手术用药的研究和生产基地,目前是国内最具创新能力的大型制药企业之一。恒瑞对研发向来重视,企业内研发人员占比达到 16.93%,在国内上市公司中居首位。为解决高级研发人才缺失这一中国制药企业普遍的生存"软肋",恒瑞医药先后在连云港、上海和美国建立三大研究中心,目前拥有研究人员 300 余名,其中 150 余名博士、硕士及海归人士。目前,恒瑞的研究中心已被评为国家级企业技术中心和"重大新药创制"孵化器基地,并建立了国家级博士后科研工作站。不仅如此,恒瑞医药更是利用外脑,先后与中国医学科学院生物研究所、药物研究所、中国药科大学等联合创建 5 家创新实验室;与 4 位院士、20 多位教授、博士"牵手"开发新药;近年来还与上海医科院、北京医工所、天津药研所等十几家科研机构签订了开发协议。另外,恒瑞还与一些国外的中小型制药公司进行优势互补型的技术合作。在新药仿创中,国际一些中型公司技术先进,只是碍于动物实验等费用昂贵,加上缺乏高层次化学人才而不能进行深度研发,恒瑞却有着这方面的人才集群和实验便利。

扬子江药业集团创建于 1971 年,是一家跨地区、产学研相结合、科工贸一体化的国家大型医药企业集团,也是科技部命名的全国首批创新型企业。近年来公司投资 20 多亿元,在北京、上海、南京、广州、四川等地设立研发中心,并先后组建了博士后科研工作站、院士工作站、中药制药工艺技术国家工程研究中心、药物制剂新技术国家重点实验室、中药质量控制重点研究室等国家或省级研发平台。研究院目前拥有专职研发人员400 余人,高级研发顾问 15 人,高层次领军人才 30 人,博士学历 50 余人,硕士学历 160

---

① http://www.zyzhan.com/news/Detail/63543.html.中国制药网。

多人。

2. 实施多层次、全方位的"走出去"战略

生物技术和医药产业是事关全人类生命健康的关键产业,因此,在产业发展过程中,走出国门、走向世界这一环节必不可少。尽管江苏生物技术和新医药企业的对外投资数量和金额不大,却呈现出积极的发展态势。自20世纪80年代中期开始,生物技术和新医药生产企业开始尝试对外直接投资。现在,许多企业已在美国、日本、新加坡、肯尼亚、墨西哥、加蓬、越南、苏丹等国家和地区投资兴办了研发中心。这是科技创新国际化过程中具有重大意义的一步。

连云港市许多知名的生物医药企业纷纷选择在国外设立研发机构,实现了港城医药产业与国际科研水平的深度对接。目前,恒瑞和康缘都在美国成立了研发中心,正大天晴与LLC公司、格莱公司、香港中文大学等企业和机构均建立了良好的合作关系。恒瑞医药海外扩张努力寻求新的增量:公司通过与Incyte、Sandoz、Teva、Sagent等公司合作进入海外仿制药市场。2015年9月公司与Incyte达成里程金协议,将具有自主知识产权的用于肿瘤免疫治疗的PD-1单抗有偿许可给美国Incyte公司共同开发。而且现在已经有多个创新产品在美国开展临床。公司开始进入创新药+国际化的新阶段,公司已经表现出成长为全球大药企的潜力,走出了"国际范儿"。该企业产品研发模式也逐步从仿制为主向仿创结合、自主创新转变。

常州、泰州、无锡等市作为生物技术和新医药企业聚集地,同样积极开展生物医药产业"走出去"活动。例如,常州市政府、西太湖科技产业园和以色列产业研发中心签署了合作协议,为双方企业或项目入驻海外提供便利。从以上实例可以看出,江苏省生物技术和新医药企业"走出去"的形式越来越多样化,地区越来越广阔。然而,不容忽视的是,江苏省生物技术和新医药企业的全球化整合仍面临诸多挑战,目前真正"走出去"的企业尚属凤毛麟角,行业并未形成跨国经营趋势。特别是在当前世界医药格局发生巨变、国内医药行业竞争白热化的形势下,医药企业"走出去"正面临前所未有的生存困境与发展瓶颈。

(二)科技创新产出国际化

产出在衡量科技创新国际化的成果和效率中必不可少。江苏省从投资、研发、人才等多个方面致力于生物技术和新医药产业的科技创新国际化,充分显示出产业在国民经济发展过程中的重要性。近几年来,通过大力投入和推广,江苏省生物技术和新医药产业的确取得了较好的科技创新产出成果,呈现出较为良好的发展势头以及其作为高新技术产业广阔的发展空间。

1. 产业产值直线攀升,出口量稳步增长

江苏省生物技术和新医药产业规模在全国范围内始终处于领先地位。产值作为产业规模的衡量标准之一,其代表的不仅仅是行业内的产量,更标志着产业内科技创新国际化的发展趋势和程度。

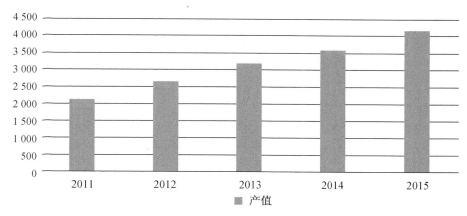

图 10-3　江苏省生物医药制造业产值(单位:亿元)

近五年来,生物技术和新医药产业产值稳步提升,平均增速达 18.47%,稳居全国前列。在全省工业份额中的比重逐步增长,成为支撑和引领江苏经济增长和转型升级的重要力量。2012 年,江苏省生物医药实现产值 2 651.73 亿元,同比增长 24.89%,为五年间增长幅度最大的年份,而其余年份增长率均为递减趋势。2013 年,生物医药实现产值 3 184.23 亿元,同比增长 20.1%,产值规模居全国第二,其中,化学药品原药及制剂、中药饮片及中成药、生物药品分别实现产值 1 834 亿元、281 亿元、340 亿元和 447 亿元。2014 年,全省生物技术和新医药产业实现产值 3 588.55 亿元,高出全省高新技术产业平均增速 6.3 个百分点。2015 年,产业产值突破 4 000 亿元。

产品出口额代表着行业的创新成果与国际接轨的程度。据江苏省医药行业协会公布的数据显示,2015 年江苏医药产业主营业务收入 3 963.20 亿元,同比增长 13.94%;利润总额 411.96 亿元,同比增长 13.31%;利税 662.46 亿元,同比增长 13.79%;出口交货值 337.09 亿元,同比增长 2.88%(见表 3)。其中,前两项指标值位于全国第 2 位(山东省位居第 1),后两项指标值位于全国第 1 位。

举例来说,恒瑞医药就是江苏省生物医药行业中的出口领头者。恒瑞医药始终不断加大国际化战略的实施力度,积极拓展海外市场。2016 年上半年,原料药及制剂出口业务稳步增长,海外销售收入达 3.36 亿元人民币,同比增加了 48.11%。欧、美、日高端市场各项目按计划开展研发及注册申报,共开展了 21 个产品的开发和多地申报工作,新调研产品 4 个,向美国 FDA 递交了 5 个 ANDA 申请;同时与合作公司讨论澳大利亚、新西兰市场的注册申报与开发,并逐步加强其他新兴市场如俄罗斯、墨西哥、巴西等国家的开发力度。在海外认证方面,公司目前已有多个仿制药品种成功通过海外认证,也吸引了国际仿制药巨头与其合作携手打开国际市场,其中环磷酰胺于 2014 年中期已在美国上市,2015 年,公司多个仿制药品种如环磷酰胺、七氟烷、奥沙利铂、伊立替康、来曲唑等均逐步实现销售,年制剂出口取得了突破性进展,为公司贡献显著的业绩弹性。在制剂出口领域也已初现曙光,未来公司大部分品种都将实现海外认证,一方面能维护主力品种的国内定价权,另一方面制剂出口也为公司打开了新的增长空间,未来有望为公司贡献较大业绩弹性。

2. 发明专利申请量

发明专利申请量是科技创新国际化最为直接的体现。根据中华人民共和国知识产权局提供的专利检索数据,截至 2015 年,江苏省生物技术和新医药产业共生产专利2 543 项。

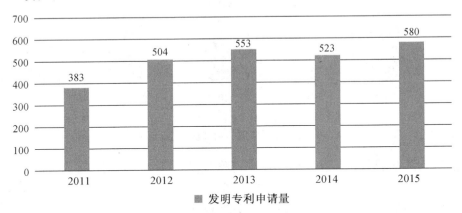

图 10 - 4　江苏省生物医药发明专利申请量

总体来说,图 10 - 4 呈现出来的生物医药产业发明专利申请量是增长的,总涨幅为 51.44%,平均增长率为 11.7%。2012 年、2013 年、2014 年和 2015 年专利申请量分别为 383、504、553、523、580 项,各年间的增长率分别为 31.59%、9.72%、- 5.4%、10.9%,由此可以看出,其增长幅度是逐年递减的。

恒瑞医药在认识到竞争主要依赖于创新,特别是关键领域的技术创新后,始终着力建设连云港、上海科研中心和美国三大研究中心。目前拥有研究人员 300 名,其中有 150 余名博士、硕士及海归人士。公司的研究中心己被评为国家级企业技术中心和"重大新药创制"孵化器基地,并建立了国家级博士后科研工作站。几年来,公司先后承担了 4 项国家 863 计划重大科技专项项目、7 项"国家重大新药创制"专项项目、9 项国家火炬计划项目、4 项国家星火计划项目、16 项国家级重点新产品项目及数十项省级科技攻关项目,申请了 69 项发明专利,其中 33 项世界专利,现有 2 个创新药处在三期临床,另有 5 个创新药分别在一到三期临床。

江苏省扬子江药业集团有限公司(下称扬子江药业),曾经依靠"银杏叶片"和"胃苏颗粒"等中成药名扬一时。"但随着国际行业巨头进入中国市场带来的冲击,传统中药企业迫切需要转变发展观念。"扬子江药业总经理助理路显锋介绍,为了适应新的形势,扬子江药业几年前开始了依靠知识产权主动向化学药、中成药、生物药"三药并举"研发创新战略方向的调整。其中,对于化学药研制过程中所涉及的在先专利,主动进行专利检索分析、调整研发方向,对于确实绕不开的核心专利,则通过获得该专利在国内的独占实施许可或买断其中国的专利权来规避侵权。而对于企业自主研发的一类新药,则通过构建涉及国内外、涵盖核心专利和外围专利的专利网进行保护,确保领先技术的独占地位。目前,扬子江药业已提交发明专利申请 150 余件,其中通过《专利合作条约》(PCT)途径提交国际专利申请 4 件,并分别在美国、日本和欧盟等多个国家和地区获权,发明专利授权量达 60 余件,4 件 PCT 国际专利申请已在美国、日本和欧盟等多个国家和地区获权。在这样的知识产权战略引领下,企业的化学药出口销售额在销售总额中的占比和国际市场份额连年上升。其中通过《专利合作条约》(PCT)途径提交国际专利申请 4 件,2011 年开通的"中国•泰州专利信息综合服务平台"是国家知识产权局、江苏省知识产权局及泰州市三方联合共建的全国第一家以专利为核心的综合性专利信息服务平台,设立了面向泰州地区政府、企业、中介机构和公众服务的 16 项一级栏目,不仅建立了涉及"九国两组织"的全领域专利数据检索系统,而且针对泰州市"1+3+N"的新兴和传统产业构建了涉及生物医药、医疗器械等 10 个产业、85 个不同领域专题的专利导航数据库,专利信息总量达 9 000 多万条。

3. 科技创新成就

恒瑞医药是集科研、生产和销售为一体的大型医药上市企业,是国内最大的抗肿瘤药物的研究和生产基地,抗肿瘤药销售在国内排名第一,市场份额达 12% 以上,是国家定点麻醉药品生产厂家。公司先后研制开发了国家四类以上新药 90 个,其中国家一类新药 4 个,二类新药 13 个。公司已拥有了数个产品方阵,其中,7 种产品为国内独家生产;13 个产品被评为国家级新药品,其中来曲唑原料及制剂,盐酸氨溴索原料及制剂被列入国家火炬计划项目。公司产品中的固体制剂、冻干粉针,无菌分装分针、水针大输液等剂型已通过国家 GMP 认证,原料药异环磷酸酰胺、足叶乙甙、美司那通过了美国 FDA 验证。恒瑞医药与美国 incyte 公司在美国达成协议,incyte 公司将支付恒瑞 2 500 万美元首付款购买其自主研发的用于肿瘤免疫治疗的 pd - 1 抗体(代号"shr1210")国外(即中国大陆、港澳台以外)权益。未来该公司还将支付给恒瑞 7.7 亿美金里程碑付款,标志着中国企业自主研发的"重磅炸弹"式药物走向全球市场,是中国从技术输入大国向技术输出大国转型的标志性事件。据悉,生物医药技术是我国与国外差距最小的领域之一。恒瑞医药连续四年雄踞中国医药创新首企,是中国医药创新排头兵。恒瑞每年投入销售额 8% 至 10% 的研发资金,并在新泽西、名古屋、上海、成都和连云港建有研发中心和临床医学部,各类研发人员超过 1 300 人。目前,恒瑞已有 2 个 1.1 类(即完全自主创新)新药上市,2 个创新药申报生产,10 多个创新药处于不同的临床阶段。这样的研发基础决定了恒瑞成为中国医药国际化的探路者。

扬子江药业作为江苏省本土的生物技术和新医药企业,在经过近 40 年的持续积累和创新,扬子江药业现已形成中西药并举,覆盖抗生素、消化系统药、循环系统药、抗肿瘤药、解热镇痛药等领域,拥有 10 多个系列、20 种剂型、100 多个规格的产品群,目前集团符合四国药典质量标准共 21 个品种;产品胃苏颗粒被消费者评为"中国市场产品质量用户满意度第一品牌";集团蝉联全国医药行业质量管理 QC 成果金奖总数"六连冠",被中检所指定为国内医药行业唯一的实训基地。集团质量检测中心获得国家实验室认可证书。经前平颗粒获得国家科技进步二等奖。另有 20 多个产品销往中东、欧洲、东南亚部分国家和地区。

(三)科技创新国际化环境

1. 创新国际化平台建设

2015年10月30日,第六届中国(泰州)国际医药博览会在中国医药城会展交易中心举办,与医博会同期召开的还有泰州医药高新区第二届创新创业大赛、高层次人才智力项目交流大会、中国干细胞行业高峰论坛和医药行业投资与发展高峰会等12个医药会议在中国医药城会展交易中心同期举行。一年一度的医博会,经过5年的专业积淀,已经成为全球医药领域学界专家、业界精英、商界领袖的群英会,成为全球医药同行交流思想、碰撞智慧、共谋发展的嘉年华。本届医博会围绕"集聚医药养资源,发展大健康产业"这一主题,形式更加新颖、特色更加鲜明、内容更加丰富,共有来自美、英、德、韩等十多个国家和地区的500多家著名医药企业前来参展,汇聚了全球3 000多项专利技术和创新成果,得到了海内外4 000多名客商的积极响应。医博会专题活动丰富,邀请了海内外知名学者、企业家、权威人士,围绕国际生物医药发展趋势、康复工程前沿技术临床转化、中国干细胞产业现状及展望等话题深入研讨交流,为促进医药产业发展、实现互利共赢凝聚共识。医博会专题活动丰富,邀请海内外知名学者、企业家、权威人士,围绕国际生物医药发展趋势、康复工程前沿技术临床转化、中国干细胞产业现状及展望等话题深入研讨交流,为促进医药产业发展、实现互利共赢凝聚共识。会议吸引了阿斯利康、鲁宾制药、礼来、雀巢、韩美、赛诺菲、凯杰、美敦力等一批国际著名医药企业以及扬子江药业、豪森、康缘药业、四环生物、济川药业、苏中药业等一批国内知名企业参展,集中展示国际国内医药创新成果、专利技术、特色产品,推进科技资本、产业资本和金融资本嫁接融合。

同期举办的其他会议包括:10月29日在泰州金陵国际大酒店举行的泰州医药高新区第二届创新创业大赛,此次会议主要目的是组织海内外高层次人才参加创业大赛,吸引和集聚更多海内外高层次人才来泰州医药高新区创新创业;10月30日上午9:00,为加强与海内外高层次人才交流与合作,组织海内外人才与泰州医药高新区及参展参会企业对接交流,吸引高层次人才落户泰州创新创业;10月30日—31日,第六届中国(泰州)国际医药博览会"名医大讲堂"在中国医药城会展交易中心举行,以"关爱生命、健康生活"为主题,通过举办名医健康讲座,普及养生保健知识,增强健康意识和自我保护能力,提高预防疾病水平,提升全民生活质量;10月30日—31日,为加强干细胞研究领域交流与合作,推动我国干细胞临床研究和治疗健康快速发展;10月30日下午,医药及营养健康产业国际合作交流会在中国医药城会展交易中心举行,组织国内外医药及营养健康企业洽谈交流,促进中外医药及营养健康产业的交流合作,推进国内外医药及营养健康产品落户泰州医药高新区产业化;10月30日下午,中国医药行业投资与发展高峰会在中国医药城会展交易中心举行,为把握医药产业发展脉搏,分享医药产业投资机会,推动医药金融跨界融合,助推我国医药产业加快发展。[①]

诸如此类的会议在常州、无锡、连云港等生物技术和新医药产业聚集地也曾多次举

---

① http://www.biodiscover.com/news/activity/123237.html.生物探索。

办,为产业内企业提供了经验学习与交流以及走出国门、走向世界的机会,从而为整个产业的科技创新国际化打下坚实的基础。

2. 产业园区建设卓有成效

江苏省拥有良好的医药产业基础及优势,其医药产业保持高速发展,势头强劲,2012 年,江苏实现医药工业总产值首次赶超山东,跃居全国第一,成为全国第一医药产业大省。随着医药产业的高速发展,江苏省已形成"四大医药板块",即苏中的中国泰州医药城、苏南的苏锡常医药产业群、南京"药谷"、苏北的连云港新医药产业基地。江苏省医药产业园区是伴随着医药产业发展基地或高新技术产业开发区而逐步发展的。1991—1992 年经国务院批准,江苏建立了南京、苏州、无锡、常州四个国家级高新技术开发区,其后,1996—1997 年,江苏省政府批准建立了连云港、江阴等多个省级高新技术开发区,开发区内均涉及生物工程与医药产业,并先后在开发区内建立医药产业园区,例如,2011 年 9 月 16 日,位于国家级南京高新技术产业开发区内的南京生物医药谷正式揭牌等。江苏省又先后批准建立多个国家火炬计划特色医药产业基地,例如,南京市浦口生物医药产业基地、连云港新医药产业基地、泰州医药产业基地、启东生物医药产业基地等,这些产业基地是医药产业园区的重要依托,各地先后在本地医药产业的基础上规划建设了医药产业园区,例如,连云港市基于其"一地两片"的产业集聚发展布局规划建设了连云港新医药产业园、泰州建立了我国唯一一家国家级医药高新区——中国医药城等。这些医药产业园区的建立带动了江苏省医药产业的快速发展。

江苏省医药工业园区发展的特点大致表现为:江苏省各地区的医药产业园区大多数是基于各地医药产业集聚发展的空间布局或依托于本地高新技术开发区、经济开发区及工业园区内集聚的大量医药企业的优势上,综合考虑本地医药产业的发展情况及本地人力、技术等各种资源要素的优势,经过科学宏观规划、选址、建设,在高新技术开发区、经济开发或工业园区内建立的医药产业园区,是一种区中园或园中园。例如,南京高新区的生物医药谷、苏州工业园区的苏州生物纳米科技园。这些医药产业园区的经营、运作及管理一般由开发区及工业园区的区管理委员会等机构以及其下属的医药产业园区管理机构或管理部门共同管理。同时,医药产业园区内的企业还享有开发区及工业园区制定的各种优惠政策以及开发区及工业园区内的各种基础设施及配套设施。①

二、江苏省生物技术和新医药产业科技创新国际化发展存在的问题

从现状中可以看出,江苏省生物技术和医药产业从全国范围内来看,始终处于领先地位。但是,放眼全球,江苏省生物医药产业仍存在较大的进步和发展空间,尤其是在创新国际化方面。江苏省医药领头者——恒瑞医药也仅仅是今年才开始由仿制创新转变为自主创新,而其他企业的创新力度更是有待加强,国际化进程则局限于小企业。因此,针对现状分析,江苏生物医药产业科技创新国际化过程中仍存在一些问题和瓶颈。

---

① 范增,褚淑贞.江苏省医药产业园区发展浅析[J].商,2015,(07):243+187.

(一) 产业国际化进程有待加快步伐

江苏省除数家大型企业有较强的综合实力,拥有在全国市场占有率较高的拳头产品外,大多数企业产品和技术结构单一,发展后劲不足。具有国际竞争能力的龙头企业比较缺乏,江苏省扬子江药业集团、恒瑞医药等已经连续多年夺得全国医药百强榜前列,销售额也超过百亿元大关,牢牢坐稳国内药企的头把交椅,但从国际来看,与全球医药巨头40至500亿美元的业绩相比,差距甚远。

2015年,继恒瑞医药伊立替康注射剂和扬子江药业奥美拉唑肠溶胶囊进入欧美市场后,江苏省又有13个药品通过了欧美医学管理机构认证,占全国总数的26%;另有5个药品正在国外申请注册,占全国总数的24%。康缘药业的桂枝茯苓胶囊正在申请美国FDA认证,II期临床已完成,该公司是我国中药行业国际化进程最快的企业之一。另外,值得关注的是恒瑞医药日前将2012年开始研发的具有自主知识产权的PD-1单克隆抗体有偿转让给美国Incyte公司,首次实现了中国出口创新技术的重大突破,且该项交易预计将会为恒瑞医药带来7.95亿美元的收益。[①]

可见,江苏省生物医药产业在逐步加快与国际接轨,但其国际化进程有待进一步提升。在市场环境及新政的影响下,医药产业面临新的挑战,需提升自身实力,将国际上的先进技术与管理理念融入实际的研发与生产中。同时,国际人才的交流与培养也尤为重要,部分企业高级管理人才的缺口亟待解决。

(二) 产、学、研、政融合度较低

江苏省是我国最重要的教育省份之一,拥有的医学、中医学、药学高校和科研院所数量居全国前列,在医药人才培养、基础研究、应用研究、技术开发和产品创新等各个方面取得了很大成就,更是聚集了一批高水准的医药院校,汇集了大量的医药类人才,这也是江苏省的一个突出优势。然而,实际调查发现,由于政府科技政策导向、科技管理体制和机制上还存在一系列的问题,既导致高校和科研院所对其在创新中的责任把握不准;也导致其在技术开发和人才培养上脱离其本原和实际需求。作为教育大省,如何将以上种种优势资源运用在医药产业的研发与生产中还需进一步发掘。由于客观环境的原因,各科研场所以及各高校之间存在着地理位置上的差异,在一定程度上造成交流上的不便,因此应加大各个部门之间的沟通交流,将有效信息及时快速地分享。

另一方面,生物医药产业的快速发展离不开新技术的开发与成果的转化,这要求医药企业能够有效地将产、学、研、政有效地结合起来。科研机构研究出技术后,依托与企业之间的交流合作将其转化为成果,实现科研成果的转化。目前江苏省的科技中介服务机构在多方面几乎无所作为。具体表现为企业技术创新需要的多种服务水平低以及企业技术创新需要的多种服务的体系不完善。因此,如何落实科技创新政策,加快建成以企业为主体、市场为导向、产学研相结合的技术创新体系成为亟待解决的问题。

在生物医药产业中,国家与政府的支持是十分重要的一环,如今政府的支持也应该

---

① 褚淑贞,杨家欣,王恩楠.2015年江苏省医药产业发展报告[J].药学进展,2016,(05):349-357.

融入产、学、研的作用机制中。自我国提出创新型国家的建设目标以来,江苏省政府出台了一系列的政策,不断加大财政科技投入和税收优惠的力度,大力支持企业、高校和科研院所开展各类科技和创新活动,显著调动了各方自主创新的积极性。然而,对江苏技术创新开展得较好的企业进行实际调查发现,政府支持自主创新还不够科学,财政科技投入存在盲目性,支持自主创新科技政策的主要着力点选择存在盲目性,解决科技和创新中的系统失灵问题存在盲目性。在未来的发展中,如何实现产、学、研、政的有效结合将是对江苏省医药产业提出的一个新的挑战与要求。

(三)生物医药产业研发创新能力有待提升

医药产业是一个资金、技术密集型、集约化程度高的产业,也是一项高科技、高投入、高风险、高回报的行业。医药产品研发创新一直是医药产业可持续发展的原动力,据统计,国外的大型制药公司为了维持一定的技术产出,研发投入强度通常高达 10%—25%,而我国整体医药行业研发投入占销售收入比重偏低,到 2000 年以后才突破 2%,目前徘徊在 2.2%—2.5%,除个别企业在 5% 以上外,大部分医药企业的研发投入比重处于非常低的水平。由此造成主打产品科技含量低,品种单一,缺乏具有自主知识产权的新产品,发展后劲不足。

江苏省先后建立了四大医药产业园区,这四大产业园区对产业创新起到了一定的促进效应,但无法从根本上解决自主创新能力地的问题。江苏省生物医药产业的竞争优势仍停留在聚集经济产生的成本优势上,内部成员之间进行的创新合作还很少;此外,江苏省生物医药企业研发创新的主要模式属于模仿或仿制,产品科技含量低,缺乏具有自主知识产权和市场核心竞争力的品牌产品。长此以往,形成了我国的医药产品在国际医药分工中处于低端领域的境地,国内市场的高端领域也主要被进口或合资产品占据,逐渐演变为发达国家以新药为主,而我国则以仿制药为主的被动发展模式。虽然江苏省已拥有各类药品研究机构 200 余家、药物临床试验基地 21 家,另有 1 家药物安全评价中心,但与发达国家相应研发机构数量、规模相差甚远。

从另一方面考虑,创新研发能力薄弱从一定程度是由专业人才的缺乏造成的。江苏省生物医药产业人才缺乏,而且人才外流情况严重,尤其是具有研发能力的专业型医药人才。据不完全统计,近年来江苏省中小型医药企业的人才流动率接近 50%,甚至有一些企业达到了 100%。种种人才流失的现象归结于医药企业对生物医药产业人才的重视程度不高,缺乏一套有利于人才培养和使用的用人机制和激励机制,医药企业逐渐走上了因循守旧、缺乏创新的道路,这严重制约了江苏省生物医药产业的科技创新国际化发展。

三、江苏省生物技术和新医药产业科技创新国际化发展的对策与建议

(一)构建具有江苏特色的自主创新体系

国家的竞争力来源于产业的竞争力,产业的竞争力来源于企业的竞争力,企业的竞争力主要取决于其技术创新能力。要保证技术创新能获得成功,产生良好的经济效益,必须具有及时和准确了解目标用户需求并开拓市场的能力、快速地进行多技术集成创

新的能力、运用资本市场融资和分担创新风险的能力、高水平的经营管理能力以及合作协调能力,以及综合运用上述各种能力的能力,显然要同时具备这些能力,最合适的就是企业。

研发投入能够在很大程度上代表产业技术创新的能力。根据《中国高技术产业统计年鉴》显示,我国医药产业 1996 年研发投入 12.65 亿元,销售收入 1 043.34 亿元,实现工业产值 1 151.1 亿元,时至 2006 年研发投入 101.30 亿元,销售收入 4 718.82 亿元,实现工业产值 5 018.94 亿元,可见,研发投入与工业产值之间有高度的正向线性关系。据分析,研发投入每增加 1 亿元,医药产业产值增加 42.251 亿元。医药产业技术创新可以促进医药产业成长,而且促进作用明显。因此,通过增加研发投入,开发创新药物或改进药物的功效,既可以提高企业的创新能力,也将明显增加医药产业成长能力。技术创新成为产业成长的核心,不断加大医药研发投入必将成为医药产业主要提升手段。

医药创新一直是医药产业的一个重要环节,发挥江苏省制剂大省的优势,构建江苏特色医药创新体系是一个制胜的关键点。一是在加快创新研发新药的同时,必须十分注重抢仿、首仿,坚持创仿结合的原则。二是做大企业,通过兼并重组、合资合作、上市筹资等多种形式和渠道,扩大企业规模。三是努力培养大品种药,占领大市场。四是对于江苏省拥有的中药材要加强对已上市和传承的中医药经方、验方引进二次开发,拓展药品的疗效和适应范围,大力提升传统中医药的社会价值。五是充分发挥企业的主观能动性,促进企业与国际接轨,发挥资源优势,实现要素的集聚,增加对创新研发的投入。六是要构建具有江苏特色的医药创新体系,有必要将国际的创新要素吸收消化并进行符合本地化生产的再次创新,有效地发挥资源效用,推进企业与国际化接轨的进程的同时加速企业的创新能力的培育。

(二)完善政策环境,进一步推动产业国际化进程

江苏省企业招标时,在同等条件下优先采用本省企业药品。药品招标后进入医院时取消药品"二次议价"。继续引进外资特别是国外大的跨国医药集团的资本和技术,包括研发项目和新产品,以加快江苏医药的发展。增加对江苏医药研发创新的投入,加强省经信委、科技厅对于创新药研发的资金扶持力度,提高江苏医药的核心竞争力。2015 年江苏医药产品的销售费用率仍较高,且有上升趋势,因此在效益上仍有较大发展潜力和提升空间。尤其要着力压缩销售费用,降低销售费用率,大力提高产品利润率,促进江苏医药产业更好发展。

完善的政策环境是产业国际化的必要条件,但除此之外,生物医药企业也必须从自身出发,加强自身的国际化竞争力,从而推动整个产业的国际化进程。首先,注重管理人才的引进,提高管理营销方式。人才作为发展的第一生产力是提升产业竞争力的重要因素,对于医药产业显得尤为重要。企业依靠人才的创新能力,营销能力、管理能力实现企业自身发展,提高整个医药产业的竞争力。第二,注重产品品牌意识的建立。医药企业处于发展打拼阶段,在产品、服务同质化日益明显的信息时代,树立独特的品牌价值和系统的传播观念显得尤其重要。经验表明,大企业往往比小企业具有更强烈的

品牌意识,国外企业比国内企业更愿意投入更多的资源进行品牌建设。所以,如何使品牌资产得到不断的增值,提高企业的竞争力是江苏企业必须重视的问题。企业要谋求长远发展,一定要强化企业核心竞争力,坚持品牌战略。最后,医药产品的出口仅仅是企业进入国际市场的第一步,要想在国际竞争处于不败之地,必须把对外直接投资与对外贸易结合起来,积极参与国际,才能维护和拓展国际市场。

对产业来说,经济全球化既是一种机遇,也是一种挑战,在某种意义上,经济全球化实质上就是为产业内企业创造了一个公平竞争的外部环境。江苏医药企业在经济运行质量、产业规模、装备水平、创新能力上在不断提升,现已发展成为江苏省重要的支柱产业。因此,在面对汹涌而至的经济全球化浪潮,回避竞争是徒劳的。唯一能做的便是直面现实,充分了解并重视发展的不足,壮大自身实力,才能把握住产业发展的大趋势,并为提高产业国际竞争力做好铺垫,争取在广阔的国际舞台上取得更好的成绩。

(三)加强产业布局规划引导,促进生物医药产业集群发展

医药产业要获得长期稳定的发展,创新始终是医药企业的战略发展重点,但是,医药产品的研发特点是研发周期长、技术环节多、投入资金大、风险性强,中小型医药企业不愿或不能实施大规模的研发。因此,我们把医药企业的外部价值链与内部价值链有机的整合起来形成集成化价值链,把上、下游企业之间以及企业内部的各种业务及其流程看作是一个整体过程,形成一体化的价值链管理体系。集成化价值链运营机制是"资源共享、优势互补、风险共担、利润分享",正是这种以"协作"为核心的机制,形成了链条中每一个医药企业在企业发展战略和价值观的融合。在集成价值链中,由于核心节点企业是医药产业中的大型企业,拥有强大战略资源,对于江苏省而言,必须积极打造全国唯一的泰州医药国家级高新技术产业开发区,使之成为引领全省生物医药产业发展的重要增长极,强化泰州化学药品试剂制造规模优势,提升徐州中药产业整体层次,加强连云港具有自主知识产权的抗肿瘤、抗肝病、抗病毒、现代中药复方等创新药物研发,扶持南京、无锡医药研发服务外包和高附加值生物技术产品研制,构建形成以泰州"中国医药城"为中心,南京、苏州、连云港、徐州等地各具特色、各显优势的产业布局,促进生物医药产业集群发展。

因此,为了产业的长期利益,江苏省必须注重技术创新,加大研发资金的投入,从而带动整条产业链优化发展。价值链中企业的集中和协作将发挥出增值效应、加速效应、集聚效应和辐射效应。医药产业链上的企业是相互联系的经济实体,产业集群会主动和最大限度地利用一定区域内的各种资源,以便更有效地在全球市场上进行竞争。因此,依托集群发展是医药企业创新成长的有效途径。

第十一章　江苏省节能环保产业科技
创新国际化发展研究

一、江苏省节能环保产业科技创新国际化发展的现状分析

国务院在"十二五"节能环保产业发展规划中指出：节能环保产业是指为节约能源资源、发展循环经济、保护生态环境提供物质基础和技术保障的产业，节能环保产业涉及节能环保技术装备、产品和服务。节能环保产业尤其强调服务在产业中的重要性，"非标化"是节能环保产业很重要的特征之一，因此在节能环保项目建设和运行过程中，特别是碳减排日益迫切的情况下，节能环保的服务价值显得尤为重要。节能环保产业主要可分为：节能产业、环保产业、资源循环利用产业、节能环保综合管理服务等4个产业类别。

节能产业包括：节能通用设备制造，节能专用设备制造，节能电气机械器材制造，节能工业控制装置制造，新型建筑材料制造和节能交通工具。

环保产业包括：环境保护专用设备制造，环境保护监测仪器及电子设备制造，环境污染处理药剂材料制造，环境评估与监测服务，环境保护及污染治理服务。

资源循环利用产业包括：矿产资源综合利用，工业固体废物、废气、废液回收和资源化利用，城乡生活垃圾综合利用，农林废弃物资源化利用，水资源循环利用与节水。

节能环保综合管理服务包括：节能环保科学研究，节能环保工程勘察设计，节能环保工程施工，节能环保技术推广服务，节能环保质量评估。

（一）科技创新投入国际化

江苏节能环保产业起步于20世纪70年代，在中国环境保护事业刚刚萌芽阶段，就率先在苏南地区蓬勃发展起来。目前，江苏在水污染治理成套设备、大气污染治理成套设备、固体废物处理设备、噪声控制设备、环境保护药剂和试剂、环境监测仪器等11大类产业中有2 000多个系列化产品，是全国环保产业中品种最多、成套率最高的省份，节能环保产品和承包的环保工程遍布国内外。2009年，江苏省委、省政府明确提出将节能环保产业发展为继新能源、新材料、新医药之后的又一新兴产业，作为新兴产业，节能环保产业势必面临着科技创新国际化道路，这为节能环保产业发展提供了前所未有的政策支持和发展机遇。

1."引进来"战略收效甚微

从图11-1中可以看出，江苏省节能环保产业对于外商的吸引力呈现出小范围的下降，2012—2015年，外商为江苏省节能环保产业提供的合同外资总量有一些起伏，但基本稳定。产业内对外资的利用率同样呈现出比较稳定的趋势，稳定在50%左右，其

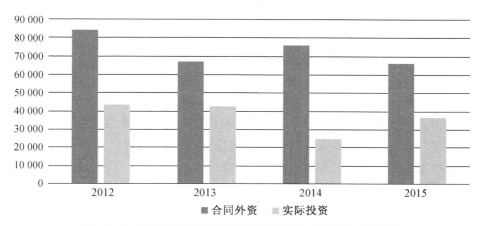

图 11‑1　江苏省节能环保产业外商投资情况（单位：万美元）

中，2014 年的外资利用率稍有下降，仅为 32.68%。从这一数据来看，江苏省节能环保产业对于外商仍具有一定的吸引力，但在对外资的利用方面仍存在一定的不足，在江苏省节能环保产业发展规划中也曾多次提及要加强对外资的利用。

苏州中子环境科技有限公司是一家专业从事室内环境净化的高新环保企业，以室内环境净化、室内空气污染检测为主导方向，专业从事室内污染治理产品的研发、工程治理及销售，是经 3M 中国正规授权的代理商，3M 生物酶苏州代理，也是国内最早掌握 3M 生物酶环保技术及应用的高科技企业之一，在治理室内甲醛、苯等有害物质上具有产品和技术的领先优势。截至目前，中子环境已接受包括 3M 在内的外商上亿投资，在世界知名企业的投资下，中子环境正朝着国际化的道路不断前进。

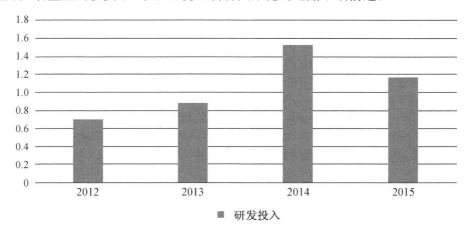

图 11‑2　江苏省节能环保产业研发投入（单位：亿元）

从图 11‑2 中可以看出，江苏省节能环保产业对于研发重视力度处于逐年加强的状态，研发投入以较快的增长率稳步提升，虽然在 2015 年出现了小幅度的下降，但从总体上来说增长幅度较大且速度较快。四年间节能环保产业研发投入平均增长率为 34.91%，其中，2013 年增幅最大，增长率达到 54.38%。相比于其他高新技术产业，节能环保产业的研发投入并不高，但经过江苏省政府的积极倡导和鼓励，节能环保产业对于研发创新的热情被调动起来了。

目前,江苏省共建有 120 家节能环保科技平台,其中,产业技术研究 1 家、企业研究院 1 家、重点实验室 10 家、科技公共服务平台 16 家、工程技术研究中心 6 家、企业院士工作站 16 家,总投入 11.52 亿元,其中省拨款 7 100 万元。科技平台建设处于全国领先水平。环保科技平台积聚了一批装备、人才资源,研发了一批竞争力较强的产品。科技平台已建成的服务场所达 6.58 万平方米,拥有大型仪器设备 800 多台(套),在职服务团队 1 200 余人,积聚的装备、人才资源配置居全国先进水平。同时,科技平台研发出一批技术领先的产品,如无锡华光锅炉企业院士工作站自主开发生产的大型循环流化床锅炉,市场占有率在全国名列前茅;省环境工程技术研究中心、省水处理技术研究院等平台研发的水处理设备在全国占有较高市场份额,全国水污染防治装备 5 个中国名牌产品中,江苏省占 4 席。

2."走出去"战略稳步提升

江苏润邦重工股份有限公司(润邦股份)成立于 2003 年 9 月,位于中国首批 14 个国家级经济技术开发区之一——江苏省南通经济技术开发区,公司注册资本 6.7 亿元人民币,总资产近 50 亿元人民币。润邦股份主营业务由高端装备制造产业和节能环保产业两大板块组成。高端装备制造产业板块包括物料搬运业务和海工与船舶业务,主要产品涵盖各类起重装备、船舶配套装备、海洋工程装备、立体停车设备、工程船舶等;节能环保产业板块包括工业污水处理、污泥处理、危废固废处理以及其他节能与循环经济等领域的业务。通过多年经营,公司产品和服务已遍布海内外,在国际市场上已覆盖50 多个国家和地区。润邦股份非常注重品牌建设,目前拥有两个自主产品品牌——"杰马/GENMA"与"普腾/Parktec"。"杰马/GENMA"涵盖了三大产品线:船厂/堆场/工厂解决方案、海洋工程解决方案、散料系统解决方案,主要服务于各类船厂、工厂、港口码头、矿业、海工等领域。"普腾/Parktec"致力于解决日益困扰城市的停车难题,为市场提供专业的立体停车系统整体解决方案。润邦股份致力于成为国际化的一流企业。

江苏碧诺环保科技有限公司由留学归国人士创办,致力于引进欧洲及日本的先进环保工艺和环保设备,为国内企业提供全套一体化的环保解决方案和世界尖端技术。公司现已引进日本先进的污泥脱水技术,同时结合宜兴强大的环保产业背景及装备优势,力争在环保产业中做到领军地位。公司将以领先的环保设备和设计方案,以及在各种工业废水废气、大气、矿山、市政施工、建筑工程、公路铁路工程以及基础建设等领域的海外成功经验,为各种环保问题提供可靠的解决之道。成为植根中国的世界品牌是碧诺环保成立之初就立下的雄心壮志,因此碧诺在成长过程中,积极发展国际合作。

公司响应国家引进高新技术的号召,积极与环保技术先进的日本,德国等国家进行接洽,吸收引进其先进技术,为中国乃至世界的环保事业作出更大的贡献。目前公司已经就电荷差还原吸附技术,纳米微泡技术等,与日本东京工业大学等企业和机构达成合作的共识,将在近期建立合作项目或引进其技术,为中国环保事业添砖加瓦;借此,碧诺环保也将提高其创新型高新科技企业的竞争力。

在国家"走出去"的政策方针指引下,公司重点开拓东南亚市场,将国内的实用型技术和各项基础设备出口到东南亚各国,实现解决当地环保问题和出口创汇的双赢。目前,公司已与菲律宾、印度、越南等超过 20 个环保工程公司达成合作共识,签订工程设备承包/供货合同三十多个。

(二)科技创新产出国际化

最初江苏的环保产业以乡镇企业和中小型机械企业为主体,主要生产水、气、声、渣的污染处理设备和通风冷却设备等初级环保产品。随着经济体制改革的逐渐深入和市场竞争的日益激烈,江苏一些技术设备落后、产品老化、没有市场的中小环保企业逐渐被淘汰或被兼并,规模大、技术先进的企业和集团陆续出现。随着江苏环保产业的区域集聚程度逐步提高,苏南地区在环保产业方面已形成地区优势。苏州国家环保高新技术产业园发展迅猛;无锡市环保装备产品占全省的 61%;宜兴已形成以高塍镇和环保科技工业园为主体的环保企业集群,拥有环保装备制造企业 900 余家,建成各类环保企业研发机构 80 多家,环保产业服务体系正向多层次、专业化、综合性发展;盐城环保产业园建设启动迅速,建湖、阜宁也已分别形成高效电光源、环保滤料产业集群。近年来,江苏节能环保产业产值持续增长 28%,其中水处理设备占全国 40% 以上市场份额;水处理的核心部件无机陶瓷膜占国内市场的 60%;机动车尾气处理用催化剂、催化净化器等核心技术已经达到世界先进水平;LED 外延芯片占国内市场 1/4。

图 11-3　江苏省节能环保产业发明专利申请量

从图 11-3 中可以看出,江苏省节能环保产业在发明专利申请方面表现突出。虽然整体平均增长率仅为 23.88%,但整体来说,江苏省节能环保产业发明专利申请量始终处于稳定且高产的状态。

全省具有技术开发能力的企业达到总数的 54%,相当多的企业通过了 ISO9000 认证,全行业拥有环保技术专利 300 多项,获得市级以上奖项的产品占总数的 6.6%。在环保技术创新方面,有机毒物治理、烟气脱硫脱硝等一批关键技术取得突破,环保创新能力有所增强。涌现出一大批具有自主知识产权的科技成果与核心产品,如宜兴环保科技公共技术服务中心研制的高污染工业集中园区废水处理技术共申请发明专利 11 项和美国发明专利 1 项,获国家发明专利授权 4 项、国际发明专利 4 项和计算机软件著作权登记 2 项。此项技术已示范应用 6 家企业,处理污水累计能力达到 12.5 万吨/日,出水全部达到规定的标准,环境效益、社会效益显著,有效地解决了多年困扰生产型产业快速集聚发展过程中污水达标减排的技术难题。

江苏 11 所国家"985"和"211"高校中,有 10 所设立环保院系,中科院南京地理与湖泊所、土壤所均设有环保相关专业,拥有环保部南京环科所、国电环院、省环科院等科研究院所,建成一批省级以上重点实验室和技术中心,科研能力很强。为了使众多科研成果有效转化为生产力,江苏省通过采取多种方法,如举办环保科技成果展示暨产学研对接洽谈会、筹建"江苏省环保产业技术创新联盟"为院校成果与企业需求的沟通、对接提供平台,深化了产学研合作,促进了产业组织创新,加快了科研成果产业化速度。江苏苏源环保工程有限公司依靠电力设计部门的技术优势,专业从事火力电站的大型机组脱硫脱硝,形成自有知识产权的国家发明专利 2 项,实用新型专利 24 项,申请并受理国家发明专利 27 项,实现关键技术升级,成功研制出多种脱硫脱硝核心设备并应用于实际工程,冲破国外技术限制,促进国内相关制造业发展。公司成立 5 年来,已经完成国内 15 家大型电厂的烟气湿法脱硫脱硝治理工程,年产值 4.47 亿元。

(三) 科技创新国际化环境

1. 政府积极鼓励节能环保产业发展

近年来,节能环保产业愈加受到各国政府的重视,我国同样对节能环保产业给予了高度关注,并积极出台政策鼓励节能环保产业发展。江苏省政府积极响应国家号召,将节能环保产业定位新兴产业,将节能环保产业摆在至关重要的发展地位。

江苏省各市针对节能环保产业出台了多层次、全方位的政策。举例来说,近期,泰州市人民政府出台了《泰州市节能环保产业发展"十三五"专项规划》,规划中首先对泰州市节能环保产业现状进行总结,其次就现状讨论了产业中存在的一系列问题,最后给出明确的总体要求。规划中着重提出要立足泰州节能环保产业现有基础,在市场应用广、节能减排潜力大、需求拉动效应明显的领域,重点发展节能技术装备、环保技术装备、资源循环利用技术装备、环境友好产品 4 大类产品;要不断推广应用新技术新产品,更大力度实施节能环保产业工程;要推进节能环保产业集聚园区建设,着力提升产业核心竞争力;要着力发展节能环保服务业,推进节能环保产业加快转型升级。在提出要求的同时,规划中提到必须落实节能产业税收和资源综合利用产品的增值税优惠政策,认真执行差别电价、惩罚性电价、阶梯电价政策和排污收费政策;落实与污染物排放总量挂钩的财政政策,深入开展排污权有偿使用和交易;建立健全绿色金融体系,推动节能环保产业与绿色金融的深度融合;引导和支持社会资本建立绿色发展基金,投资节能环保产业,支持社会资本以第三方服务等模式投入资源循环利用产业;支持信用担保机构、绿色发展基金对资质好、管理规范的中小型节能环保企业融资提供担保服务,全面提升节能环保投入调控能力,着力推进节能环保产业又好又快发展。[1]

---

[1] http://www.chinajnhb.com/news/116147.html. 绿色节能环保网。

2. 大力推动产业园区建设

江苏节能环保科技平台以构建技术开发、成果孵化、设备制造、工程设计、公共服务等多功能、一体化的节能环保产业集聚区为目标,重点推进"五区一园"建设,形成产业特色鲜明、集聚效应明显、创新活力勃发的产业发展高地。

(1) 南京节能环保服务业集聚区

南京节能环保服务业优势明显,占全省的 50%。充分发挥省会城市的科教优势,以东南大学、南京市节能技术服务中心等节能服务机构为核心,组建以节电为主的节能机电产品推广和服务联盟,在加快推进企业电机系统、冷却系统、控制系统等节能改造工程的同时,努力向外拓展服务空间。南大等高校,在宁部、省属环科院(所)及中环工程、龙源环保等骨干企业以节能环保科技平台为依托,着力发展环保技术咨询、技术集成和解决方案、环境监测、工程设计、工程总承包等环境服务业;建立以南大环境学院、东大能源与环境学院、南工大膜科学技术研究所、省环科院等为核心圈的环保技术创新战略联盟和产学研合作实体,构建国际化环保科技研发基地。目前,南京大学已建成"污染控制与资源化研究国家重点实验室""国家有机毒物污染控制与资源化工程技术中心""南京大学戈德环保研发工程技术中心"等 5 个省部级以上研究中心,在全国率先突破应用大孔树脂处理高浓度有机废水技术,大幅度提高了有机物的回收率。

(2) 无锡节能装备(产品)制造集聚区

无锡节能装备(产品)制造业主要集聚于无锡国家高新技术产业开发区,以双良、小天鹅、无锡压缩机、安捷机电、华光锅炉等骨干企业为依托,重点发展节能家电、节能型机电、绿色照明、节能办公和信息、高效节能锅炉(窑炉)、建筑节能等产品和技术;构建稀土永磁电机、热泵空调、电镀环保节能、高效传热与节能、太阳能与建筑节能等工程研究中心和机电产品节能环保检测服务中心等平台,把无锡打造成国内先进、国际上有较大影响力的节能新产品和新技术研发、应用示范基地及高端节能产品制造基地。如依托无锡威孚力达催化净化器有限责任公司建设的江苏省汽车尾气净化工程技术研究中心,是国内规模最大的机动车后处理系列制造商和科技成果转化基地,已形成年产 300万升催化剂、100 万套机动车尾气催化转化器生产能力,在自主品牌汽车市场占有率达60%,处于国内行业龙头地位。

(3) 宜兴环保产业集聚区

宜兴是国内发展环保产业最早的地区之一,是国内环保企业最多、环保专利最多、环保工程承接量最大、环保产值最高的县市,被誉为"中国环保之乡"。近几年,宜兴相继建成环保产业集聚区的科技孵化器、科技创新平台、企业加速器等创新载体,形成以水处理为主的包括水、气、声、固、仪及配套产品六大类 2 000 多种产品的环保制造业体系,成为江苏乃至全国环保产业的重要基地。南京大学宜兴环保科技研发中心、水处理与水环境修复教育部工程研究中心等科技平台正式启动运行,环保科技研发中心、工程设计研究中心、环保技术咨询与培训中心、国际环保技术合作研究中心等"四大平台"建设快速推进,为宜兴集聚高层次科技人才、推动环保产业优势发展提供了有力支撑。

(4) 苏州节能环保产业集聚区

苏州节能环保产业以高新区和工业园区为主要载体,重点发展节能技术与装备、环境治理技术与装备、环保新材料、空气净化技术与装备、环境监测仪器和节能环保服务、电子废弃物资源化。围绕区域特色,江苏省科技厅着力构建以节能环保产业园为核心的技术服务平台,建成国内最大的环境工程和咨询商务中心、环保产品和技术交易代理中心、环保高新技术孵化中心,打造成集节能环保技术研发、生产、示范于一体,国内领先的节能环保产业集聚区。目前,在苏州国家环保高新技术产业园内已建省苏州环保科技公共服务中心,该中心已通过国家计量的第三方实验室认证,现有检测能力包括水和废水(含大气降水)、空气和废气(含室内空气)、土壤、底泥、固废、噪声、装饰装修材料以及职业卫生检测与评价等,基本覆盖了环境检测、职业卫生检测与评价各个领域。

(5)盐城节能环保产业集聚区

盐城节能环保科技平台以盐城环保产业园、建湖节能电光源和阜宁环保滤料集中区为依托,重点发展烟气及固废治理设备、节能电光源和环保滤料。江苏省科技厅依托盐城工学院大学科技园有限公司等,组建了盐城环保装备公共技术服务中心、节能环保产业工程技术研究中心、绿色照明工程技术研究中心等研发服务平台,促进盐城建成在国内有较大影响的环保装备、节能电光源和环保滤料基地。

(6)常州环保产业园

常州国家环保产业园规划建设面积10平方千米,是国内第一家全方位、多功能、高起点的国家级环保产业园区,重点发展清洁生产、生态工程、节水、节能、可再生能源、资源再生利用等方面的预防性环保产业门类和利用新材料、新工艺、新技术有效解决水污染、大气污染、固体废弃物污染的治理型环保产业门类等。围绕常州国家环保产业园发展,采取产学研合作方式,组建了常州微生物水处理研究开发服务平台,推进常州环保产业园建成国内一流的环保高新技术产业孵化推广基地、技术和产品展示交易"大型超市"、技术咨询与服务综合平台。

二、江苏省节能环保产业科技创新国际化发展存在的问题

(一) 产业规模偏小,缺乏大型支柱性企业

尽管江苏环保企业数量众多,环保产业在全国所占比重较大,但缺少集研发、设计、工程总承包、设备制造、运营服务于一体的大型龙头企业,主营业务收入超20亿元的企业不到10家,大型环保企业集团仅5家,产业结构呈现"低、小、散"的特点,缺少集研发、设计、工程总承包、设备制造、运营服务于一体的大型环保企业集团。企业示范带动作用不强,依然以中小企业为主,属于小规模生产经营,产品档次低,利润薄,发展后劲不足。南京、无锡、常州、苏州、盐城5市节能环保产业主营业务占全省的82.6%,宜兴环保科技园、苏州环保高新技术产业园、常州环保产业园、盐城环保产业园等一批产业集聚区发展较快,每个产业园区都具有一定的规模和特色。尽管从全国范围来说,江苏省节能环保产业规模早已处于领先地位,但与国际上节能环保产业较为发达的地区相比,江苏省仍然处于劣势。

企业规模小、市场集中度低成为制约环保产业发展的重要因素。首先,产业对于外

商投资的吸引力将减弱。外商选择投资企业的最终目的是为了自身发展和盈利,因此,外商在选择投资产业时,势必会寻找在江苏省发展势头良好,市场容纳度高,能够形成规模效应的高速发展产业,表现最突出的就是江苏省的光伏产业,无论从产业知名度还是产业规模来说,江苏省光伏产业都是外商投资的有利选择。因此,节能环保产业的规模问题将最终导致海外投资的减少。其次,产业规模小不易于形成规模效应。规模效应对一个产业来说是不断降低成本,获取更大利润空间的法宝之一。而江苏省节能环保产业的规模不能够形成较大的规模效应则会导致产业内成本高,利润空间小,从而影响产业的进一步发展以及在国际上的竞争力。最后,产业规模小将导致创新力度减弱。大规模的产业将吸引高层次的专业人才,也有能力留住产业内人才,而规模过小则会造成产业内人才流失,创新能力减弱。因此,产业规模较小是江苏省节能环保产业科技创新国际化的基本阻碍。

(二)自主创新能力仍有较大提升空间

江苏省多数节能环保企业科研、设计力量薄弱,技术开发投入不足,自主开发能力差,缺乏自主知识产权。环保装备总体上仅达到发达国家 20 世纪 90 年代中后期水平,部分关键技术与装备还依赖进口。江苏节能环保产业中小企业比重过大,多数企业研发力量薄弱,仍以模仿和代理国外技术或设备为技术战略,常规技术占主导地位,节能环保新技术、新装备、新工艺发展缓慢,技术开发能力有待进一步加强。同时现有的技术开发力量主要分布在高等院校、研究院所,尚未形成以企业为主体的技术开发和创新体系,产学研结合不紧密,既制约了企业技术创新的层次,又阻碍了科技成果向现实生产力转化。其结果导致环保产品科技含量和制造质量、运行成本等与发达国家相比存在较大差距,有些企业生产的产品处理效果不能稳定达到国家的环境标准,甚至面临淘汰的境遇。

在技术先进性方面,尚未完全掌握核心技术,部分关键设备对外依存度高,以创新驱动为主的产业发展模式尚未真正形成,尤其是重大环保装备原始创新少,仿制、低水平重复开发较多。在产品性能方面,总体技术水平较低:省内企业生产的烟气治理关键设备、城市污水处理设备技术水平相当于国际上 20 世纪 90 年代水平;尚未掌握经济、有效的污泥处理,高浓度难降解工业废水处理,燃煤氮氧化物控制,水华监控、去除以及改善底泥等方面的技术;大机组脱硫装置、脱硝装置、垃圾焚烧成套设备的稳定性有待提高;袋式除尘器的耐高温滤料和脉冲阀、脱硝催化剂、高强度抗污染的垃圾渗滤液处理用膜材料等仍需依赖进口。

部分产品市场占有率较高,但自主创新能力不强。在节能环保领域,全省拥有 21 个中国名牌产品、16 个中国驰名商标。水、大气处理装备产品市场占有率较高,其中水处理设备占全国 40% 的市场份额;无机陶瓷膜等产品处于全国领先水平,袋式除尘设备列国内行业第一,机动车尾气催化转换器市场占有率达 60%。另一方面,江苏环保装备产品总体上仍以低端制造为主,环保技术装备大致相当于发达国家 20 世纪 90 年代中后期水平,大型燃煤机组脱硝催化剂、高强度抗污染的垃圾渗滤液膜材料和 LED 照明等部分关键技术与核心元器件仍从欧美和日本引进技术生产。

（三）创新国际化支撑体系仍有待完善

科研投入不足。近五年来,江苏省级环保科研经费每年 1 300 万元,尚不足江苏省级财政科技投入的 0.5%,而德国、日本、韩国等环保产业发达国家,每年环保科研经费占财政科技投入的比例分别为 3.4%、0.8% 和 4.6%。产学研联合创新机制未建立。从企业角度看,缺乏创新动力,发展战略短视,忽视技术改造和产品开发,无力顾及技术改造和新产品开发;从政府角度看,环保设备产品缺少标准化生产、运营和管理的规范和技术指南,尚未建立环保技术、设备产品的评价体系、测试方法建设平台。知识产权保护乏力。大多数环保科技成果以论文论著、成果鉴定、申报奖励的形式发布,处在无知识产权保护的状态,而部分设备产品的生产能力越强、价格越低廉,造成了在产业发展的同时也摧毁了产业的价值。

投入不足,融资渠道单一。环保产业是资金密集型产业。据测算,要保证经济持续增长,环境状况又不迅速恶化,环保投资应占 GDP 的 1.5%—2.0%;要使环境状况逐渐好转,这一比例应在 2.5% 以上。而江苏环保投入占 GDP 的比例还未达到 2.5% 的标准,投资比例偏低。投入不足造成许多企业因缺乏资金而无法壮大规模,也没有钱投入到科研开发中去,投融资渠道单一,在很难享受政府财政投资的同时,小企业因为固定资产少,很难在商业银行贷到款,不得不借助于利息高的民间资金,增加了企业经营的风险。资金短缺问题成为制约产业发展的重要因素。

江苏环保产业尚处于初级阶段,产业标准体系不健全、技术服务市场不规范、产品质量缺乏有效监督,还未形成统一开放、竞争有序的市场体系,不正当竞争、地方保护、行业垄断在一些地区依然存在。一些地方不恰当地设置过高的市场准入门槛,甚至采取非市场手段干预市场交易活动。市场不规范进一步影响到环保服务产业的发展,环境工程设计与施工、污染治理设施运营服务的力量不足,社会化程度不高;环保咨询与监测服务机构业务单一,缺乏竞争力;环境监理、环境审计、环境法律咨询、环境贸易与金融服务等业务领域还存在许多空白。

三、江苏省节能环保产业科技创新国际化发展的对策与建议

（一）培育优势龙头企业,积极建设产业科技创新平台

以环保产业的规模化、集约化和基地化为目标,筛选出一批产业特色突出、产品链条较长、规模较大、带动能力较强的企业进行重点培育,在项目管理、资金投入等方面给予重点倾斜。加大环保企业整合力度,通过上市、兼并、联合、重组等形式,形成一批上规模、上档次,具有特色产品、自主知识产权和品牌优势的环保高技术型龙头企业。同时,引导中小企业按照区域经济的特点,与龙头企业加强协作配套或组建经济联合体,共同创品牌、拓市场,从而形成以龙头企业为主导,中小企业配套发展的格局,不断拓宽环保产业领域,提高环保产业整体素质和竞争力。

另外,通过多种途径建设节能环保产业科技创新平台,从产业整体提升科技创新国际化能力。

（1）统筹规划、合理布局是建设好科技平台首要理念。纵深部署、深入推进科技计

划的集成实施,充分整合节能环保领域各类科技资源,统筹规划、优化布局、突出重点、有序推进,各类平台错位发展,彰显特色,最大限度激发释放当地科技资源的共享和利用。

（2）立足实际、面向需求是建设好科技平台的基本思路。节能环保科技平台主要是为全社会创新创业提供科技基础保障和共性技术支撑。因此,必须立足地方产业创新和社会发展的实际需求,确定科技平台的目标任务、重点内容、管理和运行模式。离开实际需求,科技平台就会失去根植的土壤和成长的基石。

（3）开放服务、产学研合作是建设好科技平台的关键环节。节能环保科技平台建设的出发点是整合资源,促进开放服务。因此,在节能环保科技平台建设中要充分整合集成政、产、学、研等各方面的资源,以联合共建、会员制、股份制等方式加强产学研联合,充分释放科技资源的优势,让知识尽快转化为经济。

（4）持续投入、政策引导是建设好科技平台的重要保障。节能环保科技平台的功能是服务于全社会科技创新,提供产业共性技术、资源共享服务以及成果转移转化,因此需要政府在资金和政策上予以支持,通过项目启动建设、运行补贴、滚动、后补助等多种方式给予经费的持续支持,引导社会资金积极参与科技平台建设,促进科技平台的良性运行。

（二）制定科技创新国际化战略,全面提升产业科技创新国际化能力

节能环保产业对科技创新有极强的依赖性。科技创新是环保产业发展的生命线,极大地影响着环保产品与服务的质量及市场竞争力。要面向市场,做好市场调研和产品的可行性分析,通过企业自主开发和产学研联合开发的方式,在积极引进和消化、吸收国外先进技术的同时,有重点地突破环保产业的关键、共性技术领域。加快科技成果的推广和应用。对已掌握的许多优良实用又具推广价值的污染治理和生态保护技术,可通过组建环保技术开发实体和环保产业信息咨询系统,包括建立环保产业数据库和开发咨询服务等业务,提供灵活多变的技术服务,加速科研成果在生产中的应用。

必须瞄准国际前沿技术,发挥江苏省创新优势,进一步提升产业技术装备水平。在大气污染控制、污水处理、锅炉改造、再生资源利用、危险废物与土壤污染防治等重点领域,抓紧组织攻克关键共性技术,开发拥有自主知识产权的高端产品。积极鼓励和支持有条件的环保企业建立研发机构、重点实验室、工程技术中心和中试基地。积极推进节能环保科技成果转化和产业化运用。

战略是产业发展的重要依据。因此,制定具有江苏省环保产业特点的科技创新促进战略,明确自主创新和产业升级的主要目标、重点任务和政策措施,立足当前,着眼长远。从全局和战略的高度加以谋划,从生产、流通、消费各个环节加以引导,从科技研发、示范推广、产业化全过程加以推动,从资金投入、政策措施、机制创新等各个方面加以支持。

同时,加强产业协会的协调作用,特别是要以企业为主体、以科技为支撑,重点扶持一批具有核心竞争力的大型骨干企业、着力培育一批具有技术特色优势、为大型企业进行专业化配套服务的"专、精、特、新"中小型环保企业,达到全面加快自主创新和技术引进、提升环保产业竞争力的目标,带动环保制造业和服务业的快速发展。

(三)完善科技创新国际化支撑体系

产业的科技创新国际化必须有坚实的支撑体系,支撑体系包括产业的服务机构,产业标准体系,人才培养体系,完善的市场等。因此,必须从以下几个方面来完善科技创新国际化支撑体系。

(1)建立成果转化长效机制。由政府支持载体建设,搭建环保产业公共服务平台,包括技术研发平台、技术测试评价平台、技术信息平台等,也可以定期举办环保科技成果展示会、产学研对接洽谈会、绿色产业博览会等科技协作平台形式,引导环保企业建立与国内外重点高校和环境科研院所之间的联系和沟通渠道,建立利益共享、风险共担的合作机制,缩短新产品从研究开发到进入市场的周期,有效降低技术创新的风险和成本。

(2)健全政策标准体系。从国际上看,美国的环保政策最为全面,包括环境技术政策、财政支持政策、研究开发政策、建立政府和工业界的合作伙伴关系、加速商业化政策。这些政策全方位地支持着企业技术创新,为环保产业的发展提供了支撑。而加强环保产业标准化组织和管理,既可满足污染防治的需求,又可引导环保企业开发急需的环保技术,推动环保产业的潜在市场迅速转化为现实市场,避免环保市场技术和产品的良莠不齐和无序竞争。

(3)规范技术评价体系。美国、加拿大、日本等国家的环境部门先后实施了环境技术评价制度,较好地排除了人为因素干扰,全面客观地反映了环境技术效能和环保产品质量。我国目前尚缺乏环保行业的技术验证、产品测试和评价平台。由于环保新技术的效能和产品的质量无法得到权威性评价,给新技术的推广应用带来了很大的障碍,企业项目融资难以实现,保险、金融机构也不敢冒风险投资于新技术和产品。

(4)培育创新市场体系。新技术、新产品在市场导入期往往存在种种障碍,需要引导、培育产品交易市场和知识产权市场。前者需借力政府之手,将环保先进技术和装备优先纳入政府采购计划和名录;后者将提供多种知识产权的实现方式,使重要的创新技术得到合理的回报,以利于知识产权与实物资本的结合,利于知识产权拥有人直接参与环保企业的控制与管理。

(5)制定人才培养计划。一方面认真研究如何将科教资源转化为创新资源,科教优势转化成创新优势。把环保产业化意识和人才培养纳入教育体系,吸引更多的科技工作者致力于环保技术创新研究;另一方面,制定并严格制度规范高端人才市场,防止人才无序流动对环保企业的伤害,同时也要根据创新人才的流动特点,保持市场的高度灵活性,为人才自由进出创造必要的条件。

第十二章　江苏省高端装备制造产业科技创新国际化发展研究

高端装备制造业是集高知识、高技术、高附加值于一体的主导产业,处于产业链的核心环节,由于其自身技术的领先优势,战略地位已逐步被巩固,利用高端装备制造业的技术领先优势对传统制造业改造是产业发展的必然趋势。[1] 江苏省已经形成了门类较为齐全、技术水平较高的装备制造业工业体系,装备制造业在江苏省经济发展过程中起到了重要作用。近几年来,江苏省装备制造业发展速度较快,是工业经济的主要增长点之一,对江苏省经济增长有着较强的拉动作用。[2]

一、江苏省高端装备制造产业科技创新国际化发展的现状分析

高端装备制造业是江苏省具有传统优势的产业,经过多年的培育和发展,逐步形成了数控机床、工业机器人、特种电力装备、先进粮机装备、新能源汽车、高技术船舶、新一代电子信息装备等七个在国内外具有影响力的高端装备领域。目前,江苏省正着力推进高端装备制造业的科技创新国际化进程,增强产业国际竞争力,将高端装备制造业摆在战略发展的重要位置。

(一)科技创新投入国际化

1. "引进来"战略后劲不足

2017 年 4 月,省政府正式印发《关于扩大对外开放积极利用外资的若干政策意见》,意见中指出,要鼓励和引导外资投向高端制造、智能制造、绿色制造,积极打造先进制造产业链,利用外资改造提升传统产业,促进实体经济发展。鼓励和引导外资投向高端制造、智能制造、绿色制造,积极打造先进制造产业链,利用外资改造提升传统产业,促进实体经济发展。作为江苏省高新技术产业的重要组成部分,政府通过扩大对外开放,支持外商投资企业提升科技创新能力,创新和丰富利用外资方式等渠道加强高端装备制造业的对外吸引能力。

从图 12-1 中可以看出,外商对江苏省高端装备制造业的投资倾向处于逐年降低的趋势中,且下降幅度较大,2012—2015 年,外商投资水平降低了将近一半,平均降幅达到 24.78%。这说明江苏省在前期制定的外资引进方案后劲不足,并未持续发挥效果。这也表明 2017 年出台《关于扩大对外开放积极利用外资的若干政策意见》的合理性和必要性。从实际利用率来看,江苏省高端装备制造业对于外资的利用能力较强,平

---

①　王欣. 高端装备制造业知识溢出研究[D]. 哈尔滨理工大学,2015.

②　谭俊兰,李然,王荣. 江苏省装备制造业发展现状概述[J]. 经济研究导刊,2016,(20):39-40.

均外资利用率达到 63.80%,且利用率呈现出逐年递增的趋势。但这现象结合外商投资情况来看,则可得出结论:江苏省高端装备制造业的外资利用能力始终保持在一定的水平,并没有大幅度的增强。

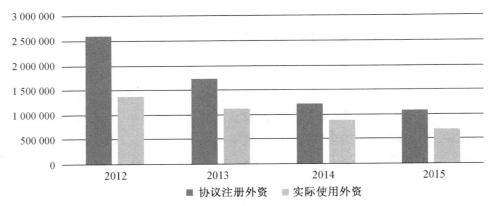

图 12‑1　江苏省高端装备制造业外商投资情况

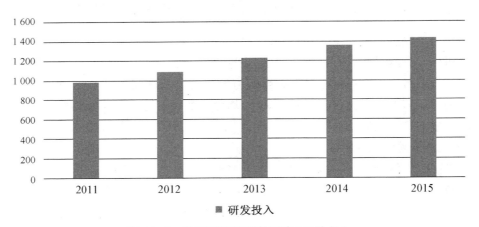

图 12‑2　江苏省高端装备制造业研发投入

从图 12‑2 中可以看出江苏省高端装备制造业对于研发的重视程度。2011—2015 年,研发投入始终处于稳步增长的趋势,虽然总体增长幅度不大,为 45.68%,平均增幅也仅仅达到了 9.89%,但是,其研发投入水平本身就处于较高的位置,远远高于其他高新技术产业。

"十二五"期间,江苏省装备制造业加快自主创新体系建设,加大技术进步投入力度,年均研发投入占销售收入比重达到 1.3%。"十二五"累计认定省级首台(套)重大装备及关键部件 462 个,高速轨道交通车辆牵引制动技术、高速大型精密数控机床制造技术、智能化网络化机器人生产线集成技术等关键核心技术领域实现明显突破。截至 2015 年底,装备制造业累计建成国家级企业技术中心 49 家、省级企业技术中心 612 家,分别占全省国家级和省级企业技术中心总数的 51.0% 和 37.5%。

2."走出去"战略稳步推进,效果显著

江苏省高端装备制造业始终致力于走出国门,走向世界,不断提高自身的国际竞争力。在坚持科技创新和国际化的过程中,江苏高端装备制造业逐渐跻身世界,具备世界级的产业内影响力。

江苏悦达集团是在我国改革开放大潮中迅速成长起来的全国 520 户重点国有企业之一。经过 28 年的拼搏努力,目前在国内外拥有 20 多家分公司,近 3 万名员工、资产总额 200 亿元,形成了机械制造、纺织服装、能源矿产、基础设施投资、现代服务业五大产业集群,成功地与世界 500 强的韩国现代、法国家乐福、日本富士重工以及德国黛安芬、艾文德等国际知名企业实现了密切合作。

徐州工程机械集团有限公司徐州工程机械集团有限公司成立于 1989 年 3 月,22 年来始终保持中国工程机械行业排头兵的地位,目前位于世界工程机械行业第 7 位,中国 500 强企业第 125 位,中国制造业 500 强第 55 位,是中国工程机械行业规模最大、产品品种与系列最齐全、最具竞争力和影响力的大型企业集团。徐工集团的企业愿景是成为一个极具国际竞争力、让世人为之骄傲的世界顶级企业。徐工集团在扎实稳健的全球市场建设中,逐步构建形成了涵盖 2 000 余个服务终端、6 000 余名技术专家、5 000 余名营销服务人员,辐射 177 个国家和地区的庞大高效网络,不断为全球客户提供售前、售中、售后及融资租赁一站式、一体化的高效便捷服务。徐工集团大力发展外向型经济,积极发展与国际大公司的合资合作,与世界 500 强的美国卡特彼勒公司、德国利勃海尔、德国克虏伯公司等国际一流的跨国公司组建了 14 家中外合资企业。经国家外经贸部批准,成立了省级外贸进出口公司,大力实施以产品出口为支撑的国际化战略,将产品销售与收集国外先进技术、用户需求信息相结合,形成了东南亚、中东、非洲、南北美等产品出口主导市场。公司将通过现金境外投资方式于开曼群岛设立全资子公司,并拟通过该子公司采取收购和增资的方式持有香尼公司下属的尼发公司 1.5% 至 3% 的股权;享有"连接尼加拉瓜共和国太平洋和加勒比海海岸的运河"建设工程项目(简称运河工程)的特许经营权,在包括对运河建设和融资不产生实质不利影响的必备条件下,公司将成为运河工程设备独家供应商。

泰兴是江苏苏中地区规模经济最发达市县暨中国县域经济百强县市和中国产业发展能力百强县市之一。泰兴的工业主要集中于一区四园,拥有来自德、美、法、日、意等 25 个发达国家和地区的跨国企业 130 多家,化工、机电(船舶)、医药三大支柱产业加速向高端化攀升。虹桥工业园区是泰兴市装备制造和新兴产业发展基地,拥有 15.8 公里的长江岸线和近万亩江心洲资源。目前,该地区沿江建有万吨级以上江岸码头 10 个,具备承载高端装备制造业发展的规模和条件。

(二)科技创新产出国际化

1.产值稳定增长,产业内企业在出口方面表现良好

从图 12-3 中可以看出,江苏省高端装备制造业产值在 2011—2013 年增长幅度较大,2014 年和 2015 年则呈现出增长放缓趋势。总体来说,产业产值增长率平均水平达到 27.49%。总体来说,江苏省高端装备制造业发展势头良好。具体到部分市的高端

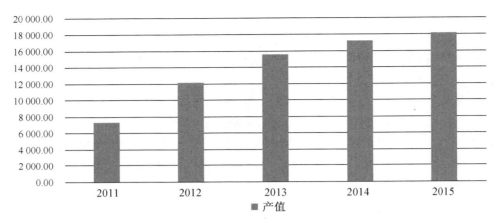

图 12 - 3　江苏省高端装备制造业产值

装备产业产值和出口情况来看:

2015 年,扬州市大力实施"一带一路"、"项目为王"、"机器换人"、"互联网＋"等发展战略,推动装备制造向"质造"和"智造"升级,一批工业重大项目催生新增长点,七大高端装备制造业保持旺盛的发展势头。上半年,扬州市规上高端装备制造业产值达1 033.6 亿元,同比增长 20.8％,高于规上工业增速 12.6 个百分点,占规上工业产值的21％。数控机床产业加速与国际水平接轨。亚威机床的汽车板材数控飞摆剪切线和开卷落料线等高端产品达到国际先进水平,出口销售收入增长 19％。工业机器人产业加快创新发展。上半年,全市工业机器人产值达 24.2 亿元,同比增长 30％,机器人企业总数增至 27 家,一批新产品的问世接长、增粗了"核心部件—本体制造—系统集成"的机器人产业链。特种电力装备产业重大项目结硕果。宝胜、江扬、曙光等电缆企业上半年均实现了 20％的增长。新能源汽车研制快速增长。上半年,扬州市销售新能源汽车1.37 万辆,同比增长 199％,其中属于工信部推荐的新能源车型有 1 032 辆,同比净增1 000 辆,九龙汽车纯电动客车销量在全国名列前茅。全市新增工信部推荐的新能源车型 32 种,数量列全省第二,特别是新能源环卫车的入选实现了"零突破"。高技术船舶产业在逆境中增势明显。上半年,扬州市海工装备等高技术船舶完工量同比增长 50％以上,手持订单同比增长 10％以上。

苏州市现有装备制造业规模以上企业 2 904 家,2015 年上半年实现产值 3 589 亿元,同比增长 3.6％,占全市规模以上工业产值比重达 24％,产值规模占江苏省 22％,位居全省第一。全市装备制造业保持了良好的发展势头,作为装备制造业重要先导产业的高端装备制造业更是得到了快速发展。目前,市列统的战略性新兴产业高端装备制造业规模以上企业共有 724 家,占全市规上装备制造业的四分之一,上半年实现产值1 544 亿元,增长 4.4％。预计今年全市装备制造业产值超 6 000 亿元,其中,高端装备制造业产值超 3 500 亿元。

2015 年南京市装备制造业产值超过 7 095 亿元,占全市工业比重为 54.3％。其中,以轨道交通、智能制造、航空航天等为代表的 3 大门类高端装备制造业实现产值超过 1 200 亿元,同比增长 17％,增速高于一般工业的增长。尤其是轨道交通产业形成了完整的产业链、产业集群,产品覆盖时速 250 公里以上的动车组、时速 100—200 公里的城际列车以及地铁车辆,年产值突破了 500 亿元,综合实力和竞争力居全国前列,不少产品还远销国外。

2. 发明专利申请量

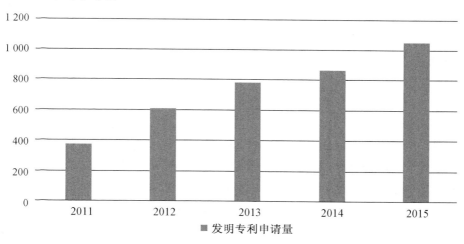

图 12 - 4　江苏省高端装备制造业发明专利申请量

从图 12 - 4 中可以看出,江苏省高端装备制造业在发明专利申请量方面表现优异,2011—2015 年,专利申请量翻了 3 倍,平均增长率达到 31.29％。其中,2012 年增长幅度最为显著,达到了 63.86％。这表明江苏省高端装备制造业在科研技术方面具有较大优势,具有一定的创新能力。

从企业来看,徐州工程机械有限公司在世界范围内设立了 11 个产品研发设计中心和多个试验研究中心。技术中心拥有一支技术实力强大的科研开发队伍,有 2 000 多名科技人才工作在科研岗位,其中包括数百名具有硕士以上学位、经验丰富、能带领团队承担科研任务的主任设计师,涵盖工程机械总体设计、结构分析、液压、传动、智能控制、试验测量等各个学科,形成了一支在国内工程机械行业具有相当影响力的技术带头人队伍。2009 年公司技术中心在国家认定企业技术中心评价中名列前茅。公司技术中心拥有国内同行业第一家博士后科研工作站,培养了多名在行业中有影响的博士后。徐工集团技术中心承担了多项国家"九五"、"十五""863"项目及省部级科技攻关项目、重大装备项目和重大成果转化项目,研制出新一代起重机械、铲运机械、压实机械、路面机械等换代产品,攻克了一大批制约工程机械产品研发的关键技术,已有 30 多项研究成果获得江苏省科学技术进步奖和中国机械工业科技进步奖,拥有授权专利 430 多项。

江苏沙钢集团淮钢特钢有限公司是一家省级企业集团。淮钢公司建成了高标准的理化检测中心和钢铁研究所,建立了省级技术中心。2006 年 5 月,淮钢公司被国家人事部批准正式设立国家级博士后科研工作站。与钢铁研究总院、华东冶金学院、东北大学、江苏大学,淮阴工学院等单位建立了技术合作关系,实施产、学、研合作。2001 年起,淮钢公司参与了国家"973"计划中新一代钢铁材料研究课题组,承担并完成了"全等轴晶技术开发"和"400 Pma 超细晶碳素钢筋"两个子课题的研究,达到了美国、德国等同类研究的先进水平。淮钢公司承担的"国内首条转炉特钢棒材生产线关键技术开发及产业化"被列为江苏省重大科技成果转化项目,其中"转炉流程生产特殊钢,技术创新与集成"项目获中国钢铁工业协会 2008 年度冶金科技进步二等奖,"转炉特钢大棒材生产线关键技术开发及产业化"项目获江苏省科技进步二等奖。2013 年公司高速重载铁路用高性能特殊钢研发及产业化项目,获得江苏省财政厅 1 500 万元资助。企业拥有专利 49 项,其中发明专利 11 项。

(三)科技创新国际化环境

1. 产业园区建设

(1)镇江:产业示范基地总数位列全省第一

2015 年,镇江市新增 3 家省级高端装备制造业特色(示范)产业基地,新增总数和质量均列全省第一。本批次省高端装备制造业特色(示范)产业基地中,镇江市润州船舶配套科技创业园被认定为"省高端装备制造业示范基地",为全省仅有的 2 家之一。镇江新区航空航天产业园、丹阳市沿江装备制造产业园被认定为"省高端装备制造业特色基地"。加上省第一批高端装备制造业示范基地——扬中市新坝科技园区(智能电气装备),镇江市省高端装备制造业特色和示范产业基地总数已达 4 家,位列全省第一。

润州船舶配套科技创业园是我国最重要的船舶与海工配套产业基地之一,园区集聚了镇江船厂、中船动力、挪威康士伯、德国贝克尔等一批行业龙头企业。全回转拖船、海洋工程船、高中低速柴油机、螺旋桨、发电机组、系泊链等产品市场占有率保持全国第一,去年实现销售收入 101 亿元。

镇江新区航空航天产业园规划面积 10 平方公里,其中,南区 6 平方公里,重点发展航空机电、航空航天新材料和关键部件产业等;北区 4 平方公里建有华东地区唯一 A 类通用航空机场,重点发展飞机大部件组装、通用飞机制造总装以及通用航空关联服务业等。园区先后引进 26 个涉航项目,去年完成销售收入 94 亿元,产品涉及通用飞机整机、飞机机体结构件、飞机内饰、救生系统、地面检测设备、客舱座椅等,6 个项目的产品为 C919 大飞机配套。

丹阳市沿江先进装备制造产业园重点发展五金工具、汽车零部件、农业机械三大特色支柱产业,是目前世界上最大的高速工具钢和麻花钻生产基地,国内重要的特种钢产业集群、汽车及零部件产业基地、农机装备制造基地。现有企业 500 多家,拥有名牌产品 65 个,其中,国家级名牌产品 2 个、江苏省著名商标 3 个,江苏省名牌产品 12 个,去年实现销售收入突破 300 亿元。

(2)南京:轨道交通、航空两翼齐飞,引领全市高端装备发展

南京凭借区位优势和良好的工业基础,对高端装备制造大型企业具有独特的吸引力,形成了以轨道交通、航天装备、汽车零部件、工程机械装备和新型电力装备为主的现代装备制造业产业集群,尤其是轨道交通和航空装备成为引领南京高端装备发展的两

股支柱力量。

南京轨道交通产业领域拥有 30 多家企业,以南京浦镇和中电十四所为龙头,覆盖了轨道交通建设所需的车辆、信号系统、通信系统、供电与电力保护、售检票系统,以及消防、空调、给排水设备、车辆电气、车门等齐全的产品配套系列,基本覆盖较为完整的轨道交通产品及其配套服务体系。

南京航空产业现有南京轻型飞机有限公司、金城集团(511 厂)、南京金城机电液压中心(609 所)、南京宏光空降装备厂(513 厂)、全球 500 强企业霍尼韦尔、航天晨光、凯信航空附件、南航空无人机研究院、中电十四所、二十八所等数十家航空产业相关企业和院所,拥有从民用小型飞机、轻型发动机、机载设备、机电设备等比较全面的航空产品链,初步形成整机制造、动力系统制造、机体制造、机载设备制造、航空地面设施制造等比较完备的航空产业体系。

(3)南通:打造海洋工程和造船业特色产业基地

南通是全国第二大造船基地,已形成集船舶工程、海洋工程、游艇和配套业为一体的海洋工程船舶产业体系。南通市的海洋工程和造船业主要分布在南通市内、如皋市和启东市,其中南通经济技术开发区船舶及海洋工程特色产业基地是国家新型工业化示范基地。目前,拥有中远川崎、中远船务、江苏熔盛重工、韩通重工、振华重型装备等龙头企业,以吉宝(南通)船厂、惠生重工海工及特种船舶等重点企业。江苏熔盛重工是国家发改委批准的以造船及海洋工程装备为主营业务的大型集团,规划年造船能力800 万载重吨,是 2010 年内地在港上市最大规模制造企业。振华南通项目主要从事大型铺管船、大型港口机械生产、总装、调试,大型钢结构、重型齿轮箱制造等。惠生(南通)重工有限公司主要生产海洋石油平台及港口、海洋起重机械产品。

目前南通已与中国香港在船舶市场、物流发展、港口营运、供应链管理等领域展开合作,努力提升南通海洋工程及造船业的国际竞争力,努力建设成为国内一流、国际先进的海工、船舶和重型装备生产基地。未来,南通市将着重发展海洋工程,并培育设计、行销、管理等相关服务业,提升海洋工程装备的技术含量、附加值,进而推动产业规模的提升。

(4)苏州:县市共同发力,打造苏州特色高端装备产业集群

苏州的装备制造业伴随着县域装备制造业的强大和园区经济的发展而壮大,各县市各有侧重齐头并进。全市重点布局发展智能制造装备,已形成了五轴数控机床制造、激光数控加工中心制造、自动控制机器人制造、自动数控纺织机械制造、大型低速柴油机轴桨制造、智能电网和部件制造以及大型工程机械制造等门类企业集群。

其中,昆山以先进装备制造为导向,努力打造"昆山先进装备制造产业基地",初步形成五大特色产业集群,包括以加藤工程机械、利星行工程机械等企业为主的工程机械产业集群,以华辰机器、庆鸿机电等为主的大型机床磨床产业集群,以皮尔博格有色零部件、专用汽车制造厂、驰洁环保车业等企业为主的特种汽车及零部件产业集群,以昆仑重型装备、永得利机械等企业为主的专用设备产业集群,以川崎机器人、秋谷精密机械、海伟波机器设备等企业为主的工业机器人产业集群等。

太仓凭借得天独厚的港口优势,吸引了众多装备制造企业,集聚了中集集装箱、迪皮埃复材构件、法孚低温设备、龙杰机械、敦邦交通运输装备等21个重大装备产业项目,主要涉及大型海工装备、港机装备、交通运输装备、物流装备、新能源装备、石油化工装备、大型工程主机配套装备等领域,初步形成一条完整的先进制造装备产业链。

张家港的装备制造产业主要聚焦在电子专用设备、工程机械装备、冶炼装备等领域,拥有德国西马克、天威五洲、中铁五新集团等一批国内外大型企业,也培育出了海陆重工、新美星包装机械等本土龙头企业。目前,张家港正在培育国内第一个高端电子专用设备基地,重点发展半导体和集成电路专用设备、新型显示器件专用设备、太阳能光伏设备等,力争用5年时间,建成"国内一流、国际知名"的国家级电子装备产业基地。

2. 政策支持力度

在江苏省政府出台的《江苏省装备制造业"十三五"发展规划》中,为促进江苏省高端装备制造业的发展,省政府提出了一系列为高端装备制造业科技创新国际化进程服务的保障措施,主要包括:

(一)完善规划实施机制。统筹协调产业发展重大问题,切实推动规划贯彻落实。省级层面建立规划实施监督考核机制,加强对规划目标任务的分解落实和实施情况的监督检查。地方经信部门要结合本地发展特点,认真贯彻落实规划各项目标任务,明确推进举措,加强工作协调,确保规划稳步有序推进和实施。

(二)落实产业扶持政策。认真贯彻落实重大技术装备关键原材料和零部件免征进口税收优惠、增值税转型、出口鼓励、节能产品补贴、农机具购置补贴、研发费用税前加计扣除、首台(套)保险补助等政策,支持装备工业转型升级。创新运用省工业和信息化专项引导资金,支持高端装备赶超研制、首台套装备示范应用,推动自主创新重大装备产品拓展市场。主动对接国家高端装备创新、智能制造等重大工程建设,积极争取国家各类重大专项支持。

(三)强化项目示范引导。围绕规划目标任务实施,组织开展首台套重大装备和关键部件应用示范、工业机器人推广应用示范、智能制造企业试点示范等各类示范工程项目建设,聚焦重点企业、重点产品,加强政策精准扶持,放大项目示范效应,引导企业主动转型升级,提高规划实施质量和成效。

(四)引导金融创新支持。发挥省工业和信息产业基金的引导作用,吸引和撬动社会资本投入,加大对高端装备制造业的支持。建立民间资本与装备制造业项目对接机制,支持股权投资基金、产业投资基金等各类资本参与装备制造业项目,向企业提供融资支持。支持符合条件的企业在境内外上市融资、发行各类债务融资工具。鼓励金融机构创新金融产品品种,为装备制造企业开展个性化、定制式服务。

(五)加强专门人才建设。创新人才引进、培养、使用、评价、激励政策,推动技术型、应用型、复合型高端人才梯队建设。组织实施高端装备制造领域海外人才招引专项行动,继续发挥国家"千人计划"、省"双创"人才计划等政策引导作用,加强各类高端人才的引进和使用。围绕高端装备产业发展的专业技术人才需求,发挥省内高等院校、各类职业技术学院的作用,开展人才的订单式、专业化培养,加快建立高成长性创新创业人才、高层次管理人才、高水平专业技术人才队伍,为装备制造业转型升级提供人才保障和支撑。

（六）发挥行业协会作用。鼓励高端装备细分行业领域加强协作,建立行业联盟等中介服务组织。鼓励行业协会开展科技咨询、技术诊断、技能培训、科技信息服务、行业标准制定、成果产权交易等各类服务,促进企业提升发展。积极利用行业协会平台,宣贯国家产业政策、发展规划、技术标准等,加强对企业技术进步、投资、经营决策方面的指导、协调和服务,推动行业健康发展。[1]

二、江苏省高端装备制造产业科技创新国际化发展存在的问题

（一）产品体系亟待完善,缺乏国际竞争力

江苏省重型机械工业的经济总量虽然名列全国首位,但重大装备的成套能力仍然较弱,在涉及国民经济的重大、关键、高端装备方面,如大型电站、石油机械、矿山设备、核电装备、航空航天等领域,江苏省仍然是处于配套地位。

江苏省装备制造业特别是高端装备制造业的产品特点是主要集中于中游,上、下游产品偏少,零部件产品多,系统成套设备和终端产品少。在八大装备制造业行业中,除了船舶制造和电气机械及器材制造业、工程机械、通信设备外,其他行业基本上都分布于零部件制造,鲜有成套系统设备产品。目前,江苏的船舶制造业形成了从船舶零部件、发动机到整船的制造,初步形成了以整体船舶制造出口带动相关零部件生产制造的良好格局,但受制于船舶设计及国外客户的要求,一些关键零部件仍采购外地乃至国外的设备,目前船舶的国内采购率只有 50% 左右,而日韩船舶企业国内采购率已超过 90%。汽车产业集中于钢帘线、齿轮、曲轴、连杆、偏心轴、轴承、转向器、制动器、大型车身冲压件、汽车锁、动力电池、变速箱等零部件,受制于江苏整车企业较少,大部分企业只能与外地汽车业配套,"整机＋配套"的产业集群没有形成,成套能力薄弱已成为制约江苏装备制造业特别是高端装备制造业进一步发展的瓶颈。

目前,在高端装备制造业上,在航天航空领域主要集中在南京,产品涵盖民用小型飞机、轻型发动机、机载设备、机电设备等比较全面的航空产品链;在轨道交通领域,主要集中在信号系统、通信系统、供电与电力保护、售检票系统及相关配件产品等;在海工装备方面有一些海洋钻井平台、超深水钻探石油平台、海洋平台上部模块等产品;在智能制造装备领域有电力远程控制系统智能电网产品、高端分析仪器、工业机器人、测试设备、高精度软件控制特种加工机床等产品;在核电配套产业方面,重点产品为核管道、泵阀、压力容器、核电线缆、凝结水处理设备等。但高端产品只是实现局部突破,尚未出现像北京、上海、大连、青岛、唐山、西安、沈阳等享誉全国的高端特色装备制造基地。总体上看,产品以零配件居多,部件少,整机产品、大型产品和成套产品更少。

---

[1]　http://etc.wuxi.gov.cn/doc/2016/10/07/1182714.shtml.江苏省装备制造业"十三五"发展规划。

(二)自主创新能力仍有待进一步提升

我国高端机床市场95%以上被国外品牌占据,关键技术、核心技术高度依赖国外。目前,江苏一些机床企业主要借用美国、德国、荷兰、瑞士等国家的技术开展整合组装,产业创新性较低,竞争力较弱,这种局面最终会大幅提高高端装备制造成本,从根本上限制了江苏高端装备制造产业综合竞争力的有效提升。江苏省很多基础零部件和关键通用机械的经济总量,在全国都处于领先地位,但很多重大装备的关键基础零部件和通用机械都要依赖进口,如机床行业的产业规模全国领先,但机床的数控系统几乎全部要依赖进口和外省。我国高端机床市场95%以上被国外品牌占据,关键技术、核心技术高度依赖国外。目前,江苏一些机床企业主要借用美国、德国、荷兰、瑞士等国家的技术开展整合组装,产业创新性较低,竞争力较弱,这种局面最终会大幅提高高端装备制造成本,从根本上限制了江苏高端装备制造产业综合竞争力的有效提升。

自主创新投入力度不够大,企业研发经费占销售收入比重平均不到2%,创新成果转化能力偏低,新产品产值率不到20%,远低于装备制造业强国50%以上的水平。装备制造企业每年用于技术开发的费用,平均占销售收入的0.93%左右,新产品占总产值只有20.6%。重大发明专利不多,技术和产品创新能力的不足制约装备制造业企业向价值链高端迈进。装备制造业虽具一定规模,但核心零部件和关键部件生产基本没有,大路产品多,具有较大技术优势的中高端产品较少。以高端装备制造业中的常州轨道交通产业为例,虽然多个产品保持国内领先,甚至国际领先,在牵引系统产品、电器产品、控制系统产品、内饰产品等方面国内市场占有率遥遥领先,其中,内饰产品的国内市场占有率超过60%,但在控制与信号系统中,"神经系统"最关键的"10%",依然受制于国外。

产学研结合层次不够高,科教、人才等方面比较优势没有得到充分发挥,支撑高端装备产品发展的技术来源仍主要依赖国外,缺乏核心技术,引进消化吸收再创新和原始创新能力不强。由于产、学、研不能完全地协同发展,科技专利成果的评价标准不统一,造成专利不成熟转化,导致科技专利的转化率低下。

(三)高端人才匮乏

高端装备制造业是技术人才密集度高的产业,装备制造业科技创新的快速发展,离不开高端技术人才在科技研发和成果转化上的大力支持。由于江苏省装备制造业人才管理体系不完善,高技术人才少,研发人员数量仅占2.7%,且人才外流严重。高等院校培养专业技能与企业需求方向不能吻合,院校的专业课程设计与装备制造企业的实际生产需求存在的差异,也是造成当前人才规模不能满足当前制造企业发展需求的原因之一。

在江苏高端装备制造业的发展进程中,人才压力已开始日益严峻,一是缺乏具国际视野,掌握了国际核心技术的学科带头人;二是发展所需的蓝领工人数量和质量缺口开始增加。江苏省的装备制造业大多处于传统制造业领域,如船舶、通用设备、专用设备等行业,这些行业工作条件较差、工作环境较苦,尽管工资较高,但对年轻人的吸引力较小,传统装备制造业企业面临着蓝领工人断档的问题。三是科研人员流动性较明显,人才持续推力不足。大量中小企业面临着培育新人与"挖"人才的难题。科技人才的培养需要一个过程,但培育成功时,往往面临着人才流失问题,导致中小企业不愿意花费更多资源去培养自己的研发人员,但"挖"高端人才的成本比较高,难以承担更多高端人才费用,企业研发人才队伍难以形成,制约企业进行科技研发和技术水平提高。

三、江苏省高端装备制造产业科技创新国际化发展的对策与建议

(一)完善产品体系,提高自身国际竞争力

积极推动以产业链为纽带,以总装企业或关键零部件企业为核心,以分包企业和配套中小企业为支撑的产业集群建设。可依托骨干企业,按照"专、精、特、优"的要求,在全省建成若干个产业链完整、各具特色的重点工业园区。苏南地区发展先进装备制造业产业集群,重点发展轨道交通、航天航空、工业机器人、3D打印技术、高精度机床等产业集群。苏中地区重点发展海工装备产业集群,重点发展靖江船舶(游艇)科技产业园、南通的"双高"国家船舶出口基地;苏北地区重点发展工程机械产业集群,完善上下游产业链,推进传统装备制造业集群高端化。培育一批具有示范作用的龙头企业,强化产业的引领和协作体系。

龙头企业集中精力抓好产品升级换代的研发设计、产品营销和品牌推广以及关键零部件生产和整机组装,从而提高专业化生产、社会化协作的水平。鼓励龙头企业延伸产业链,向上游的科技研发、工业设计和下游的营销网络、售后服务、为客户提供安装调试等链节延伸;由制造业向生产性服务业延伸,以自身的主导产业为基础,发展总集成、总承包、专业维修、检维修等生产性服务业。鼓励龙头企业组建战略联盟,龙头企业应选择上下游企业、研发机构中实力较强的合作伙伴组建战略联盟,实现优势互补,提高产业整体竞争力。重点培育航空航天、轨道交通、船舶制造、智能装备的龙头企业形成完善的产业链。

实施高端装备制造业江苏品牌战略,形成一批国内外知名品牌,让江苏制造成为高端装备制造的代名词。推动由扶持项目向扶持项目、品牌并举转变。根据规划指引,对发展对象的技改、新建、扩建项目,在规划、预算时要有品牌规划预算;在政策、资金扶持时,要明确扶持品牌的资金比例,专项用于品牌宣传。建设品牌特色园区。在现在园区内辟专用区,或在较为成熟时设立新区。在园区内,对品牌产品实现优惠政策,加大对品牌产品的招商引资力度。

(二)进一步提升自主创新能力,促进国际化进程

江苏省必须从多层次、全方位角度提升自主创新能力。举例来说,美国在科技创新的过程中运用多管齐下的模式,在战略上重视国家科技进步,重视科学技术革命,在经济组织与管理模式创新的国际化方面,美国高度重视技术的高度集约化,这使得美国成为第一经济强国;日本则是采用技术引进带动技术立国的模式;澳大利亚则是通过高等教育国际化促进模式进行创新国际化的道路,使得澳大利亚综合竞争力位列

第二。江苏省应通过结合多国经验进行自主创新,在创新研发的同时能够促进产业国际化进程。

1. 加快以企业为中心的研发孵化器建设

出台政策对企业新成立研发中心或工程技术中心进行一次性的奖励,力争全省上规模的装备制造业企业都有相应的研发中心或工程技术中心。鼓励异地跨区域共建产学研研究平台,特别是科教资源匮乏的苏中、苏北地区,政府为技术短缺的企业和科研机构牵线搭桥。

2. 可以尝试研发"外包"

通过组建项目"外包"公众信息平台,鼓励企业将难以公关的研发项目进行模块外发布,引导社会科研人员利用余力进行技术研发,这种做法由于利用社会闲置的研发资源,同时还可以一定程度上降低企业的研发风险,缩短研发的时间。

3. 加强国际科技合作

如今,全球范围内科技发展日新月异,世界各国综合国力竞争日趋激烈,国与国的竞争更多表现为科技实力的竞争。各国政府、科技组织、科研机构、高等院校、企业都在逐步加强科技领域的合作与交流。江苏省建立高端装备制造业平台应借鉴其他国家创新国际化模式,通过与其他国家交流与合作,建立知识交流平台,促进创新国际化发展,带动高端装备制造业创新。

4. 建立完善知识产权保护机制

有效的知识产权保护机制是科学技术持续发展的必要条件之一,发达国家在知识产权保护方面的规章制度与我国相比具有更强的完备性,这为其技术创新提供了有效的保障机制。要建立完善的知识产权保护机制,首先,必须要充分认识到新形势下知识产权工作的重要性,将知识产权战略作为江苏省的一个重要战略发展阶段;其次,要进一步加强省政府对知识产权的领导和组织建设,积极营造良好的政策环境和有效的激励机制,保护和鼓励科研人员从事发明创造的积极性;帮助和促进企业开发和实施具有自主知识产权的创新技术;最后,健全知识产权保护体系,加大保护知识产权的执法力度,加强知识产权人才的培养,提高全社会的知识产权意识。

(三)积极引进和培养高端技术人才

牢固树立"人才是第一资源"的理念,加强高端装备制造业企业管理、研发、技术、行销、品管、专利等相关人才的引进、培养和使用。建立人才引进基金、创业扶持基金,对人才给予政府专项津贴。高端技术人才对高端装备制造业的发展尤为重要,要加强技术工人的技能培育和素质提升,筹集技术工人培养专项资金,对相关企业的技术工人培训提供资金补贴。依托国内外高校、大型企业集团,加强高端装备制造业技术工人和经营管理人才的培养。完善人才激励机制,推动企业通过持股、技术入股、提高薪酬等方式,吸引优秀企业家、经营管理人才和技术骨干。主要包括以下几个方面:

1. 加大装备制造业人才队伍的建设

加大掌握核心技术具有国际性或前瞻性视野领军人物的引进力度,如可选择实施类似"千人计划"和江苏省"双创人才计划"这类举措。

2. 大力实行"人才＋项目"的培养模式

推行各种有利于调动人才积极性、创造性的分配机制,促进学科链、产业链和人才链的有机融合,形成人才集聚高地。

3. 通过校企融合的方式加大技能人才的培养

通过产学研合作、技师研修、名师带徒、技能竞赛等多种途径,培养造就一大批具有精湛技艺的技术技能型和知识技能型的高级复合"蓝领"技工队伍。

(四)合理规划产业园区,积极打造产业示范基地

高端装备制造产业园区的形成是产业集聚化的成果。在产业园区基本形成后,江苏省应有计划地对园区建设进行引导和规划,积极建设示范基地。产业示范基地一方面可以产生示范模仿效应,使得产业内参与者能够互相学习和交流,另一方面可以鼓励企业采用国内,尤其是省内自主创新产出的重大装备,重点支持技术含量高、替代进口效果明显的重大装备示范应用项目,带动实施大中型企业积极进行自主创新,从而推动整个行业的发展。

1. 科学制定高端装备制造业发展规划

加强行业的宏观调控力度在促进高端装备制造业发展的同时,要加强行业的宏观调控力度,尽可能避免新的重复建设。装备制造业主管部门要结合江苏的发展特点,积极调研高端装备制造业各行业的发展现状、市场需求等,加强与高端装备制造业企业沟通,密切配合,加强对高端装备制造业发展的规划引导并建立规划实施监督考核机制,根据市场情况,及时调整高端装备制造业的发展规划,确保高端装备制造业发展规划的指导性、约束性、权威性、延续性和实效性。

2. 建立园区一行业的联动管理机制

在装备制造业的产业集聚过程中加快建立园区—行业的联动管理机制装备制造业园区为产业提供了发展的载体,但由于部分重点企业并不在园区中,或跨园区存在,一方面科学引导行业企业进入园区,另一方面要建立园区—行业的联动管理机制,在加强园区对企业管理指导的同时,打破园区的地理界限,按照行业建立科学的管理机制,从而能够更加科学充分地了解装备制造业各行业的真实发展状况。

3. 加快园区优势企业、龙头企业的培育

促进产业链的逐步完善在加快装备制造业园区发展时,需要注重园区优势企业、龙头企业的培育,推动跨地区、跨行业、跨所有制兼并与联合,提高专业化分工和社会化生产程度。制订优势企业、龙头企业的培育计划,发展一批核心竞争力强、主导产品优势突出、具有总承包和总成套能力的大型高端装备制造企业集团,以及一批"专、精、特、新"竞争优势明显的中小高端装备制造企业。以这些优势企业、龙头企业为基础,有针对性地进行产业链招商,鼓励高端装备制造企业与上下游企业、研发机构组建战略联盟,实现优势互补,提高产业链的整体竞争力。

4. 加快产业园区内的公共服务平台建设

促进高端装备制造业的自主创新和生产性服务业发展要进一步加快产业园区内的公共服务平台建设,依据高端装备制造业的行业分布和现有布局,建立省级装备制造业行业及基础件的公共服务示范平台和公共研发平台,集中研发机构和公共检测机构资源,组织实施前沿性技术研究、关键共性技术攻关、引进技术消化吸收、高新技术产业化项目及相关产品的检测工作,在关键共性技术共同研发的同时鼓励企业的自主创新体系建立。同时,要积极推动传统装备制造企业创新经营模式和改造业务流程,大力发展与制造业务密切关联的产品设计、技术服务、维护维修、人员培训、咨询及信息等生产性服务业。依托装备制造业园区,大力发展现代物流业,建设一批区域物流配送基地。

第十三章　江苏省智能电网产业科技创新国际化发展研究

所谓智能电网即以物理电网为基础,将现代先进的传感测量技术、通信技术、信息技术、计算机技术和控制技术与物理电网高度集成而形成的新型电网。它以充分满足用户对电力的需求和优化资源配置、确保电力供应的安全性、可靠性和经济性、满足环保约束、保证电能质量、适应电力市场化发展等为目的,实现对用户可靠、经济、清洁、互动的电力供应和增值服务。[①] 智能电网在世界各国都具有广泛的应用。在美国,智能电网的发展以可再生能源为基础,对发电、输电、配电和用电体系进行优化管理。通过智能电网可以实现美国电网的智能化,并解决分布式能源体系的需要,以高低压、长短途的智能网络将客户电源相联结,对可再生能源进行输配优化和平衡,电网的可靠性和清洁度得以提高,不但实现了美国电网整体的电力优化调度、监测、控制和管理,同时解决了太阳能、水电能、氢能、车辆电能存储以及电池系统向电网回售富余电能;在欧洲,智能电网的发展基于分布式能源系统和可再生能源的大规模利用,是将智能电网与广域电力输送网络结合起来的广域智能网络,可以满足太阳能、风能、生物质能等可再生能源快速发展的需要。

由此可见,智能电网是顺应当今时代发展的产物,江苏省同样顺应时代潮流,进一步打造智能电网产业,推动智能电网产业科技创新国际化进程。

一、江苏省智能电网产业科技创新国际化发展的现状分析

智能电网产业是全球应对环境变化、提高能源使用效率、减少碳排放而发展起来的新兴产业,江苏在智能电网产业方面基础较好,起点较高,产业链完善,是最具发展条件的地区之一。发展智能电网产业对实施我省新兴产业发展战略,抢占新一轮产业发展的制高点,具有积极作用。为促进江苏省智能电网产业发展,推动智能电网产业融入世界发展大潮,智能电网产业走上了科技创新国际化发展的道路。

(一) 科技创新投入国际化

1. "引进来"战略顺利实施

2015 年,江苏省利用外资领跑全国,以十大战略性新兴产业实际使用外资 67.2 亿美元,同比增长 7.2%,占江苏省实际使用外资的 46.6%,比去年同期提高 10 个百分点。其中,节能环保、新一代信息技术产业、生物技术和新医药、新能源产业、智能电网产业以及物联网和云计算产业实际使用外资同比分别增长 13.3%、45.5%、31.4%、

---

① 周勇.智能电网的发展现状、优势及市场机遇[J].电器工业,2009,(09):29-32.

115.5%、87.2%和9.8%。① 在十大战略性新兴产业中,智能电网实际利用外资增长幅度较大,增长率达到87.2%,仅次于增长率为115.5%的新能源产业。

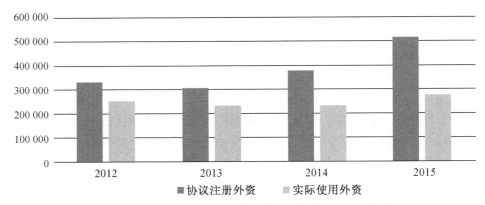

图 13 - 1 江苏省智能电网产业外商投资情况

从图13-1中可以看出,江苏省智能电网产业整体吸引外商投资能力处于不断增长的过程中,外商投资的平均增长率达到16.93%。从外商投资利用率来看,虽然利用率整体来说比较高,尤其是2012年,实际利用率达到了76.47%,即使是实际利用率最低的2015年,也达到了53.65%。但从实际情况来看,随着外商协议投资额的不断增长,实际利用率反而下降了,这说明了与其他高新技术产业类似的问题:对于外资的利用能力仍然有待加强。

常州东芝变压器有限公司始建于1995年,现由国家电网公司直属企业山东电工电气集团有限公司和日本东芝集团各占50%股份的中外合资企业,主要以开发生产各电压等级的电力变压器以及输变电开关零部件等产品为主,是中国首家最早开发生产500 kV电压等级电力变压器的合资公司,是中国国家环境友好企业。公司注册资金3 300万美元,企业投资总额达6 500万美元。公司占地面积121 286平方米;建筑面积52 248平方米。公司自成立以来,一直是采用日本东芝的生产经营管理体系。近两年,在东芝管理模式的基础上逐步引入国家电网公司的管理方式和管理理念。公司先后经过三次技术改造,规模与产能不断扩大发展,目前已形成月产18台大型变压器,年产变压器50 GVA的生产规模,具备交流1 000 kV、直流±800 kV变压器的生产制造和试验能力。公司成立至今已为海内外客户生产制造各类大型电力变压器近1 600台,其中70%以上是500千伏及以上超高压变压器。②

常州东芝公司是典型的合资企业,是江苏省智能电网产业"引进来"战略的标志性产物。江苏省智能电网产业内还有许多这样的中外合资公司,除此之外,一些国内的企业同样积极寻求与国外公司合作,获取国外投资者在资金、设备等方面的投资,不断推进"引进来"战略的顺利实施。

---

① http://news.hexun.com/2015-08-24/178568838.html。国际商报。
② http://www.cz-toshiba.com/about/gsjj/. 常州东芝公司。

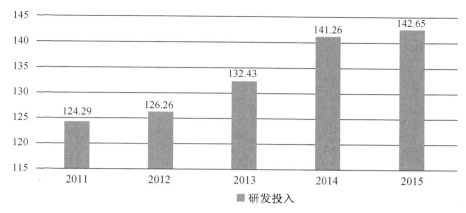

图 13 - 2　江苏省智能电网产业研发投入情况

从图 13 - 2 中可以看出,江苏省智能电网产业研发投入始终保持增长态势,增幅可观,5 年间总体增长率达到 14.77%,平均增长率达到 3.53%。研发投入基数大,增长率稳定,这表明江苏省智能电网产业对于研发的重视程度较高,且始终将智能电网产业摆在发展的重要战略位置。

除资金和设备之外,人才投入是产业科技创新国际化过程中必不可少的要素。江苏省是人力资源大省,拥有大量高等院校毕业的人力资源,同时,江苏省又是人才大省,省内各市都积极开展高层次人才引进和培养项目。在引进和培养人才的过程中,省政府着重鼓励引进战略性高新技术产业人才,如智能电网、新能源、生物医药、节能环保等产业。

举例来说,南京市江宁区拥有全国唯一一所智能电网示范基地,江宁区始终致力于打造这一产业基地。全区 70 多家中,高新技术企业 25 家,亿元以上的规模性企业 15 家,全区智能电网的研发投入占销售比重达 5%,大部分的企业建有技术中心,省级以上企业技术中心 6 家,工程技术研究中心 12 家,博士后工作站有 7 家,8 家企业参与制定了 52 项国家标准、行业标准的起草,获得江苏省重大科技成果转化项目 6 个。江宁区目前拥有东大、南航、河海等十多所高校,构筑了江宁区自主创新的重要力量。目前,区内高校拥有省部级以上重点学科 93 个,其中:国家级重点学科 30 个;拥有省部级以上重点实验室 55 个,其中:国家级重点实验室 8 个。区内 15 所高等院校在校大学生达20 万,每年可培养 5 000 余名智能电网专业人才,为智能电网产业的自主开发打下了坚实的人才基础。

2. "走出去"战略处于迸发期

"走出去"战略是科技创新国际化过程中必不可少的一个环节。科技创新国际化是一个融合和交流的过程,在"引进来"战略的实施过程中,江苏省以获取的方式与海外智能电网产业进行交流,而在"走出去"战略中,则要以合作或对外投资的方式与海外智能电网产业进行融合。江苏省智能电网产业园区和企业积极与海外展开合作,贯彻落实"走出去"战略。

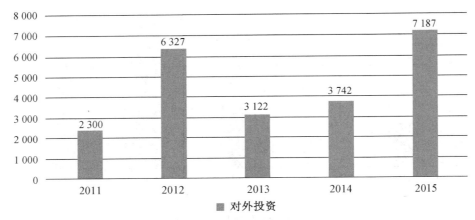

图 13 - 3　江苏省智能电网产业对外投资情况

从图 13 - 3 中可以看出,江苏省智能电网对外投资力度总体上来说还是比较大的,尤其是 2012 年和 2015 年,2012 年相比 2011 年翻了 2 倍,2015 年与 2014 年相比则将近翻了 2 倍。从整体上来看,江苏省智能电网装备产业投资能力较强,与国内外展开合作的意识较强,将国际化摆在重要的战略地位。

宝胜集团创建于 1985 年,是专业生产电线电缆、电缆材料以及变压器、开关柜等电气产品的国有大型企业。目前,宝胜集团拥有职工近 3 000 人,占地 2 500 亩,总资产30 亿元,成为国内规模最大、最具竞争实力的电缆制造企业。宝胜集团积极与国外先进制造商合作。1999 年与美国通用有限公司成立了宝胜 BICC 通用电缆有限公司,专业生产中、高压交联电缆。近期,宝胜集团又与世界第一大电缆制造商——意大利比瑞利公司共同投资,成立了宝胜比瑞利电缆有限公司,专业生产高压、超高压电缆。通过与国际电缆巨头的合作,一方面吸收了国际先进的工艺与技术,学到了先进的国际管理理念和模式;另一方面借助国际品牌和优良的产品优势,大力开拓国内外市场,使合资企业的产销规模获重大突破。在此基础上,全球著名跨国电器公司——瑞典 ABB 公司与宝胜就干式变压器、箱式变电站等项目开展广泛合作。

亨通集团成立于 1991 年,专业从事通信电缆、光纤光缆、电力电缆、电力光缆、宽带传输接入设备及光器件等产品生产、销售与工程服务。现有员工 3 700 余名,涉足房地产、金融、证券、热电等能源领域的投资及产业化经营。2015 年 12 月 2 日,亨通集团副总裁高安敏率海外并购团队签订了收购南非阿伯代尔电缆公司、西班牙萨拉戈萨线缆公司、葡萄牙阿尔卡布拉电缆有限公司的股权转让框架协议。这是亨通产业走向国际化具有里程碑意义的一步。南非阿伯代尔电缆成立于 1946 年,是南非最大电线电缆制造商,拥有三大块生产基地,其公司产品在 ESKOM(南非国家电力公司)的市场份额为26%,在南非的市场占有率为 37%。西班牙萨拉戈萨线缆公司,是领先的光学、金属、铁路、信号、通信和控制电缆制造商和经销商,产品供应给电信、运输和工业部门。在Zaragoza 市场份额中,电信部门约占 73%,运输和工业部门分别占 25% 和 2%。葡萄牙阿尔卡布拉电缆有限公司,是为欧洲市场制造和销售中低压铝和铜电力电缆,专注于电力基础设施、采矿业和电信业。其销售中,工业部门约占 74% 份额,电力和电信部门分别占 13% 和 8%。目前,南非市场对电缆和导线的需求极大,亨通通过此次收购南非阿伯代尔电缆,对亨通南非国内市场实现业绩增长带来充足的保障。另外,亨通通过收购西班牙萨拉戈萨线缆公司、葡萄牙阿尔卡布拉电缆有限公司,利用这些公司完善的生产体系、强大的研发能力、资质认证,极大地增强了亨通在欧洲、中南美洲市场的竞争能力。亨通收购的三家公司实力之强也体现出亨通自身的投实力和发展前景。未来,亨通表示在"一带一路"沿线国家,会进一步通过收购或新建生产研发基地,逐步完成全球化的布局之路。

诸如宝胜、亨通此类积极与国外展开合作,通过合资、收购等方式对外投资的企业,在江苏省智能电网产业内还有很多,企业的对外投资进一步推动了整个产业的科技创新国际化进程,为江苏省智能电网装备产业的战略发展奠定了基础。

(二)科技创新产出国际化

1. 产值稳步增加,增幅趋于平稳

图 13-4　江苏省智能电网产业产值

从图 13-4 中可以看出,江苏省智能电网产业发展正逐步趋于稳定。从 2011 年到 2015 年,产值总增幅达到 53.11%,平均增长率达到 11.53%。增长率处于逐步下降的过程中,一方面体现出江苏省智能电网产业发展趋于平稳,目前的科技创新国际化进程效果较好,另一方面则显示出这一阶段的发展战略必须进一步更新,以开创新的产值增长点。

在产品出口方面,江苏省亨通集团在智能电网产业内位于领先位置。2000 年,亨通将充油通信电缆出口巴基斯坦,开启了国内光电线缆企业向"一带一路"沿线国家和地区出口产品的先河。十六年来,亨通不断加快海外业务布局,围绕"5-5-5"国际化目标,目前已在欧洲、南美、南非、南亚、东南亚等地区设立产业基地,在全球 34 个国家设立营销技术服务分公司,拥有 119 个国家注册商标,光纤通信、智能电网、海洋工程等业务覆盖 130 多个国家地区。在"走出去"过程中,亨通立足人才输出、品牌输出、文化输出,形成了独特的发展模式,为践行"一带一路"倡议打下了良好基础,并取得了重要成果。首先,亨通加强战略布局,提升与"一带一路"沿线国家和地区经贸合作水平。亨通紧跟国家"走出去"步伐,围绕"一带一路"倡议,提出"沿着一带一路走出去,看着世界地图做企业",加快企业国际化步伐,"一带一路"沿线国家和地区已成为亨通迈向全球的桥头堡,对亨通国际化战略深入实施至关重要。2013年至今,亨通已在"一带一路"沿线布局20个销售网点,沿线国家贸易覆盖率达59%,与"一带一路"国家贸易额在海外营收中的占比高达49%。近几年,亨通新的业务增长主要依靠国际市场,与"一带一路"沿线国家和地区的贸易额呈现大幅增长的态势。2016年,亨通累计获得27个国家和地区的产品认证65项,被30多个国家50多家客户评为"优秀供应商",亨通已成为沿线国家光纤通信、电力传输领域的主力供应商。

2. 发明专利申请量

图 13-5　江苏省智能电网产业发明专利申请量

从图13-5中可以看出,从2011年开始,江苏省智能电网产业自主创新能力逐步增强,专利申请量稳步上升。其中,2014年是江苏省智能电网产业自主创新能力的井喷期,发明专利申请量增长幅度最大,达到54.68%。2015年增长幅度虽然不大,但是同样显示出江苏省智能电网产业在自主创新方面的成果。五年间,全省产业创新表现稳定,发明专利增长率平均达到39.74%,这有效推动了江苏省智能电网产业科技创新国际化进程。

发明专利申请量是衡量科技创新国际化的重要指标,有发明,代表着产业或企业具有自主创新的能力。江苏省智能电网产业的龙头企业——宝胜集团和亨通集团,在发明专利方面都表现优异,体现出江苏省智能电网产业的自主创新能力。

宝胜集团大力开展自主科技创新,形成了一批企业自有核心制造技术,共有70个产品填补了国内空白,40个产品被评为国家级新品,获得国家专利技术90项,参与起草、编制国家及行业标准25项,取得了300多项省部级科研成果,ISO9001质量体系、ISO14001环境体系、ISO10012计量体系等相继通过国内外权威机构认证,宝胜集团建立了遍及全国的销售服务网络,在全国设有80个销售服务中心,有300多名销售工程师,产品配套于三峡工程、青藏铁路、上海洋山港大桥、岭澳核电站、宝钢集团以及南美、中东、东南亚等国内外重大建设项目,特别是在奥运工程开发上,宝胜成了同行业中最大的赢家,国家大剧院、首都机场、"鸟巢"等工程都有宝胜参与供货,奥运会开幕式的现场移动用电缆全部都由宝胜供货。

多年来,亨通集团始终坚持创新驱动发展,持续加大创新投入,实现了自主核心技术的不断突破。如今,亨通集团在自主创新、集成创新、引进消化吸收再创新等方面均取得了巨大进步。在光纤光棒、智能电网、海底通信、超高压传输等领域拥有最核心的研发技术及自主知识产权,成为全球相关产业链制高点。目前,亨通集团每天诞生 1 项国家专利、1 项新技术、1 项新产品,核心专利、标准制订数位居全国同行第一,自主研发的超大尺寸光棒拉丝长度全球第一,并在全球首推超低损耗、超长距离、超大容量光纤通信系统,国内首家海底光缆通过 4 000 米深海测试,在巴西亚马孙 OPGW 工程中创下"大截面、大跨度"两个世界之最,在马来西亚里海海洋通信工程中成功交付超长海光缆系统,填补了国内空白,代表了中国在该领域的最高制造水平。截至目前,亨通主持和参与国际及行业标准定制 309 项,获国家授权专利 2 400 多项,相继承担国家 863、自然科学基金项目等国家级科技项目 262 项。

(三) 科技创新国际化环境

1. 产业园区和产业联盟建设

产业园区是一个产业集聚化的成果,产业园区建设能够推动产业向规模化,集约化,专业化发展,提高创新创意能力,加快先进文化传播;有效促进产学研相结合;有效吸引外资,促进产业发展;传承文化内涵,提高资源利用率;促进体制创新,打造文化品牌。①

江苏省智能电网产业同样积极开展产业园区建设,为产业发展提供更为强大的动力。目前,江苏省智能电网产业园区遍布南京、常州、泰州等地,形成了一定的规模,建设程度较为完善。在此,主要以南京市江宁区为例进行介绍。

南京市江宁区智能电网产业始终走在全省前列,智能电网产业是江宁区区主导产业和优势产业。2004 年,江宁开发区被科技部批准为"国家火炬就哈南京市江宁电力自动化产业基地"2010 年,国网电科院又将全国唯一的试点基地——"国家电网公司智能电网科研产业(南京)基地"放在江宁。到目前为止,江宁区已经汇聚了上百家多家智能电网相关企业。江宁区产业园区在智能输电、配电、变电、用电、新能源发电、调度六大环节和信息通信的关键技术领域聚集了一批企业,目前已经形成了较为完整的产业链。在发电环节,风力发电产业和光伏产业是江宁区的两大特色产业之一,目前已经汇聚了 30 多家企业,2010 年预计产值将达到 115 亿元。比较有代表性的企业包括南京高齿、中电光伏、中环光伏、南京汽轮机、南京大唐。在输电环节,输电环节主要分为线路运行维护和新型输电技术。在该领域,江宁区聚集了南瑞继保、国电南自、国电南自软件等国内知名企业。南瑞继保的电网安全稳定控制、高压直流输电控制保护等技术打破了国外公司的长期技术和产品垄断。在变电环节,江宁区主要有金智科技、南瑞继

---

① 武瑶. 新时期文化产业园区建设的意义及存在问题[J]. 边疆经济与文化,2016,(04):60 - 61.

保、南自机电和西门子电力自动化等相关企业,主要从事变电站系统开发。在智能配电产业链上游,江宁区主要涉及配电监测系统及接线端子等产品,聚集着光一科技(配变监测计量终端)、金智远维、菲尼克斯电气等企业。在下游产业主要涉及真空断路器和配电变压器等电力设备的配套产品,有帕威尔电器、大全变压器、中电特种变等。智能用电环节主要发展方向是用电信息采集系统、智能小区管理系统和智能用电高级应用系统。

2010 年,由江宁区牵头成立了南京市智能电网产业联盟,江苏智能电网产业联盟为全国首个智能电网产业联盟,由南京南瑞集团公司联合其他 15 家单位共同倡议发起,在南京召开了成立大会,联盟目前拥有成员单位 63 家当前。江苏智能电网产业联盟的成立,是顺应新时期电力行业发展需要的重大举措,对发展低碳经济、促进经济社会可持续发展具有重要现实意义。江苏智能电网产业联盟将发挥对我省智能电网产业发展的引导作用,集中江苏省研发制造等方面的优势资源,并为各成员单位搭建产学研交流平台,推进产业集成创新。联盟将致力于对江苏省乃至全国智能电网领域的集成创新、行业融合及产业推广起到积极的引领和推广作用。江苏智能电网产业联盟囊括了江苏省智能电网上下游产业链上的所有精英企业,产品结构完备,产业布局合理,兼具广泛性和代表性,随着产业联盟相关工作的深入开展,联盟必将在加快江苏省经济发展方式转变,实施"智能电网"国家战略的进程中发挥重要的作用。

2. 政策支持,引导企业转型省级

在江苏省科技厅发出的《抢抓智能电网发展机遇推动工业转型升级》一文中,着重强调了政府支持对于产业发展的积极作用和意义。该文中提出必须从以下几个方面加强江苏省政策对智能电网产业的支持力度。

一是认真贯彻落实国家、省、市出台的各项产业扶持政策,特别是要落实有关技术开发、技术改造、设备引进等方面的优惠政策。"引进来"是产业科技创新国际化的重要举措,但"引进来"不仅受到外国政策的限制,也会受到我国政府的限制,如何在合理范围内放宽限制,鼓励江苏省相关企业积极与海外企业进行交流合作,是政府政策中的重要内容。

二是要进一步整合现有扶持资金,充分发挥财政资金的导向作用,加大对电气产业发展的资金支持,对电气产业转型升级重点领域、企业和项目实行优先支持和重点倾斜。产业发展离不开资金支持,仅靠企业自身融资,资金极有可能成为企业发展的重大限制,因此,政府必须积极整合扶持资金,为有潜力但存在资金瓶颈的企业提供资金支持。

三是政府要制定实施相应的电气产业发展配套政策,在资金、土地、人力资源、税收、规费、环评、安评等方面给予优惠。产业科技创新国际化离不开配套产业的支持,如服务产业,人力资源产业等,尤其是人力资源,对产业科技创新国际化具有决定性的作用。因此,如何引进人才、留住人才,更好地促进人才和企业的共同发展,是产业政策必须考虑的。

在省政府出台的《江苏省智能电网产业发展专项规划纲要》中,同样提到了对于产业发展的保障措施,包括加强组织领导,加强规划引导,严格目标考核、加大协调力度等。在政策方面,纲要着重强调了相关政策落实方面的内容:对纳入本规划纲要的重点项目、重点产品和关键技术,省、市、县各有关部门应根据国家和省出台的扶持政策,给予财税支持,优先安排土地、资金等要素供给,为智能电网产业相关企业营造良好发展环境。

二、江苏省智能电网产业科技创新国际化发展存在的问题

(一)产业链发展不成熟、不完全,产业园区过于密集

目前来看,江苏智能电网产业链的上、中、下游都已经有多家企业参与其中开展相关业务,其中不乏一些有实力的龙头企业。但从整体视角来看其产业链各环节的发展极不均衡,体系尚不成熟。在利益驱动下,多数企业将投资眼光集中到了短期可能上规模、上效益的智能电网应用项目上,且大多是在特定领域的闭环应用,从而造成智能电网产业链上、中、下游的不平衡推进。调查资料显示,江苏智能电网目前除了在产业链中的发电环节、输电环节、变电环节等方面具备产业领先优势外,其他环节都较为薄弱,整体上尚未形成完整的产业链体系。

另外,在产业发展和推进的过程中尚未打破不同行业、地区、部门之间的壁垒,产业资源开放度低,企业之间协同呼应少,有实力的大企业整合行业资源时成本代价过大,导致江苏智能电网产业资源未能有效集聚。尤其是优势产业资源缺乏有效集聚,产业效率不高,这一切都极大阻碍了江苏智能电网产业链的成熟与发展。

在产业链尚未完善的情况下,江苏省智能电网产业集聚存在另一大问题:产业园区密度过大。江苏已于泰州、常州、江宁、宿迁等地各自投建智能电网产业园,其投资速度、投资规模令人咋舌,资金规模最少的也超过 10 亿元。虽然我国智能电网的发展有诸多政策及技术上的利好消息,但是仍须警戒其过快发展极易演变为产业园过剩的状态。以宿迁为例,宿迁是江苏经济总量最小的城市,其支柱性产业除了机械电子,其余均是轻工业,如酿酒食品、纺织服装、林木加工等。单从其经济结构来看,宿迁并不适合投资过百亿规模的产业园。

(二)创新支持力度不够,相关配套产业发展不完善

智能电网产业科技创新国际化并不仅仅依赖于产业本身发展,同时还要依赖其他方面的支持,例如政府政策,产学研结构,配套服务体系等。这些方面如果不能很好地建设并完善,对于智能电网产业地科技创新国际化进程存在一定的阻碍作用。江苏省这几方面的问题主要表现在以下几点:

一是企业的研究开发机构少,缺乏行业技术服务平台和电力科技企业专业孵化器,产业配套能力不高。江苏省智能电网产业整体发展较好,近几年由大企业牵头成立产业联盟以提升科技创新国际化能力。但细化到产业内地企业来看,拥有研发机构的企业寥寥无几,虽然这几个大企业在科技创新和国际化中的表现非常突出,但中小企业在科研方面的表现较差,江苏省智能电网科技创新绩效几乎由龙头企业掌控。

二是创新能力有待强化,高校、科研机构的研发与企业需求尚未形成有效的对接。

江苏省智能电网产业仅仅成立了产业联盟,但却没有打破高校、科研机构和企业之间的壁垒,由这三者合作开设的研究所数量较少,理论成果转化率较低,从而造成创新能力方面的不足。

三是产学研结合缺乏主动性,层次较低。一方面,集群企业内大部分技术和产品大多来自企业,由单个企业与院校及科研院所合作完成;另一方面,来自于院校及科研院所的科技成果通过企业转化为市场所需产品的数量相对较少。企业在完成国家大的规划项目时,产学研结合点对点合作更多,被动性尤为突出,无法整合地区内的技术资源,产生技术滞后现象更无法引领整个产业的技术方向。

(三)国际化专业人才缺乏

智能电网产业科技创新国际化进程不仅需要科学的头脑,更需要经济的头脑,江苏省既具备专业的智能电网知识,具备专业管理知识的复合型人才非常缺乏,省内智能电网产业领军人物更是少之又少。另外,江苏省产业内许多企事业单位还没有意识到"人力资源是第一资源"这一现实,产业内的人力资源开发,升值的认识和措施都没有真正做到位,分配机制、激励机制都还有待于进一步完善,"用于创新、敢为人先、鼓励竞争、容忍失败"的创新氛围和创新文化以及"注重潜力、人尽其才、人才辈出"的创新环境的营造仍然需要较长一段时间。国际化专业人才的缺乏已经成为江苏省智能电网产业国际化道路上非常明显的一个制约因素了。

除了省内对于人才的培养环境存在缺陷外,江苏省与海外的人才交流程度不够深入。由于资金和企业实力、观念等因素的限制,江苏省智能电网产业派遣研发人员到海外工作、学习的机会较少,比例较低。不仅是智能电网产业,省内许多高新技术产业都缺乏具有国际教育背景、熟悉国际惯例与规则、具有国际运作经验的人才。而针对这一现象,江苏省必须积极改善发展环境,加大人才引进力度,加强本土国际化人才培养,逐步帮助江苏省智能电网产业解决国际化专人才匮乏问题,进一步推动智能电网产业的科技创新国际化进程。

三、江苏省智能电网产业科技创新国际化发展的对策与建议

(一)政府发挥主体作用,企业发挥主体作用,共建创新国际化道路

南京市智能电网产业前期奠定了较好发展基础和优势。为扩大产业新增量,政府应搭建智能电网产业平台,做好资源和信息共享。对企业发展进行跟踪,引导企业间互补发展,避免同质竞争。积极帮助企业争取国家资金投入,解决企业人才引进、交流和培养问题。大力实施各项扶持举措,让企业做精、做强其主业,保持市场占有率,让"长板"优势发挥出最大效应。

江苏省针对智能电网产业应及时出台一系列扶持新技术、新产品、新工艺的税收政策,进一步加大扶持力度,让相关企业真正获得优惠。积极落实江苏省政府一系列文件中明确提出的税收、融资等相关优惠政策,并加强政策落实的监督力度,保证政府政策能够切实地促进产业发展。另外,省政府在政策中应注重对符合规定条件的企业技术中心、高校及科研机构用于规定范围内智能电网产业相关研究的进口仪器设备等,免征

进口关税和增值税。同时,建议对智能电网产业内技术进步较快的固定资产,允许加速折旧、制定新税法规定的增值税转型税收政策等。

江苏省政府下一步应继续鼓励省内高校和企事业单位加强智能电网及关联产业研究,主动引导和谋划江苏省智能电网及相关产业科技发展规划,积极申请国家级的重点实验室、国家级的企业技术中心、工程研究中心。在江苏省建设一批具有国际国内影响力的智能电网相关产品的检测中心,为江苏省智能电网产业发展和关键技术攻关提供创新载体,推进智能电网技术的融合和集成,以便提升江苏省智能电网产品的国际竞争力。

智能电网及相关产业要在智能电网产业不断壮大和发展的时期,利用好人才和科教优势,抓住发展机遇,加大智能电网科技攻关力度,加快科技创新和技术进步,主动进行产业结构调整和企业产品的转型升级,以满足未来潜力巨大的市场需求。江苏省各企事业单位尤其是电力公司,根据各自对能源行业的熟悉和掌握程度,积极宣传相关知识,对于智能电网建设及产业发展具有重要意义。建议江苏省电力公司在智能电网及相关产业集群基地建立展厅,让产业参与者全面了解将来的能源格局。比如,通过沙盘、图示、视频等演示方式,展示智能发电、智能输电、智能变电、智能配电、智能用电、智能调度的科技创新成果。大力宣传风力发电、太阳能发电、水力发电、生物质能发电、分布式天然气发展等清洁能源知识,以实现智能电网在激烈的市场竞争中健康快速发展。只有把智能电网产业做成世界品牌,才能在国际舞台立于不败之地。

（二）合理布局,良性打造产业园区

随着智能电网产业逐步成熟,它将是涉及多行业的庞大系统,除电力行业以外,还会带动电子元器件制造及先进材料产业等上游产业和电动汽车和智能家电等下游产业发展。在做精主业的同时,争取业务外延。智能电网产业上下游相关产业要超前谋划对接,作为产业链的完善,推动智能电网产业集群发展,使南京市智能电网产业链由"细"变"粗",由"短"变"长",带动更多行业共同发展。

对于省内智能电网设备研发和制造企业来说,一方面要加大技术研发力度,尽快掌握相关核心技术,提高设备制造工艺,降低生产成本,提高自身设备的市场竞争力;另一方面,要把握智能电网发展的趋势和重点领域,避免造成投入的浪费。这就需要集中优势力量,促进行业整合。提高专业化分工和社会化生产程度,促进产业集聚,加快建设智能电网工业园区,形成以南京为重点的电网自动化监控设备研发和生产基地,以常州为重点的输变电装备研发和生产基地,以扬州为重点的线缆研发和生产基地,以镇江为重点的智能配电设备研发和生产基地,以无锡为重点的智能电网通信设施研发和生产基地,以南通为重点的复合电气材料研发和生产基地,以及以苏州为重点的智能电表和智能用电管理终端研发和生产基地。通过以上分工明确、各具特色的产业基地,形成以沿江地区为核心,遍及江苏全省的以智能电网设备生产企业为主体的智能电网产业集群。

（三）加强人才培养和引进

发展智能电网,归根结底是人才的竞争,培养优秀的人才已经成为一项重要而紧迫的战略任务。目前,江苏省智能电网产业需要大量的人才,特别是近年来一大批海归人才回国创办成长型企业,不同的企业对人才有不同的标准和要求,人才总体需求量很大,把目光对准这些企业,培养更多的实用性人才,加快从研发向实践的转化步伐,有力地推动产业科技创新国际化进程。为此,要加大专业化、关键性紧缺人才的培养和引进力度。

第一,利用江苏省政府主管部门和江苏省高等院校签订人才培养合作战略协议,根据高等院校不同的专业侧重,吸引重点高校优秀毕业生到智能电网产业基地工作;通过优惠政策吸引一批具有丰富经验的优秀人才到智能电网基地工作,同时要完善培训体系、健全教育机构、创新培养机制,通过多种形式、多种途径培养人才,促进智能电网专业技术人才队伍能力和素质全面提升;引进科研人员,努力培养一批世界一流的科学家、高水平的科技领军人才和具有国际竞争力的科研团队;大力营造有利于创新型人才成长的良好环境,制定和完善政策措施,提高创新型人才的社会地位,积极营造人才辈出、人尽其才、才尽其用的环境氛围,着力打造智能电网人才中心。

第二,除了在省内培养和引进之外,省政府业要注重人员的外派学习,要有选择性地将有潜力、人品好的中青年骨干送到国外一流的实验室进行学习和交流。江苏省开发了许多海外高层次人才引进政策,但在人才培养政策上集中于内敛,而忽视外放。因此,江苏省应开发一系列国内人员外派进修计划,与相关人员签订一定的协议,既能保证人才能够获取更加高、精、尖的知识,又能够促使人才学成后愿意学以致用,积极为江苏省智能电网产业的发展作出贡献。

企业篇

随着经济全球化的发展,资金、技术、人才在全球的流动速度不断加剧,企业所面临的竞争环境更加严峻。一方面,企业需要不断创新改进工艺赢得资源提高生产效率以保持长久持续发展;另一方面,企业还需站得更高,放眼国际,技术创新国际化俨然成为当今跨国企业进行技术创新、参与国际竞争的重要形式和路径。一个企业通过直接建立国外 R&D 机构、跨国并购以及建立国际技术联盟等形式将技术创新活动扩展到国外,以创新源获取的全球性、创新人才多国化、技术创新组织网络化为特征的技术创新范式。它使企业内部以及企业与外部组织间形成了一个庞大的知识交易网络,改变了企业单一从内部获取所需技术知识的状况。企业可以更广泛地借助组织外部的知识和信息源构建自己的技术知识结构。[①] 企业的技术创新能力可用 R&D 能力、投入能力、生产能力、产出能力、营销能力、财务能力、组织管理能力等 7 个方面来衡量,而企业的国际化能力主要是由国际业务规模、国际业务战略度与国际业务成长性等方面来加以衡量,而创新国际化能力是创新能力的重要组成部分。企业技术创新的过程从初期到末期,经历了适应创新环境、积累创新资源、管理创新活动、产出创新成果和营销创新产品五个阶段。在适应创新环境阶段企业在多个国家和地区开展技术创新活动,并能熟悉和适应所在国家、地区的经济、政治和文化环境,掌握东道国产业集群情况和教育资源情况,尤其熟知与企业技术创新活动相关的行业标准、法律法规。这一阶段是母公司单方面的投入。在积累创新资源阶段企业获取并持有的人才、资金、技术、生产设备以及与东道国政府的良好关系等国际创新资源。在企业人才队伍中,国外技术人员和骨干专家有一定数量和合适比例;企业与国外大学、科研机构等建立了合作研发联盟;企业与东道国政府以及商会、工会等社团组织具有良好的关系;企业高层具有较强的技术创新国际化意识。在这一阶段,是企业投入力度最大的阶段,企业投入创新资源,人力和资金流向海外,东道国先进的知识流回国内。在管理创新活动阶段,企业通过准确的国际战略定位,有效的项目过程管理和适当的激励机制,把投入的国际创新资源转化为技术创新成果。在产出创新成果阶段,企业产出国际认可、同行领先的技术创新成果,如国际专利、国际标准等知识产权,并对这些知识产权进行恰当的保护和商业化利用。在营销创新产品阶段,企业在通过有效的国际市场营销手段,营销企业创新成果商业化的产品(包括技术转让),国际营销费用增大,国际收入总量逐步提高,占企业总收入的比例越来越大;企业国际市场份额增大。下图则为企业在创新国际化过程中的创新资源投入与产出。

---

① 陈劲,朱朝晖.我国企业技术创新国际化的资源配置模式研究[J].科研管理,2003,24(5):76-83.

在企业篇中，主要选取了恒瑞医药、天合光能、长电科技、恒通集团和徐工机械五家企业极具代表性的企业，用以阐述企业的科技创新国际化发展。

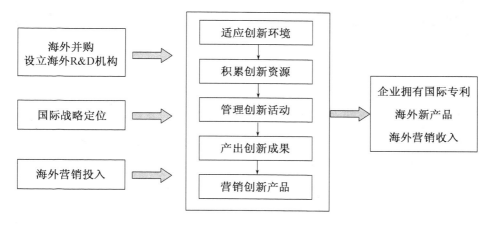

第十四章 恒瑞医药公司科技创新国际化发展研究

一、恒瑞医药企业简介

恒瑞医药创立于 1970 年,并于 2000 年在上海证券交易所上市,如今是国内最大的抗肿瘤药、手术用药和造影剂的研究和生产基地之一。公司产品涵盖了抗肿瘤药、手术麻醉类用药、特色输液、造影剂、心血管药等众多领域,已形成比较完善的产品布局,其中抗肿瘤、手术麻醉、造影剂等领域市场份额在行业内名列前茅。在医药行业的激烈的竞争中,恒瑞医药始终坚持以科技创新为动力,致力于从技术、市场、品牌、质量等多方面打造企业的核心竞争力。2016 年,国家发改委、教育部、科学技术部、国家知识产权局等部委联合评审选出"国家第一批创新企业百强工程试点企业",恒瑞医药成为首批入选的九家企业之一。目前,恒瑞医药是国内最具创新能力的大型制药企业之一,是江苏省生物技术和新医药产业创新的突出代表。公司以打造"中国人的专利制造企业"为目标,秉承"科研为本,创造健康生活"的理念,紧紧围绕"科技创新"和"国际化"两大战略,紧跟全球医药前沿科技,高起点、大投入,致力于药品创新和国际市场的开拓。

恒瑞医药股份公司先后被评为"全国医药系统先进集体""国家重点高新技术企业"等,也是国家火炬计划新医药研究开发及产业化基地的骨干企业之一和"国家 863 计划成果产业化基地",连续多年被国家统计局列为全国化学制药行业十佳效益企业。公司是国家"重大新药创制"专项创新新药孵化器基地;2010 年公司被国家科技部评定为"中国抗肿瘤药物技术创新产学研联盟"的牵头企业;2010 年在医药上市企业最具竞争力二十强评选中,公司名列第一;2016 年,国家发改委、教育部、科学技术部、国家知识产权局等部委联合评审选出"国家第一批创新企业百强工程试点企业",恒瑞医药成为首批入选的九家企业之一。此外,因为丰厚的营业利润等原因,恒瑞医药连续多年上缴税收在全国化学制药行业里排名位列前居,连续多年被评为江苏省的纳税大户。恒瑞医药近几年的收入和纳税情况如表 14 - 1 所示:

表 14 - 1 恒瑞医药 2011—2015 年收入与利税表

年份	营业收入(亿元)	利税(亿元)
2011	33.38	7.78
2012	54.35	10.7
2013	62.03	11.93
2014	74.52	13.94
2015	93.16	17.39

从表中可以看到,恒瑞医药这几年的发展速度、营业收入和利税经济指标均比上年同期有大幅增长。恒瑞医药的年度利润额在同行业中遥遥领先。其中,在 2015 年,企业的利润的主要驱动因素为以下三方面:一是创新成果的收获,恒瑞集团的创新药阿帕替尼、艾瑞昔布在 2015 年开始在市场逐步放量,公司拥有自主产权的 PD-1 单克隆抗体的海外授权在报告期内获得 2 500 万美元的首付款收入,创新成果的逐步收获对公司业绩增长起到了较为明显的驱动作用;此外还有制剂出口的创收,以环磷酰胺为代表的公司出口制剂产品,在国外规范市场销售取得了较大突破,推动了公司的营业收入和利润增长;最后公司产品结构的优化,随着公司产品结构的调整,多年来抗肿瘤药"一枝独大"的局面正在被逐步改变,以手术麻醉、造影剂和特色输液为代表的公司非抗肿瘤药产品在各自治疗领域内逐步扩大市场,为公司业绩增长作出较大贡献。这种多方面的利润驱动力,为恒瑞医药在 2015 年度国内和海外市场的获利提供强大推力。

第二是市场优势。经过多年的沉淀与发展,恒瑞医药拥有了一支高素质、专业化的营销队伍,并在原有市场的基础上不断进行市场创新。2015 年,企业不断推进尝试复合销售模式,加强了学术营销的力度,建立和完善分专业的销售团队,加强了市场销售的广度和深度。在这种学术营销模式下,恒瑞医药建立了自己的专业学术营销队伍,在企业内部有着专设的推广培训部,每年都会特意在应届医药学校的毕业生和企业内部的人员中选择一部分,对他们进行企业产品的专门化培训,这样建立了能够满足企业和医生双方的需求的专业处方药学术推广队伍。在这种学术营销模式下,恒瑞医药尽量满足医生们对于了解各类药物的需求,建立了医生们和自己公司药物的联系纽带,给企业带来持续的发展动力和一支稳定的销售队伍。在这种学术营销的模式下,恒瑞医药和医生们实现了双赢。

第三是品牌优势。公司本着"诚实守信,质量第一"的经营原则,致力于在抗肿瘤药、手术麻醉用药、特色输液、造影剂、心血管药等领域的创新发展,并逐步形成品牌优势和较高的知名度,其中抗肿瘤药、手术麻醉用药和造影剂销售名列行业前茅。

第四是质量优势。公司制定了高于国家法定标准的质量内控制度:原料药和辅料均符合或高于欧盟、美国药典规定标准;公司强调系统保障和过程控制,降低非生产期间可能产生的风险;计算机系统有审计跟踪功能,记录完整、可追溯,且数据不可删除;同时,在其他生产环境控制、偏差管理等方面也有更严格的要求,保障药品的有效性、安全性。目前,公司全部制剂均已通过了国家新版 GMP 认证,另有包括注射剂、口服制剂和吸入性麻醉剂在内的 6 个制剂产品获准在欧美日销售。

在核心竞争力的加持之下,恒瑞医药取得喜人的成绩。公司是国内首次通过国家新版 GMP 认证的制药企业之一,同时也是国内第一家注射剂获准在欧美上市销售的制药企业。此外,近几年恒瑞医药在国际化道路上已经有了不少收获,2011 年 12 月生产的抗肿瘤药伊立替康注射液成功通过美国 FDA 认证,成为首个在美国地区上市销售的中国生产注射剂。2012 年 8 月,恒瑞医药生产的注射用奥沙利铂获准在欧盟上市销售,意味着恒瑞医药又成为首家获准在欧盟上市销售注射液的中国制药企业。2013

年,恒瑞医药生产的曲唑片通过美国 FDA 认证,获准在美国市场销售,七氟烷和环磷酰胺也通过美国 FDA 和欧盟 GMP 的现场检查。在 2017 年末,恒瑞医药通过了美国食品药品监督管理局 FDA 申报的苯磺顺阿曲库铵注射液的申请,这在中国制药发展史上具有里程碑的意义。

对于恒瑞医药,企业有以下几方面核心竞争优势,最重要的就是技术优势。经过多年的发展,恒瑞医药先后在连云港、上海、成都和美国设立了研发中心和一个临床医学部,建立了国家级企业技术中心和博士后科研工作站、国家分子靶向药物工程研究中心、国家"重大新药创制"专项孵化器基地。几年来,公司先后承担了 24 项"国家重大新药创制"专项项目、23 项国家级重点新产品项目及数十项省级科技攻关项目,申请了200 余项发明专利,其中 105 项国际专利申请,创新药艾瑞昔布和阿帕替尼已获批上市,1 个创新药已申报生产,另有 17 个创新药正在临床开发。在创新药开发上,已基本形成了每年都有创新药申请临床,每年都有创新药上市的良性发展态势。公司技术创新能力在国内位列前茅,研发团队实力明显。作为全国化学医药行业的龙头企业,恒锐医药现拥有了全国覆盖面最广、程度最深的生产线,而如今正在研发的产品涉及现有市场上的焦点、重点药物,包括肿瘤免疫、免疫细胞治疗、自体免疫缺陷、及心脑血管等领域。恒瑞医药 2015 年全年实现营业收入 9 315 960 168.40 元,同比增长了 25.1%。

企业先进的模式是亨瑞集团进行创新国际化的保证。首先,在采购模式上,恒瑞通过科学管理制度的构建和先进技术的运用确保采购质量与效率。在制度上,完善供应商筛选以及跟踪制度,重点把控大宗物料招标,规范化工原料招标采购,强化对子公司物料招标采购的管理,根据实际情况调整招标机构并推行人员轮岗;在技术上,构建集团采购平台,通过生产系统增加合格供应商等方式,加大招标力度,最大程度降低采购成本。

第二,在生产模式上,公司本着"诚实守信,质量第一"的经营原则,集中发挥人才、设备、资金等优势,始终保持质量上的高标准,目前公司所有的生产线都已经通过新版GMP 认证。为努力成为国内质量标准的领跑者、国际质量标准的竞争者,公司自 2005年开始就把生产体系目标瞄准了国际知名度和权威度最高的药品监管机构美国 FDA,目前拥有国际标准的生产车间和一流生产设备。在管理方面,公司引进 FDA 管理理念,引进国际一流的质量控制专家,建立了以质量体系为中心的 GMP 六大管理体系,将 GMP 贯彻到原料采购、药品生产、控制及产品放行、贮存发运的全过程中,确保所生产的药品符合预定用途和注册要求。

第三,在销售模式上,公司在国内的销售业务主要由母公司、控股子公司江苏科信医药销售有限公司(以下简称"江苏科信",由江苏恒瑞医药销售有限公司改名)和全资子公司江苏新晨医药有限公司(以下简称"江苏新晨")负责。控股子公司江苏科信医药销售有限公司主要从事公司自产(含上海恒瑞)抗肿瘤药品、特色输液、造影剂、心血管类药品的批发销售,并代理销售苏州恒瑞迦俐生生物医药科技有限公司(本公司控股股东江苏恒瑞医药集团有限公司的控股子公司)的载药微球产品(医疗介入器材)。江苏新晨主要从事公司自产手术麻醉药品的批发销售。在 2015 年,公司在销售渠道管理上,不断加强商业管控,保障货物和资金安全。按照专业化、规范化的原则,进一步整合商业客户,优化商业政策和商业布局,提高了资金结算处理的准确性和效率。在国内销售网络布局上,全部由公司自有销售队伍开展销售工作,销售队伍5 000多人,业务辐射包括西藏在内的33省、自治区和直辖市,近300个地市级城市。在海外销售业务上,公司主要与有着优秀销售团队和渠道的跨国公司进行合作。

二、企业科技创新国际化表现和形成机制

恒瑞医药成立不足20年,却一直秉承"科研为本,创造健康生活"的理念,以建设中国人的跨国制药集团为总目标,拼搏进取、勇于创新,不断实现企业发展的新跨越和新突破。为了深入实施"科技创新"发展战略,公司始终坚持以资金投入为基础,以人才引领为支撑,以体系建设为保障,不断提高创新的质量和层次,走出一条可持续、高水平的创新发展之路,使创新真正成为企业发展的动力源泉。力推进"国际化"发展战略。积极参与国际竞争,顺应国生物医药产业发展的新要求和国际产业演进的新趋势,以突破生命科学重大技术和满足民生需求为核心,不断提高产品质量,逐步缩短与国际先进水平的差距,培育高端品牌,开拓全球市场,推动企业发展的转型升级,努力打造外向型经济增长极。

(一)大力的资源投入,以多种方式齐头推进创新国际化进程

1. 人力资源投入

在激烈的市场竞争中,恒瑞医药公司认识到竞争主要依赖于创新,特别是关键的技术创新,但科技的创新依赖于人才的培养和引进。

近几年江苏省大力实施人才强省战略、创新驱动战略,不断改善创新创业环境,正散发着无限的"正能量",吸引海外高才前来创业。从2004年开始,江苏省每年直接组团赴美国、加拿大、日本、欧洲等地招聘留学人才。江苏出台的对于留学归国人才的政策已经步入了系统化、体系化的轨道,涵盖了人才引进、配置和使用的各个环节,为留学归国人才提供了良好的生活、工作环境,使得越来越多的海外人才回归。在这种大力引进人才的环境中,近几年来,恒瑞医药为引进全球人才实施了一系列措施。在市场实践中恒瑞医药先后在连云港、上海、成都和美国设立了研发中心和一个临床医学部,建立了国家级企业技术中心和博士后科研工作站、国家分子靶向药物工程研究中心、国家"重大新药创制"专项孵化器基地。公司还与中国药科大学弓箭大环内酯类抗生素创新实验室,和南京大学联合创建了铂类化合物创新实验室。通过这些创新实验室,联合培养了多名高科技复合型人才。此外,公司以"招聘一流人才,培养能干事、干成事的人才"为原则,加强了高层次人才的引进和培养力度。2015年,恒瑞医药引进博士8名、硕士114名,正是高端人才的不断引进,给企业的创新注入新鲜的血液,人才和企业才能共同成长。

对于人才培养,在2015年度,恒瑞医药围绕岗前培训、管理开发培训、专业技能培训等开展工作,共组织培训187场次,接受培训的达7 800人次。为了更好地为企业吸收人才,恒瑞医药在2015年度开展了一系列的计划来招纳人才。首先是"领军人才"计

划。目前,恒瑞医药面向海内外引进了领军人才 50 人,其中,国家"千人计划"5 人、江苏省"创新创业引进人才"7 人。公司坚持为人才提供充足经费、一流设备和专业团队。张连山博士是 2010 年入选的"千人计划"专家,公司为其专门配备研发团队,在课题经费、设备购置等方面给予最大限度的自主权,正是如此给力的支持和保障,让张连山团队安心专注于新药研发。其次是"蓄电池"计划。公司还定期安排技术人员到海外交流,与中国药科大学、南京大学等高校联合培养,推进恒瑞学校建设,通过多元化学习教育,加速人才培养。最后是"牧羊人"计划。通过股权激励、待遇向一线科研人员倾斜等措施,留住人才,用好人才。2014 年,公司实施股权激励,按照股票市价的 50%,给予118 名骨干 880 万股股票并锁定三年,将个人利益与公司利益有机结合。目前,恒瑞研发人员超过 1 300 人,其中硕士及以上学历近 700 人,高层次人才队伍的壮大为企业创新注入了强劲活力。恒瑞医药 2011—2015 年员工受教育程度如表 14 - 2 所示,可见恒瑞医药近年来在持续不断引进海内外各类高端人才,以人才国际化推动企业的国际化进程。

表 14 - 2　恒瑞医药 2011—2015 年员工学历表

学历	2011 年	2012 年	2013 年	2014 年	2015 年
博士	286	92	90	92	151
硕士		537	543	560	875
本科	1 950	2 788	3 067	3 285	4 009
大专及以下	2 256	2 249	4 940	4 833	5 156

第三是完善管理干部考核测评体系。报告期内,公司培养了一批年轻的管理、销售和研发骨干,只有在企业内给员工同时以上升平台和绩效鼓励。才能够吸引更多的高科技人才来到恒瑞医药。公司研发人员占公司总比例的 16.6%,表 14 - 4 是恒瑞医药集团自从 2011 年来研发人员占公司总比例人数表,从表中可以看出,恒瑞医药研发人员比例较高,保持在 16%—17%的水平上。

表 14 - 4　恒瑞医药 2012—2015 年研发人员占公司比例人数表

	2012 年	2013 年	2014 年	2015 年
科研人员占总员工比例	17.15%	16.23%	16.11%	16.61%

2. 研发机构投入与海外子公司并购

表 14 - 5 恒瑞医药旗下的子公司及对应的所在地与功能,其中香港奥美健康管理有限公司(原恒诚贸易有限公司,于 2015 年 8 月更名)是 2015 年度 12 月投资的。在公司投资的 13 家子公司中,用于研发的企业大约有 7 家,占总数的 54%,海外子公司大约有 4 家,境外资产 52 997 万元人民币,约占总资产的 4.61%。其中,美国的恒瑞有限公司、德国的凯迪亚斯医药有限公司和中国香港的奥美健康管理有限公司均有涉及医药的研发,这些海外研发子公司占恒瑞医药子公司总数的 23%。恒瑞医药通过在外的子公司汲取东道国当地先进的技术,和海外公司合作,并将自己的产品销售至海外,这

些海外的研发、生产子公司是恒瑞医药进行创新国际化的重要渠道。2015年,公司稳步推进的国际化战略中,这些子公司为企业的国际化成果取得了斐然的成绩。首先,在本年,恒瑞医药继续加大投入成立专门的研究所,欧、美、日等高端市场项目申报持续展开,也正是因为这些研发机构与研发子公司,在这一年注射用伊立替康通过日本认证,吸入用七氟烷通过美国FDA认证;此外,这些子公司助力恒瑞医药还拓展了加拿大、澳大利亚以及其他新兴市场。以此为平台,在2015年度恒瑞医药积极拓展与国际领先制药企业的合作,与Sandoz等公司进一步深化合作并拓展产品线,共同进行项目开发,并有多个产品进行合作讨论。

表 14-5　恒瑞医药子公司列表

公司名称	业务性质	持股比例(%)	总资产(万元)	净资产(万元)
上海恒瑞医药有限公司	研发生产企业	75	162 678.15	155 716.65
上海盛迪医药有限公司	研发企业	100	53 363.14	24 496.43
成都盛迪医药有限公司	研发生产企业	83.58	27 142.67	15 848.62
成都新越医药有限公司	研发生产企业	100	12 963.30	−709.06
江苏科信医药销售有限公司	销售企业	90	23 203.37	10 846.39
江苏新晨医药有限公司	销售企业	100	45 951.98	4 980.47
江苏盛迪医药有限公司	原料生产企业	100	51 804.50	33 660.94
北京恒森创新医药科有限公司	研发企业	100	2 293.19	1 675.92
美国恒瑞有限公司	研发企业	100	359.42	43.91
日本恒瑞有限公司	销售	99.99	248.28	248.28
凯迪亚斯医药有限公司	医药产品、医药技术、制药设备、医药包装材料等进出口	100	9.59	9.59
苏州盛迪亚生物医药有限公司	研发生产企业	100	250.98	−0.81
香港奥美健康管理有限公司	医药产品、医药技术、制药设备等进出口	100	52 379.87	23 003.65

3. 海外研发资金投入

恒瑞医药是我国医药行业创新的龙头老大,这源于恒瑞医药大力的研发资金投入。2015年公司累计投入研发资金8.92亿元,较上一年度增长36.76%,研发投入占营业收入的比重达到9.57%,有力地支持了公司的项目研发和创新发展。图14-1为恒瑞医药各个年份的研发投入占营业收入的比重。从图中可以看出恒瑞医药每年的研发投入呈上升之势,研发投入占营业收入也逐年递增。

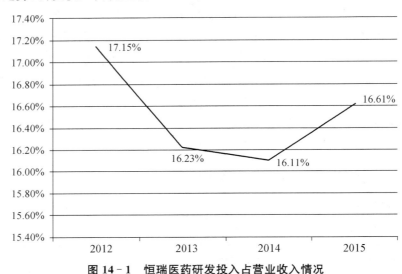

图 14-1　恒瑞医药研发投入占营业收入情况

(二)大力海外 R&D 投入和先进质控体系,国际化创新成果颇丰

近年来,恒瑞医药在研发上的支出给公司带来了丰厚的成果。首先,近几年里,公司先后承担了 24 项"国家重大新药创制"专项项目、23 项国家级重点新产品项目及数十项省级科技攻关项目,申请了 200 余项发明专利,其中,105 项国际专利申请,国际专利占专利总数的 52.5%。创新药艾瑞昔布和阿帕替尼已获批上市,1 个创新药已申报生产,另有 17 个创新药正在临床开发。在创新药开发上,已基本形成了每年都有创新药申请临床,每年都有创新药上市的良性发展态势。丰厚的成果表明公司的技术创新能力在国内位列前茅,研发团队实力明显。在 2015 年度,企业的专利项目注册申报也在有序推进,在这一年企业完成注册申报事项 41 项,其中,创新药申报临床 18 项(含生物新药 2 项)、创新药申报生产 1 项、仿制药申报生产 7 项;取得创新药临床批件 7 个,仿制药临床批件 4 个,仿制药生产批件 3 个。此外,在 2015 年度企业的专利申请和维持工作也在持续进行,其中,提交国内新申请 62 件,提交国际 PCT 新申请 11 件,获得国内授权 17 件,中国台湾授权 12 件,国外授权 28 件。在本年获取的专利数中,国外专利约占专利总数的 49%,海外专利占专利总数的 70%。从以上数据可见,恒瑞医药的专利产出十分可观,其中海外专利申请也取得较为重大的进展。对于创新药的国际化企业,一是在美国开展吡咯替尼 I 期临床试验;二是引进美国 Tesaro 公司用于肿瘤辅助治疗的止吐专利药 Rolapitant,加强科技创新合作;三是将具有自主知识产权的 PD-1 单抗许可给美国 Incyte 公司在国外开发销售,协议首付款加里程碑款总额达到 7.95 亿美元,标志着公司在创新药全球化方面取得了重大突破在质量、安全生产和环保方面,公司始终本着"质量第一,安全至上"的原则,以质量为依托,树立品牌形象,满足市场需求,打造环保企业,为公司持续发展打下良好基础。

在恒瑞医药的努力之下,恒瑞医药获得了十分可喜的成绩。一是完善质量管理体系,加强新产品工艺过程控制,通过风险管理确保产品质量。2015 年对各分、子公司开展质量审计和自查 11 次,顺利通过美国 FDA 对上海恒瑞、江苏盛迪的检查,顺利完成国内两个品种工艺核查和 GMP 认证;二是重视提高生产效率,进行设备更新及技术改造,进一步提升生产的自动化、智能化水平;三是严格按环境和职业健康安全管理体系运行,落实安全生产责任制,以"零事故、零伤害、零污染"为目标,按"安全文化建设"的具体要求,全年进行 13 次安全检查,开展了"安全生产月"、"119 消防月"等系列宣传教育活动;四是提倡绿色化学理念,推行清洁生产工作,改进生产工艺,从源头降低污染物排放。

(三)积极推动创新药的多国销售,带来卓越海外营销成绩

恒瑞医药的产品远销美国、欧洲、日本等国家,收获了丰厚的成果。一是创新成果的收获。创新药阿帕替尼、艾瑞昔布报告期内开始在市场逐步放量,公司拥有自主产权的 PD-1 单克隆抗体的海外授权在报告期内获得 2 500 万美元的首付款收入,创新成果的逐步收获对公司业绩增长起到了较为明显的驱动作用。二是制剂出口创收。以环磷酰胺为代表的公司出口制剂产品,在国外规范市场销售取得了较大突破,推动了公司的营业收入和利润增长。在 2015 年度,恒瑞医药国内营业收入额达 86 380 436.90 元,海外营销收入达 355 577 184.87 元,占销售总收入的 8%。此外,国外销售收入本期较上年同期收入增长 592.55%,主要系出口制剂产品在欧美市场的增长。

公司本着"诚实守信,质量第一"的经营原则,致力于在抗肿瘤药、手术麻醉用药、特色输液、造影剂、心血管药等领域的创新发展,并逐步形成品牌优势和较高的知名度,其中抗肿瘤药、手术麻醉用药和造影剂销售名列行业前茅。目前,公司主要业务为化学制剂,未来生物制药也将成为公司业务重点。公司在化学药品制剂领域产品种类多、治疗领域、研发能力强、工艺水平高,在首仿药、创新药以及制剂国际化方面都居行业领先地位。在生物制药领域,公司发展迅速且布局较为全面,2015 年即完成国内首个 PD-1 单抗的海外授权,新药聚乙二醇重组人粒细胞刺激因子注射液正处于申报生产阶段,已布局双抗/抗体平台、ADC 技术平台、免疫疗法。在后续的发展过程中,公司将以积极布局新靶点和新型抗体作为发展生物制药的策略,紧密跟踪国际上最新的技术和靶点,争取在生物制药领域建立新的品牌优势。

研发创新是恒瑞多年来始终坚持的重大战略,也是推动公司未来发展的动力源泉。公司目前以抗肿瘤药、手术麻醉用药、造影剂、心血管药等常见病和多发病治疗药物为重点科研方向,形成了庞大的产品研发管线。2015 年的在研发产品以小分子和生物药为重点,逐步走向全球创新。自主研发方面,公司心血管领域的研发、双抗/抗体平台、ADC 平台初具规模,获得国内临床批件 6 个,国外临床批件 2 个。重点品种吡咯替尼在国内外全面开发、创新药阿帕替尼扩展适应症研究等多个项目的临床取得积极进展。商业开发方面,公司成功引进美国 Tesaro 公司专利止吐产品 Rolapitan,被授权负责该药在中国的临床开发、注册和市场销售,其口服制剂已获得国外批准。通过技术引进和合作开发新靶点进一步丰富了公司的肿瘤免疫治疗管线,与美国 Incyte 公司成功达成许可转让 PD-1 抗体技术合作,标志着公司继通用名制剂国际化后,在创新药全球化方面取得了重大突破。2015 年公司累计投入研发资金 8.92 亿元,较去年增长

36.76％，研发投入占营业收入的比重达到 9.57％，有力地支持了公司的项目研发和创新发展。

恒瑞的创新模式从创新初期"me-too"、"me-better"逐步走向源头创新，创新药布局正在从小分子药物向大分子药物转化，产生了具有自主知识产权的抗体毒素融合物（ADC）技术平台，掌握了肿瘤免疫抗体系列产品开发专有技术，在代表着全球医药产业发展方向的生物技术领域，公司搭建了一系列研发平台，并率先在国内申请国际领先的抗体毒素偶联物 ADC 药物（生物导弹）。截至目前，公司两个创新药艾瑞昔布和阿帕替尼上市。2016 年，公司引进日本 OncolysBioPharma 的溶瘤腺病毒产品在中国进行开发。公司大力推进"国际化"发展战略。积极参与国际竞争，顺应我国生物医药产业发展的新要求和国际产业演进的新趋势，以突破生命科学重大技术和满足民生需求为核心，不断提高产品质量，逐步缩短与国际先进水平的差距，培育高端品牌，开拓全球市场，推动企业发展的转型升级，努力打造外向型经济增长极。首先，在"量"的方面。一是以通过欧美认证到达国际先进水平的制剂出口为突破口，强化国产制剂的全球化销售；二是以海外市场具有重大市场潜力的产品为增长点，不断发掘新的增长空间。其次，在"质"的方面。一是加快推进海外认证，力争公司所有主力品种全部通过美国FDA 或欧盟认证，为海外市场开拓奠定坚实基础；二是有序推进海外临床，在国内研发的基础上，优选有潜力的产品到国外做临床。同时，以全球化的视野继续加强与跨国制药企业的交流合作，逐步在海外建立自己的销售队伍，为实现仿制药在全球的规模化销售奠定基础，为最终实现专利药全球化销售积累经验，努力使公司在新一轮的全球生物医药竞争格局中争得一席之地。

三、恒瑞医药科技创新国际化特点与启示

（一）用科技创新常态化带动科技创新国际化进程

恒瑞医药是国内最大的抗肿瘤药物研发生产企业江苏恒瑞医药股份有限公司，近两年将自己的产品线扩展到麻醉用药和手术用药的举措效果明显，恒瑞医药旗下多个抗肿瘤药物品种目前在国内排名第一，公司"整体表现好于行业"的增长趋势就得益于抗肿瘤药物和手术用药的高速增长。不过恒瑞医药更值得关注的不是产品线的扩张，而是向"创新型"医药企业的转变。而市场竞争趋于恶性、政策不明朗等情况下，恒瑞医药于 2008 年提出了"二次创业"的口号。"创业"的方向，一是进军价值 2 000 亿美元（IMS 数据）的国际仿制药市场，承接近年来向亚洲等低成本地区转移的仿制药外包业务；其二，比起仿制药国际化，对于企业整体更具重塑力的是新药研发，这也是恒瑞医药"二次创业"的根本目标，除了研发投入的增加，恒瑞医药对于研发的理解也在加强。恒锐医药 2005 年"开始做创新药"时，还未具体区分临床试验和临床前动物实验的研究方案，依赖的是医生而不是科学家。如今，恒瑞医药已经将新药研发细分为两个医学部门，分别负责新药研发和临床试验，"从市场大小的产品定位向临床价值定位转变"。关注研发的回报就是恒瑞医药的新药后续梯队品种丰富。销售额可望达到 4—5 亿元、主治类风湿性关节炎的国家一类新药艾瑞昔布有望在年内上市，卡曲沙星属喹诺酮类抗

生素则预计明年上半年上市,苹果酸法米替尼、分子靶向抗肿瘤药物甲磺酸阿帕替尼等 5 种新药分别处于 I 到 II 期临床。根据临床阶段每期在 1—2 年的时间跨度经验,未来数年内恒瑞医药将进入“创新常态化”的新药连续导入期。虽然受一包控费、招标降价等因素的影响,但 2015 年恒瑞医药积极应对挑战,抢抓发展机遇,大力推进实施科技创新国际化这一战略,经营业绩稳步增长。2015 年上半年实施产品海外销售收入 2.27 亿元,制剂出口成了公司新的利润增长点,国际化战略进一步落实。仿制药国际化方面,除了继续开发欧、美、日高端市场外,还拓展了加拿大、澳大利亚以及其他新兴市场,2015 年开展了多项产品的研发及申报工作。

（二）以技术优势带动多方优势推动国际化

恒瑞医药的自主创新发展,能够将其划分为三个不同的阶段:模仿创新阶段、协同创新阶段和逆向创新阶段。在 2001 年之前,恒瑞医药主要通过模仿创新路径来提高其自主创新能力,购买国外专利、仿制国外先进药企的重要产品等,然后利用价格战略和营销手段迅速抢占国内市场份额、提高销售收入,这一阶段属于模仿创新阶段。模仿创新最大优势在于通过引进技术的方式缩短了企业的技术创新周期,节约研发资金,能使企业在缺乏技术和资金的条件下快速积累知识资源、培养技术能力、提高企业的整体研发水平。另外,模仿创新的产品具有低风险、低成本、符合市场消费需求等竞争优势,所以通过模仿创新还可以为企业用低成本取得高收益,增加企业的资金积累。

2001 年,博士后科研工作站的设立以及与南京大学联合创新实验室的建成,标志着恒瑞医药在选择提高自主创新能力的途径时出现了向协同创新的转变。恒瑞医药开始以博士后科研工作站和国家级企业技术中心作为平台,逐渐加大对研发的投入,更加重视高层次的科研人才的引进,并且加强与国内外研究院所的合作,使得企业的研发水平不断提高。恒瑞医药还重视与发达国家的先进企业进行合作,先后与美国 Chrion 公司、瑞典 Medivir 公司携手开发新产品。除此之外,恒瑞医药还积极寻求政府的协同作用,积极申请国家、省、市各类科技计划项目,争取国家项目补贴和扶持基金以及获取财政优惠等,这一阶段属于协同创新阶段。在这一阶段,恒瑞医药通过积极争取项目资金、财政优惠等方式与政府进行协同创新,2014 年,企业从政府取得了近 7 000 万元的补助用于创新药的研发,这给恒瑞医药的自主创新带来机会和资金。在战略转型阶段,恒瑞医药通过与国内外技术中介、研究机构、高等院校合作和合资等方式协同创新,充分整合了高校、同行高端市场竞争者等多方面资源,增强企业动态学习能力,一直保持其科研能力的先进性。特别是自 2006 年在美国设立子公司以来,恒瑞医药充分利用美国先进医药技术和医药咨询公司推动其生产线的改进,同时在国内积极建立和完善研发体系,为公司吸引和培养了大量高层次技术和管理人才,促进了产学研相结合,进一步增强了企业持续科技创新能力,为企业的长期、可持续、稳定发展提供了良好的机会,也保证了企业的销售收入增长率一直维持在 20% 以上的水平。

2006 年,美国恒瑞的组建工作完成并投入运营以及企业开始走制剂国际化道路标志着企业创新路径转向逆向创新的路径。自 2007 年以来,恒瑞医药积极申报国内外专利,国内外专利获批数量连年增加,2010 年,恒瑞医药伊立替康注射液成功争取到美国

FDA(美国食品药品管理局)现场检查的机会,并在 2011 年通过美国 FDA 认证,意味着该注射液成功进入美国市场,可在美国上市销售。该注射剂是国内首个通过了美国 FDA 批准可在美国上市销售的"中国制造"的注射剂,是企业实施逆向创新战略中有着里程碑意义的事件。同年,恒瑞医药的抗肿瘤注射剂奥沙利铂接受欧盟检查验收,成为国内第一家接受欧盟无菌注射剂认证的企业;2012 年,注射剂奥沙利铂又成功获批在欧盟上市,标志着国产注射剂首次进入欧洲市场。随后又有数个产品在欧美市场获批进行销售,为恒瑞医药带来了巨大的利润,这是恒瑞医药的逆向创新阶段。恒瑞医药作为制药国际市场上的后发企业,通过这三个阶段提升自主创新能力,在国内外市场上立于不败之地。①

四、恒瑞医药科技创新国际化不足与建议

恒瑞医药在创新国际化的过程中,与国外企业合作较少,作为生物制药类企业,恒瑞医药应该充分利用跨国公司研发资源,加强技术交流与合作。加快恒瑞集团组建,积极与海外医药公司进行多层次、多形式的合作。这不仅能够降低技术引进和技术开发的成本,提高技术创新的动力,而且能在与其他生物制药公司合作中实现"强强联合",从而缩短技术学习的时间,获得"市场换技术"战略的成功。充分利用网络上的技术资源。目前恒瑞医药的全球研发网络正在逐步形成。企业在引进技术上不仅要从国别角度考虑转移技术的先进性和适用性,而且更应注意从跨国公司研发网络的角度来研究技术转移,分析网络技术转移的类型,认真对待和全面了解跨国公司全球研发网络。那些已经是网络环节的企业,应注意从网络上摄取网络的核心技术资源,发展壮大自己。那些不是网络环节内的企业应针对网络各种技术转移类型的缺点,采取最佳的方式,从网络的各个薄弱环节,以最低代价摄取资源。

---

① 刘畅,孙自愿.后发企业提高自主创新能力的路径研究———以恒瑞医药为例[J].科技管理研究,2016(23):151-179.

第十五章　天合光能股份有限公司
科技创新国际化发展研究

一、天合光能公司简介

　　天合光能股份有限公司(TSL)是全球知名的光伏组件、系统解决方案及服务供应商,总部设立在中国常州,三大海外总部分别设立在新加坡(亚太区总部)、瑞士(欧洲总部)和美国(美洲总部),主要从事晶体硅太阳能组件生产制造,大量生产多种类型的单晶和多晶光伏组件,产品输出功率从 45 W 到 310 W 不等。天合光能有限公司正式成立于 1997 年 12 月,1999 年 10 月,公司成功通过 ISO9002 认证,同年成立天合光能研发中心。2000 年 8 月,公司成功建成了中国首个太阳能光伏建筑,并与政府合作编写了首个《中国国家独立光伏系统技术标准》。2003 年中旬,天合光能在西藏安装 39 座太阳能发电站,成功完成首个系统安装项目。2006 年 12 月,天合光能在美国纽交所挂牌上市,成为国内在纽交所上市的第三家民营企业。2009 年 1 月,国家科技部在天合光能率先建设企业国家重点实验室,并将实验室命名为"光伏技术国家重点实验室",这是首次中国批准将国家实验室设立在商业企业中。2012 年,在美国全球太阳能生产商产品安全和社会责任评比机构 SVTC 公布的"2012 年太阳能绿色生产排行榜"中,天合光能荣登榜首。凭借自身的发展优势与国际投资者的大力支持,公司吸引了来自全球各地的众多人才。截止到 2013 年底,天合光能已拥有一支来自数十个国家、近 13 900 人的国际化人才队伍,确定了组件、系统和储能及光伏应用三大事业部,全年组件出货量 2 580 MW,完成工程 66 MW,待安排项目 448 MW,销售净额 17.75亿美元,业务遍及六大洲 25 个国家。通过与全世界的安装商、分销商、公用事业及项目开发商共同努力,天合光能不断在技术创新、产品质量、垂直整合以及倡导环境保护取得显著进展。[①]

　　天合光能是全球领先的光伏组件、系统解决方案及服务供应商。天合光能的 CEO创始人高纪凡在公司创立之初就对公司提出要求,产品质量要超过德国,公司管理要达到美国先进管理的水平。所以,天合光能从一开始就把高质量作为公司的核心竞争力,天合光能的这种对于技术创新、质量和公司稳健发展的追求,使其得到了来自全球合作伙伴的认可。作为中国最早的光伏系统集成商之一,天合光能本着"立足中国,走出国门"的国际化目标,不断拓展海外市场,已在世界各地拥有 20 多个分支机构,与全世界

---

　　① 宋涛,刘华辰,王赫楠. 光伏企业的绿色生存之道———江苏省天合光能有限公司调研报告[J]. 经济研究参考,2016(1):88 - 94.

的安装商、分销商、公用事业机构及项目开发商合作。公司生产的光伏组件等产品销往欧美、中国、亚太、中东、非洲等30多个国家和地区。在世界各地不断开设分支机构的同时,伴随全球环境下光伏行业发展的起伏以及人才工作观念的转变,天合光能需要在全球各地有效招募更多的优秀人才,并留住现有的精英。天合光能高级副总裁兼首席人力资源官邵阳表示:"天合光能作为全球光伏行业的领先者,自成立以来一直积极拓展全球业务,不断力争上游。规模不断扩大的同时,我们越来越紧迫地需要构建全球人才数据库,建立更加尽职且富有效率的员工团队。"

二、天合光能科技创新国际化表现和形成机制

(一)坚持科技创新联盟,汲取海外科技信息

与高校、科研机构和其他公司建立技术联盟,可以使双方实现创新资源互补,在较短的时间内进行快速的技术创新,尤其对于进行全球竞争的企业,建立技术联盟可以使企业在便利地获取自身不具备的资源的基础上,有效应对世界范围内技术的迅速变化,以快速的技术创新赢得全球竞争。与国外高校、科研机构以及国外公司间进行广泛合作,实施产、学、研一体化战略,是跨国公司实现技术创新国际化的主要形式之一。[①]

2015年9月7日,天合光能有限公司与美国IBM共同宣布,双方在人力资源管理方面达成深度合作。依托IBM智慧团队解决方案(Smarter Workforce Solution),天合光能已成功实施了全球人才招募和员工敬业度调研项目,快速、简便、灵活地实现了人才管理的全球流程部署,以更低成本完善人才搜索、人才招募、人才培养,实现企业绩效的提升。该项和IBM的合作将从多方面提高天合光能的整体人才资源战略。作为全球领先的光伏组件、系统解决方案及服务供应商天合光能在人才招募方面,拟通过建立标准流程,以有效管理众多分支机构与类型复杂的业务;建立全球数据集中管理系统,以有效管理招聘;打造统一的人才库,以进行人才信息积累与分析;提升招聘速度,以及改善候选者体验等。在留住人才方面,天合光能通过有效的沟通途径和专业化的调研分析及行业对标,获得来自不同国家和地区员工的心声,改善管理,实现"把人才选好,培育好,留住他们,持续提升企业核心竞争力"的人才战略,紧跟业务发展步伐,建立一个更加尽职并富有效率的员工团队。而以上种种都和IBM的理念不谋而合。天合光能2014年底开始实施全球人才招募解决方案IBM Kenexa Brass Ring on Cloud计划,在确保符合当地的政府法规与雇佣规范的前提下,天合光能实现了从人才搜索到人才入职的全程集中化管理,从而便于企业对全球人才招募进行全面的管理。随着企业规模的不断扩大,天合光能越来越紧迫地需要构建全球人才数据库、建立更加尽职且富有效率的员工团队。通过智慧团队解决方案,实现了标准化的全球招募流程,并通过专业的敬业度调研了解员工的真实想法。

此外,自2010年以来,天合光能一直和美国麻省理工学院签署了工业联盟协议,以

---

① 陈劲,景劲松.从ZT公司看中国企业的技术创新国际化之路[J].科学学与科学技术管理,2002(11):37-40.

加强和美国麻省理工学院等顶尖大学的合作。通过加入美国麻省理工学院的工业联盟组织,天合光能可以更有效地接触到美国麻省理工学院的各种技术创新体系和创新资源,并有可能和美国麻省理工学院的研究者一起,探索光伏前沿技术发展和突破的机会。这个合作可以进一步加强天合光能光伏科学与技术国家重点实验室(天合光能)和世界顶级研究机构的紧密合作。让高质量的太阳能电力在世界范围内得到更广泛应用,同时这也是天合光能和美国麻省理工学院的共同目标。工业联盟为天合光能提供了一个合作创新的良好平台。通过合作方的共同努力,天合光能和麻省理工学院可以建立互利共赢的合作关系。天合光能可以从美国麻省理工学院的卓越的专业能力和丰富的资源中获益。

(二)全球多研发中心,研发成果瞩目

设立海外研发机构是技术创新国际化最直接的表现形式。一般来讲,设立海外研发机构可以使企业获得以下几种优势:一是适应世界范围内不同顾客的特殊需求以及当地生产条件,实现技术的本地化,以支撑公司在东道国的生产企业,有效配置企业能力;二是建立情报信息窗口,跟踪和获取东道国及竞争对手的技术,从当地 R&D 的技术外溢中获利,作为专门技术的补充;三是接近知识中心,利用东道国的科技人才和研究环境,降低 R&D 成本,促进创新活动的产生和扩散,全面提高公司技术能力。① 在2015 年度,天合光能完成了一系列海外并购事项,2015 年 5 月与印度企业 Welspun 就当地建设 500 MW 电池和元件达成协议,同月天合光能科技(泰国)有限公司在泰国泰中罗勇工业园正式奠基开工,该工厂将包含 500 MW 组件和 700 MW 的电池片的产能;2015 年 7 月,天合光能宣布其马来西亚的合作企业已开始按计划供货 OEM(贴牌生产)组件。在马来西亚发展目标是建立 500 MW 的 OEM 产能。2016 年 2 月24 日,天合光能宣布其全资子公司天合光能荷兰已完成对荷兰光伏电池厂 SollandSolar 全部资产的收购。截至 2015 年,天合光能在世界各地拥有 20 多个分支机构,与全世界的安装商、分销商、公用事业机构及项目开发商合作,公司还在日本、德国、新加坡等设立了海外研发机构,公司平均每半年就打破一次光伏电池转换效率或组件输出功率的世界纪录,成为全球太阳能行业的创新引领者和标准制定者。这些子公司的并购和海外研发机构的设立,是天合光能公司全球扩张战略的组成部分,它们将推动天合光能有效加快创新国际化的步伐。收购的子公司和建立的研发机构,将会助力天合光能进一步有效利用全球资源,增强天合光能在海外市场,尤其是欧美市场的竞争力。

在如此大规模的海外研发投入下,天合光能也取得了丰厚的成果。天合光能承担的"国家 863 计划重大项目"通过科技部验收,自主研发的 Honey Plus 高效多晶光伏组件经权威第三方检测机构——中国国家太阳能光伏产品质量监督检验中心测试,光电转换效率高达 19.14%,这种高效的转换率创造了 p 型多晶硅组件效率新的世界纪录。

---

① 陈劲,景劲松. 从 ZT 公司看中国企业的技术创新国际化之路[J]. 科学学与科学技术理,2002(11):37-40.

这将进一步巩固天合光能在国际市场的领先地位。2015年1月,天合光能推出采用PERC技HoneyPlus(多晶)和HoneyMPlus(单晶)元件产品。在国外市场广受认可。2015年5月,天合光能在SNEC展会上推出双玻DUOMAX元件,Duomax双玻元件无铝边框和无聚合物材料的背板设计可防止PID效应,安装更便捷,该产品在墨西哥国际可再生能源会议上获创新奖。2015年7月,天合光能向云南某电站供货51 MW双玻DUOMAX组件,业主实现种茶与售电双丰收。2015年7月,天合光能两款多晶硅元件获UL1 500 V系统电压认证,与现有的1 000 V系统相比,初始成本约节省0.2元/Wp,系统效率约增加2%。2015年10月,天合光能推出了新型的储能、能管产品及Sunbox阳光宝盒和冠军太阳能赛车模型,其中阳光宝盒是集成元件、逆变器、并网柜等部件的并网型户用光伏系统。2017年7月5至6日,在南京举行的"中国江苏·大院大所合作对接会暨第六届产学研合作成果展示洽谈会"上,天合光能展出的太阳能赛车受到了国内外业界人士的关注。其中,作为光能产业的核心部分光能转换效率方面,2015年4月,P型多晶硅组件效率创新纪录达19.14%;2015年11月,156×156 mm^{2}大面积P型多晶硅太阳电池光电转换率创世界纪录达21.25%;2015年12月,156×156 mm^{2}大面积P型单晶硅太阳电池光电转换效率创世界纪录达22.13%。

天合光能通过广泛建立子公司和海外研发及古建立情报信息窗口,跟踪和获取东道国及竞争对手的技术;接近知识中心,从当地R&D的技术外溢中获利,作为专门技术的补充。因此,天合光能十分注重在那些尖端科技人才丰富、技术基础设施完善、技术创新活跃的地方以及国外技术卓越中心设立自己的海外研发机构。海外研发机构的任务主要是:招募世界一流人才加盟和利用当地的科研基础设施,扩大公司的创新资源;跟踪世界信息领域最新技术,获得全球性技术创新的技术。也正因为如此,天合光能才能成为全球太阳能领导品牌。

(三)即使抓住国内外机遇,市场驱动创新国际化

2015年3月,经国务院授权,国家发展改革委、外交部、商务部三部委联合发布了推动共建"一带一路"的愿景与行动,其中明确将促进沿线国家加强在新能源等新兴产业领域的深入合作。这给目前处境相对艰难的太阳能光伏行业指明了新的方向。作为全球领先的光伏组件、系统解决以及服务供应商,天合光能及时抓住了这一机遇。2012年,天合光能在新加坡成立了亚太、中东和非洲区域总部,管辖区域覆盖了泰国和马来西亚等具有潜力的太阳能新兴市场。经过几年的筹备和业务开拓,天合光能在这些新兴市场的发展不断壮大,有的已经形成了较好的业务模式。2015年5月,天合光能在泰国的工厂正式奠基开工。该项目总投资达1.6亿美元,将引进自动高效生产设备,运用先进的技术工艺,生产高效率电池及组件产品,形成年产能700 MW光伏电池和500 MW光伏组件的生产制造能力。在印度,印度总理莫迪重视发展印度光伏产业,提出了到2022年建设100 GW光伏电站的目标。在2015年2月举行的第一届印度可再生能源投资促进会上,莫迪邀请包括中国在内的全球光伏企业到印度投资发展。3个月之后,在莫迪的见证下,天合光能与印度Welspun公司签署了合作谅解备忘录,双方合作拟在印度建设1GW电池、1 GW组件制造基地,以及利用天合在光伏行业的影响力,吸引产业链的上下游企业投资,形成规模化的光伏产业园。印度将成为全球光伏规模最大的市场之一。同年天合光能与印度安德拉邦签订了关于建设光伏电站的投资意向书,准备 5 年内在印度投资 10—12 亿美元分批建设 1 GW 的光伏电站。而在 2015 年 3 月,天合光能与印度可再生能源开发商 ACME 签署了 48 兆瓦的组件供应合同。根据组件供应合同,天合光能将提供 18.8 万件型号为 TSM-PC05A Honey 的组件。这批组件将用于 ACME 在印度两个地面太阳能光伏电站项目。印度光伏应用市场 2015 年增速明显,天合光能凭借高效和高品质的组件产品在这一轮增长中获得增长。此外,天合光能的产品远销欧洲多个国家(如德国、西班牙、意大利、荷兰、法国和比利时)这些国家的政府实行的激励措施大大地加快了太阳能发电产品的应用。与此同时,天合光能还将目光投向法国、美国、韩国、印度、澳大利亚、中国和蒙古国等新兴光伏市场。天合光能销售渠道多样,包括全球的经销商、批发商和光伏系统集成商等等。

这一种市场驱动的创新国际化,对市场需求的准确把握是企业进行国际化创新与商业组织模式创新等活动的有效前提。近年来,随着竞争的加剧以及市场的进一步开放,企业从事研发活动的积极性大增。开放的市场、饱和的国内需求为企业带来竞争压力的同时,也促使企业选择在海外设立研发机构等形式,来获取先进技术以及参与各种形式科技合作的渠道。全球经济的信息化发展,促使企业"走出去",在国际领先技术的前沿阵地设立信息窗口,根据市场需求汲取先进技术知识,同时,掌握最新技术发展前沿,提高开发技术的效率。[①] 天合光能选择与一带一路上发展中国家的合作,靠近市场,获取第一手的市场竞争动态,针对市场的需求进行研发活动,在国际领先的前沿阵地设立信息窗口,根据市场的需求,获取最适合光能产业发展的先进的技术之势,掌握最新技术发展,提高开发技术的效率。

三、天合光能科技创新国际化的特点与启示

(一) 加强科研合作,坚持全球范围内科研创新和产学研合作

产学研合作是企业获取外部创新资源的重要途径,其对于扩展企业技术领域、缩短产品研发周期、分担研发费用和分散研发风险等具有重要的意义。与企业独立创新相比,产学研合作是企业与高校、科研院所按照"利益共享、风险共担、优势互补、共同发展"的原则共同开展的技术创新活动[②]。在产学研合作模式下,对于学校,产学结合人才培养模式已成为国际职教界公认的应用型人才培养的途径,许多国家根据自身情况采取了不同的实施方针与措施,是一种以市场和社会需求为导向的运行机制,是以培养学生的综合素质和实际能力为重点。对于企业,产学结合提供了从业人员素质,减轻了企业改革创新的成本,增加了发展的资本和潜力。而科技创新国际化,离不开全球范围

---

① 乔章凤.企业创新国际化模式研究[J].国际经济合作,2015(11):70－73.

② 李栋华,顾晓敏,任爱莲.知识来源与企业创新:基于 DEA 的研究[J].科研管理,2010,31(2):42－28.

内的产学研合作。目前我国研发体制和国外有很大不同。国外的研发一般是大型企业负责研发工作,一些基础研究工作由大学和科研机构承担,这样有利于企业的创新目标明确化;而在我国,一些大学和研究院所承担新产品的主体研发工作,这样使得我国制造行业存在研发脱离市场需求的问题。而天合光能的创新体系已经趋于完善,所以在此情况下可以按照市场需求情况积极定位自身的研究方向,利用本企业内部的研究中心开展主体研发工作,再通过与国内外大学和科研机构的协同创新,让其从事基础研究工作,这样能够保证企业实际研究能力与整体的基础研究能力不脱节,提高企业的研发速度和效率。另外,天合光能每年都要参加国内外一些大型的学术活动,积极参与学术知识的交流与分享。通过参加学术活动既有利于通过媒体的传播使广大群众加强对天合光能的品牌认知,从而促进其销售,也有利于吸引相关领域的专业性人才来企业工作,更重要的是,可以通过这些学术活动获得与先进企业的交流机会,使企业的发展紧跟国际相关主流领域的先进科技,获取知识与技术上的积累。天合光能要继续坚持自主创新路径,推进国际化的发展战略。同时,天合光能还应该加强与国际机构的进一步合作,增加企业符合国际标准的生产基地的数量和企业产品数量,为企业的全球化销售奠定生产基础。

(二)坚持人才战略,打造云平台支持企业创新国际化

为了在诡谲的国际形势中立于不败之地,天合光能构建了全球人才数据,建立更加尽职且富有效率的员工团队。使用云平台可以直接对接全球最佳实践,因为使用了IBM 的 Brass Ring,这一基于全球众多领先企业的经验而来,流程里面已经包括了很多全球最佳实践的系统,这是天合光能本地化团队跟全球最佳实践对接的一个非常有效的途径。同时,它还可以根据天合光能的业务模式,根据全球不同区域的需要进行定制和扩展。自 2014 年底开始实施全球人才招募解决方案 IBM Kenexa Brass Ring on Cloud 后,天合光能实现了从人才搜索到人才入职的全程集中化管理,从而便于企业对全球人才招募进行全面的管理。同时,招聘流程有所优化,招聘审批流程加快了 40%,招聘周期有效缩短,近 600 新增岗位基本全部进入平台进行招聘管理,人才库资料大幅增加。与此同时,人才选拔的质量也稳步提高,促进天合光能形成统一的雇主品牌,以吸引更多的优秀人才。可视化的招聘体系视图让有多少职位空缺、正在招聘的职位进行情况、审批环节进行到哪个环节等全都一目了然。在高效能的云平台系统之下,天合光能能够更好地招聘东道国高端科技人才,为企业的科技创新国际化提供持续不断的推动力,建立能留住高端人才的企业文化与企业氛围,推动天合光能科技创新国际化的持续发展。

(三)建立自己的研发体系,坚持持续创新

从全球技术的依靠者到全球标准的制定者,天合光能创新之路步履坚定,面对日新月异的市场形势保持坦然淡定。天合光能作为常州唯一的国家级重点实验室,也是世界权威安全试验鉴定独立机构——美国保险商实验室授权的全球首家光伏行业免目击实验室,实验室总计可以提供各类测试分析达 175 项。天合光能将把更多更好的材料、技术引入量产,只有不断提升产品附加值和竞争力,才能保持行业优势。而天合光能一次次实现自我的突破,打破世界纪录,使得光能转化效率大大提升。

　　技术创新是企业发展的永恒主题,持续的技术创新能力是企业可持续发展的原动力。天合光能坚持自主知识产权研发,较好地解决了企业在技术创新过程中的关键性问题,顺利实现了确立"自主核心技术、成果孵化、持续创新规模经营"的技术创新之路。天合光能的技术创新的核心主要是解决光能转化的问题,通过在世界各地建立研究机构,与全球各大高校合作,参与国际计划等方式,利用国外先进技术,将国际最新技术与公司开发融为一体,以增强公司产品的扩充与升级能力,维持着世界先进水平。其次,为了保持科研创新,公司给予了资金的保障,每年投入大量的资金用于研发,才能保证公司成为持续不断的光能转换率世界纪录打破者。独立自主的创新主体,层次分明、科学规范的创新体系,加之外部力量的有效支撑,天合光能数年来在科技创新领域成果斐然、硕果累累,这也不断推动着天合光能的科技创新国际化进程。

四、天合光能科技创新国际化不足与建议

　　天合光能在电能产业占据国际领先位置,多次打破光能转化率的世界纪录,并在世界多地区设立研发机构、建立科技创新联盟。将来,天合光能应该在保持科技创新能力的基础上进一步提升科技创新国际化的软实力。首先,天合光能可以变革组织结构,达成更为高效率的沟通方式。在企业初始阶段,集权的等级结构在实施、利用和积累知识方面比较有效,而团队任务型结构则在激发新知识方面较为有效。然而,为了避免小道消息的传播给企业带来负面的影响,组织结构不宜层次过多、太复杂,应尽可能扁平化,以追求等级制的效率和团队任务制的灵活,让上下级能直接沟通成为一种惯例。企业的各类规章制度的制定和实施尽可能公开,增加透明度,激发企业组织各层各类人员的参与积极性,提高民主度。尽可能对准备晋升的管理者进行公示,尽量听取各方面的意见。这样才能更进一步发挥企业的创新活力,提升企业科技创新国际化水平。其次,在品牌国际化方面,天合光能仍有不足。为此,天合光能应将其品牌形象逐渐向着中高端至高端进行定位。通过加强研发能力,不断增强产品的技术含量,生产出更多在全球市场技术领先的产品,同时实行严格的质量控制以及售后服务保障,让全球市场认可天合光能的高质量。在发达国家市场要积极推出节能、可持续的产品,来塑造天合光能绿色环保的形象,更易避开同质产品在该市场上激烈竞争,进入高端市场。天合光能在品牌的国际市场推广上,应大力推出多种方式来塑造其形象,提高国际知名度,应有一套完整的品牌国际化宣传方案。

第十六章　江苏长电科技股份有限公司
科技创新国际化发展研究

一、江苏长电科技股份有限公司简介

江苏长电科技股份有限公司是中国著名的分立器件制造商,集成电路封装生产基地,中国电子百强企业之一,国家重点高新技术企业和中国自主创新能力行业十强企业中的榜首。中高级技术员工占员工总数40％。公司于2003年6月在上交所A板成功上市。公司已形成年产分立器件250亿只;集成电路75亿块的能力;4-5″分立器件芯片100万片的能力。根据Gartner2010年2月公布的《2009年全球半导体封装测试企业收入排行榜》名单中,江苏长电科技股份有限公司以3.42亿美元的年营业收入排名跃升全球第8位,显示中国内地封测企业在全球封测行业的地位得到提升。长电科技的企业愿景为形成半导体分立器件的芯片制造和封装测试、设计、集成电路封装测试、芯片凸块制造和记忆卡等产品的完整产业链。主营业务将增长4倍到5倍,将长电科技打造成一个具有自主知识产权,拥有核心技术,在规模和技术上领先于国内同行的、世界级的半导体封装测试知名企业。

公司的主营业务为集成电路、分立器件的封装与测试以及分立器件的芯片设计、制造;为海内外客户提供涵盖封装设计、焊锡凸块、针探、组装、测试、配送等一整套半导体封装测试解决方案。目前,公司产品主要有DIP/SDIP、SOT、SOP、SSOP、TSSOP、QFN/DFN、BGA/LGA、FCBGA/LGA、SiP、WLCSP、TSV、Copper Pillar Bumping、3D封装、MEMS、eWLB、POP、PiP等多个系列。产品主要应用于计算机、网络通信、消费电子及智能移动终端、工业自动化控制、电源管理、汽车电子等电子整机和智能化领域。

作为电子行业的领头企业,长电科技有如下的核心竞争优势:首先,公司行业地位突出,具有优质的客户资源。长电科技收购星科金朋后,企业规模扩大,行业排名从第六跃升为第四。全球市场占有率从3.9％提升到10％。业务覆盖国际、国内全部高端客户,包括高通、博通、SanDisk、Marvell等。星科金朋欧美客户占比达到年营业收入的79％,长电与国内高端客户海思、展讯、锐迪科合作,均成为其国内第一供应商。未来移动设备快速增长将相应带动公司产品销量增长。通过收购后的业务整合必将进一步体现明显的协同效应。第二,公司的先进封装规模化量产能力行业领先。长电科技有多年累积的先进封装技术,再加上星科金朋拥有的行业领先的高端封装技术能力(如eWLB、TSV、3D封装、SiP、PiP、PoP等),能够为国际顶级客户和高端客户提供下世代领先的封装服务。其中,长电科技WLCSP、BUMP、星科金朋的晶圆级扇出封装("eWLCSP")技术,是半导体行业增长最快的细分市场之一,能够在同一生产线无缝加

工多种规格硅片,为晶圆级封装带来前所未有的灵活性和高性价比的封测服务。星科金朋拥有的系统集成封装(SiP)技术,是新一代移动智能终端电路封测的主流技术,将成为公司未来几年业务高增长的引擎。第三,长电科技有持续的研发能力及丰富的专利。公司拥有"高密度集成电路封测国家工程实验室"、"博士后科研工作站"、"国家级企业技术中心"等研发平台。公司收购星科金朋后,拥有获授权专利 3 390 件,发明专利达到 430 件,关键核心专利在 300 件左右,几乎覆盖中高端封测领域。其中,晶圆级扇出、铜柱凸块、MIS 等核心专利已经和正在成为国际封测业的主流技术。倒装芯片、嵌入式(EWLB)技术和系统集成(SiP)封测领域处于行业领先地位。第四,长电科技战略布局合理,产业链合作优势凸显。在长电科技收购星科金朋后,产能覆盖了高中低各种集成电路封测范围,涉足各种半导体产品终端市场应用领域,战略布局合理。星科金朋上海厂迁至江阴,2017 年全部完成,将与长电先进、中芯长电中道封测组建成芯片凸块到 FC 倒装的强大的一站式服务能力。公司在滁州、宿迁建立了两个低成本的生产基地,将部分传统的集成电路和分立器件生产线移到该生产基地,加以必要的技术改造,恢复了传统产品的盈利能力,并成为新的盈利增长点。

二、长电科技股份有限公司科技创新国际化表现与形成机制

长电科技联合国家集成电路产业投资基金股份有限公司、芯电半导体(上海)有限公司斥资 7.8 亿美元(约合人民币 48.34 亿元)收购设立在新加坡并在新加坡证券交易所上市的星科金朋。此次海外并购事件被称为塑封行业的"蛇吞象"事件。对于此次大型并购事件,有以下几点原因:

(一)国家资金支持

为了促成这次收购,长电科技专门成立了长电新科,长电新科以本次收购为目的成立了长电新朋。在长电新科层面,长电科技、产业基金和芯电半导体分别出资 2.6 亿美元等额人民币、1.5 亿美元等额人民币、1 亿美元等额人民币;在长电新朋层面,长电新科、产业基金分别出资 5.1 亿美元等额人民币、0.1 亿美元等额人民币。此外,产业基金还将向长电新朋提供股东贷款 1.4 亿美元等额人民币,该部分股东贷款可根据约定进行转股,也就是说,长电科技只花 2.6 亿美元就达成了一场 7.8 亿美元的海外收购,这是一场典型的杠杆收购。尤为引人注意的是,这不仅是长电科技联合国家集成电路产业投资基金股份有限公司成立以来首次落地项目,更是首次扶持民营企业进行海外收购的项目。长电科技能够完成此次收购,离不开国家的扶持。

(二)海外并购可大大提升长电地位

从近几年封测外包行业的市场份额排名来看,全球芯片封装测试市场的竞争格局已经基本形成,行业龙头的企业占据了主要的市场份额,其中包括台湾日月光(ASE)、美国安靠(Amkor)、台湾矽品(SPIL)、星科金朋、台湾力成(Powertech)和长电科技等。星科金朋主要从事半导体芯片委外封装及测试业务,拥有 4 个制造测试中心和两个研发中心,同时在美国、韩国、日本、中国上海、中国台湾、新加坡和马来西亚拥有研发销售团队。在这一次收购中,星科金鹏的经营机制存在一些问题,比如反应机制太慢、经营

能力不足等。虽然已经连续亏损,但长电科技较为着重于星科金朋的技术和市场,可以给企业未来的发展和创新国际化进程提供助力,此外,如果收购一家盈利的公司,要花很大的代价,但长电科技采用杠杆的方式,只花了2.6亿美元就达成了一场7.8亿美元的海外收购。在收购之前,封测行业前十大封测外包企业近三年市场占有率如表16-1所示。合并之后,由于星科金朋业务遍及东南亚、韩国、中国等地,要约收购完成后,长电科技需要对星科金朋进行涵盖管理、产品销售、采购、人力资源等全方位的整合工作。整合之后,星科金鹏一跃成为测封行业第三,带来大量市场和创新资源。

表 16 - 1 封测行业前十大封测外包企业近三年市场占有率表

排名	公司	地区	2013年市场占有率	2014年市场占有率	2015年市场占有率
1	日月光(ASE)	中国台湾	19%	27%	19%
2	安靠(Amkor)	美国	12%	10%	11%
3	矽品(SPIL)	中国台湾	9%	9%	10%
4	星科金朋(STATS ChipPAC)	新加坡	6%	6%	5%
5	力成科技(Powertech)	中国台湾	5%	4%	5%
6	长电科技	中国大陆	3%	3%	4%
7	J-Devices2	日本	3%	3%	3%
8	联合科技(UTAC)	新加坡	3%	3%	3%
9	南茂科技(ChipMOS)	中国台湾	3%	2%	2%
10	欣邦科技(Chipbond)	中国台湾	2%	2%	2%

(三)海外并购大幅度提升长电科技创新国际化能力

对外直接投资的逆向技术溢出效应会对母国技术创新产生影响。对外投资带来的技术溢出效应,包括模仿效应、竞争效应、人力资本效应、产业联系效应等,会对东道国的技术创新产生积极的影响。同时,也会产生逆向技术溢出效应,包括逆模仿效应、挤出效应、逆向人力资本流动效应、逆产业联系效应等。也就是说,新兴经济体在进行活动时,亦会影响母国的技术创新,并且由于发达国家在进行对外投资时主观上并不想扩散自己的先进技术,而是在尽力防止自己的垄断技术对外扩散,东道国难以从发达国家的直接投资中获得技术溢出,因此,对母国技术创新的影响作用可能会比对新兴经济体的技术提升作用更为显著。此时,当新兴经济体无法通过吸收来自发达国家直接投资的方式达到技术提升的目的时,就成了一种获取技术溢出的更好方式。

其次,创新集群理论认为能够帮助企业植入外部创新网络,从中获得先进的、隐性的且复杂的技术知识。创新网络一般由竞争者、供应商、客户、大学等科研机构构成,不易被直接复制,具有地域限制的典型特征,而根植于创新网络的技术知识具有隐性和高复杂性,包含多种不同能力,难以编码表达,并且高度依赖经验丰富的技术人员,相应的知识溢出亦存在边界,只有植入知识网络才可以真正获得所需的技术知识,就能在某种程度上解决这一问题,它缩短了企业与优质技术资源的距离,有助于企业植入技术知识网络。通过收购,长电的研发创新能力以及所拥有的 2 000 多项专利组合,均达到国际领先水平,特别是在半导体封测行业未来发展的两大主流方向,即晶圆级封装和模组封装领域,技术实力已经超过国际同行;客户资源也有了质的飞跃,不但获得了包括全球前 20 名大半导体公司在内的一大批国际一线客户,而且知名度的提升进一步巩固了长电和国内高端客户的关系,拓展了合作的空间。合并后的长电,拥有位于中国、新加坡、韩国、美国的 7 处生产基地和 6 个研发中心,实现了研发、生产和销售网络覆盖全球市场的重要战略目标。表 16 - 2 显示的是长电科技的子公司,占子公司总数 50% 的海外子公司,从海外的销售、研发和生产等诸多方面为长电科技的创新国际化助力添光。

对于未来的经营目标,长电科技要求"全面赶上,局部超越"。全面赶上,即在质量、技术、成本、交期、客户服务和信息化管理等方面全面赶上国际一流水平;局部超越,就是力争有两到三项有自主知识产权的先进封装技术超越主要竞争对手。产品发展战略:重点发展高端封装,加快发展特色封装,适度发展传统封装重点投资:系统集成封装 SiP,晶圆级封装 EWLB、WLCSP、BUMP,射频封装 LGA,倒装 FCBGA、FCOL 等高端产品项目;加快发展 MIS 特色封装,加快技术推广和客户导入;发挥滁州、宿迁低成本生产基地作用,保持传统产品的竞争力;全球资源整合战略:优化各地区产能配置,形成各经营实体差异化竞争力能力;建立多个责权利相结合的利润中心;交叉销售整合客户资源,提高星科金朋产能利用率;集中采购降本节支;平稳迁移上海厂,在江阴形成中道至后道一站式服务的经营模式。在 2020 年之前把长电科技建成一个管理规范、客户满意、技术领先、业绩优良的国际一流的封测企业。

表 16 - 2 长电集团附属子公司表①

子公司名称	主要经营地	业务性质	持股比例（%）
江阴长电先进封装有限公司	江阴市	生产、销售、研发	93.111
江阴新顺微电子有限公司	江阴市	生产、销售	75
长电国际(香港)贸易投资有限公司	中国香港	销售	100
江阴芯长电子材料有限公司	江阴市	销售	100
长电科技(宿迁)有限公司	宿迁市	生产、销售、研发	100
长电科技(滁州)有限公司	滁州市	生产、销售	100
江阴新晟电子有限公司	江阴市	生产、销售、研发	70
长电科技(香港)有限公司	中国香港	销售、研发	—
苏州长电新科投资有限公司	苏州市	实业投资	50.98
苏州长电新朋投资有限公司	苏州市	实业投资	—

① 表 16 - 2 数据来源于长电集团 2015 年度财务报告。

(续表)

子公司名称	主要经营地	业务性质	持股比例（%）
JCET-SC(Singapore)PTE. LTD.	新加坡	投资控股	—
JCET Stats ChipPac Korea Ltd.	韩国	生产、销售、研发	100
星科金朋新加坡	新加坡	生产、销售、研发	—
STATS ChipPAC (Barbados) Ltd	巴巴多斯	投资控股	—
STATS ChipPAC (BVI)	英属维尔京群岛	销售	—
STATS ChipPAC Korea Co. Ltd	韩国	生产、销售、研发	100
星科金朋江阴	江阴市	生产、销售、研发	100
STATS ChipPAC, Inc.	美国	销售	100
STATS ChipPAC (Thailand) Ltd	泰国	生产、销售、研发	100
STATS ChipPAC Services (Thailand) Limited	泰国	交易和投资	100
STATS ChipPAC Malaysia Sdn. Bhd.	马来西亚	生产、销售、研发	100
深圳长电科技有限公司	深圳市	销售	80.67
江阴新基电子设备有限公司	江阴市	生产、销售、研发	74.78

三、长电科技股份有限公司科技创新国际化特点和启示

(一) 创新与海外并购并举

长电科技股份有限公司初创时，与国内其他同行产品一样，由于产品入门的门槛偏低，产品层次也相对较低。在 2002 年 SARS 危机时，由于产品价格快速下降和竞争者的不断入局，造成了行业的乱战。彼时长电一度降价 1.7 亿元，仍没有将竞争对手扼杀。在遭遇重创之后，长电才开始意识到，靠规模扩张和降价来赢得竞争优势，不是企业的最终出路，只有创新才能给予企业未来。也是因为此次巨大的打击，长电科技开始探索"规模＋技术＋品牌"的扩张之路。2003 年起，长电科技通过上市融资募集资金 3 亿多元，不断研发新产品项目。此后，长电以微型片式化集成电路、分立器件再次称雄国内同行，而自主发明的集成电路 FBP 封装更是在国内外同行之中傲视群雄。2005 年，由于广东爆发"民工荒"，原先纯粹依靠人工的手插式集成电路产品遭遇滑铁卢，业内同行损失惨重。而此时整机厂纷纷采用贴片自动化生产缓解手工作坊招工难的机遇，长电科技的片式器件很快供不应求。从 2005 年起至 2007 年，长电每年以 50％ 左右的增幅高速成长，很快就奠定了行业领先优势。

然而，技术创新也并非一帆风顺，创新成果产业化的操作难度大，科研的转化率低，技术、市场、资金的各种成功要素都不可或缺。由于科技创新国际化可以在全球范围内进行创新资源的配置，将研发创新活动扩展到海外，去世界各国寻找技术卓越中心，而全球宽松的商业环境又可以加速技术的研发。此外，靠近扩大东道国市场份额的同时也能接近国际消费者，吸收互补知识以及补充生产资料，使其产品本土化，进而促进经营的多元化。长电科技选择了以创新和并购的方式将企业创新融入国外市场。在

2003年,长电科技与新加坡APS公司共同投资建立长电先进封装有限公司,凭借IC凸块专利技术,成为国内第一家、国际第四家掌握该核心技术的企业。彼时,该技术在国际上刚刚开始流行,而国内市场还在培育,这样,长电科技抢占了研发的先点,到2008年,智能移动终端兴起,IC凸块技术也广为流传。长电通过不断加大对先进技术的投资,其芯片产品被越来越多地用于电子产品,目前在世界领先电子产品,例如苹果手机内的长电产集成电路已达11颗。而企业每年的利润也达到了2—3亿元。

如果说创新使企业成为国内芯片封装行业的龙头老大,那么以并购为基础的创新国际化使长电科技在国际市场上遥遥领先。由于先前日本、韩国、台湾地区这些集成电路制造巨头形成了"第一岛链",将长电进军全球高端供应链的前路死死挡住,同时也阻隔了长电获取高端技术和客户资源的路径。为了跻身全球产业第一梯队,长电科技需要更加先进的技术能力和国际高端客户。2013年,淡马锡要出售星科金朋,而星科金朋当时在全球封测行业排名第四,拥有最先进的技术、市场、国际化管理经验和人才,其客户、技术与长电重叠得非常少,互补性达到95%以上。长电当时在全球封测行业排名第六。通过杠杆撬动,长电科技仅出资2.6亿美元自有资金,就拿下全球第四大芯片封测厂商星科金朋半数股权,从而打造出新的行业巨头。这也成为国家集成电路产业投资基金成立以来,对民企海外并购投资的第一单。而完成收购后,长电的研发创新能力以及所拥有的2 000多项专利组合,均达到国际领先水平,特别是在半导体封测行业未来发展的两大主流方向,即晶圆级封装和模组封装领域,技术实力已经超过国际同行;客户资源也有了质的飞跃,不但获得了包括全球前20名大半导体公司在内的一大批国际一线客户,而且知名度的提升进一步巩固了长电和国内高端客户的关系,拓展了合作的空间。合并后的长电,拥有位于中国、新加坡、韩国、美国的7处生产基地和6个研发中心,实现了研发、生产和销售网络覆盖全球市场的重要战略目标。眼下,长电正在建设一系列重点重大项目,包括中芯长电中道封装项目、星科金朋江阴厂项目、长电先进二期封测项目、长电本部技改扩能项目、新顺微电子6寸晶圆厂项目等。这些项目建成投产后,长电将成为名副其实的半导体封测的龙头企业。

（二）坚持科技创新,争取国际产业链的渗透

长电科技2014年与中芯国际合资建立公司从事12英寸凸块加工及配套测试服务,合资公司注册资本拟定为5 000万美元,其中,长电科技出资2 450万美元,占比49%,中芯国际出资2 550万美元,占比51%。其中,凸块是先进的半导体制造前段工艺优良率测试所必需的,也是未来三维晶圆级封装技术的基础。随着移动互联网市场规模的不断扩大,以及40纳米及28纳米等先进IC制造工艺的大量采用,终端芯片对凸块加工的需求急剧增长。此外,长电科技拟出资2亿元在上述合资公司附近配套设立先进后段倒装封装测试的全资子公司,与中芯国际一起为国际国内一流的客户提供从芯片制造、中段封装、到后段倒装封装测试的产业链全流程一站式服务。长电科技的这一举动,是为了尽快进入国际、国内一流客户的供应链,增强公司市场竞争力,推动和发展中国大陆12英寸凸块制造及倒装封装高端业务的发展,打造集成电路制造的本土产业链。长电科技为中国内地第一半导体封装测试企业,中芯国际是世界领先的集成电路晶圆代工企业之一,也是中国内地规模最大、技术最先进的集成电路晶圆代工企业。中芯国际向全球客户提供0.35微米到40纳米晶圆代工与技术服务,并开始提供28纳米先进工艺制程。这一次的合作建立凸块加工及就近配套的具有倒装(Flip-Chip)等先进封装工艺的生产线,再结合中芯国际的前段28纳米先进工艺,将形成国内首条完整的12英寸本土半导体制造产业链。"芯片"被誉为手机、电脑、汽车、家用电器等产品的"大脑",其制程大致主要可分为前段、中段和后段,即上游、中游、下游。而作为我国芯片制造商的领先企业,此次的联合将充分利用各自的优势,缩短流程,提高声场效率。此前,国内芯片制造的各个环节较为割裂,并没有一条相对完整的产业链。但随着移动互联网浪潮的到来,移动芯片的更新换代加速,产业结构面临升级。"产业链渗透力"成为下一步发展的主要探讨话题,而此次合作,将缩短芯片从前段到中段及后段工艺之间的运输周期,并有效地控制中间环节的成本,更重要的是贴近国内移动终端市场,极大地缩短市场反应时间,更好地为快速更新换代的移动芯片设计业服务。在这种国际的强强联合之下,企业可以缩减创新生产成本,进入产业链的更高层次,降低研发—生产—销售整个一体化过程的成本,进而获得更高的利润。此外,由于向产业链的核心前段位移,也促进了企业的利润的升级与改造。

四、长电科技创新国际化不足与建议

长电科技通过海外并购的方式获得巨大收益,但自主创新能力仍有所欠缺。因此,首先,长电科技要建立技术开发和技术服务的机构,建立可以为自身进行信息咨询、决策判断的服务机构。建立健全合资企业的技术开发机构,要求即使是外方的企业也应该有中方技术人员的参与,通过激励机制的健全,促进中方技术人员对技术的吸收、消化和创新。防止在利用外资促进技术进步的同时,反被外资利用。

其次,长电科技要增加研发投入,可以采取多种形式的合作研发提升创新效率,如加强本国企业与本国高等院校和科研院所、本国企业之间、本国与外国企业和研发机构之间跨国公司研发国际化与我国对策的合作研究。通过各种渠道解决资金、人才的缺陷。

最后,长电科技应加强与跨国公司的合作研发来获得技术。长电科技应该充分利用跨国公司研发资源,加强技术交流与合作。加快企业集团组建,积极与海外跨国公司进行多层次、多形式的合作。企业应积极通过资本市场进行有益的企业兼并,增强技术实力和资金实力,形成跨行业、跨地区、跨所有制的企业集团。这不仅能够降低技术引进和技术开发的成本,提高技术创新的动力,而且能在与跨国公司合作中实现"强强联合",从而缩短技术学习的时间,获得"市场换技术"战略的成功。充分利用网络上的技术资源。目前,跨国公司的全球研发网络正在逐步形成。企业在引进技术上不仅要从国别角度考虑转移技术的先进性和适用性,更应注意从跨国公司研发网络的角度来研究技术转移,分析网络技术转移的类型,认真对待和全面了解跨国公司全球研发网络。那些已经是网络环节的企业,应注意从网络上摄取网络的核心技术资源,发展壮大自己。那些不是网络环节内的企业,应针对网络各种技术转移类型的缺点,采取最佳的方式,从网络的各个薄弱环节,以最低代价摄取资源。

第十七章　亨通集团有限公司
科技创新国际化发展研究

一、亨通集团有限公司简介

亨通集团是我国线缆行业的大型民营企业集团之一,其产品几乎覆盖了线缆行业各个大类,主要产品在市场中均占有相当的市场份额。亨通集团成立以来,历经多年调整发展,从一个年产值几百万元的乡镇小型企业发展成为国家级大型企业集团,是中国经济蓬勃发展的一个缩影。

亨通集团是服务于光纤光网、电力电网、金融和大数据互联网、文旅地产等领域的国家创新型企业,拥有全资及控股公司60家(其中上市公司3家),在全国10省市和海外6个国家设立研发产业基地,是中国光纤光网、电力电网领域规模最大的系统集成商与网络服务商,跻身中国企业500强、中国民企100强、全球光纤通信行业前三强。经过16年的发展,亨通集团现已成为以线缆研发制造为主,集房地产、金融证券、热电能源等产业于一体的综合型企业,现有全资及控股公司16家,其中两家为上市公司。"亨通光电"为中国驰名商标、中国名牌和国家免检产品。此外,亨通一贯致力于企业社会责任的履行,公司积极投身于地方修桥、铺路、捐资助学、扶贫帮困和残疾人事业,为遭受雪灾、水灾等自然灾害地区出资捐款重建。集团已连续多年被地方政府评为"十大纳税大户"及"十大慈善企业"。亨通集团成立多年以来,积极践行循环发展、绿色发展、低碳发展理念,创建生态文明、绿色花园式工厂,获评首批中国能效之星—五星级能效工业企业,被工信部授予"中国通信产业绿色节能创新奖",系列产品被评为"国家绿色环保产品",并荣膺"全球人居环境绿色技术(产品)范例"大奖。秉承"得诸社会、还诸社会"的责任理念,亨通成立国家民政部主管的非公募慈善基金会——亨通慈善基金会,积极参与光彩慈善公益事业,践行精准慈善、终身慈善的宗旨,多次荣膺中国十大慈善家、中华慈善奖、江苏慈善奖等殊荣。亨通人以"打造世界知名品牌,成就国际优秀企业"为使命。志存高远、锐意进取,未来的亨通将是"高科技的亨通、信息化的亨通和国际化的亨通"。

除了庞大的规模和良好的社会公众形象,亨通集团在光纤通信、智能光网、海洋通信与电力工程等领域拥有全球核心技术及自主知识产权,产品与系统解决方案全面应用各领域。公司有一个国家级企业技术中心、一个国家级博士后科研工作站、三个院士工作站、三个重点实验室、四个省部级工程技术研究中心。此外,在2015年,亨通集团明确提出在工业4.0时代,亨通集团明确提出要从"制造"到"智造"的转变。公司现集中于智能化工厂建设,首先是工厂智能化:能用机器人的不用工人,能用机械手的不用人手;第二是管理平台化:办公自动化、流程无纸化、信息集成化和平台移动化;第三是生产精益化:要从事低成本,快速度,大产出,优质量的生产;第四是高端应用领域:为了使企业在激烈的竞争中立于不败之地,企业需坚持大数据、物联网、智慧城市和智慧社区、航空航天、国防军工、宽带中国、高铁地铁、特高压及智能电网、新能源与海洋工程等领域。

二、亨通集团科技创新国际化表现和形成机制

(一) 紧抓时代政策形式,根据自身情况制定创新国际化战略

从当前到 2020 年,是中国线缆行业同时也是亨通集团发展的重要阶段。是决定中国线缆行业能否完成整合、改善产业结构,成为中国具有国际竞争力的产业,还是被国际线缆行业巨头击败垄断中国市场的重要时期。随着经济全球一体化的进一步发展,中国经济日益融入世界经济之中,成为不可分割的一部分。对于线缆行业而言,国际市场是亨通今后发展的重中之重,亨通集团作为中国线缆行业的龙头企业,也采取了一系列的创新国际化经营策略。

在经济全球化和"一带一路"战略实施大背景下,亨通以开放、包容、合作、共赢的发展理念,看着世界地图做企业,沿着"一带一路"走出去,加快打造全球化运营的国际化公司。亨通集团董事长崔根良表示,公司日后的经营目标是将着力推进智能化、管理信息化、生产精益化"三化融合",把握"一带一路"战略机遇,加快实施境外项目融资,在海外新建 1 至 2 个研发生产基地,力争全年海外营收翻番。不仅如此,亨通集团为了长久的创新国际化发展,制定了更为详细的计划和目标。首先是国际化"5+5+5"目标,即亨通集团日后追求 50%以上的产品销售市场为国际市场,50%的资金是来源于国际资金从国外获取,50%以上的人才为国际化人才。技术创新国际化是一个企业通过直接建立国外 R&D 机构、跨国并购以及建立国际技术联盟等形式将技术创新活动扩展到国外,以创新源获取的全球性、创新人才多国化、技术创新组织网络化为特征的技术创新范式。它使企业内部以及企业与外部组织间形成了一个庞大的知识交易网络,改变了企业单一从内部获取所需技术知识的状况。企业可以更广泛地借助组织外部的知识和信息源构建自己的技术知识结构。[1] 而亨通集团的上述目标明确述说了企业获取海外市场、资金和海外人才的目标。随着国内顾客需求的饱和,企业在海外根据当地顾客的需求对产品和技术进行调整使其本土化,在海外设立研发机构及时了解竞争对手内部情况,为母公司提供更具竞争力的产品和工艺流程。同时,海外的分支机构研发新产品需要接近当地的科技研发环境,聘请具有专业知识的外国技术工程师和研究人员以及获取国外先进的基础研发设施,以期提升企业在全球竞争的地位。最后在全球范围内融资,可以为企业创新投入的长期发展融得大量的资金,企业可以拥有更多的融资渠道和融资方式,促进企业创新国际化的持续发展。

---

① 陈劲,朱朝晖.我国企业技术创新国际化的资源配置模式研究[J].科研管理,2003,24(5):76-83.

　　为了达到上述"5＋5＋5"目标,亨通集团制定了国际化三步走战略,第一步为产品国际化;第二步为产业国际化;第三步为品牌国际化。在"三步走"战略具体实施过程中,亨通也采取了一系列的措施。近年来,亨通集团引进具有国际化视野及经验的海外人才充实国际事务部;选派高管赴斯坦福大学等地进行国外培训,开阔高层管理干部的国际化视野;选派中高层干部参加国际展会、产业考察、商务合作、海外交流等,切身感受海外市场环境氛围。

　　进入 21 世纪,亨通集团正式成立了国际业务部,于 2002 年首次赴德国参加汉诺威国际通信展;2003 年,首次大规模出口线缆产品到埃塞俄比亚;2006 年在泰国设立海外第一个代表处;2011 年,首次成为泰国 TOT 国家电信运营商;同年,海外业务首次实现盈亏平衡;2012 年,在巴西设立海外第一家工厂,目前海外设立的代表处达 18 家。亨通集团在海外经营的主要方式包括直接营销、代理渠道、合作开发、工程总包等。经过多年的不懈努力,亨通集团国际化经营已经初具规模。2015 年集团直接出口 10.47 亿元人民币,通过系统设备商配套出口 6.2 亿元人民币,出口总额超 16 亿元;已取得多个国家的市场准入认证,获得众多国际权威机构认证,并开发了诸多客户。2015 年,亨通与中兴能源战略合作布局"一带一路"沿线的新能源建设;收购印尼最大综合线缆企业 Voksel 公司 38％的股份,成为其第一大股东。2015 年 12 月 2 日,亨通集团海外并购团队签订了收购南非阿伯代尔电缆公司、西班牙萨拉戈萨线缆公司、葡萄牙阿尔卡布拉电缆有限公司的股权转让框架协议。2016 年,亨通全面发力,连续完成了对南非阿伯代尔电缆公司、西班牙萨拉戈萨线缆公司、葡萄牙阿尔卡布拉电缆公司的投资并购。

　　未来,亨通集团将以创建世界级品牌为目标定位,以国际化标准、高端产品研发为主,从以企业为中心转向以客户为中心,以团队专业化提升满意度,以资产结构多元化应对抗风险能力,力争又好又快推进创新国际化战略的实施。目前,亨通已在全球拥有 35 家营销技术服务公司,业务覆盖 130 多个国家地区,在欧洲、南美、南非、东南亚创建 6 个海外生产研发产业基地,吸纳了全球 24 个国家的 300 多名外籍员工。部分办事处外籍员工占比达 50％。响应国家"一带一路"的战略构想,2013 年至今,亨通已在"一带一路"沿线布局 20 个销售网点,沿线国家贸易覆盖率达 59％,与"一带一路"国家贸易额在海外业营收中的占比高达 49％。

(二)全球化运营,坚持品牌国际化和海外研发基地建设

　　亨通集团拥有全资及控股公司 60 家(其中 3 家公司分别在上海主板、新加坡和中国香港、印度尼西亚上市),在全国 10 省市和欧洲、南美、南亚、南非、东南亚设立产业基地,在全球 30 多个国家和地区设立营销技术服务分公司,在 100 多个国家注册商标,业务覆盖 130 个国家和地区。此外,亨通集团在欧洲葡萄牙、欧洲西班牙、南亚印度、东南亚印尼、非洲莫桑比克、非洲南非和南美洲巴西设立了 7 个研发机构。

　　亨通集团在海外研发的可以有助于达成以下目的,首先是基于产品和工艺的本土化需求,以及接近卓越中心汲取当地的知识溢出的动机,其中,企业的技术获取动机(HBA)和技术开发动机(HBE)同等重要,获得高科技人才也是创新国际化的一个重要目的。此外,海外设立研发机构可以调整现有产品和生产工艺(研发支持实验室)、根据

当地的需求开发和定制产品(本地集成实验室),以及在全球网络中识别和创造新产品和工艺(国际相互依存的实验室)。另外,在海外建立研发机构可以扩大市场,获取卓越技术进而为企业在母国达到科技领先地位提供支持的动机,此外,研发也可以获取较低成本的基础设施,同时还能汲取知识溢出,提高创新绩效。最后,企业在扩大东道国市场份额的同时也能接近国际领先消费者,吸收互补知识以及补充生产资料,使其产品本土化,进而促进经营的多元化。① 因为中国经济处于增长的换挡期,制造业要适应新常态,必须踏准科技革命的节拍,民营企业在新常态下就要有新作为。信息化、网络化是现代企业的中枢神经,在工业 4.0 时代,中国与全球制造业站到了同一起跑线,这是中国制造业难得的发展机遇。在产业和政策的多种作用之下,亨通决定实施 SAP 项目,实现棒纤缆一体化管理,打造亨通信息化工厂。通过实施 SAP 项目,亨通集团将实现企业内部的有效沟通与资源的有效配置,以及生产、运营、财务一体化、管理透明化、信息数据化,建立实时、准确、高效透明的财务分析系统和管理决策辅助系统,逐步提高企业的信息化管理水平,最终实现企业自动化、精益化、信息化的战略目标。亨通智能化项目建设的价值在于实现"机械手代替人手",缓解当前企业劳动力紧缺的现象。智能化工厂在节约劳动力的同时,还能提高生产效益和产品质量、提升安全管理水平。

未来,亨通将实现海外远程监控生产操作,为亨通实现全球发展战略建立良好的基础。因为制造业第四次工业革命是以数字化、智能化、信息化、集成化为标志的。无论德国工业 4.0,还是美国工业物联计划,我们所处的时代,一切都将被颠覆。这不仅需要思维模式、商业模式的转型,更需要制造业内部颠覆式创新。亨通围绕"从本土企业向国际化企业、从生产型企业向研发生产型企业、从产品供应商向系统集成服务商转型"的三大转型战略,将继续大力拓展智慧城市、智能小区和通信运维服务市场,推进向系统集成服务商转型,推进向互联网、物联网产业转型,全面拥抱工业"4.0",全力提升智能制造核心竞争力。

(三)加强全球化交流合作,促进产学研联盟

2017 年,亨通集团与同济大学对外宣布,双方将共同出资 1 亿多元,成立上海亨通海洋装备有限公司,从事水下观测网的硬件研发生产、软件开发、工程施工、数据采集、系统集成及大数据服务。这一举动是为了响应国家海洋战略,立足深海科学前沿技术,打造海洋系统产业链。除了与同济大学合作开展海洋观测网的技术和产业化研究,近年来亨通不断寻求产学研合作,与清华、北邮、中科大等十多家院校合作布局新能源、量子通信等产业。随着新产业、新业态、新领域的大力拓展,以及国际化战略的深入实施,亨通在国际竞争中,逐步从纯粹向外卖产品,到参与欧美国家项目的 EPC 总包业务,再到海外并购,历经了"市场国际化"到"资本国际化"再到"品牌国际化""三步曲"。到目前为止,亨通的海外投资已超 8 亿美元,每年海外营收超 10 亿美元,全球光纤网络市场份额 15%,跻身全球光纤通信前三强。亨通的海外营收已连续多年实现翻一番增长,

---

① 杜红平,王元地,陈劲,金珺. 跨国企业创新国际化的动机研究综述[J]. 软科学,2015(3),130-134.

其中2/3来自于"一带一路"沿线国家。亨通将以"四大转型"推动战略创新,尽快实现人才、技术、资金、市场等高端资源的全球配置、全球化运营,到"十三五"末,把亨通打造成为营收超一千亿的高科技国际化公司。依托国家级企业技术中心、重点实验室、院士工作站、博士后工作站等创新平台,亨通集团已相继承担国家"863"、自然科学基金项目、国家级科技项目等174多项,参与国家及行业标准制订74项,拥有国家授权专利1 500多项,标准制订和专利数位均居国内同行首位。公司的系统整体解决方案及服务,也已全面应用于智慧城市、智慧社区、航空航天、国防军工、宽带中国、大数据、云计算、物联网、移动互联网、高铁地铁、特高压及智能电网、新能源与海洋工程等高端市场、高端产业。

　　亨通国际还参加了一系列的国际技术创新交流活动。2015年9月25日,为期4天的第17届伊朗通信展览会在首都德黑兰国际会展中心开幕。亨通与来自全世界20多个国家的200多家通信企业、机构参展。首次参展,亨通携FTTx解决方案、ODN4.0解决方案、海洋通信和电梯电缆解决方案等盛装亮相,并得到了当地通信运营商TCI、Irancell等大型企业关注,同时跟当地通信承包商、制造商、经销商关于光纤光缆、数据缆、海光缆等产品及解决方案进行了深入交流。亨通的国际化产业布局、个性化方案定制、创新产品和优质服务,获得了与会同行的高度认可和赞赏,此次参展为亨通布局中东市场,开发伊朗及周边国家潜在市场提供了重要平台。

　　2015年10月16日至20日,全球三大IT展之一——第36届GITEX(Gulf Information Technology Exhibition)海湾信息技术展在迪拜世界贸易中心举行,亨通携系列高端产品及解决方案盛装亮相。作为全球信息与能源网络服务商,亨通展出了智能建筑综合布线解决方案、轨道交通解决方案、ODN4.0智慧光网系统解决方案以及相关新产品。其中Cat7A、海缆和气吹微缆技术水准达到世界领先水平,成为本次展会的一大亮点,吸引了来自阿联酋、沙特、阿曼等中非地区的大量客户驻足。在这次大会中,亨通通过这个展会了解当前行业发展的趋势、同行的竞争力以及市场最新的需求,为未来的业务发展方向提供参考借鉴。因为海外市场对中国光通信行业意义非凡,中国企业要继续向前发展,就必须走出国门,研究国际最新技术,形成一体化产业链规模,才能在国际市场中占有一席之地。因此,专程赶来的亨通光缆技术专家与沙特电信相关负责人一起深入探讨在沙特光纤通信网络建设中的光缆技术和铺设问题。通过现场参观和交流,亨通的产品、规模、技术、成本控制、质量管理和售前售后服务等方面的优势和亨通在气吹微缆领域的先进技术和制造工艺获得了沙特专家的大力赞扬。当前,沙特正在大力推进通信建设,每年有25%的增长需求,亨通有望和沙特形成战略合作伙伴关系。作为中国光纤光网、电力电网领域规模最大的系统集成商与网络服务商,展会期间,沙特电信、巴林电信、埃及电信等中东地区知名电信运营商领导亲临亨通展位,与现场技术营销人员一起探讨适合中东市场需求的通信方案和产品。

　　2016年10月18日至20日,国际海洋领域的顶级盛会——海缆行业年度展会SNW2016在新加坡举行,亨通携海洋通信领域系列高端产品惊艳亮相,受到海洋通信领域资深专家及客户的称赞。峰会期间,来自50个国家、近500余名海洋业界大佬和网络通信商齐聚新加坡 SunTecCity,共同研讨 ICT 背景下对海洋通信网络的 Tbit 级大容量需求,研究低成本高速率大容量海洋网络的通信技术方案,共谋未来五年全球海洋大容量通信技术规划与伟大蓝图。亨通向业界展示了海缆高端新品、高速率大容量通信用超低损耗光纤和大有效面积光纤等四大系列 20 余项海洋通信高端技术产品。亨通良好的展台形象和领先的高端技术产品吸引了海洋网络业界专家的关注,受到了多位海洋通信领域资深专家的赞叹与好评。中国电信、中国联通的国际处领导专程来到亨通展台,详细听取了亨通在海洋领域与高端光纤领域取得的系列重大技术突破。来自巴林、印尼、塞浦路斯等国家的客户与亨通技术专家就“高可靠性大长度海缆与400 G 光纤技术”进行了深入的交流与探讨。亨通一直专注于海洋电力及通信传输领域的技术研发和系统集成,以可靠、高性价比的设计、生产与工程实施为一体的整体解决方案,引领海洋经济时代发展。亨通在 UJ、UQJ 国际海光缆产品认证中,五种无中继海底光缆取得 13 张 UQJ 认证证书,成为目前国内获得该联盟证书组合最多、认证缆型最多的海底电力企业。目前,亨通的海洋通信、电力传输产品及系统解决方案已在中国联通、舟山电信、蓬莱岛、上海电信等国内重大项目中应用,同时还应用于埃及、泰国、俄罗斯、马尔代夫、马来西亚、斯里兰卡、科摩罗、委内瑞拉等多个国家的重大项目。

2016 年 11 月 9 日至 11 日,拉丁美洲(智利)国际电力、太阳能及电网展览会在智力安托法加斯塔举行,作为全球信息与能源网络服务商,亨通携电力领域相关高端产品及系统解决方案盛装亮相,并受到当地相关政府部门及全球客户的广泛关注。此次展会上,亨通展出的特高压、轨道交通、新能源、海洋电力传输等领域的相关产品及系统解决方案吸引了智利电力局及能源部领导驻足参观。智利国际能源展览会由智利能源部主办,是拉丁美洲地区影响力较大的展览会。该展会是参展商在拉美地区展示能源领域相关产品、服务和技术创新的最佳平台。自智利能源部 2008 年创办该展以来,每年展商数都在刷新纪录。2015 年,该展会有来自 27 个国家的 260 家参展商,56%的展商来自国外,其中德国、中国、欧洲展商居多。展商均来自能源行业相关企业,涉及发电、电力传输和电力供给,以及其他与能源行业相关的产品和服务供应企业。2014 年该展会还吸引电力行业专业观众数 105 671 人,共同探讨拉丁美洲五国电力联网区域建设及智利各电力电站再建项目。

作为全球光纤通信前三强、中国光纤光网、电力电网领域规模最大的系统集成商与网络服务商,亨通深耕光纤通信,构筑形成光纤通信全产业链并拥有产业关键核心技术,积极布局量子通信产业,进入宽带接入网、智慧社区、通信工程的建设运营,并构建大数据应用及网络安全等业务体系,致力于打造全球领先的通信产业全价值链综合服务商。在电力领域,亨通已形成了领先的覆盖电力工程勘察设计、电力工程总包、施工、电力工程材料与设备制造等较为完善的产业链体系,拥有从高端精细材料到特种、高压、超高压、特高压及海洋电力传输全系列产品线,致力于为电力电网、智能电网、高铁及轨道交通、海洋工程、高端特种装备等提供系统解决方案和工程建设服务,并涉足新能源汽车智能充电基础设施建设与运营、能源物联网业务,形成“产品＋工程＋服务”综合服务模式,已成为行业领先的能源互联系统解决方案服务商,在海洋电力工程及超高压电力传输领域位居全球前 5 强。这些活动推动了亨通的创新国际化进程。

三、亨通集团科技创新国际化特点和启示

(一)愿景清晰,有明晰创新国际化战略与目标

2015 年末,亨通集团在国际市场大获成功,先是与印尼最大的线缆上市企业 VOKSEL 签署股权收购协议,接着又在南非、西班牙、葡萄牙上演一幕幕并购大戏。海外并购已成为亨通全球布局的先手棋。在加快全球产业布局的同时,亨通还加速推进海外营销网络的覆盖,先后在 30 多个国家设立了海外技术营销服务分公司,在 100 多个国家和地区注册了海外商标,累计业务覆盖 130 多个国家和地区,成为全球光纤通信、电力传输领域的主力供应商。

在亨通企业展厅里,最惹眼的是墙面上的巨幅世界地图,上面分布着红、蓝、白三种不同颜色的标记,红色代表海外技术营销服务分公司,蓝色代表产品覆盖的国家和地区,白色代表海外研发产业基地。通过这幅地图,亨通展示企业国际化的阶段成果和宏伟愿景。亨通集团认为在经济全球化的大趋势下,如果企业无法融入全球发展格局,就会失去未来。亨通集团如若希望立于不败之地,就要面对激烈的国际竞争,争夺品牌、技术、人才的制高点,这是行业领军企业的必然选择。亨通集团是服务于光纤光网、电力电网、网络运营和金融投资、能源地产等多元领域的国家级创新企业,拥有全资及控股公司 50 家,其中 3 家分别在中国上交所主板、新加坡和中国香港、印度尼西亚上市。产业基地遍布全国和欧洲、南美、南亚、南非、东南亚。

多年来,亨通注重核心技术研发,以质量铸就国际化基石,为拓展全球市场和国际化布局打下了坚实基础,初步实现了企业的国际化转型。目前的亨通已进入国际化布局的实质性阶段,从产品的国际化转变到资本的国际化。亨通的"555"战略,表面看来是产品、科技和营销的竞争,归根到底是创新能力和人才的竞争。国际化不仅是市场开拓,更是在全球行之有效、包容多元的企业文化体系。亨通目前正在加速推进海外营销网络的覆盖,顺应"一带一路"倡议,全力推进"四个转型",即生产研发型企业向创新创造型企业转型、产品供应商向全价值链集成服务商转型、制造型企业向平台服务型企业转型、本土企业向国际化企业转型。亨通制定了未来三年的短期规划,把国际产业这一块做到 15 亿美元到 18 亿美元即 100 亿元人民币左右的规模。正是因为有大刀阔斧改革的决心和对国际化进程严格规划,才有了亨通科技创新国际化的成就。在如此大的投入之下,亨通集团科技创新国际化未来的路一定会走得越来越好。

(二)企业经营战略文化支撑

企业创新国际化战略的顺利实施要求与之相适应的组织结构。亨通集团各子公司遍布全国各地,规模不等,面临的市场竞争情况也各不相同,既有销售额几千万尚未形成规模的小厂,也有销售额几十个亿在业内具有举足轻重地位的大公司。在执行集团扩张战略过程中,集团难以抽出精力对各子公司的日常事务进行管理。因此,集团宜采取事业部制组织结构,集权与分权相结合,以各子公司的绩效来考核和控制各事业部,对其具体运营少干涉,便于各子公司发挥主动性,可以根据市场情况灵活反应。

其次,企业创新国际化战略的顺利实施还要求与之相适应的企业文化。企业文化是企业员工所接受的共同的固有价值、思维方式、行为习惯、心理期望和信念体系。应努力创造富有朝气的公司文化,增加员工对公司的认同感和公司凝聚力,成为推动集团战略执行的有力推动力。在执行全球扩张的战略下,应倡导积极进取,勇于创新的企业文化。此外,在企业建立战略联盟方面,随着市场经济的发展,市场竞争的模式正从竞争向竞合方向转变。企业应利用市场中一切可以利用的力量来发展自己。针对亨通集团的自身特点,应加强同战略的合作,利用外国战略伙伴先进的线缆技术和管理经验,结合亨通强大的能力,以高新产品迅速占领国内外市场,加速实施亨通的国际化战略。在资本运营力度方面,作为一家民营企业,亨通集团在通过银行进行融资方面较国有企业具有先天的劣势,但国内外的资本市场为亨通集团资本运营提供了另外的选择。亨通可以利用目前的两大上市公司融资平台,为集团战略的顺利实施提供资金保证,通过借助资本力量,进行行业整合。在人才引进和培养力度方面,亨通集团把引进人才的重要性提高到了是否能够实现集团发展目标的高度来考虑,大力气在全球范围内引进人才,培养人才,才能够获得创新国际化的成功。

最后随着经济全球一体化的进一步发展,中国经济日益融入世界经济之中,成为不可分割的一部分。对于亨通集团而言,国际市场是亨通今后发展的重中之重。合理利用全球的资源,如国际市场的铜、PE、PVC等原材料,提升自主创新能力,降低原材料成本,增强产品的竞争,把自己的产品推向国际市场是亨通未来发展不可逆转的趋势。

四、亨通集团科技创新国际化不足与启示

亨通集团有着清晰的创新国际化定位与目标,但是在资金的融通方面,因为亨通集团销售信用管理机构的建设还处于初级阶段,企业的信用管理人员对海外市场以及行业内其他企业的了解还较少,缺少专业的高级财务管理人才,难以支持其国际化体系的发展需求,同时企业缺乏对全球的经济政策、法律法规、税务条例等方面的研究,使得亨通对海外财务的管控不严,进而导致企业的坏账增多,给企业的持续发展所需的资金带来负面影响。尽管亨通集团在科技创新国际化的征程上已经取得了许多令人骄傲的亮眼成绩,但将眼光放到整个国际市场上,亨通集团的国际化还有很长的道路。为此,亨通集团可以通过充分利用我国以及当地的省政府为鼓励其进行国际经营所出台的,包括政府的对外援助资金、出口信贷、出口退税等多项信贷支持以及补贴等优惠政策,来积极进行海外的投资建厂、高新技术产品的研发等多种国际化经营活动,促进企业的快速发展。在境外融资方面,亨通集团可以利用东道国吸引和鼓励外资的相关信贷优惠政策,或利用合作企业在所在地区的融资渠道来获取国际金融的支持。亨通集团在国际融资时还要加强对各国金融市场的法律法规、政策、融资的利息以及汇率的变动情况等方面的研究以及监控,以规避国际化风险。

第十八章　徐工集团工程机械股份有限公司科技创新国际化发展研究

一、徐工集团公司简介

徐工集团成立于 1989 年 3 月,其前身为鲁南第八兵工厂,徐工成立 27 年来一直都在我国工程机械行业中保持着领头地位,目前位居中国工程机械行业第一位,世界工程机械行业第五位,是我国工程机械行业中规模最大、产品品系最全、最有竞争力和影响力的大型企业集团。徐工集团的生产经营都主要集中在工程机械领域。其主要产品的分类有:工程起重机械、挖掘机械、混凝土机械、铲土运输机械、铁路建设装备、高空消防设备、发动机、液压件等主机和工程机械基础零部件产品。目前,徐工集团的 9 类主机和 3 类关键零部件市场占有率均位居中国机械行业的第一名,5 类主机的出口量和出口总额持续位居国内行业第一位,其中,徐工的汽车起重机以及大中型压路机的销量在全球排在第一位。徐工集团秉承着"严格、踏实、上进、创新"的企业精神和"担大任、行大道、成大器"的核心价值观,将创新作为企业发展的重要支柱,以江苏徐州工程机械研究院为技术研究平台,形成了国家级技术中心三级研发体系,不断研究出多种代表中国乃至全世界行业先进水平的高技术含量产品,对工程机械行业产生了巨大的影响。

近年来,为了提升企业的总体实力以及其在国际上的影响力,徐工选择将公司的增长模式由"单一的内涵式"转变为"内涵与外延并重"。徐工更加注重企业的国际化经营,截至 2015 年末,徐工产品的销售网络已经覆盖到了 174 个国家及地区,在全球建立了 280 多个海外代理商为其客户提供高效、便捷的全方位服务,其出口量连续多年保持中国工程机械行业的第一。

在"千亿元、国际化、世界级"战略愿景的指引下,徐工集团坚持踏实做事、自主创新、重视国际化创新的经营,先后获得过我国工业领域的最高奖项"中国工业大奖"以及"国家技术中心成就奖"、"国家技术创新示范企业"等荣誉称号,距其实现成为一个"极具国际竞争力、让国人为之骄傲的世界级企业"的愿景更近一步。

徐工集团的核心竞争力主要集中于以下几方面,首先是具有远见卓识且经验丰富的管理团队,公司管理层平均具有 30 多年行业管理经验,对行业发展具有深刻的认知和前瞻性思考。第二是拥有市场认可的品牌,诚信共赢的企业文化,徐工是中国最具影响力的工程机械品牌之一,拥有厚重的历史积淀,公司也是首家开拓国际市场的中国工程机械企业,在国内与国外市场,徐工品牌拥有广泛的品牌认可度。无论是对待公司股东还是公司的客户、供应商,都坚持诚信共赢,在市场上有良好的口碑。第三是拥有完善的产品系列,产品结构均衡。徐工机械拥有近 500 种产品,从零部件到主机都能自主专业化生产,种类齐全,结构均衡。可以为客户提供成套解决方案,对行业波动的防御性相对较好。第四是拥有引领行业的技术优势与研发能力。公司掌握的核心技术超百项,获得授权有效专利超千项;公司拥有引领行业的技术优势,多次获得国家科学进步二等奖。拥有国内一流的工程机械研发机构,有技术实力强大的科研开发队伍。第五是拥有完善的国内外营销网络。在国内,公司已拥有了由自营办事处及经销商组成的广泛的分销及服务网络;在国外,公司的海外销售网络包括海外第三方经销商和服务中心,产品销往超过 170 余个国家和地区。

二、徐工集团公司科技创新国际化表现和形成机制

(一)自主创新+并购消化+联合协同创新三路并举的技术创新国际化道路

徐工以各产业技术中心为研发主体,以江苏徐州工程机械研究院为技术研究平台,在印度、美国、巴西等全球多个地区设立研究中心,形成了辐射全球的研发布局,全面自主开展新产品开发、产品适应性、共性技术及实验技术研究。徐工依靠企业内部源源不断的创新实力,成功自主突破了新型的变速箱、高端液压油缸、高端电控系统等关键技术。近年来,徐工集团已成立欧洲研发中心、美国研发中心、欧洲采购中心,建立了德国(FT 公司)、荷兰(AMCA 公司)液压零部件生产基地,通过并购德国施维英,在德国、奥地利、巴西、美国和印度等地拥有了混凝土设备制造基地;徐工自建的巴西基地也投产运营;此外,徐工还在波兰、伊朗、乌兹别克斯坦等地建立了多家 SKD/CKD 工厂。在并购消化与联合创新方面,徐工于 2011 年至 2012 年间,先后并购了欧洲高端液压件制造企业荷兰 AMCA 德国 FT 公司以及混凝土成套设备领导者的德国施维英公司,徐工集团依托对欧洲企业的收购,在欧洲设立了研发中心,加快了徐工在液压系统、马达以及泵等产品核心技术研发的脚步。同时,通过并购施维英公司,实现了徐工同全球顶尖企业的对接,提升了徐工产品研发的实力,在 2015 年,徐工传动就通过与徐工施维英的合作,开发出了具有自主知识产权的,技术水平以及可靠性均达到领先水平的新产品螺旋减速机 HNRO3S,在得到全球顶端的研发技术的同时,也充分利用当地地理及渠道资源,拓宽了徐工的营销网络,徐工施维英公司也逐渐崛起成为全球最有影响力的混凝土机械成套装备和一体化解决方案供应商。在新兴市场和部分发达市场,徐工通过与有实力的经销商或与当地政府进行合作建厂。新兴国家市场通常总体规模不是特别大,但增长快,抢先进入,可以建立竞争优势,有效阻断对手的扩张,而选择与大的经销商或政府合作可以降低投资成本,规避商业风险,实现互利共赢。

为提高产品技术和质量,需要建立起能够支撑整个徐工国际化拓展的研发和技术平台。通过在发达国家设立研发中心,徐工显著提高了在相应关键零部件与产品领域的研发能力。如今徐工依靠不断创新已经研制出了全球最大的 1 600 吨全地面起重机、大型成套筑路机械等 100 多项处于领先水平的首台套重大装备,逐渐实现"三高一大"的产品战略目标。同时徐工紧密围绕国家可持续发展的战略方向,将"绿色环保"作为徐工集团技术研究的主要方向,加大节能环保技术以及装备的严打力度,不断进行绿色发展技术的创新,加快绿色产品的改造升级,综合打造徐工集团的"绿色"竞争力。此

外,徐工集团计划将建立在工程机械行业发达的地区如北美、欧洲、日本等国家为全球研发中心,在巴西、俄罗斯、印度等为其区域工程技术中心,使其技术研发的大网络可以覆盖到全球的整个产业布局。逐步推动徐工集团加快聚集海内外的高端人才以及吸收海外的尖端技术资源,提高产品的技术含量并进一步提升徐工集团的品牌形象,为实现其深化国际化发展并最终成为世界级企业的目标提供了强大的科技驱动。

(二)多方位引入国际人才,实施先进人才机制

在徐工机械的员工中包含 6 000 多位技术人才;8 位享受国务院政府特殊津贴的专家技术人才;100 多名国内最高端工程机械领军型技术人才;100 多位德、美等工程机械专家……这些闪耀的数字,筑成了徐工的“人才战略高地”。徐工,有着一个引才、育才、用才、留才的环境平台,也实施了充分的创新激励和项目奖励,让技术骨干成为企业先富起来的一批人。作为提升徐工技术发展的强大驱动力,人才战略也是徐工进行创新国际化经营的重要一环。徐工集团在对企业内的人才管理上,以引才、育才、用才、留才等关键环节为基础,不断完善企业的人才机制,致力于打造企业的人才新高地。

首先,公司大力引进专业人才。徐工通过拓宽人才招聘渠道、大力宣传企业的品牌以及建立多种福利与激励机制等方式,来积极吸引有实力、有经验的海内外技术与管理人才进入徐工工作。

第二是完善的教育培训体系,在育才方面,徐工有能够提升员工潜在能力的“金引擎”客户专项计划,有为激励上百名海外的优质储备人才打造的年度“蓝海先锋”评选活动,以及为在工程机械行业有着带头人作用的高技术人才量身定制的培养计划等,来不断挖掘员工的潜在能力。然后是企业积极搭建用人平台,挖掘人才最大潜能。徐工通过了解每个员工的特质进行合理的安排,让员工去到能更大激发其潜能的岗位中工作。例如在选择海外公司的高层管理队伍时,徐工集团就以长远的眼光大胆选择了在海外市场长期从事相关的工作、了解当地政策的中国人,或是长期在跨国企业的中国分公司工作的外国人,徐工认为这些社会成熟人才的丰富工作经验以及对海外市场的了解可以减少公司在进行国际经营时的一些困难,同时有助于丰富企业人才的国际化元素,促进员工间的文化交流,也同时可以提升企业同当地政府的对话能力。

最后是建立具有竞争力的人才留用机制,徐工集团对于留住企业的高端技术人才十分重视,徐工根据海外人才的物质、精神以及文化需求建立了健全的对企业内部具有吸引力、在企业外部具有竞争力的海外人才的留用机制。对于在海外工作的员工,徐工为他们提供详细的职业路径规划,同时出台了许多关心政策,还适时出台相应的家属随行政策,解除了海外员工对家人的后顾之忧。

同时,在针对徐工进行并购后如何留住被并购企业的核心员工的课题上,徐工提出的解决方案是:一是要让员工对企业并购后清晰的发展战略和思路有全面的了解,增强人才的信心;二是出台更多关心海外工作员工的相关政策,解决员工对国内亲人的后顾之忧;三是找到一个经验丰富跨文化管理团队,提高企业的开放性,以一种包容的心态融入当地的文化,让企业的海外员工可以更加舒适地在徐工工作。徐工正是为员工营造了开放的环境、彰显人文关怀,同时为其提供丰厚的待遇以及良好的发展平台,扎实

打造其雇主品牌,使得更多的国内外人才向徐工聚拢,为其提供强有力的推动,大大加快了徐工机械创新国际化的发展进程。

(三)抓住机遇发展创新国际化,同时融合新时代特点

十八届三中全会公报提出,适应经济全球化新形势,必须推动对内对外开放相互促进、"引进来""走出去"更好地结合,促进国际国内要素有序自由流动、资源高效配置、市场深度融合,加快培育和引领国际经济合作竞争新优势,以开放促改革。习近平总书记最近强调,我国经济发展要突破瓶颈、解决深层次矛盾和问题,根本出路在于创新,关键是要靠科技力量。正如习总书记所言,企业在当下的最大机遇,就是创新。徐工也正是在创新引擎的驱动下,结合品牌引擎与信息化引擎,不断加深国际化进程。在未来的五年,徐工将加快国际化世界级的步伐,大力拓宽提升工程机械主机产品和核心零部件领域,加快发展新一代重卡和专用车,涉足发展高端装备制造,力争挺进世界工程机械行业前三强,成为极具国际竞争力、国人为之骄傲的世界级企业。

为了实现这一目标,徐工集团开展了一系列的活动。2015年6月2日,适值第16届俄罗斯国际建筑机械及工程机械展览会(CTT 2015)举行之际,徐工集团"新丝路,心服务——徐工一带一路服务行"俄罗斯站启动仪式在其F4/1展台隆重举行。徐工集团自2000年进入俄罗斯市场,徐工现有分公司、代表处、备件中心和12家一级代理商,其营销体系和服务体系建设也趋于完善。徐工品牌在俄罗斯有较高的声誉与影响力,目前在俄罗斯市场的各类设备保有量近2万台。谈及徐工在俄罗斯市场战略与举措,随着中俄"一带一路"战略合作推进,未来徐工将有序推进实施本土化运营,营销和服务体系建设,产品适应性研发和金融服务体系建设等方面。此次举办的徐工俄罗斯服务行活动就是对徐工营销服务体系的进一步提升。徐工致力于持续为用户创造价值,提供超值的服务价值,完善的服务网络,及时的备件供应,专业的服务团队和高效的流程保障,带给用户贴心、用心、安心、放心的全新服务体验。俄罗斯服务行动队将深入用户,了解用户需求,听取用户建议,同时提供设备免费体检,用户与机手免费培训,机手关爱等内容,进一步提升徐工的服务备件体系。

此外,徐工集团表示拟出资4 200万元,参与发起设立龙成基金,其中以现金方式向徐工集团巴西制造有限公司(以下简称"徐工巴西制造")增资9 970万美元。意在加强产业合作、完善金融产业布局、获取投资收益;而增资徐工巴西制造,则主要为支撑公司"国际化"战略,并扩大徐工巴西制造的资本金,改善其资产结构,降低负债规模,降低汇率风险等。最后徐工机械一直致力于"互联网+"应用的研究和探索,始终引领着行业"互联网+"发展应用的方向。通过深入开展互联网与工业融合创新工作,强化了全球一体化的研发设计、生产制造、市场营销、售后服务,以及风险控制的能力,提高了工程机械设备风险预警与安全保障水平,增强了徐工品牌在国际市场的竞争力;通过为客户提供增值服务,积极拓展后市场,实现产品定制化生产,最大程度提升产品价值和客户体验,全面推进智能制造。徐工机械此次创新实施是全面实现"互联网+工程机械"的又一次成功运用,在行业内乃至全国均具有引领性的示范作用。通过以工程机械智能化打造蓝海竞争战略,为国产工程机械走出国门参与全球竞争,打造弯道超车的机会;形成行业龙头效应,以工程机械物联网实践和应用带动相关设备制造、网络、通讯、服务、物流等行业的发展;提升售后服务质量,强化后市场时代配件和服务市场规模的拓展;有助于全面推进大数据技术的应用、探索业务发展新模式。

三、徐工集团公司科技创新国际化的特点与启示

(一)多样化国际市场进入方式,打通国际市场节点

徐工集团在国际市场的进入方式上,采用将商品贸易型以及投资进入型两种进入方式组合在一起的灵活方法来快速有效地开拓国际市场。

对于贸易型进入模式,徐工集团自 20 世纪 90 年代开始实现"走出去"战略,当时其选择向东南亚、非洲等发展中国家出口以低成本为优势的低技术含量的产品,随着企业国际化的不断发展,在营销的方式上徐工选择积极在目标市场培育有资金有能力的代理商来形成产品的营销网络,同时根据市场需求不断研发适应国际市场的高新技术商品,并将这些产品广泛销往世界的多个国家和地区以增加企业的对外出口收入。2005年,徐工成为中国首家出口过亿美元的工程机械企业,同时截至 2015 年末,徐工的产品已经出口到了世界上 174 个国家和地区。徐工集团通过将产品以直接出口的模式进入国际市场,以其推行的代理商机制在国际市场上形成了特有的销售网络,能迅速地获得市场信息,准确地掌握国际市场的需求变化以更细致地改变产品的特性,逐步提升品牌的知名度,为其进入当地市场实行进一步的国际经营做了良好的准备。

对于投资型进入模式,当企业的国际化发展到一定程度时,企业需要选择以去目标国家投资的方式来更加深入地进入到当地市场,进行更高形式的国际化经营活动。这一方式下,企业可以通过新建企业或兼并和收购当地企业的方式成立独资或合资企业。"从产品走出去,到人员走出去,再到企业、资本和文化走出去"已经成为徐工进行国际化征程的新形态。

在海外建厂方面,徐工于 2007 年在东欧市场的代表性国家——波兰建立了其第一个海外装配工厂,主要生产压路机、装载机等产品。2012 年 12 月,徐工在巴西投资了 2亿美元建立了占地总面积为 80 万平方米的徐工巴西制造基地,该基地具备从零部件制造开始到整机装配、检验的全套生产条件,生产的产品也包括徐工大部分主营工程机械产品,具有年产量 7 000 台的生产力,可以为其带来近 10 亿美元的年销售额。此外,徐工在德国、美国、印度等国家也建设了生产制造基地,在马来西亚、乌兹别克斯坦以及阿根廷的工厂也在筹备之中,徐工今后的目标是要在全球建设 12 家工厂。通过直接去目标国建立工厂,设立研发机构,便于徐工更好地打入当地国家的市场,同时可以利用所在国的资源、贸易以及区位等优势来减少生产成本、提升产品技术含量以及便于企业打入周边市场拓宽国际化经营的范围。

在海外并购方面,徐工集团于 2011 年收购了荷兰的 AMCA 公司和德国 FT 公司两家欧洲基础零部件研发制造商,利用这两家企业优越的地理位置以及在机械零部件领域的技术与影响力,使得徐工集团可以吸收当地的高端技术人才以进行高端零部件的生产活动,同时打开了其进入欧洲市场的大门。2012 年 7 月徐工集团又创造性地收

购了全球混凝土成套设备的巨头——德国施维英公司,拥有其52%的控股权,收购施维英可以通过开发其广受欢迎的搅拌运输、搅拌输送等类型的车辆来为徐工混凝土机械业务带来更多的利润,同时可以利用施维英在美国、欧洲等市场的开发能力来拓宽徐工进入发达国家市场的销售渠道。通过对这些具有一定品牌影响力、销售渠道以及专利的老牌企业的并购,可以让徐工在短时间内进入到当地市场,同时可以获得先进的技术资源、当地的高端技术人才以提升其产品的技术含量或弥补其在某些业务上的不足,还可以通过利用被并购企业原有的影响力去拓宽产品的销售范围,提升企业的竞争力,加速徐工国际化的进程。

(二)专注机械自我创新,以创新国际化带动企业整体国际化进程

徐工集团正以徐工研究总院为平台,积极创建国家级研究实验室,建设工程机械综合试验场,在完成南京研究院建设的基础上,加快北京、上海研究中心的布局建设。与此同时,徐工现已与全球近40家高端研究机构建立了相应的创新合作体系,并在国内重点城市、重点院校设有国内区域技术中心。早在2012年7月,徐工集团就已谋划布局全球市场,在欧洲设立了研发中心。今年的10月11日,徐工欧洲研究中心、徐工欧洲采购中心新址也在德国北威州克雷菲尔德市正式启用。徐工欧洲研发中心以尖端技术研发主导型企业为定位,并将与知名大学开展合作,充分利用欧洲优越的基础设施,助力徐工实现战略和管理创新、产品和技术创新、采购价值链创新,从而为全球提供物超所值的高品质的徐工产品。

目前,徐工主机产品的性能已经达到了国际发达国家水平,但核心零部件的技术攻关仍然是企业技术攻关的关键。为此,徐工集团精心部署全球战略,整合全球资源,逐渐摸索出了一条"自主创新+并购消化+联合与协同创新"的三路并举独特道路。在自主创新方面,徐工已经依靠不竭的内在创新动力,成功自主突破了高端液压油缸、新型变速箱、高端电控系统等关键技术。同时,徐工成功并购并投入运行的荷兰AMCA公司、德国FT公司、德国施维英公司,以及刚刚运营的欧洲两大中心,都将助力徐工加速攻破中国核心零部件瓶颈。不仅如此,徐工并购的荷兰AMCA公司和德国FT公司,本身就是欧洲的高端液压件制造企业,也是徐工集团液压件的配套供应商,徐工依托这两家欧洲企业设立了欧洲研发中心,使得徐工加快了在阀、泵、马达及液压系统等核心技术的研发步伐。通过对施维英公司的控股并购,徐工也实现了与拥有近80年产业积累的全球顶级品牌的融合对接,在融汇全球最尖端研发技术、整合全球营销网络的基础上,凝聚了强大力量。徐工施维英公司也逐渐崛起为全球最优秀、最具影响力和价值创造力的混凝土机械成套装备和一体化解决方案供应商。

(三)在创新国际化进程中贯彻绿色创新、技术攻关

近年来,徐工紧密围绕国家战略方向,推出了多款绿色节能环保产品。2010年徐工率先推出了全球第一台LNG轮式装载机,在市场上大受用户的热捧,徐工乘胜追击,很快,全球第一台LNG天然气汽车起重机问世,这也再次推动了整个行业对新能源动力的应用。混合动力挖掘机也逐步实现了批量产销;高铁、桥梁及隧道专用施工装备、成套环卫装备方面快速形成了产业化;70吨以上大型矿用挖掘机快速做到了国产

品牌第一位;12吨大型装载机的问世实现了唯一的同吨位装载机国产化;130吨大型矿用挖掘机和全球载重最大的400吨矿用自卸车等成套矿山机械也成功推出;而面向"三农"专门研发的全新小型工程机械也受到了市场的热捧。徐工之所以能成为24年的行业排头兵,很重要的一点是徐工始终拥有国际领先的专有技术,包括走在全球前列的移动式起重机技术、与国际领先技术同步的土石方机械、全球最尖端成套混凝土机械技术和我国第四代智能化成套筑养护机械,以及亚洲最高的高空消防车技术等。由这些技术衍生出的"三高一大"——高端、高品质、高附加值、大吨位的产品,也被业界誉为"皇冠上的明珠"。徐工明星产品全地面起重机已三次获得全国机械工业科技进步一等奖,几次获得全国科技进步奖,这在我国工程机械领域都是绝无仅有的殊荣。回顾今年的技术创新亮点,徐工也倍感欣慰,又有多个"第一"在今年诞生:"全球第一吊"4 000吨履带起重机在中石化烟台基地完成全球首吊;徐工ET110步履式山地挖掘机获得全军科技进步一等奖;全球最大1 600吨全地面起重机、国产最大12吨装载机等成为最能代表中国工程机械达到世界级技术的重大装备;高端液压阀、新型电控变速箱、智能控制系统等核心零部件及一批全新主机研发也取得重大进展。当下,徐工平均每年完成大型研发项目100项以上、重大项目20项,并承担了2项国家863计划项目。在这些重大项目成果的背后,都是徐工集团坚持科技创新国际化的成果。

同时,由于徐工始终保持年研发费用投入占销售收入比重5%以上,这样的研发投入自然会带来丰厚的回报。徐工已研制出100多项国产首台套重大装备,3次获得国家科技进步奖,5次获得全军及全国机械工业科技进步一等奖;累计拥有有效授权专利2 125项,有效发明专利161项,获得国家发明专利金奖;9项技术处于国际领先,42项技术处于国际先进水平。徐工近三年主持参与制订并发布实施国家和行业标准45项,获得省部级以上重大科技创新成果60项,新产品在年销售收入中的占比达60%,49个产品被评为国家重点新产品。

四、徐工集团公司科技创新国际化不足与建议

徐工集团虽然是我国机械制造业的龙头企业,但仍然存在一系列的问题,第一是出口产品种类较少。目前徐工出口的产品种类还较少,为了快速进入目标国市场,徐工通常会选择将其具有优势的产品销至海外,但随着海外市场需求的不断变化,徐工的产品不能完全满足目标国市场的多元化需求,影响了徐工在海外市场的经营。

第二是对开发海外市场的战略布局还有待完善。徐工集团的国际化开拓尚未形成系统化的布局,碍于前期调研不全面或其他阻碍因素,使得徐工集团的渠道覆盖仍存在盲区,其主要客户仍以发展中国家为主,对发达国家客户的开发还有待提升,对其关键客户渠道开发资源投入不足,客户关系管理还需要完善,同时在渠道建设上还不能做到针对企业的"产品线"进行设计。

第三是对国际客户的关系管理以及售后服务仍有不足,徐工集团在对其国际客户的管理上仍存在不足,未能建立完整专业的客户关系管理体系及相关支持平台,其客户关系管理部门的职责不够健全,相关制度不够完善,无法为企业高速发展海外营销提供

有力支持。在产品的售后服务方面,徐工的外派服务人员数量不能完全满足市场服务的需求,同时由于对海外服务人员的培训不充分以及语言文化等方面的障碍,使得徐工集团对海外市场的服务信息了解不全面,售后服务能力还有待增强缺乏能够快速支持企业的海外代理商解决相关问题的能力,在一定程度上影响了客户对徐工服务的印象。对此,徐工应不断提高产品的质量,优化产品的性能,进行严格的产品认证,不断丰富通过各国认证的产品种类,同时及时了解市场的反馈信息来调整产品,打破别国对我国产品低质的印象。

此外,徐工应根据目标国市场对产品特性的不同要求,实行产品的差异化策略。对销往发展中国家应重点关注产品的耐用性、坚固程度以及售后维修等方面,对发达国家的产品应该重点关注产品的环保、节能、减排等特征,徐工应在各个区域市场推出其在当地具有竞争力的重点产品,提高企业的优势,尽快占领市场并不断扩大品牌的知名度。在徐工的重点市场巴西:徐工的产品以起重机、挖掘机、压路机为重点,建立适合当地需求的全线产品。在欧洲:徐工通过建立研究中心以及并购当地企业,主要研究工程机械用的液压系统以及零部技术等,借助推出技术含量更高的相关工程机械产品,打入欧洲的高端市场。在日本:徐工应以清障车、汽车起重机及挖掘机为主,并积极计划在当地投资建厂。在渠道策略方面,徐工应完善海外市场的渠道建设,继续坚持选择在当地具有实力的代理商实行代理制,加强对海外代理商的选择与管理,全面完善其海外代理商体系的建设,并同时加大对海外市场的走访,加强与海外代理商的沟通,定期委派专业的产品经理以及海外服务人员去海外重要市场,协助公司开发海外市场的销售渠道,完善现有的海外销售网络。在互联网普及的今天,徐工更加可以借助网络渠道来拓宽市场的渠道。

政策法规篇

《中共中央国务院关于深化体制机制改革加快实施创新驱动发展战略的若干意见》

（中发〔2015〕8 号）

创新是推动一个国家和民族向前发展的重要力量，也是推动整个人类社会向前发展的重要力量。面对全球新一轮科技革命与产业变革的重大机遇和挑战，面对经济发展新常态下的趋势变化和特点，面对实现"两个一百年"奋斗目标的历史任务和要求，必须深化体制机制改革，加快实施创新驱动发展战略，现提出如下意见。

一、总体思路和主要目标

加快实施创新驱动发展战略，就是要使市场在资源配置中起决定性作用和更好发挥政府作用，破除一切制约创新的思想障碍和制度藩篱，激发全社会创新活力和创造潜能，提升劳动、信息、知识、技术、管理、资本的效率和效益，强化科技同经济对接、创新成果同产业对接、创新项目同现实生产力对接、研发人员创新劳动同其利益收入对接，增强科技进步对经济发展的贡献度，营造大众创业、万众创新的政策环境和制度环境。

——坚持需求导向。紧扣经济社会发展重大需求，着力打通科技成果向现实生产力转化的通道，着力破除科学家、科技人员、企业家、创业者创新的障碍，着力解决要素驱动、投资驱动向创新驱动转变的制约，让创新真正落实到创造新的增长点上，把创新成果变成实实在在的产业活动。

——坚持人才为先。要把人才作为创新的第一资源，更加注重培养、用好、吸引各类人才，促进人才合理流动、优化配置，创新人才培养模式；更加注重强化激励机制，给予科技人员更多的利益回报和精神鼓励；更加注重发挥企业家和技术技能人才队伍创新作用，充分激发全社会的创新活力。

——坚持遵循规律。根据科学技术活动特点，把握好科学研究的探索发现规律，为科学家潜心研究、发明创造、技术突破创造良好条件和宽松环境；把握好技术创新的市场规律，让市场成为优化配置创新资源的主要手段，让企业成为技术创新的主体力量，让知识产权制度成为激励创新的基本保障；大力营造勇于探索、鼓励创新、宽容失败的文化和社会氛围。

——坚持全面创新。把科技创新摆在国家发展全局的核心位置，统筹推进科技体制改革和经济社会领域改革，统筹推进科技、管理、品牌、组织、商业模式创新，统筹推进军民融合创新，统筹推进引进来与走出去合作创新，实现科技创新、制度创新、开放创新的有机统一和协同发展。

到 2020 年，基本形成适应创新驱动发展要求的制度环境和政策法律体系，为进入创新型国家行列提供有力保障。人才、资本、技术、知识自由流动,企业、科研院所、高等学校协同创新,创新活力竞相迸发,创新成果得到充分保护,创新价值得到更大体现,创新资源配置效率大幅提高,创新人才合理分享创新收益,使创新驱动发展战略真正落地,进而打造促进经济增长和就业创业的新引擎,构筑参与国际竞争合作的新优势,推动形成可持续发展的新格局,促进经济发展方式的转变。

二、营造激励创新的公平竞争环境

发挥市场竞争激励创新的根本性作用,营造公平、开放、透明的市场环境,强化竞争政策和产业政策对创新的引导,促进优胜劣汰,增强市场主体创新动力。

(一)实行严格的知识产权保护制度

完善知识产权保护相关法律,研究降低侵权行为追究刑事责任门槛,调整损害赔偿标准,探索实施惩罚性赔偿制度。完善权利人维权机制,合理划分权利人举证责任。

完善商业秘密保护法律制度,明确商业秘密和侵权行为界定,研究制定相应保护措施,探索建立诉前保护制度。研究商业模式等新形态创新成果的知识产权保护办法。

完善知识产权审判工作机制,推进知识产权民事、刑事、行政案件的"三审合一",积极发挥知识产权法院的作用,探索跨地区知识产权案件异地审理机制,打破对侵权行为的地方保护。

健全知识产权侵权查处机制,强化行政执法与司法衔接,加强知识产权综合行政执法,健全知识产权维权援助体系,将侵权行为信息纳入社会信用记录。

(二)打破制约创新的行业垄断和市场分割

加快推进垄断性行业改革,放开自然垄断行业竞争性业务,建立鼓励创新的统一透明、有序规范的市场环境。

切实加强反垄断执法,及时发现和制止垄断协议和滥用市场支配地位等垄断行为,为中小企业创新发展拓宽空间。

打破地方保护,清理和废除妨碍全国统一市场的规定和做法,纠正地方政府不当补贴或利用行政权力限制、排除竞争的行为,探索实施公平竞争审查制度。

(三)改进新技术、新产品、新商业模式的准入管理

改革产业准入制度,制定和实施产业准入负面清单,对未纳入负面清单管理的行业、领域、业务等,各类市场主体皆可依法平等进入。

破除限制新技术、新产品、新商业模式发展的不合理准入障碍。对药品、医疗器械等创新产品建立便捷高效的监管模式,深化审评审批制度改革,多种渠道增加审评资源,优化流程,缩短周期,支持委托生产等新的组织模式发展。对新能源汽车、风电、光伏等领域实行有针对性的准入政策。

改进互联网、金融、环保、医疗卫生、文化、教育等领域的监管,支持和鼓励新业态、新商业模式发展。

(四)健全产业技术政策和管理制度

改革产业监管制度,将前置审批为主转变为依法加强事中事后监管为主,形成有利

于转型升级、鼓励创新的产业政策导向。

强化产业技术政策的引导和监督作用,明确并逐步提高生产环节和市场准入的环境、节能、节地、节水、节材、质量和安全指标及相关标准,形成统一权威、公开透明的市场准入标准体系。健全技术标准体系,强化强制性标准的制定和实施。

加强产业技术政策、标准执行的过程监管。强化环保、质检、工商、安全监管等部门的行政执法联动机制。

(五)形成要素价格倒逼创新机制

运用主要由市场决定要素价格的机制,促使企业从依靠过度消耗资源能源、低性能低成本竞争,向依靠创新、实施差别化竞争转变。

加快推进资源税改革,逐步将资源税扩展到占用各种自然生态空间,推进环境保护费改税。完善市场化的工业用地价格形成机制。健全企业职工工资正常增长机制,实现劳动力成本变化与经济提质增效相适应。

三、建立技术创新市场导向机制

发挥市场对技术研发方向、路线选择和各类创新资源配置的导向作用,调整创新决策和组织模式,强化普惠性政策支持,促进企业真正成为技术创新决策、研发投入、科研组织和成果转化的主体。

(六)扩大企业在国家创新决策中话语权

建立高层次、常态化的企业技术创新对话、咨询制度,发挥企业和企业家在国家创新决策中的重要作用。吸收更多企业参与研究制定国家技术创新规划、计划、政策和标准,相关专家咨询组中产业专家和企业家应占较大比例。

国家科技规划要聚焦战略需求,重点部署市场不能有效配置资源的关键领域研究,竞争类产业技术创新的研发方向、技术路线和要素配置模式由企业依据市场需求自主决策。

(七)完善企业为主体的产业技术创新机制

市场导向明确的科技项目由企业牵头、政府引导、联合高等学校和科研院所实施。鼓励构建以企业为主导、产学研合作的产业技术创新战略联盟。

更多运用财政后补助、间接投入等方式,支持企业自主决策、先行投入,开展重大产业关键共性技术、装备和标准的研发攻关。

开展龙头企业创新转型试点,探索政府支持企业技术创新、管理创新、商业模式创新的新机制。

完善中小企业创新服务体系,加快推进创业孵化、知识产权服务、第三方检验检测认证等机构的专业化、市场化改革,壮大技术交易市场。

优化国家实验室、重点实验室、工程实验室、工程(技术)研究中心布局,按功能定位分类整合,构建开放共享互动的创新网络,建立向企业特别是中小企业有效开放的机制。探索在战略性领域采取企业主导、院校协作、多元投资、军民融合、成果分享的新模式,整合形成若干产业创新中心。加大国家重大科研基础设施、大型科研仪器和专利基础信息资源等向社会开放力度。

(八)提高普惠性财税政策支持力度

坚持结构性减税方向,逐步将国家对企业技术创新的投入方式转变为以普惠性财税政策为主。

统筹研究企业所得税加计扣除政策,完善企业研发费用计核方法,调整目录管理方式,扩大研发费用加计扣除优惠政策适用范围。完善高新技术企业认定办法,重点鼓励中小企业加大研发力度。

(九)健全优先使用创新产品的采购政策

建立健全符合国际规则的支持采购创新产品和服务的政策体系,落实和完善政府采购促进中小企业创新发展的相关措施,加大创新产品和服务的采购力度。鼓励采用首购、订购等非招标采购方式,以及政府购买服务等方式予以支持,促进创新产品的研发和规模化应用。

研究完善使用首台(套)重大技术装备鼓励政策,健全研制、使用单位在产品创新、增值服务和示范应用等环节的激励和约束机制。

放宽民营企业和科研单位进入军品科研生产和维修采购范围。

四、强化金融创新的功能

发挥金融创新对技术创新的助推作用,培育壮大创业投资和资本市场,提高信贷支持创新的灵活性和便利性,形成各类金融工具协同支持创新发展的良好局面。

(十)壮大创业投资规模

研究制定天使投资相关法规。按照税制改革的方向与要求,对包括天使投资在内的投向种子期、初创期等创新活动的投资,统筹研究相关税收支持政策。

研究扩大促进创业投资企业发展的税收优惠政策,适当放宽创业投资企业投资高新技术企业的条件限制,并在试点基础上将享受投资抵扣政策的创业投资企业范围扩大到有限合伙制创业投资企业法人合伙人。

结合国有企业改革设立国有资本创业投资基金,完善国有创投机构激励约束机制。按照市场化原则研究设立国家新兴产业创业投资引导基金,带动社会资本支持战略性新兴产业和高技术产业早中期、初创期创新型企业发展。

完善外商投资创业投资企业规定,有效利用境外资本投向创新领域。研究保险资金投资创业投资基金的相关政策。

(十一)强化资本市场对技术创新的支持

加快创业板市场改革,健全适合创新型、成长型企业发展的制度安排,扩大服务实体经济覆盖面,强化全国中小企业股份转让系统融资、并购、交易等功能,规范发展服务小微企业的区域性股权市场。加强不同层次资本市场的有机联系。

发挥沪深交易所股权质押融资机制作用,支持符合条件的创新创业企业发行公司债券。支持符合条件的企业发行项目收益债,募集资金用于加大创新投入。

推动修订相关法律法规,探索开展知识产权证券化业务。开展股权众筹融资试点,积极探索和规范发展服务创新的互联网金融。

（十二）拓宽技术创新的间接融资渠道

完善商业银行相关法律。选择符合条件的银行业金融机构，探索试点为企业创新活动提供股权和债权相结合的融资服务方式，与创业投资、股权投资机构实现投贷联动。

政策性银行在有关部门及监管机构的指导下，加快业务范围内金融产品和服务方式创新，对符合条件的企业创新活动加大信贷支持力度。

稳步发展民营银行，建立与之相适应的监管制度，支持面向中小企业创新需求的金融产品创新。

建立知识产权质押融资市场化风险补偿机制，简化知识产权质押融资流程。加快发展科技保险，推进专利保险试点。

五、完善成果转化激励政策

强化尊重知识、尊重创新，充分体现智力劳动价值的分配导向，让科技人员在创新活动中得到合理回报，通过成果应用体现创新价值，通过成果转化创造财富。

（十三）加快下放科技成果使用、处置和收益权

不断总结试点经验，结合事业单位分类改革要求，尽快将财政资金支持形成的，不涉及国防、国家安全、国家利益、重大社会公共利益的科技成果的使用权、处置权和收益权，全部下放给符合条件的项目承担单位。单位主管部门和财政部门对科技成果在境内的使用、处置不再审批或备案，科技成果转移转化所得收入全部留归单位，纳入单位预算，实行统一管理，处置收入不上缴国库。

（十四）提高科研人员成果转化收益比例

完善职务发明制度，推动修订专利法、公司法等相关内容，完善科技成果、知识产权归属和利益分享机制，提高骨干团队、主要发明人受益比例。完善奖励报酬制度，健全职务发明的争议仲裁和法律救济制度。

修订相关法律和政策规定，在利用财政资金设立的高等学校和科研院所中，将职务发明成果转让收益在重要贡献人员、所属单位之间合理分配，对用于奖励科研负责人、骨干技术人员等重要贡献人员和团队的收益比例，可以从现行不低于 20％提高到不低于 50％。

国有企业事业单位对职务发明完成人、科技成果转化重要贡献人员和团队的奖励，计入当年单位工资总额，不作为工资总额基数。

（十五）加大科研人员股权激励力度

鼓励各类企业通过股权、期权、分红等激励方式，调动科研人员创新积极性。

对高等学校和科研院所等事业单位以科技成果作价入股的企业，放宽股权奖励、股权出售对企业设立年限和盈利水平的限制。

建立促进国有企业创新的激励制度，对在创新中作出重要贡献的技术人员实施股权和分红权激励。

积极总结试点经验,抓紧确定科技型中小企业的条件和标准。高新技术企业和科技型中小企业科研人员通过科技成果转化取得股权奖励收入时,原则上在 5 年内分期缴纳个人所得税。结合个人所得税制改革,研究进一步激励科研人员创新的政策。

六、构建更加高效的科研体系

发挥科学技术研究对创新驱动的引领和支撑作用,遵循规律、强化激励、合理分工、分类改革,增强高等学校、科研院所原始创新能力和转制科研院所的共性技术研发能力。

(十六)优化对基础研究的支持方式

切实加大对基础研究的财政投入,完善稳定支持和竞争性支持相协调的机制,加大稳定支持力度,支持研究机构自主布局科研项目,扩大高等学校、科研院所学术自主权和个人科研选题选择权。

改革基础研究领域科研计划管理方式,尊重科学规律,建立包容和支持"非共识"创新项目的制度。

改革高等学校和科研院所聘用制度,优化工资结构,保证科研人员合理工资待遇水平。完善内部分配机制,重点向关键岗位、业务骨干和作出突出成绩的人员倾斜。

(十七)加大对科研工作的绩效激励力度

完善事业单位绩效工资制度,健全鼓励创新创造的分配激励机制。完善科研项目间接费用管理制度,强化绩效激励,合理补偿项目承担单位间接成本和绩效支出。项目承担单位应结合一线科研人员实际贡献,公开公正安排绩效支出,充分体现科研人员的创新价值。

(十八)改革高等学校和科研院所科研评价制度

强化对高等学校和科研院所研究活动的分类考核。对基础和前沿技术研究实行同行评价,突出中长期目标导向,评价重点从研究成果数量转向研究质量、原创价值和实际贡献。

对公益性研究强化国家目标和社会责任评价,定期对公益性研究机构组织第三方评价,将评价结果作为财政支持的重要依据,引导建立公益性研究机构依托国家资源服务行业创新机制。

(十九)深化转制科研院所改革

坚持技术开发类科研机构企业化转制方向,对于承担较多行业共性科研任务的转制科研院所,可组建成产业技术研发集团,对行业共性技术研究和市场经营活动进行分类管理、分类考核。

推动以生产经营活动为主的转制科研院所深化市场化改革,通过引入社会资本或整体上市,积极发展混合所有制,推进产业技术联盟建设。

对于部分转制科研院所中基础研究能力较强的团队,在明确定位和标准的基础上,引导其回归公益,参与国家重点实验室建设,支持其继续承担国家任务。

（二十）建立高等学校和科研院所技术转移机制

逐步实现高等学校和科研院所与下属公司剥离，原则上高等学校、科研院所不再新办企业，强化科技成果以许可方式对外扩散。

加强高等学校和科研院所的知识产权管理，明确所属技术转移机构的功能定位，强化其知识产权申请、运营权责。

建立完善高等学校、科研院所的科技成果转移转化的统计和报告制度，财政资金支持形成的科技成果，除涉及国防、国家安全、国家利益、重大社会公共利益外，在合理期限内未能转化的，可由国家依法强制许可实施。

七、创新培养、用好和吸引人才机制

围绕建设一支规模宏大、富有创新精神、敢于承担风险的创新型人才队伍，按照创新规律培养和吸引人才，按照市场规律让人才自由流动，实现人尽其才、才尽其用、用有所成。

（二十一）构建创新型人才培养模式

开展启发式、探究式、研究式教学方法改革试点，弘扬科学精神，营造鼓励创新、宽容失败的创新文化。改革基础教育培养模式，尊重个性发展，强化兴趣爱好和创造性思维培养。

以人才培养为中心，着力提高本科教育质量，加快部分普通本科高等学校向应用技术型高等学校转型，开展校企联合招生、联合培养试点，拓展校企合作育人的途径与方式。

分类改革研究生培养模式，探索科教结合的学术学位研究生培养新模式，扩大专业学位研究生招生比例，增进教学与实践的融合。

鼓励高等学校以国际同类一流学科为参照，开展学科国际评估，扩大交流合作，稳步推进高等学校国际化进程。

（二十二）建立健全科研人才双向流动机制

改进科研人员薪酬和岗位管理制度，破除人才流动的体制机制障碍，促进科研人员在事业单位和企业间合理流动。

符合条件的科研院所的科研人员经所在单位批准，可带着科研项目和成果、保留基本待遇到企业开展创新工作或创办企业。

允许高等学校和科研院所设立一定比例流动岗位，吸引有创新实践经验的企业家和企业科技人才兼职。试点将企业任职经历作为高等学校新聘工程类教师的必要条件。

加快社会保障制度改革，完善科研人员在企业与事业单位之间流动时社保关系转移接续政策，促进人才双向自由流动。

（二十三）实行更具竞争力的人才吸引制度

制定外国人永久居留管理的意见，加快外国人永久居留管理立法，规范和放宽技术型人才取得外国人永久居留证的条件，探索建立技术移民制度。对持有外国人永久居留证的外籍高层次人才在创办科技型企业等创新活动方面,给予中国籍公民同等待遇。

加快制定外国人在中国工作管理条例,对符合条件的外国人才给予工作许可便利,对符合条件的外国人才及其随行家属给予签证和居留等便利。对满足一定条件的国外高层次科技创新人才取消来华工作许可的年龄限制。

围绕国家重大需求,面向全球引进首席科学家等高层次科技创新人才。建立访问学者制度。广泛吸引海外高层次人才回国(来华)从事创新研究。

稳步推进人力资源市场对外开放,逐步放宽外商投资人才中介服务机构的外资持股比例和最低注册资本金要求。鼓励有条件的国内人力资源服务机构走出去与国外人力资源服务机构开展合作,在境外设立分支机构,积极参与国际人才竞争与合作。

八、推动形成深度融合的开放创新局面

坚持引进来与走出去相结合,以更加主动的姿态融入全球创新网络,以更加开阔的胸怀吸纳全球创新资源,以更加积极的策略推动技术和标准输出,在更高层次上构建开放创新机制。

(二十四)鼓励创新要素跨境流动

对开展国际研发合作项目所需付汇,实行研发单位事先承诺,商务、科技、税务部门事后并联监管。

对科研人员因公出国进行分类管理,放宽因公临时出国批次限量管理政策。

改革检验管理,对研发所需设备、样本及样品进行分类管理,在保证安全前提下,采用重点审核、抽检、免检等方式,提高审核效率。

(二十五)优化境外创新投资管理制度

健全综合协调机制,协调解决重大问题,合力支持国内技术、产品、标准、品牌走出去,开拓国际市场。强化技术贸易措施评价和风险预警机制。

研究通过国有重点金融机构发起设立海外创新投资基金,外汇储备通过债权、股权等方式参与设立基金工作,更多更好利用全球创新资源。

鼓励上市公司海外投资创新类项目,改革投资信息披露制度,在相关部门确认不影响国家安全和经济安全前提下,按照中外企业商务谈判进展,适时披露有关信息。

(二十六)扩大科技计划对外开放

制定国家科技计划对外开放的管理办法,按照对等开放、保障安全的原则,积极鼓励和引导外资研发机构参与承担国家科技计划项目。

在基础研究和重大全球性问题研究等领域,统筹考虑国家科研发展需求和战略目标,研究发起国际大科学计划和工程,吸引海外顶尖科学家和团队参与。积极参与大型国际科技合作计划。引导外资研发中心开展高附加值原创性研发活动,吸引国际知名科研机构来华联合组建国际科技中心。

九、加强创新政策统筹协调

更好发挥政府推进创新的作用。改革科技管理体制,加强创新政策评估督查与绩

效评价,形成职责明晰、积极作为、协调有力、长效管用的创新治理体系。

(二十七)加强创新政策的统筹

加强科技、经济、社会等方面的政策、规划和改革举措的统筹协调和有效衔接,强化军民融合创新。发挥好科技界和智库对创新决策的支撑作用。

建立创新政策协调审查机制,组织开展创新政策清理,及时废止有违创新规律、阻碍新兴产业和新兴业态发展的政策条款,对新制定政策是否制约创新进行审查。

建立创新政策调查和评价制度,广泛听取企业和社会公众意见,定期对政策落实情况进行跟踪分析,并及时调整完善。

(二十八)完善创新驱动导向评价体系

改进和完善国内生产总值核算方法,体现创新的经济价值。研究建立科技创新、知识产权与产业发展相结合的创新驱动发展评价指标,并纳入国民经济和社会发展规划。

健全国有企业技术创新经营业绩考核制度,加大技术创新在国有企业经营业绩考核中的比重。对国有企业研发投入和产出进行分类考核,形成鼓励创新、宽容失败的考核机制。把创新驱动发展成效纳入对地方领导干部的考核范围。

(二十九)改革科技管理体制

转变政府科技管理职能,建立依托专业机构管理科研项目的机制,政府部门不再直接管理具体项目,主要负责科技发展战略、规划、政策、布局、评估和监管。

建立公开统一的国家科技管理平台,健全统筹协调的科技宏观决策机制,加强部门功能性分工,统筹衔接基础研究、应用开发、成果转化、产业发展等各环节工作。

进一步明晰中央和地方科技管理事权和职能定位,建立责权统一的协同联动机制,提高行政效能。

(三十)推进全面创新改革试验

遵循创新区域高度集聚的规律,在有条件的省(自治区、直辖市)系统推进全面创新改革试验,授权开展知识产权、科研院所、高等教育、人才流动、国际合作、金融创新、激励机制、市场准入等改革试验,努力在重要领域和关键环节取得新突破,及时总结推广经验,发挥示范和带动作用,促进创新驱动发展战略的深入实施。

各级党委和政府要高度重视,加强领导,把深化体制机制改革、加快实施创新驱动发展战略,作为落实党的十八大和十八届二中、三中、四中全会精神的重大任务,认真抓好落实。有关方面要密切配合,分解改革任务,明确时间表和路线图,确定责任部门和责任人。要加强对创新文化的宣传和舆论引导,宣传改革经验、回应社会关切、引导社会舆论,为创新营造良好的社会环境。

《深化科技体制改革实施方案》

（中办发〔2015〕46 号）

深化科技体制改革是全面深化改革的重要内容，是实施创新驱动发展战略、建设创新型国家的根本要求。党的十八大特别是十八届二中、三中、四中全会以来，中央对科技体制改革和创新驱动发展作出了全面部署，出台了一系列重大改革举措。为更好地贯彻落实中央的改革决策，形成系统、全面、可持续的改革部署和工作格局，打通科技创新与经济社会发展通道，最大限度地激发科技第一生产力、创新第一动力的巨大潜能，现制定如下实施方案。

一、指导思想、基本原则和主要目标

（一）指导思想

高举中国特色社会主义伟大旗帜，全面贯彻落实党的十八大和十八届二中、三中、四中全会精神，深入学习贯彻习近平总书记系列重要讲话精神，按照"四个全面"战略布局总要求，坚持走中国特色自主创新道路，聚焦实施创新驱动发展战略，以构建中国特色国家创新体系为目标，全面深化科技体制改革，推动以科技创新为核心的全面创新，推进科技治理体系和治理能力现代化，促进军民融合深度发展，营造有利于创新驱动发展的市场和社会环境，激发大众创业、万众创新的热情与潜力，主动适应和引领经济发展新常态，加快创新型国家建设步伐，为实现发展驱动力的根本转换奠定体制基础。

（二）基本原则

激发创新。把增强自主创新能力、促进科技与经济紧密结合作为根本目的，以改革驱动创新，强化创新成果同产业对接、创新项目同现实生产力对接、研发人员创新劳动同其利益收入对接，充分发挥市场作用，释放科技创新潜能，打造创新驱动发展新引擎。

问题导向。坚持把破解制约创新驱动发展的体制机制障碍作为着力点，找准突破口，增强针对性，在重要领域和关键环节取得决定性进展，提高改革的质量和效益。

整体推进。坚持科技体制改革与经济社会等领域改革同步发力，既继承又发展，围绕实施创新驱动发展战略和建设国家创新体系，制定具有标志性、带动性的改革举措和政策措施，抓好进度统筹、质量统筹、落地统筹，增强改革的系统性、全面性和协同性。

开放协同。统筹中央和地方改革部署，强化部门改革协同，注重财税、金融、投资、产业、贸易、消费等政策与科技政策的配套，充分利用国内国际资源，加强工作衔接和协调配合，形成改革合力，更大范围、更高层次、更有效率配置创新资源。

落实落地。坚持科技体制改革的目标和方向，统筹衔接当前和长远举措，把握节奏，分步实施，增强改革的有序性。明确部门分工，强化责任担当，注重可操作、可考核、

可督查,确保改革举措落地生根,形成标志性成果。

(三)主要目标

到 2020 年,在科技体制改革的重要领域和关键环节取得突破性成果,基本建立适应创新驱动发展战略要求、符合社会主义市场经济规律和科技创新发展规律的中国特色国家创新体系,进入创新型国家行列。自主创新能力显著增强,技术创新的市场导向机制更加健全,企业、科研院所、高等学校等创新主体充满活力、高效协同,军民科技融合深度发展,人才、技术、资本等创新要素流动更加顺畅,科技管理体制机制更加完善,创新资源配置更加优化,科技人员积极性、创造性充分激发,大众创业、万众创新氛围更加浓厚,创新效率显著提升,为到 2030 年建成更加完备的国家创新体系、进入创新型国家前列奠定坚实基础。

二、建立技术创新市场导向机制

企业是科技与经济紧密结合的主要载体,解决科技与经济结合不紧问题的关键是增强企业创新能力和协同创新的合力。要健全技术创新的市场导向机制和政府引导机制,加强产学研协同创新,引导各类创新要素向企业集聚,促进企业成为技术创新决策、研发投入、科研组织和成果转化的主体,使创新转化为实实在在的产业活动,培育新的增长点,促进经济转型升级提质增效。

(一)建立企业主导的产业技术创新机制,激发企业创新内生动力

1. 建立高层次、常态化的企业技术创新对话、咨询制度,发挥企业和企业家在国家创新决策中的重要作用。吸收更多企业参与研究制定国家技术创新规划、计划、政策和标准,相关专家咨询组中产业专家和企业家应占较大比例。

2. 市场导向明确的科技项目由企业牵头、政府引导、联合高等学校和科研院所实施。政府更多运用财政后补助、间接投入等方式,支持企业自主决策、先行投入,开展重大产业关键共性技术、装备和标准的研发攻关。开展国家科技计划(专项、基金)后补助试点。

3. 开展龙头企业创新转型试点,探索政府支持企业技术创新、管理创新、商业模式创新的新机制。

4. 坚持结构性减税方向,逐步将国家对企业技术创新的投入方式转变为以普惠性财税政策为主。

5. 统筹研究企业所得税加计扣除政策,完善企业研发费用计核方法,调整目录管理方式,扩大研发费用加计扣除政策适用范围。

6. 健全国有企业技术创新经营业绩考核制度,加大技术创新在国有企业经营业绩考核中的比重。对国有企业研发投入和产出进行分类考核,形成鼓励创新、宽容失败的考核机制。完善中央企业负责人经营业绩考核暂行办法。

7. 建立健全符合国际规则的支持采购创新产品和服务的政策,加大创新产品和服务采购力度。鼓励采用首购、订购等非招标采购方式以及政府购买服务等方式予以支持,促进创新产品的研发和规模化应用。

8. 研究完善使用首台(套)重大技术装备鼓励政策,健全研制、使用单位在产品创新、增值服务和示范应用等环节的激励和约束机制。推进首台(套)重大技术装备保险补偿机制。

(二)加强科技创新服务体系建设,完善对中小微企业创新的支持方式

9. 制定科技型中小企业的条件和标准,为落实扶持中小企业创新政策开辟便捷通道。

10. 完善中小企业创新服务体系,加快推进创业孵化、知识产权服务、第三方检验检测认证等机构的专业化、市场化改革,构建面向中小微企业的社会化、专业化、网络化技术创新服务平台。

11. 修订高新技术企业认定管理办法,重点鼓励中小企业加大研发力度,将涉及文化科技支撑、科技服务的核心技术纳入国家重点支持的高新技术领域。

12. 落实和完善政府采购促进中小企业创新发展的相关措施,完善政府采购向中小企业预留采购份额、评审优惠等措施。

(三)健全产学研用协同创新机制,强化创新链和产业链有机衔接

13. 鼓励构建以企业为主导、产学研合作的产业技术创新战略联盟,制定促进联盟发展的措施,按照自愿原则和市场机制,进一步优化联盟在重点产业和重点区域的布局。加强产学研结合的中试基地和共性技术研发平台建设。

14. 探索在战略性领域采取企业主导、院校协作、多元投资、军民融合、成果分享的新模式,整合形成若干产业创新中心。

15. 制定具体管理办法,允许符合条件的高等学校和科研院所科研人员经所在单位批准,带着科研项目和成果、保留基本待遇到企业开展创新工作或创办企业。

16. 开展高等学校和科研院所设立流动岗位吸引企业人才兼职的试点工作,允许高等学校和科研院所设立一定比例流动岗位,吸引有创新实践经验的企业家和企业科技人才兼职。试点将企业任职经历作为高等学校新聘工程类教师的必要条件。

17. 改进科研人员薪酬和岗位管理制度,破除人才流动的体制机制障碍,促进科研人员在事业单位与企业间合理流动。加快社会保障制度改革,完善科研人员在事业单位与企业之间流动社保关系转移接续政策。

三、构建更加高效的科研体系

科研院所和高等学校是源头创新的主力军,必须大力增强其原始创新和服务经济社会发展能力。深化科研院所分类改革和高等学校科研体制机制改革,构建符合创新规律、职能定位清晰的治理结构,完善科研组织方式和运行管理机制,加强分类管理和绩效考核,增强知识创造和供给,筑牢国家创新体系基础。

(四)加快科研院所分类改革,建立健全现代科研院所制度

18. 完善科研院所法人治理结构,推动科研机构制定章程,探索理事会制度,推进科研事业单位取消行政级别。

19. 制定科研事业单位领导人员管理暂行规定,规范领导人员任职资格、选拔任用、考核评价激励、监督管理等。在有条件的单位对院（所）长实行聘任制。

20. 推进公益类科研院所分类改革，落实科研事业单位在编制管理、人员聘用、职称评定、绩效工资分配等方面的自主权。

21. 坚持技术开发类科研机构企业化转制方向，对于承担较多行业共性任务的转制科研院所，可组建产业技术研发集团，对行业共性技术研究和市场经营活动进行分类管理、分类考核。推动以生产经营活动为主的转制科研院所深化市场化改革，通过引入社会资本或整体上市，积极发展混合所有制。对于部分转制科研院所中基础能力强的团队，在明确定位和标准的基础上，引导其回归公益，参与国家重点实验室建设，支持其继续承担国家任务。

22. 研究制定科研机构创新绩效评价办法，对基础和前沿技术研究实行同行评价，突出中长期目标导向，评价重点从研究成果数量转向研究质量、原创价值和实际贡献；对公益性研究强化国家目标和社会责任评价，定期对公益性研究机构组织第三方评价，将评价结果作为财政支持的重要依据，引导建立公益性研究机构依托国家资源服务行业创新机制。扩大科研机构绩效拨款试点范围，逐步建立财政支持的科研机构绩效拨款制度。

23. 实施中国科学院率先行动计划。发挥集科研院所、学部、教育机构于一体的优势，探索中国特色的国家现代科研院所制度。

（五）完善高等学校科研体系，建设一批世界一流大学和一流学科

24. 按照中央财政科技计划管理改革方案，实施"高等学校创新能力提升计划"（2011 计划）。

25. 制定总体方案，统筹推进世界一流大学和一流学科建设，完善专业设置和动态调整机制，建立以国际同类一流学科为参照的学科评估制度，扩大交流合作，稳步推进高等学校国际化进程。

26. 启动高等学校科研组织方式改革，开展自主设立科研岗位试点，推进高等学校研究人员聘用制度改革。

（六）推动新型研发机构发展，形成跨区域、跨行业的研发和服务网络

27. 制定鼓励社会化新型研发机构发展的意见，探索非营利性运行模式。

28. 优化国家实验室、重点实验室、工程实验室、工程（技术）研究中心布局，按功能定位分类整合，构建开放共享互动的创新网络。制定国家实验室发展规划、运行规则和管理办法，探索新型治理结构和运行机制。

四、改革人才培养、评价和激励机制

创新驱动实质上是人才驱动。改革和完善人才发展机制，加大创新型人才培养力度，对从事不同创新活动的科技人员实行分类评价，制定和落实鼓励创新创造的激励政策，鼓励科研人员持续研究和长期积累，充分调动和激发人的积极性和创造性。

（七）改进创新型人才培养模式，增强科技创新人才后备力量

29. 开展启发式、探究式、研究式教学方法改革试点，弘扬科学精神，营造鼓励创新、宽容失败的创新文化。改革基础教育培养模式,尊重个性发展,强化兴趣爱好和创造性思维培养。

30. 以人才培养为中心,着力提高本科教育质量,加快部分普通本科高等学校向应用技术型高等学校转型,开展校企联合招生、联合培养试点,拓展校企合作育人的途径与方式。

31. 分类改革研究生培养模式,探索科教结合的学术学位研究生培养新模式,扩大专业学位研究生招生比例,增进教学与实践的融合,建立以科学与工程技术研究为主导的导师责任制和导师项目资助制,推行产学研联合培养研究生的“双导师制”。

32. 制定关于深化高等学校创新创业教育改革的实施意见,加大创新创业人才培养力度。

(八) 实行科技人员分类评价,建立以能力和贡献为导向的评价和激励机制

33. 建立健全各类人才培养、使用、吸引、激励机制,制定关于深化人才发展体制机制改革的意见。

34. 改进人才评价方式,制定关于分类推进人才评价机制改革的指导意见,提升人才评价的科学性。对从事基础和前沿技术研究、应用研究、成果转化等不同活动的人员建立分类评价制度。

35. 完善科技人才职称评价标准和方式,制定关于深化职称制度改革的意见,促进职称评价结果和科技人才岗位聘用有效衔接。

36. 研究制定事业单位高层次人才收入分配激励机制的政策意见,健全鼓励创新创造的分配激励机制。优化工资结构,保证科研人员合理工资待遇水平。推进科研事业单位实施绩效工资,完善内部分配机制,重点向关键岗位、业务骨干和作出突出贡献的人员倾斜。

(九) 深化科技奖励制度改革,强化奖励的荣誉性和对人的激励

37. 制定深化科技奖励改革方案,逐步完善推荐提名制,突出对重大科技贡献、优秀创新团队和青年人才的激励。

38. 完善国家科技奖励工作,修订国家科学技术奖励条例。

39. 引导和规范社会力量设奖,制定关于鼓励社会力量设立科学技术奖的指导意见。

(十) 改进完善院士制度,健全院士遴选、管理和退出机制

40. 完善院士增选机制,改进院士候选人推荐(提名)方式,按照新的章程及相关实施办法开展院士推荐和遴选。

41. 制定规范院士学术兼职和待遇的相关措施,明确相关标准和范围。

42. 制定实施院士退出机制的具体管理措施,加强院士在科学道德建设方面的示范作用。

五、健全促进科技成果转化的机制

科技成果转化为现实生产力是创新驱动发展的本质要求。要完善科技成果使用、处置和收益管理制度,加大对科研人员转化科研成果的激励力度,构建服务支撑体系,打通成果转化通道,通过成果应用体现创新价值,通过成果转化创造财富。

(十一)深入推进科技成果使用、处置和收益管理改革,强化对科技成果转化的激励

43. 推动修订促进科技成果转化法和相关政策规定,在财政资金设立的科研院所和高等学校中,将职务发明成果转让收益在重要贡献人员、所属单位之间合理分配,对用于奖励科研负责人、骨干技术人员等重要贡献人员和团队的比例,可以从现行不低于20%提高到不低于50%。

44. 结合事业单位分类改革要求,尽快将财政资金支持形成的,不涉及国防、国家安全、国家利益、重大社会公共利益的科技成果的使用权、处置权和收益权,全部下放给符合条件的项目承担单位。单位主管部门和财政部门对科技成果在境内的使用、处置不再审批或备案,科技成果转移转化所得收入全部留归单位,纳入单位预算,实行统一管理,处置收入不上缴国库。总结试点经验,结合促进科技成果转化法修订进程,尽快将有关政策在全国范围内推广。

45. 完善职务发明制度,推动修订专利法、公司法等相关内容,完善科技成果、知识产权归属和利益分享机制,提高骨干团队、主要发明人受益比例。完善奖励报酬制度,健全职务发明的争议仲裁和法律救济制度。

46. 制定在全国加快推行股权和分红激励政策的办法,对高等学校和科研院所等事业单位以科技成果作价入股的企业,放宽股权奖励、股权出售对企业设立年限和盈利水平的限制。建立促进国有企业创新的激励制度,对在创新中作出重要贡献的技术人员实施股权和分红激励政策。

47. 落实国有企业事业单位成果转化奖励的相关政策,国有企业事业单位对职务发明完成人、科技成果转化重要贡献人员和团队的奖励,计入当年单位工资总额,但不纳入工资总额基数。

48. 完善事业单位无形资产管理,探索建立适应无形资产特点的国有资产管理考核机制。

(十二)完善技术转移机制,加速科技成果产业化

49. 加强高等学校和科研院所的知识产权管理,完善技术转移工作体系,制定具体措施,推动建立专业化的机构和职业化的人才队伍,强化知识产权申请、运营权责。逐步实现高等学校和科研院所与下属公司剥离,原则上高等学校、科研院所不再新办企业,强化科技成果以许可方式对外扩散,鼓励以转让、作价入股等方式加强技术转移。

50. 建立完善高等学校和科研院所科技成果转化年度统计和报告制度,财政资金支持形成的科技成果,除涉及国防、国家安全、国家利益、重大社会公共利益外,在合理期限内未能转化的,可由国家依法强制许可实施。

51. 构建全国技术交易市场体系,在明确监管职责和监管规则的前提下,以信息化网络连接依法设立、运行规范的现有各区域技术交易平台,制定促进技术交易和相关服务业发展的措施。

52. 统筹研究国家自主创新示范区实行的科技人员股权奖励个人所得税试点政策

推广工作。

53. 研究制定科研院所和高等学校技术入股形成的国有股转持豁免的政策。

54. 推动修订标准化法,强化标准化促进科技成果转化应用的作用。

55. 健全科技与标准化互动支撑机制,制定以科技提升技术标准水平、以技术标准促进技术成果转化应用的措施,制定团体标准发展指导意见和标准化良好行为规范,鼓励产业技术创新战略联盟及学会、协会协调市场主体共同制定团体标准,加速创新成果市场化、产业化,提高标准国际化水平。

六、建立健全科技和金融结合机制

金融创新对技术创新具有重要的助推作用。要大力发展创业投资,建立多层次资本市场支持创新机制,构建多元化融资渠道,支持符合创新特点的结构性、复合性金融产品开发,完善科技和金融结合机制,形成各类金融工具协同支持创新发展的良好局面。

(十三)壮大创业投资规模,加大对早中期、初创期创新型企业支持力度

56. 扩大国家科技成果转化引导基金规模,吸引优秀创业投资管理团队联合设立一批子基金,开展贷款风险补偿工作。

57. 设立国家新兴产业创业投资引导基金,带动社会资本支持战略性新兴产业和高技术产业早中期、初创期创新型企业发展。

58. 研究设立国家中小企业发展基金,保留专注于科技型中小企业的投资方向。

59. 研究制定天使投资相关法规,鼓励和规范天使投资发展,出台私募投资基金管理暂行条例。

60. 按照税制改革的方向与要求,对包括天使投资在内的投向种子期、初创期等创新活动的投资,统筹研究相关税收支持政策。

61. 研究扩大促进创业投资企业发展的税收优惠政策,适当放宽创业投资企业投资高新技术企业的条件限制,并在试点基础上将享受投资抵扣政策的创业投资企业范围扩大到有限合伙制创业投资企业法人合伙人。

62. 结合国有企业改革建立国有资本创业投资基金制度,完善国有创投机构激励约束机制。

63. 完善外商投资创业投资企业规定,引导境外资本投向创新领域。

64. 研究保险资金投资创业投资基金的相关政策,制定保险资金设立私募投资基金的办法。

(十四)强化资本市场对技术创新的支持,促进创新型成长型企业加速发展

65. 发挥沪深交易所股权质押融资机制作用,支持符合条件的创新创业企业发行公司债券。

66. 支持符合条件的企业发行项目收益债,募集资金用于加大创新投入。

67. 推动修订相关法律法规,开展知识产权证券化试点。

68. 开展股权众筹融资试点,积极探索和规范发展服务创新的互联网金融。

69. 加快创业板市场改革,推动股票发行注册制改革,健全适合创新型、成长型企业发展的制度安排,扩大服务实体经济覆盖面,强化全国中小企业股份转让系统融资、并购、交易等功能,规范发展服务小微企业的区域性股权市场。加强不同层次资本市场的有机联系。

(十五)拓宽技术创新间接融资渠道,完善多元化融资体系

70. 建立知识产权质押融资市场化风险补偿机制,简化知识产权质押融资流程,鼓励有条件的地区建立科技保险奖补机制和再保险制度,加快发展科技保险,开展专利保险试点,完善专利保险服务机制。

71. 完善商业银行相关法律。选择符合条件的银行业金融机构,探索试点为企业创新活动提供股权和债权相结合的融资服务方式,与创业投资、股权投资机构实现投贷联动。

72. 政策性银行在有关部门及监管机构的指导下,加快业务范围内金融产品和服务方式创新,对符合条件的企业创新活动加大信贷支持力度。

73. 稳步发展民营银行,建立与之相适应的监管制度,支持面向中小企业创新需求的金融产品创新。

七、(略)

八、构建统筹协调的创新治理机制

深化科技管理改革是提升科技资源配置使用效率的根本途径。要加快政府职能转变,加强科技、经济、社会等方面政策的统筹协调和有效衔接,改革中央财政科技计划管理,完善科技管理基础制度,建立创新驱动导向的政绩考核机制,推进科技治理体系和治理能力现代化。

(十八)完善政府统筹协调和决策咨询机制,提高科技决策的科学化水平

82. 建立部门科技创新沟通协调机制,加强创新规划制定、任务安排、项目实施等的统筹协调,优化科技资源配置。

83. 建立国家科技创新决策咨询机制,发挥好科技界和智库对创新决策的支撑作用,成立国家科技创新咨询委员会,定期向党中央、国务院报告国际科技创新动向。

84. 建立并完善国家科技规划体系,国家科技规划进一步聚焦战略需求,重点部署市场不能有效配置资源的关键领域研究。进一步明晰中央和地方科技管理事权和职能定位,建立责权统一的协同联动机制。

85. 建立创新政策协调审查机制,启动政策清理工作,废止有违创新规律、阻碍创新发展的政策条款,对新制定政策是否制约创新进行审查。

86. 建立创新政策调查和评价制度,定期对政策落实情况进行跟踪分析,及时调整完善。

(十九)推进中央财政科技计划(专项、基金等)管理改革,再造科技计划管理体系

87. 对现有科技计划(专项、基金等)进行优化整合,按照国家自然科学基金、国家科技重大专项、国家重点研发计划、技术创新引导专项（基金）、基地和人才专项等五类科技计划重构国家科技计划布局，实行分类管理、分类支持。

88. 构建统一的国家科技管理平台，建立国家科技计划（专项、基金等）管理部际联席会议制度，组建战略咨询与综合评审委员会，制定议事规则，完善运行机制，加强重大事项的统筹协调。

89. 建立专业机构管理项目机制，制定专业机构改建方案和管理制度，逐步推进专业机构的市场化和社会化。

90. 建立统一的国家科技计划监督评估机制，制定监督评估通则和标准规范，强化科技计划实施和经费监督检查，开展第三方评估。

（二十）改革科研项目和资金管理，建立符合科研规律、高效规范的管理制度

91. 建立五类科技计划（专项、基金等）管理和资金管理制度，制定和修订相关计划管理办法和经费管理办法，改进和规范项目管理流程，提高资金使用效率。

92. 完善科研项目间接费管理制度。

93. 健全完善科研项目资金使用公务卡结算有关制度，健全科研项目和资金巡视检查、审计等制度，依法查处违法违规行为，完善科研项目和资金使用监管机制。

94. 制定加强基础研究的指导性文件，在科研布局、科研评价、政策环境、资金投入等方面加强顶层设计和综合施策，切实加大对基础研究的支持力度。完善稳定支持和竞争性支持相协调的机制，加大稳定支持力度，支持研究机构自主布局科研项目，扩大高等学校、科研院所学术自主权和个人科研选题选择权。在基础研究领域建立包容和支持"非共识"创新项目的制度。

95. 完善科研信用管理制度，建立覆盖项目决策、管理、实施主体的逐级考核问责机制和责任倒查制度。

（二十一）全面推进科技管理基础制度建设，推动科技资源开放共享

96. 建立统一的国家科技计划管理信息系统和中央财政科研项目数据库，对科技计划实行全流程痕迹管理。

97. 全面实行国家科技报告制度，建立科技报告共享服务机制，将科技报告呈交和共享情况作为对项目承担单位后续支持的依据。

98. 全面推进国家创新调查制度建设，发布国家、区域、高新区、企业等创新能力监测评价报告。

99. 建立统一开放的科研设施与仪器国家网络管理平台，将所有符合条件的科研设施与仪器纳入平台管理，建立国家重大科研基础设施和大型科研仪器开放共享制度和运行补助机制。

（二十二）完善宏观经济统计指标体系和政绩考核机制，强化创新驱动导向

100. 改进和完善国内生产总值核算方法，体现科技创新的经济价值。研究建立科技创新、知识产权与产业发展相结合的创新驱动发展评价指标，并纳入国民经济和社会发展规划。

101. 完善地方党政领导干部政绩考核办法，把创新驱动发展成效纳入考核范围。

九、推动形成深度融合的开放创新局面

以全球视野谋划和推动科技创新。坚持引进来和走出去相结合,开展全方位、多层次、高水平的国际科技合作与交流,深入实施"千人计划"、"万人计划",加大先进技术和海外高层次人才引进力度,充分利用全球创新资源,以更加积极的策略推动技术和标准输出,提升我国科技创新的国际化水平。

(二十三)有序开放国家科技计划,提高我国科技的全球影响力

102. 制定国家科技计划对外开放的管理办法,鼓励在华的外资研发中心参与承担国家科技计划项目,开展高附加值原创性研发活动,启动外籍科学家参与承担国家科技计划项目实施的试点。

103. 在基础研究和重大全球性问题研究领域,研究发起国际大科学计划和工程,积极参与大型国际科技合作计划。吸引国际知名科研机构来华联合组建国际科技中心。鼓励和支持中国科学家在国际科技组织任职。

(二十四)实行更加积极的人才引进政策,聚集全球创新人才

104. 制定外国人永久居留管理的意见,加快外国人永久居留管理立法,规范和放宽技术型人才取得外国人永久居留证的条件,探索建立技术移民制度,对持有外国人永久居留证的外籍高层次人才在创办科技型企业等创新活动方面,给予中国籍公民同等待遇。

105. 加快制定外国人在中国工作管理条例,对符合条件的外国人才给予工作许可便利,对符合条件的外国人才及其随行家属给予签证和居留等便利。对满足一定条件的国外高层次科技创新人才取消来华工作许可的年龄限制。

106. 开展国有企业事业单位选聘、聘用国际高端人才实行市场化薪酬试点,加大对高端人才激励力度。

107. 围绕国家重大需求,面向全球引进首席科学家等高层次科技创新人才。建立访问学者制度,广泛吸引海外高层次人才回国(来华)从事创新研究。

108. 开展高等学校和科研院所非涉密的部分岗位全球招聘试点,提高科研院所所长全球招聘比例。

109. 逐步放宽外商投资人才中介服务机构的外资持股比例和最低注册资本金要求。鼓励有条件的国内人力资源服务机构走出去与国外人力资源服务机构开展合作,在境外设立分支机构。

(二十五)鼓励企业建立国际化创新网络,提升企业利用国际创新资源的能力

110. 进一步完善同主要国家创新对话机制,积极吸收企业参与,在研发合作、技术标准、知识产权、跨国并购等方面为企业搭建沟通和对话平台。

111. 健全综合协调机制,支持国内技术、产品、标准、品牌走出去,支持企业在海外设立研发中心、参与国际标准制定。强化技术贸易措施评价和风险预警机制。

(二十六)优化境外创新投资管理制度,鼓励创新要素跨境流动

112. 研究通过国有重点金融机构发起设立海外创新投资基金,外汇储备通过债

权、股权等方式参与设立基金工作,积极吸收其他性质资金参与,更多更好利用全球创新资源。

113. 制定鼓励上市公司海外投资创新类项目的措施,改革投资信息披露制度。

114. 制定相关规定,对开展国际研发合作项目所需付汇,实行研发单位事先承诺、事后并联监管制度。

115. 对科研人员因公出国进行分类管理,放宽因公临时出国批次限量管理政策。

116. 改革检验管理,对研发所需设备、样本及样品进行分类管理,在保证安全前提下,采用重点审核、抽检、免检等方式,提高审核效率。

十、营造激励创新的良好生态

积极营造公平、开放、透明的市场环境,推动大众创业、万众创新。强化知识产权保护,改进新技术新产品新商业模式的准入管理和产业准入制度,加快推进垄断性行业改革,建立主要由市场决定要素价格的机制,形成有利于转型升级、鼓励创新的产业政策导向,营造勇于探索、鼓励创新、宽容失败的文化和社会氛围。

(二十七)实行严格的知识产权保护制度,鼓励创业、激励创新

117. 完善知识产权保护相关法律,研究降低侵权行为追究刑事责任门槛,调整损害赔偿标准,探索实施惩罚性赔偿制度。完善权利人维权机制,合理划分权利人举证责任。

118. 完善商业秘密保护法律制度,明确商业秘密和侵权行为界定,研究制定相关保护措施,探索建立诉前保护制度。

119. 研究商业模式等新形态创新成果的知识产权保护办法。

120. 完善知识产权审判工作机制,推进知识产权民事、行政、刑事案件审判"三合一",积极发挥知识产权法院的作用,探索建立跨地区知识产权案件异地审理机制,打破对侵权行为的地方保护。

121. 健全知识产权侵权查处机制,强化行政执法与司法衔接,加强知识产权综合行政执法,将侵权行为信息纳入社会信用记录。

122. 建立知识产权海外维权援助机制,完善中国保护知识产权网海外维权信息平台建设和知识产权海外服务机构、专家名录。

(二十八)打破制约创新的行业垄断和市场分割,营造激励创新的市场环境

123. 加快推进垄断性行业改革,放开自然垄断行业竞争性业务,建立鼓励创新的统一透明、有序规范的市场环境。切实加强反垄断执法,及时发现和制止垄断协议和滥用市场支配地位等垄断行为,为中小企业创新发展拓展空间。

124. 打破地方保护,清理和废除各地妨碍全国统一市场的规定和做法,纠正地方政府不当补贴或利用行政权力限制、排除竞争的行为,探索实施公平竞争审查制度。

(二十九)改进市场准入与监管,完善放活市场、拉动创新的产业技术政策

125. 改革市场准入制度,制定和实施产业准入负面清单,对未纳入负面清单管理的行业、领域、业务等,各类市场主体皆可依法平等进入。

126. 破除限制新技术新产品新商业模式发展的不合理准入障碍。对药品、医疗器械等创新产品建立便捷高效的监管模式,深化审评审批制度改革,多种渠道增加审评资源,优化流程,缩短周期,支持委托生产等新的组织模式发展。

127. 对新能源汽车、风电、光伏等领域制定有针对性的准入政策。

128. 完善相关管理制度,改进互联网、金融、环保、医疗卫生、文化、教育等领域的监管,支持和鼓励新业态、新商业模式发展。

129. 改革产业监管制度,将前置审批为主转变为依法加强事中事后监管为主。

130. 明确并逐步提高生产环节和市场准入的环境、节能、节水、节地、节材、质量和安全指标及相关标准,形成统一权威、公开透明的市场准入标准体系。健全技术标准体系,制定和实施强制性标准。

131. 加强产业技术政策、标准执行的过程监管。建立健全环保、质检、工商、安全监管等部门的行政执法联动机制。

(三十) 推动有利于创新的要素价格改革,形成创新倒逼机制

132. 运用主要由市场决定要素价格的机制,促使企业从依靠过度消耗资源能源、低性能低成本竞争,向依靠创新、实施差别化竞争转变。

133. 加快推进资源税改革,逐步将资源税扩展到占用各种自然生态空间。

134. 推进环境保护费改税。

135. 完善市场化的工业用地价格形成机制。

136. 健全企业职工工资正常增长机制,实现劳动力成本变化与经济提质增效相适应。

(三十一) 培育创新文化,形成支持创新创业的社会氛围

137. 发展众创、众筹、众包和虚拟创新创业社区等多种形式的创新创业模式,研究制定发展众创空间推进大众创新创业的政策措施。

138. 深入实施全民科学素质行动计划纲要,加强科学普及,推进科普信息化建设,实现到2020年我国公民具备基本科学素质的比例达到10%。

139. 创新科技宣传方式,突出对重大科技创新工程、重大科技活动、优秀科技工作者、创新创业典型事迹的宣传,在全社会营造崇尚科学、尊重创新的文化氛围和价值理念。

十一、推动区域创新改革

遵循创新区域高度集聚的规律,突出分类指导和系统改革,选择若干省(自治区、直辖市)对各项重点改革举措进行先行先试,取得一批重大改革突破,复制、推广一批改革举措和重大政策,一些地方率先实现创新驱动发展转型,引领、示范和带动全国加快实现创新驱动发展。

(三十二) 打造具有创新示范和带动作用的区域性创新平台

140. 遵循创新区域高度集聚的规律,在有条件的省(自治区、直辖市)系统推进全面创新改革试验,授权开展知识产权、科研院所、高等教育、人才流动、国际合作、金融创新、激励机制、市场准入等改革试验,努力在重要领域和关键环节取得新突破,及时总结推广经验,发挥示范和带动作用,促进创新驱动发展战略的深入实施。出台关于在部分区域系统推进全面创新改革试验的总体方案,启动改革试验工作。

141. 深入推进创新型省份和创新型城市试点建设。

142. 按照国家自主创新示范区的建设原则和整体布局,推进国家自主创新示范区建设,加强体制机制改革和政策先行先试。

143. 制定京津冀创新驱动发展指导意见,支撑京津冀协同发展。

深化科技体制改革是关系国家发展全局的重大改革,要加强领导,精心组织实施。国家科技体制改革和创新体系建设领导小组要加强统筹协调、督促落实。各有关部门、各地方要高度重视,认真落实好相关任务。各牵头单位对牵头的任务要负总责,会同其他参与单位制定具体落实方案,明确责任人、路线图、时间表,加快各项任务实施,确保按进度要求完成任务。

省科技厅关于印发《江苏省推进众创空间建设工作方案》的通知

（苏科高发〔2015〕180 号）

为贯彻落实省委办公厅、省政府办公厅《关于印发〈发展众创空间推进大众创新创业实施方案（2015—2020 年）〉的通知》（苏办发〔2015〕34 号）精神，深入实施"创业江苏"行动，大力推进众创空间建设，激发全社会创新创业活力，营造良好创新创业环境，现将《江苏省推进众创空间建设工作方案》印发给你们，请结合实际认真贯彻落实。

附件 1：

江苏省推进众创空间建设工作方案

为贯彻落实省委办公厅、省政府办公厅《关于印发〈发展众创空间推进大众创新创业实施方案（2015—2020 年）〉的通知》（苏办发〔2015〕34 号）精神，深入实施"创业江苏"行动，大力推进众创空间建设，激发全社会创新创业活力，营造良好创新创业生态环境，特制订本工作方案。

一、工作思路

深入实施"创业江苏"行动，通过上下联动，集成政策支持，建设一批众创空间等新型创业服务平台；通过市场化机制、专业化服务和资本化途径，有效集成创业服务资源，打造众创空间、孵化器、加速器、科技园区，形成点、线、面相结合的创新创业孵化服务链条；探索建设众创集聚区，提升创新创业服务能力。

二、工作目标

通过省地联动，形成推进众创空间建设的协同机制。全省建设一批纳入省级以上科技企业孵化器管理的众创空间、一批省级以上科技创业孵化链条和一批众创集聚区，孵化培育一批创新型企业，推动人才、技术、资本等创新要素向江苏集聚，加快形成大众创业、万众创新的生动局面。

三、重点任务

（一）加快众创空间建设步伐

充分发挥市场配置资源的决定性作用，鼓励行业领军企业、国有大中型企业、高校、科研机构、投资机构、行业组织等社会力量投资建设或管理运营创客空间、创业咖啡、创新工场等新型孵化载体,鼓励引进国际国内知名创客孵化培育管理模式,打造一批低成本、便利化、全要素、开放式的众创空间。各市、高新区要充分利用老旧厂房、闲置房屋、商业设施等资源进行整合和改造提升,为众创空间提供免费或低租金的场地。现有科技企业孵化器和大学科技园,要利用资源优势和孵化经验,通过新建或改造,发展一批众创空间。推进"互联网+"与传统创业载体融合,发展"线上虚拟空间"与"线下实体空间"相结合的新型众创平台,通过线上线下相结合,为"创客"群体拓展创业空间。

(二)开展科技创业孵化链条试点

支持有条件的孵化器开展"苗圃—孵化器—加速器"科技创业孵化链条建设试点,针对创业不同发展阶段需求,对创业团队开展选苗、育苗和移苗入孵工作,为有创业意向的科研人员、大学生、留学人员等开展创业见习实习,免费提供办公场所和辅导培训;对孵化器内企业提供高水平、高质量的专业化孵化服务;对高成长性企业支持其进入加速器快速成长,在一个体系内有效集成各类资源和服务。探索众创空间、孵化器、加速器和创新型产业集群协同发展的机制,实现从团队孵化到企业孵化再到产业孵化的全链条一体化服务。

(三)打造众创集聚区

鼓励各地因地制宜,围绕科教资源密集、创业企业集中区建设众创集聚区。以众创空间为特色的集聚区,要依托创新资源富集区,加快集聚科技咨询、天使投资、财务服务、法律咨询、知识产权、技术交易等创业服务机构,形成良好创新创业生态体系,营造交流、沟通、碰撞、开放、共享的创新创业空间。以创业企业或创业人员为特色的集聚区,要围绕当地优势特色产业,运用"互联网+创业"等新模式,建设完善一站式服务平台,加快集聚研发设计、商务物流、检验检测、融资担保、培训辅导等服务机构,提升创业服务水平,形成创业企业集中、创业服务完善、创业氛围浓厚的创业空间。

(四)加快发展天使投资

把建立天使投资(种子)基金作为众创空间建设的重要内容。鼓励各市、高新区建立天使投资(种子)引导基金,与众创空间、科技企业孵化器运营商等社会资本共同发起设立天使投资(种子)基金,开展持股孵化,加速在孵创业团队和创业企业成长。推动省级以上科技企业孵化器建立天使投资(种子)资金(基金),完善"孵化+创投"的功能。支持有条件的地区开展互联网众筹融资试点,鼓励创新型企业的高新技术产品开展互联网众筹推广,鼓励发展互联网金融等科技创业投融资服务平台。

(五)提升众创空间服务能力

支持众创空间根据产业特点和自身优势,应用"共享"、"众包"、"众筹"等新理念,提供专业化、差异化、多元化的大众创新创业服务。推广投资促进型、媒体延展型、培训辅导型、创客孵化型、专业服务型等创新服务模式。开展创业导师认定,建立创业导师队伍,大力发展"创业导师+专业孵化器+天使投资"的孵化模式,在全省形成联动的创业导师网络。鼓励众创空间采用自建、合作共建或引进等方式在空间内设立研发、设计、试验、工艺流程、装备制造、检验检测和标准化等服务平台。利用大数据、云计算、移动互联网等现代技术手段,实现"互联网+创业服务",打通创业服务中间环节,提供线上服务。

（六）提升众创空间等新型孵化器发展水平

开展众创空间省级备案工作，对备案的众创空间纳入省级科技企业孵化器管理体系。符合条件的众创空间适用科技企业孵化器税收优惠政策。按照国家科技企业孵化器工作绩效评价办法，加强对我省科技企业孵化器分类指导，提升孵化器建设水平和服务质量，促进科技企业孵化器争先进位。支持有条件的国家级科技企业孵化器加快建设一流创新创业载体，进入优秀等级；推动一批省级科技企业孵化器升级为国家级孵化器。进一步创新科技企业孵化器运营机制和孵化形态，鼓励和支持多元化主体投资建设运营科技企业孵化器、大学科技园。支持有条件的国有孵化器加快组织创新和机制创新，采取托管等市场化方式运营。支持省级以上高新区围绕"一区一战略产业"，结合区域优势和产业特色，吸引国有、民营资本和龙头企业建设专业性强、产业集聚度高的专业孵化器。建立健全科技企业孵化器统计体系，加强对孵化器运行情况的统计监测。

四、支持措施

（一）专项支持众创空间建设

对众创空间建设给予专项资金支持，鼓励各地建立地方众创空间补助资金，在分类、分阶段进行建设成效、运行绩效评估的基础上，共同支持众创空间、科技创业孵化链条和众创集聚区建设。省级资金采取后补助方式，主要用于支持省级以上备案的众创空间、纳入省级以上试点的科技创业孵化链条、众创集聚区建设等。

（二）强化对创业企业技术创新支持

进一步加大省科技型企业技术创新资金规模，扩大对众创空间内科技型小微企业技术创新的扶持。深入实施科技企业"小升高"计划，加快众创空间内科技型小微企业向高成长、新模式与新业态发展，加速成长为行业有影响力的高新技术企业。鼓励在孵企业参加江苏科技创业大赛，对获奖创业团队及企业参赛项目，纳入省级相关科技计划立项支持。

（三）加大科技公共服务平台建设力度

建立一批涵盖研发设计、试验验证、科技成果转化、科技资源共享、信息及知识产权等公共服务的省级科技公共服务平台，为创业企业提供技术服务支撑。建立面向创业企业的公共科技资源开放共享机制，实现大型仪器、工程文献、种质资源、专利、实验动物、重大科技基础设施等科技资源跨平台、一站式检索。开展"创业搭把手"行动，鼓励全社会创新平台为大众创业提供支撑服务。加大对"金册网"等网上检测电子商务平台建设支持，为中小企业提供"一站式"检测服务。继续办好中国创新创业大赛暨江苏科技创业大赛，支持苏南国家高新区每年轮流举办"苏南全球创客大赛"，打造创新创业品牌。

（四）完善创业投融资服务

建立和完善省市联动的天使投资风险补偿机制，扩大省天使投资引导资金规模，鼓励引导创业投资机构支持省级以上众创空间内种子期、初创期企业。将符合条件的具有投资功能的省级以上众创空间,纳入省天使投资引导资金扶持的投资机构库。省地联动试点,共建科技贷款风险补偿资金池,为科技型小微企业信贷融资开辟绿色通道。实施科技企业上市培育计划,以"新三板"、创业板、中小板为重点,集成各类科技计划和地方上市补贴资金,加快科技企业上市步伐。

(五)落实大众创新创业政策

针对众创空间等新型孵化机构集中办公等特点,放宽住所登记条件,推进"一址多照"、"一照多址"登记,提供注册便利。赋予高校、科研机构科技成果自主处置权。完善高校、科研院所、国有企业和事业单位科技人员创业办法,进一步畅通科技人员创业通道。认真贯彻执行现有国家针对小微企业、国家级科技企业孵化器和国家级大学科技园的各项税费优惠政策。

附件 2:

2015 年推进众创空间建设工作要点

一、主要目标

到 2015 年底,全省纳入省级以上科技企业孵化器管理的众创空间达 100 家,建设 15 个省级以上"苗圃—孵化器—加速器"科技创业孵化链条试点,打造一批省级众创集聚区。

二、组织实施

1. 省科技厅负责制定印发《江苏省推进众创空间建设工作方案》,指导各地开展众创空间建设。各省辖市科技局(科委)、国家级高新区管委会结合实际,研究制订本地区具体建设方案,明确建设目标任务和支持措施,切实加大资金投入、政策支持力度,各地建设方案于 8 月 28 日前上报省科技厅。

2. 明确目标任务和工作考核。对照 2015 年推进众创空间建设目标,各省辖市科技局(科委)、国家级高新区管委会要细化目标任务,强化对众创空间建设的宣传和舆论引导,省科技厅将加强评估和督促检查,并对建设情况进行通报。

3. 省、地按《江苏省推进众创空间建设工作方案》明确的支持措施加大联合工作力度,鼓励各地建立地方众创空间补助资金,在分类、分阶段进行建设成效、运行绩效评估的基础上,共同支持众创空间、科技创业孵化链条和众创集聚区建设。

三、进度安排

1. 7 月底,省科技厅发布众创空间备案条件,组织开展众创空间省级备案工作,各地及国家级高新区管委会根据建设情况,向省科技厅推荐拟申请备案的众创空间。

2. 8 月底,省科技厅遴选发展基础较好的地区,开展众创集聚区试点工作,重点建设创业企业类众创集聚区。

3. 11 月上旬,省科技厅组织开展众创空间建设绩效评估,各地及国家级高新区管委会按要求提供有关评估材料。省科技厅根据评估结果下达众创空间建设补助资金,省地联动,补助资金省、地按一定比例承担。

《省政府办公厅关于印发加快科技服务业发展实施方案的通知》

（苏政办发〔2015〕126号）

为深入实施创新驱动发展战略,推动科技创新和科技成果转化,促进科技经济深度融合,加快创新型省份建设,根据《国务院关于加快科技服务业发展的若干意见》(国发〔2014〕49号)要求,结合我省实际,制定本实施方案。

一、总体要求

(一)指导思想

全面贯彻党的十八大、十八届三中四中五中全会决策部署,深入贯彻习近平总书记系列重要讲话精神和对江苏工作的明确要求,以支撑创新驱动发展战略实施为目标,以满足科技创新需求和提升产业创新能力为导向,深化科技体制改革,加快政府职能转变,完善政策环境条件,培育壮大科技服务市场主体,创新科技服务模式,延伸科技创新服务链,促进科技服务业专业化、网络化、规模化、国际化发展,为建设创新型省份和转方式、调结构提供有力保障。

(二)基本原则

坚持市场导向。充分发挥市场在资源配置中的决定性作用,区分公共服务和市场化服务,综合运用财税、金融、产业等政策支持科技服务机构市场化发展,完善专业化分工,拓展市场空间,促进科技服务业集聚发展。

坚持创新驱动。着力运用互联网、大数据等新一代信息技术,整合开放相关科技服务资源,推动技术集成创新以及管理、商业模式创新,积极发展新型科技服务业态。

坚持深化改革。推进科技体制改革,加快政府职能转变和简政放权,有序开放科技服务市场准入,建立健全有利于创新资源和要素顺畅流动的体制机制,营造平等参与、公平竞争的发展环境,激发各类科技服务主体活力。

坚持开放合作。鼓励科技服务机构加强区域协作,推动科技服务业协同发展,加强国际科技服务交流与合作,培育具有全球影响力的服务品牌。

(三)发展目标

到2020年,基本形成覆盖科技创新全链条的科技服务体系,服务科技创新能力大幅增强,科技服务市场化水平和国际竞争力明显提升,建设10个在国内有影响力的科技服务示范区、20家科技服务特色基地,培育500家营业收入超亿元的科技服务骨干机构、10个国内外知名的科技服务品牌,培养引进3 000名高层次科技服务人才,科技服务业产业规模突破1万亿元,科技服务成为促进科技经济结合的关键环节和经济提质增效的重要引擎。

二、重点任务

实施科技服务业升级计划,全面提升研发设计、创业孵化、技术转移、科技金融、知识产权、科技咨询、检验检测认证、科学技术普及等八大科技服务业态发展水平。

(一) 研发设计服务

以强化知识和技术密集型服务为重点,推动研发设计服务产业链向高端环节延伸。支持高校院所加强重点实验室等基础研究平台建设,发展未来网络试验设施、超算中心等重大科技基础设施,瞄准国际前沿提供前瞻性研发服务。支持省产业技术研究院以及与国内外高校院所共建的新型研发机构,加强产业共性技术研究及其服务。引导支持大中型企业的研发机构独立运行,并积极为行业提供集成化研发服务。积极培育市场化的新型研发、研发中介和研发服务外包等新业态,促进服务外包、工业设计、工程技术、创意设计等专业服务机构发展。推动重大科研基础设施和大型科研仪器等公共研发资源开放共享。(责任单位:省科技厅、省发展改革委、省教育厅、省经济和信息化委、省产业技术研究院)

(二) 创业孵化服务

以构建完善的创业孵化服务生态系统为重点,着力延展"创业苗圃—孵化器—加速器"孵化服务链条。围绕新能源、新材料、物联网、大数据、生物医药、高端软件等战略性新兴产业及新兴业态,建设高水平的专业孵化器。加快推进新型孵化服务机构建设,构建一批低成本、便利化、全要素、开放式的众创空间。支持龙头企业、投资机构、高校院所等领办或参股创办孵化器,引导国有孵化器建立市场化的运行管理机制,鼓励混合所有制孵化器建设。推广"创投+孵化"模式,探索基于互联网的新型孵化方式。支持苏南国家自主创新示范区科技创新创业云服务平台建设。鼓励支持大学生、企业高管及连续创业者、科技人员、留学归国人员等创新创业。(责任单位:省科技厅、省发展改革委、省教育厅、省人力资源社会保障厅)

(三) 技术转移服务

以加速科技创新要素顺畅流动为重点,推动技术转移服务平台化、市场化和体系化发展。建设技术信息交互平台,引导其面向地方、企业、高校院所、社会中介机构提供开放服务。推进国家技术转移苏南中心以及各类产学研合作智能对接平台、国际技术转移服务网络平台等建设。拓展高校技术转移中心和地方成果转化服务中心的服务功能。支持中科院在我省实施科技服务网络计划。建设科技服务业协同创新中心,协同解决科技服务业发展中的重大科学问题和关键技术问题。支持组建技术转移联盟。发展多层次的技术(产权)交易市场,支持中小企业开展技术(产权)交易。加快建立第三方支付信用体系。办好中国江苏产学研合作成果展示洽谈会、中国江苏国际产学研合作论坛暨跨国技术转移大会。(责任单位:省科技厅、省教育厅、省财政厅、中科院南京分院)

(四)科技金融服务

以推进"首投""首贷""首保"为重点,构建新型科技金融服务体系。围绕建立健全银行、证券、保险、创投及各类社会资本支持创新创业的投融资机制,推进科技支行、科技保险支公司、科技小额贷款公司等新型科技金融机构建设,创新科技金融服务模式,丰富科技金融产品;加快建设科技金融信息服务平台,支持商业银行搭建公共服务平台;鼓励地方设立科技金融服务专项资金,依托科技金融合作创新示范区、创业投资集聚区、科技金融服务中心等开展科技金融服务创新探索。发挥省天使投资引导资金作用,吸引海内外天使投资机构投资我省创新型初创期企业。进一步扩大科技贷款风险补偿资金池,引导银行业金融机构支持中小微科技企业首次贷款。开展科技保险风险补偿试点,开发科技型企业履约贷款保证保险、产品质量险、产品责任险等产品,引导企业利用科技保险分担风险、推进自主创新。引导支持互联网支付、网络信贷、股权众筹融资等互联网金融服务中小微企业发展。(责任单位:省科技厅、省金融办、省财政厅)

(五)知识产权服务

以形成知识产权全链条服务为重点,构建集信息服务、确权维权、管理咨询、布局策划、转化运营于一体的知识产权服务体系。突出知识产权信息传播和利用、确权受理和审查、成果展示和交易等关键环节,加强知识产权公共服务、运营和交易平台建设。支持知识产权服务机构开展知识产权运营、保险、托管、质押融资等新型业务,深度介入科技型企业、高校院所、新型研发机构创新全过程,推动形成以知识产权为纽带的研发、交易、产业化、投融资等的市场化机制。推进国家知识产权局专利局专利审查协作江苏中心、国家知识产权局区域专利信息服务(南京)中心等建设,提升南京、苏州、镇江等地的知识产权服务业集聚发展实验区建设水平,促进知识产权服务业规模化、专业化发展。(责任单位:省知识产权局)

(六)科技咨询服务

以战略规划、政策研究、产业分析、企业咨询等为重点,提升科技咨询服务整体水平。面向全省创新决策咨询需求,发展产业技术战略咨询、企业创新咨询、科技评估、科技招投标、管理咨询等特色服务业,培育管理服务外包、项目管理外包等新业态。立足我省工程咨询服务较强优势,加强资源集成,着力发展工程技术成套咨询服务。支持科技服务机构应用移动互联网、云平台等信息手段,面向市场开展科技培训、企业知识库建设等服务。支持科技发展战略咨询、产业创新研究机构开展国际国内交流合作,在数据分析、政策研究等领域打造国内外知名的专业化高端科技智库。(责任单位:省科技厅)

(七)检验检测认证服务

以强化检验检测认证对科技创新支撑作用为重点,推动检验检测认证服务由质量检测向分析、试验、验证等技术创新服务转型。加强计量、检测技术、检测装备研发等基础能力建设,加快发展药品、医疗器械、农产品质量安全、食品安全等检验检测以及进出口检验检疫服务,积极发展面向设计开发、生产制造、售后服务全过程的观测、分析、测试、检验、标准、认证等服务,切实加强先进重大装备、新材料、新能源汽车等领域的第三方检验检测认证服务。强化对检验检测认证的监督管理,开展检验检测认证结果和技术能力国际互认。加强技术标准研制与应用,支持标准研发、信息咨询等服务发展,构建技术标准全程服务体系。支持有条件的检验检测认证机构与行政部门脱钩、转企改制,推进跨部门、跨行业、跨层级整合与并购重组,培育一批技术能力强、服务水平高、规模效益好的检验检测认证集团。(责任单位:省质监局、江苏检验检疫局、省发展改革委)

(八)科学技术普及服务

以推动科普服务活动常态化、品牌化为重点,提高科普公共服务水平。推进纸质出版、网站、移动终端等多渠道全媒体科学传播,开展地铁、公交、学校、医院、商厦等公共场所的科普信息化,加强科普文章、视频、微电影、动漫等科普作品创作。办好全国科普日、科技活动周等主题科普活动,创新活动形式,丰富活动内容。深入实施基层科普行动计划,推动科普工作重心下移。办好青少年科技创新大赛、青少年高校科学营等活动,着力提升青少年科学素养。推动各地加快建设现代化、有特色的科普场馆,鼓励企业、社会组织和个人参与建设科普基础设施。(责任单位:省科协、省科技厅)

三、主要措施

(一)培育壮大科技服务主体

培育科技服务骨干机构。支持科技服务机构开展技术研发,加强科技服务工具、服务模式和服务产品创新,鼓励骨干服务机构制定相关科技服务标准。支持研发设计、创业孵化、技术转移、知识产权服务等领域的服务机构规模化发展,打造一批连锁型、平台型科技服务集团。支持龙头骨干机构通过兼并、重组和上市等途径做优做强,不断拓展国内外服务市场。

扶持科技服务小巨人机构发展。鼓励各类科技企业孵化器建设创客空间,放宽住所登记条件,实行"一址多照"和集群注册,支持科技服务小微机构创业。引导科技金融服务向科技服务小微机构倾斜,支持科技服务中小微机构向高成长模式转型。加大集成支持力度,培育一批成长速度快、发展潜力大、服务市场占比高的科技服务小巨人机构。

支持服务主体创新服务模式。引导服务主体运用互联网、移动互联网、大数据、云计算等技术,推进"互联网+科技服务"融合发展,实现科技服务由线下服务向线下线上相结合转变,催生科技服务新模式新业态。支持建设云制造、移动医疗服务、互联网教育、智慧交通、农业电子商务等新型科技服务平台,促进科技服务跨领域发展。推动科技服务业与传统制造业有机融合,加快发展制造服务业。(责任单位:省科技厅、省发展改革委、省经济和信息化委、省财政厅、省工商局)

(二)推进科技服务示范区建设

加快建设苏州自主创新广场、常州科教城等科技服务示范区,集聚更多科技服务骨干机构,构建贯通产业上下游的科技服务链,拓展服务功能,打造服务品牌,在科技服务业发展中发挥示范带动作用。支持科技服务骨干机构组建科技服务业联盟,开展跨领域融合、跨区域合作,发展全链条科技服务,形成集成化总包、专业化分包的综合科技服务模式。支持省级以上高新区建设科技服务特色基地,发展特色科技服务业。推动苏南自主创新示范区内有条件的国家高新区纳入国家科技服务业区域试点范围。鼓励有条件的科技园区开展科技服务行业区域应用试点。(责任单位:省科技厅、省发展改革委)

（三）加大财税支持力度

省现代服务业专项引导资金对符合条件的科技服务业项目给予大力支持。省创新能力建设计划项目、重点研发计划项目及政策引导类计划项目等,强化对科技服务标准研发、服务机构能力建设、科技公共服务平台和科技服务示范区建设等的支持。创新财政支持方式,完善科技创新券制度,激发企业采购科技服务的积极性;推进政府购买公共科技服务,促进科技服务业加快发展。认真落实科技服务业税收优惠政策,对认定为高新技术企业、技术先进型服务企业的科技服务机构,减按 15% 的税率征收企业所得税;其职工教育经费支出不超过工资薪金总额 8% 的部分,准予在计算应纳税所得额时扣除。加快落实国家大学科技园、科技企业孵化器的房产税、城镇土地使用税、营业税减免政策。根据财政部、国家税务总局、科技部《关于完善研究开发费用税前加计扣除政策的通知》(财税〔2015〕119 号)要求,落实好科技服务费用税前加计扣除政策。逐步实现科技服务业企业用水、用电、用气与工业企业同价。(责任单位:省财政厅、省国税局、省地税局、省科技厅、省金融办、江苏证监局、省发展改革委)

（四）加强人才培育

围绕科技服务业重点发展领域,将科技服务人才纳入相关各类人才计划,加快培养引进高层次科技服务人才,特别是懂技术、懂市场、懂管理的复合型人才。借鉴国内外知名猎头公司的专业化引才手段,引进一批具有较强的市场意识、战略执行、经营管理和开拓创新能力的优秀职业经理人。加强科技服务业学科专业建设,鼓励高校根据地方产业需求设置科技服务业相关学科专业,加强产学研联合,培养符合市场需求的实践型科技服务人才。引导行业协会建立和完善技术经纪人、科技咨询师、评估师、信息分析师等人才培训和职业资格认定体系。(责任单位:省科技厅、省人才办、省人力资源社会保障厅、省教育厅)

（五）拓宽融资渠道

建立多元化的资金投入体系,拓宽科技服务机构的融资渠道,引导银行信贷、创业投资、资本市场等加大对科技服务机构的支持,鼓励保险、担保机构为科技服务机构提供相关融资服务,支持科技服务机构上市融资和再融资以及到全国中小企业股份转让系统挂牌,支持符合条件的科技服务机构通过发行企业债券、公司债券、非金融债务融资工具等方式扩大融资。鼓励支持民营资本发展科技服务业,引导社会资本参与国有科技服务机构改制,促进股权多元化改造。(责任单位:省金融办、江苏证监局、省国资委)

（六）深化开放合作

支持科技服务机构"走出去、引进来"。鼓励龙头骨干企业通过海外并购、联合运营、独立设置研发机构等方式,整合国际高端科技服务资源,拓展国际科技服务市场。鼓励有条件的科技服务机构在海外建立分支机构,提供联合研发、技术转移、知识产权、产品推广等服务。吸引技术研发、技术转移、知识产权、创业孵化、科技金融服务等领域的国际知名科技服务机构在我省设立分支机构或开展科技服务合作。引导外资企业在我省建立研发机构,开展产品设计、研发等高附加值创新活动,扩大技术溢出效应。(责任单位:省科技厅、省商务厅)

(七)强化基础支撑

优化市场环境。建立健全科技服务业标准体系,完善科技服务质量体系标准、管理标准和资质标准,加强分类指导,促进科技服务业规范化发展。发挥产业技术联盟、行业协会等第三方行业组织作用,建立社会化服务机构评价体系。加强科技服务机构信用建设,建立科技服务机构及其从业人员的信用记录和披露制度,完善科技服务机构信用信息管理系统。构建统一开放、竞争有序的科技服务市场体系,为各类科技服务主体营造平等参与、公平竞争的市场环境。加快建立科技报告制度,着力推动科技计划项目实施进展、科学数据等向社会开放。加强宣传和舆论引导,大力宣传发展科技服务业的重要意义,加大对优秀科技服务机构、成果和品牌的宣传力度,形成支持科技服务业发展的良好氛围。加强统计监测,建立健全科技服务业统计调查制度,定期发布相关情况,引导科技服务业持续健康发展。(责任单位:省科技厅、省发展改革委、省信用办、省统计局)

各地、各有关部门要切实提高对加快科技服务业发展重要性的认识,加强组织领导,健全工作机制,强化部门协同和上下联动,协调推动科技服务业改革发展。各地要根据本方案,结合地方实际研究制定具体实施方案,细化政策措施,确保各项任务落到实处。省各有关部门要抓紧研究制定配套政策和落实分工任务的具体措施,为科技服务业发展营造良好环境。省科技厅要会同相关部门对本方案的落实情况进行跟踪分析和督促指导,重大事项及时向省政府报告。

《省政府关于重大科研基础设施和大型科研仪器向社会开放的实施意见》

（苏政发〔2015〕106 号）

为深化科技体制改革，加快推进我省重大科研基础设施和大型科研仪器（以下简称科研设施与仪器）向社会开放，进一步提高科技资源使用效率，根据《国务院关于国家重大科研基础设施和大型科研仪器向社会开放的意见》（国发〔2014〕70 号）要求，结合我省实际，提出如下实施意见。

一、总体要求

（一）基本思路

全面贯彻党的十八大、十八届三中四中全会精神，深入贯彻习近平总书记系列重要讲话和对江苏工作的明确要求，坚持市场化导向，围绕健全区域创新体系和提高全社会创新能力，通过深化改革和制度创新，加快推进科研设施与仪器向高校、科研院所、企业、社会研发组织等社会用户开放，实现资源共享，避免部门分割、单位独占，充分释放服务潜能，为深入实施创新驱动发展战略、加快建设创新型省份提供有效支撑。

（二）主要目标

力争用 2—3 年时间，基本建成覆盖各类科研设施与仪器、统一规范、功能完备的专业化、网络化管理服务体系，科研设施与仪器开放共享制度、标准和机制更加完善，建设布局更加合理，开放水平显著提升，分散、重复、封闭、低效的问题基本解决，资源利用率进一步提高。

（三）适用范围

科研设施与仪器包括大型科学装置、科学仪器服务单元和单台套价值在 50 万元及以上的科学仪器设备等，主要分布在高校、科研院所和部分企业的各类重点实验室、工程（技术）研究中心、分析测试中心及大型科学设施中心等研究实验基地。其中，科学仪器设备可以分为分析仪器、物理性能测试仪器、计量仪器、电子测量仪器、海洋仪器、地球探测仪器、大气探测仪器、特种检测仪器、激光器、工艺试验仪器、计算机及其配套设备、天文仪器、医学科研仪器、核仪器及其他仪器。

二、重点任务

（一）实行统一的网络平台管理

省科技厅会同省有关部门进一步加强江苏省大型科学仪器设备共享服务平台（以下简称省大仪平台）建设。国家科技基础条件资源调查的科学仪器设备在纳入国家网络管理平台的同时,纳入省大仪平台,统一对外开放。省大仪平台根据科学仪器服务领域,提供仪器设备、技术专家、运行维护、测试标准与方法等在线服务,并定期组织专家对专业服务人员开展分析测试技能培训和操作指导,提高专业服务水平。

将全省符合条件的科研设施与仪器纳入省大仪平台管理,各科研设施与仪器管理单位(以下简称管理单位)要按照统一标准和规范,公开科研设施与仪器的基本信息、使用办法和开放制度,构建全社会网络化共享服务平台,实时提供在线服务,并建立完善科研设施与仪器运行和开放服务记录,每年4月底前向社会公布上年度情况,接受社会监督。省大仪平台建立科研设施与仪器开放服务信息公示制度,对各管理单位公布的信息进行综合汇总、分类、排序,向全社会公开。

(二)推进科研设施与仪器开放利用改革创新

围绕中小企业创新等方面需求,整合管理单位资源,建立和完善"一站式"服务平台、新型服务模式,提供检验检测、咨询指导、人员培训、方法标准研究等服务;依托产业集聚度高、创新需求集中的高新园区、专业孵化器等创新创业载体,建设一批专业检测服务站,推动企业与测试服务机构直接有效对接。扩大对大型科研仪器用户的补贴范围和金额,重点加大对创新活动中使用检测资源的科技型中小企业的支持力度,以需求带动科研设施与仪器开展开放服务。

鼓励管理单位探索社会化托管方式,将科研设施与仪器委托给专业服务机构进行管理和对外开放。鼓励企业和社会力量以多种方式参与国家重大科研基础设施建设,组建专业的科研仪器设备服务机构,促进科学仪器设备使用服务的社会化。

(三)完善新购科学仪器设备查重和联合评议制度

省财政厅、科技厅、教育厅要完善新购科学仪器设备的查重和联合评议制度,修订《江苏省省级新购大型科学仪器设备联合评议工作管理办法》,定期发布省级大型科学仪器设备新购预警目录,对申请以财政性资金新购100万元及以上大型科研仪器的,委托专业评估机构查重,并组织有关专家就购置的必要性、合理性等进行联合评议;对申请以财政性资金新购50万元至100万元大型科学仪器的,由管理单位对照新购预警目录进行查重,自行组织评议或委托专业评估机构评议。各招投标机构或管理单位采购部门应将评议结果作为新购仪器设备招标的重要依据;未开展评议或评议未通过的,原则上不准新购仪器设备。

统筹考虑并严格控制在新上科研项目中新购科学仪器设备,鼓励支持租赁、共享专用仪器设备,以及对现有仪器设备进行改造升级。省科技计划(专项、基金等)优先支持利用现有科研设施与仪器开展科研活动。

(四)建立健全科研设施与仪器开放服务激励约束机制

管理单位对外提供开放共享服务,按照成本补偿和非营利原则收取材料消耗费、水电等运行费以及根据人力成本收取服务费,主要用于材料消耗补偿、相关专业服务人员的绩效奖励和设备维护。省科技厅要会同省财政厅、教育厅、质监局等建立健全科研设施与仪器开放服务激励机制,依据省大仪平台理事会对科研设施与仪器开放服务的评价结果,对服务效果好、用户评价高的管理单位给予表彰,在申报省级科技计划(专项、基金)项目时优先考虑;支持各管理单位对服务水平高、服务绩效好的专业服务人员给予奖励。

对不按规定如实公开科研设施与仪器基本信息、开放服务情况,使用效率低、开放效果差的管理单位,省科技厅、财政厅要会同有关部门予以公开通报,责令限期整改,并采取停止新购仪器设备、在申报科技计划(专项、基金等)项目时不准购置仪器设备等方式予以约束。对通用性强的科研设施与仪器,如连续 2 次考评认定为开放、利用率低的,省财政厅和相关行政主管部门可以按规定在部门内或跨部门无偿划拨,管理单位也可以在单位内部调配。

三、保障措施

(一)强化管理单位主体责任

管理单位是科研设施与仪器向社会开放的责任主体,要强化法人责任,切实履行开放职责,自觉接受相关部门的考核评估和社会监督;建立科研设施与仪器的开放、运行、维护、使用管理制度,保障科研设施与仪器的良好运行与开放共享。科研仪器设备集中使用的单位,要建立专业化的技术服务团队,落实好实验技术人员岗位、培训、薪酬、职称、评价等政策,不断提高实验技术水平和开放水平。

(二)完善评价和管理制度

省大仪平台理事会负责建立科研设施与仪器向社会开放的评价制度,研究制定评价标准和办法;引入第三方专业评估机制,定期对科研设施与仪器的运行情况以及对管理单位开放制度的合理性、开放程度、服务质量、服务收费、开放效果进行评价考核,评价考核结果对社会公布,并作为科研设施与仪器更新的重要依据。

各行政主管部门要切实履行对管理单位科研设施与仪器开放情况的管理和监督职责,实施年度考核,将开放水平和结果作为年度考核的重要内容。

省大仪平台要加强管理单位科研设施与仪器开放服务、评价考核结果、用户评价意见等信息的发布工作,并设立投诉电话,接受社会监督。

(三)加强对开放使用中形成知识产权的管理

用户独立开展科学实验形成的知识产权由用户自主拥有,所完成的著作、论文等发表时,应明确标注利用科研设施与仪器情况;用户与管理单位共同开展科学试验形成的知识产权由双方事先约定权利归属。加强网络防护和网络环境下数据安全管理,管理单位应当保护用户身份信息以及在使用过程中形成的知识产权、科学数据和技术秘密。

(四)营造良好氛围

强化宣传和舆论引导,大力宣传推动科研设施与仪器对社会开放的重要意义,加大对服务效果好、用户评价高的管理单位的表彰奖励力度。及时总结好的做法,提炼形成可复制的经验并逐步推广。注重典型引路,带动更多管理单位做好科研设施与仪器开放服务工作。

四、进度安排

2015 年,省科技厅会同省相关部门根据国家科技基础条件资源调查结果,完善省大仪平台,充实科研设施与仪器资源数据库、设备维保和技术服务专家库、分析测试技术标准与方法库;支持社会专业服务机构建设开放式、网络化的"一站式"服务平台,引入市场机制,开展用户补贴,以需求促进开放服务;制定并实施管理单位科研设施与仪器信息公示制度。省财政厅会同省有关部门完成《江苏省省级新购大型科学仪器设备联合评议工作管理办法》修订工作,发布省级大型科学仪器设备新购预警目录。所有管理单位制定完善的开放制度,并在省大仪平台上发布。

2016 年,所有符合条件的科研设施与仪器纳入省大仪平台管理。所有管理单位在省大仪平台上公布符合开放条件的科研设施与仪器开放清单和开放信息。所有管理单位按照统一的标准规范建成各自的服务平台,明确服务方式、内容、流程,纳入省大仪平台,形成跨部门、跨领域、多层次的网络服务体系。省科技厅会同省相关部门制定管理单位服务平台的标准规范,制定并发布统一的评价办法。省财政厅会同相关部门设立开放共享后补助资金,完善新购科学仪器设备的查重和联合评议制度。

2017 年,省科技行政管理部门对管理单位的科研设施与仪器向社会开放情况进行考核评价,并向社会发布考核评价结果。

《省政府办公厅关于支持江苏省产业技术研究院改革发展若干政策措施的通知》

（苏政办发〔2015〕49号）

为深化体制机制改革，支持江苏省产业技术研究院（以下简称省产研院）改革发展，进一步完善技术研发体系，提升产业创新能力，推动创新驱动发展战略深入实施，提出如下政策措施。

一、省产研院独立法人性质的专业研究所使用财政资金取得的不涉及国防、国家安全、国家利益、重大社会公共利益的科技成果，其使用权、处置权、收益权归其所有；科技成果转化收益可自行处置，不需履行相关手续；对主要贡献人员和团队的奖励，计入当年单位工资总额，不作为工资总额基数。省产研院总院及专业研究所转化职务科技成果并以股份或出资比例等形式给予个人奖励时，获奖人可暂不缴纳个人所得税；取得按股份、出资比例分红或转让股权、出资比例所得收入时，按规定缴纳个人所得税。

二、支持省产研院建设科技成果转化服务平台。省产研院总院开展相关科技成果登记或交易的，免收服务费用；单项技术交易额超过500万元的，省产业技术研发专项资金给予一定额度的奖补。鼓励国内外科技成果到省产研院进行二次开发、转移转化，省各类科技计划项目或专项资金建立专门渠道给予优先支持。

三、省产业技术研发专项资金主要用于支持省产研院总院、专业研究所及产业技术创新中心实施产业重大原创性技术创新项目、引进高层次人才、提升产业创新服务能力等，可用于支持省产研院总院、专业研究所及产业技术创新中心支付市场化聘用的人才基本薪酬、对外购买服务和技术创新成果、开展国际科技合作等。专项资金的使用及调整，由省产研院理事会批准。

四、省有关部门为省产研院建立高新技术企业认定、知识产权服务、企业研发费用加计扣除等政策落实的专门服务渠道。企业购买省产研院技术或委托省产研院进行技术研发所发生的支出，纳入企业研发费用加计扣除政策支持范围。省产研院总院及专业研究所取得的财政拨款，可计入不征税收入管理。

五、对投资省产研院衍生企业的创业投资机构，省天使投资引导资金在原来支持额度基础上，省级部分的补偿提高20%，补偿金额最高不超过500万元。银行业金融机构为省产研院衍生企业提供科技贷款所发生的本金损失，省级补偿部分由省科技成果转化风险补偿专项资金给予不超过50%的补偿，补偿金额最高不超过500万元。

六、省教育、人力资源社会保障等主管部门鼓励符合条件的高等院校教师、科研人员等到省产研院兼职，学校认可其在省产研院的工作业绩，并作为教师、科研人员学校考核和职称评聘等的主要依据。高校院所应支持科研人员携带科技成果到省产研院开展技术研发和创办衍生企业,由省产研院、高校院所和科研人员签订三方协议,明确各相关方的权利和义务;协议期间原单位可为其保留人事关系,最多不超过 3 年,并保留参加职称评聘、岗位等级晋升和社会保险等方面的基本待遇。省人力资源社会保障、科技部门为省产研院建立科研人员职称评聘专门渠道。省、市人才计划项目为省产研院引进高层次人才建立专门渠道。

七、对省产研院专业研究所实行工商营业执照、组织机构代码证和税务登记证"三证合一"登记,并实行"一照一号"管理;对省产研院衍生、孵化企业,放宽住所登记条件,实行"一址多照""一照多址"登记。

八、税务机关根据省产研院需求,提供"个性化"税务服务,按照宽松便捷的原则,简化流程、手续,确保各项税收优惠政策落实到位;因有特殊困难不能按期缴纳税款的,经税务机关批准可延期缴纳税款;缴纳房产税、城镇土地使用税确有困难的,经税务机关批准可给予减免税支持。省产研院专业研究所可享受省级科教单位科教用品进口税收的优惠政策。

九、省有关部门为省产研院聘用的外籍专业人才及其随行家属取得工作许可及居留等的办理提供绿色通道;对持有外国人永久居留证的外籍高层次人才来省产研院开展技术研发或创办科技型企业的,给予中国籍公民相应的同等待遇;对省产研院聘用的国外高层次人才,取消工作许可的年龄限制。

十、鼓励省产研院参与国际科技交流合作,与境外知名大学、科研机构、跨国公司联合建设研发机构,在境外设立或参与设立研发、科技服务等机构。对省产研院总院及专业研究所开展国际合作所需付汇,实行其事先承诺,省商务、科技、税务等部门事后并联监管。对省产研院科研人员因公出国进行分类管理,放宽因公临时出国批次限量管理政策。

本意见中提及的"省产研院",包括省产研院总院、专业研究所、产业创新中心以及其衍生、孵化的企业。

《中共江苏省委 江苏省人民政府关于建设苏南国家自主创新示范区的实施意见》

〔苏发(2015)5号〕

　　为全面贯彻党的十八大、十八届三中四中全会决策部署,认真落实习近平总书记系列重要讲话精神和对江苏工作的重要指示,按照《国务院关于同意支持苏南建设国家自主创新示范区的批复》〔国函(2014)138号〕要求,加快推进苏南创新驱动发展,更好地支撑引领全省发展方式转变和经济转型升级,现就建设苏南国家自主创新示范区提出以下实施意见。

一、抢抓机遇,凝心聚力推进苏南国家自主创新示范区建设

(一) 重大意义

　　支持南京、苏州、无锡、常州、昆山、江阴、武进、镇江等8个国家高新技术产业开发区和苏州工业园区建设苏南国家自主创新示范区,是党中央、国务院着眼实施创新驱动发展战略作出的一项重要决策,充分体现了中央对江苏工作的高度重视和对苏南发展的殷切期望,对破解苏南发展瓶颈、促进江苏经济转型升级、探索实现区域现代化的路径具有重大而深远的意义。习近平总书记最近在江苏视察时,要求用好建设苏南国家自主创新示范区等机遇和条件,以只争朝夕的紧迫感,切实把创新抓出成效。各地各有关部门和单位要深刻认识建设苏南国家自主创新示范区的重大意义,增强使命感、责任感和紧迫感,形成强大合力,集成推进示范区建设。苏南五市党委、政府要切实担负起主体责任,着眼于适应新常态、引领新常态,认真按照国务院批复要求,凝聚各方面智慧和力量,健全有利于创新驱动发展的体制机制,大力推进示范区建设,确保取得预期成效。

(二) 总体要求

　　全面贯彻党的十八大、十八届三中四中全会精神,以邓小平理论、"三个代表"重要思想、科学发展观为指导,认真落实习近平总书记系列重要讲话和对江苏工作的指示精神,深入实施创新驱动发展战略,大力推进科技创新工程,充分发挥苏南地区科教人才优势和开发开放优势,加强创新驱动发展顶层设计和整体谋划,全面提升自主创新能力,着力强化企业创新主体地位,优化创新创业生态,增强创新核心载体功能,推动产业结构转型升级,加快建设创新驱动发展引领区;全面深化科技体制改革,着力破除体制机制障碍,开展激励创新政策先行先试,充分发挥市场在资源配置中的决定性作用和更好发挥政府作用,最大限度激发科技第一生产力的巨大潜能,加快建设深化科技体制改革试验区;全面推进区域协同创新,着力优化创新布局,强化协同效应,提升区域创新体

系整体效能,加快建设区域创新一体化先行区,为建设经济强、百姓富、环境美、社会文明程度高的新江苏提供坚强保障,为创新型国家建设作出积极贡献。

（三）推进思路

牢牢把握创新驱动发展的总体方向,紧紧围绕战略定位和发展目标,以推进高新技术产业开发区创新发展为着力点和突破口,充分发挥核心载体作用,加快构建适应创新驱动发展的体制机制,辐射带动区域发展从要素、投资驱动加快向创新驱动发展转变。强化创新引领功能。立足"高"、突出"新",进一步解放和发展高新区,改进考核评价,集聚创新资源,大力营造有利于创新的良好条件,不断提升自主创新能力和引领发展能力,使高新区成为带动创新驱动发展的强大引擎。发挥辐射带动作用。强化示范区的创新核心载体功能,牢牢把握市场导向和产业化方向,以点带面放大辐射示范效应,推动城市自主创新能力和产业竞争力全面提升,支撑和带动区域经济社会持续健康发展。构建整体发展优势。围绕创新一体化布局和产业特色发展,加强科技资源整合集聚和开放共享,促进城市间科技创新和产业发展分工协作,发挥各自优势,集成联动、错位发展,努力提升区域协同发展能力和综合竞争能力。

（四）主要目标

到 2020 年,示范区创新体系整体效能显著提升,科技体制改革取得重要突破,创新一体化发展的体制机制基本形成,自主创新能力大幅提高,建成一批一流创新型园区,成为具有国际影响力的产业科技创新中心和创新型经济发展高地。示范区辐射带动作用显著增强,苏南人均地区生产总值达到 18 万元,全社会研发投入占地区生产总值比重超过 3％,每万人发明专利拥有量达 30 件,高新技术企业超过 10 000 家,科技进步贡献率超过 65％,集聚一批具备全球视野与战略思维的创新创业领军人才,涌现一批拥有国际知名品牌和较强市场竞争力的创新型企业,培育一批具有自主知识产权和高附加值的战略性新兴产业。

二、聚焦重点,建设创新驱动发展引领区

（五）建设高水平的创新型园区

着力提升国家级高新区和苏州工业园区创新发展水平,进一步明确发展定位,完善产业规划,争创一批世界一流高科技园区,做强一批创新型科技园区和创新型特色园区,促进高新区转型发展、创新发展,打造产业科技创新中心和新兴产业策源地。以加强原始创新和技术研发转化为方向,大力建设江宁高新园、苏州工业园科教创新区、苏州科技城、无锡太湖科技园、宜兴环科园、常州科教城、昆山阳澄湖科技园、江阴滨江科技城、镇江知识城等,努力使之成为苏南国家自主创新示范区的创新核心区。坚持节约集约利用土地,支持高新区依照国家政策和法规调整区域范围,优先保障高新区重大创新项目用地需求。进一步增强高新区的原始创新能力,广泛集聚创新资源与要素,建成一批处于世界前沿水平的研发基地,培育一批新的产业业态,使高新区成为自主创新的战略高地、培育发展战略性新兴产业的核心载体、转变经济发展方式和调整经济结构的重要引擎、抢占世界高新技术产业制高点的前沿阵地。完善科技创业特别社区、科技企

业孵化器、新兴产业加速器、大学科技园、留学生创业园等科技创业服务平台,构建"苗圃-孵化器-加速器"科技创业链条,打造科技人才创业"栖息地"。

(六)培育高成长性创新型企业

创新企业培育机制,建立覆盖企业初创、成长、发展等不同阶段的政策支持体系,培育以高新技术企业为主体的创新型企业集群。实施科技企业"小升高"计划,建立健全"创业孵化、创新支撑、融资服务"的科技中小企业抚育体系,发挥中小企业在技术创新、商业模式创新和管理创新方面的生力军作用,激发中小企业创新活力。加大创新型领军企业培育力度,充分发挥大型企业创新骨干作用,增强其整合利用全球创新资源的能力,通过并购重组、开展委托研发和购买知识产权,加速创新资源向企业集聚,大幅度提升企业自主创新能力。支持创新型企业和行业骨干企业牵头组建产业技术创新战略联盟,承担国家科技重大专项和重点工程建设项目,建设国家级工程(技术)研究中心、工程中心、企业技术中心、企业重点实验室、工程实验室等高水平研发机构,提高企业研发活动的层次和水平。推动企业与高校院所建立健全协同创新机制,加快建设南京通信与网络、苏州纳米技术等科教结合产业创新基地,促进高校院所创新资源与企业创新需求的有效对接。引导研发类企业专业化发展,鼓励各类研发机构提高公共技术研发服务能力,并支持研发机构加强合作,打造优势互补的产业技术研发集团。

(七)发展高附加值创新型产业集群

适应世界科技创新和产业变革大势,大力集聚全球高端创新要素,推进原始创新和重大集成创新,突破核心关键技术,获取重大原创成果,促进科技成果资本化、产业化,培育具有国际竞争力的战略性新兴产业集群。立足各地比较优势和发展基础,统筹新兴产业空间布局,超前部署纳米材料、石墨烯、物联网、未来网络、北斗应用、机器人等前瞻性产业,着力发展智能电网、高端装备制造、医疗器械、新型平板显示、高端软件、新能源、新材料、生物医药、节能环保等优势产业,加快形成错位发展、特色明显的产业格局。大力发展科技服务业,重点发展技术转移、检验检测认证、创业孵化、知识产权、科技金融等科技服务业,创新科技服务模式,延展科技服务链条,培育壮大科技服务市场主体,促进科技服务业专业化、规模化、国际化发展。加强高技术服务业与先进制造业、战略性新兴产业融合发展,利用大数据、云计算、移动互联等推进智能制造、网络制造、绿色制造,催生更多新技术、新产品、新业态和新商业模式。研究制定知识产权密集型产业发展规划,加强分类指导,落实关键举措,积极培育专利密集型、商标密集型、版权密集型产业。利用高新技术和先进适用技术改造提升传统优势产业,推动产业加快向价值链高端升级。

(八)打造国际化开放创新高地

进一步加强国际科技合作,加快融入全球创新网络,在更高起点上推进自主创新,把苏南国家自主创新示范区建成开放创新的桥头堡。抓住国家实施"一带一路"战略等机遇,加强与世界创新型国家和地区的全方位科技合作,坚持以开放促创新、以创新促发展,主动参与全球研发分工,在扩大开放中增强自主创新能力;支持苏州工业园区创建国家开放创新综合改革试验区。积极承接上海自贸区开放合作溢出效应,建设国际科技合作创新园,吸引海外知名大学、研发机构、跨国公司到示范区设立全球性或区域性研发中心,引导企业与研发中心开展深度合作;推动示范区与世界著名高科技园区建立稳定的合作关系。探索将外资研发机构纳入区域创新体系,支持外资研发机构实施或参与实施科技计划项目、组建或参与组建产业技术创新战略联盟。鼓励企业并购、合资、参股国际研发企业或设立海外研发中心和产业化基地,支持科技人员参加国际研发组织、承担国际科技项目,同时对企业出口高新技术产品、开展对外投资、设立海外研发机构等给予政策扶持。深化人才国际合作,支持创新创业领军人才参加国际学术交流等活动,放宽出入境限制。招才引智享受招商引资审批政策。

三、先行先试,建设深化科技体制改革试验区

(九)落实推广中关村政策

率先落实好国家向全国推广的中关村 6 条政策,包括科研项目经费管理改革、非上市股份转让、科技成果使用处置和收益管理、扩大税前加计扣除范围、股权和分红激励、职工教育经费税前扣除等相关政策及其配套措施。积极复制推广中关村先行先试的 4 条政策,包括高新技术企业转化科技成果,以股份或出资比例等股权形式给予本企业相关技术人员的奖励,技术人员可分期缴纳个人所得税,但最长不得超过 5 年;有限合伙制创业投资企业采取股权投资方式投资于未上市的中小高新技术企业 2 年以上的,该有限合伙制创业投资企业的法人合伙人可按照其投资额的 70%,在股权持有满 2 年的当年抵扣该法人合伙人从该有限合伙创业投资企业分得的应纳税所得额,当年不足抵扣的可以在以后纳税年度结转抵扣;技术所有权转让或 5 年以上非独占许可使用权转让,在一个纳税年度内转让所得不超过 500 万元的部分免征企业所得税,超过 500 万元的部分减半征收企业所得税;允许高新技术企业以未分配利润、盈余公积、资本公积向个人股东转增股本的个人所得税 5 年内分期缴纳。

(十)开展创新政策试点

推进示范区在深化科技体制改革、建设新型科研机构、科技资源开放共享、区域协同创新等方面先行先试、寻求突破。省级层面拟先行先试的政策首先在示范区试点。支持高新区借鉴上海自贸区经验做法,探索建立负面清单管理模式,以改革工商登记制度为突破口,深化行政审批制度改革,开展相对集中审批权试点,打通有利于创新要素快速集聚的通道。研究制定支持海外高层次人才承担政府科技计划的扶持措施,建立健全企业、高校和科研机构参与国际大科学计划和大科学工程的支持机制,完善自主创新产品首购和订购的政策。探索企业研发机构、科技企业孵化器优先供地的政策。认真落实国家级科技企业孵化器、大学科技园房产税、城镇土地使用税和营业税优惠政策,加大对省级科技企业孵化器、大学科技园建设的奖励和支持力度。加快建立跨区域、跨部门的知识产权执法协作机制,积极争取建立知识产权法院,进一步提升知识产权保护水平。省有关部门要主动加强与国家相关部委的汇报沟通,为示范区争取更多的先行先试政策。示范区先行先试取得成功的改革举措和做法,要积极向各类科技园区推广。

（十一）建立健全创新驱动发展评价考核机制

完善高新区考核评价制度和指标体系,突出集聚创新要素、增加科技投入、提升创新能力、孵化中小企业、培育发展战略性新兴产业、保护生态环境等内容,引导高新区更大力度地推进创新和提升效益。国家高新区和苏州工业园区每年新增财力应主要用于科技创新。根据示范区建设成效,省、市(含省直管县)财政给予高新区一定的奖励补助,专项用于支持科技创新。深化高新区管理体制改革,赋予国家高新区与省辖市同等的经济、社会等行政管理权限。

（十二）探索建立新型产业技术研发组织

紧紧围绕产业高端发展和经济转型升级,创新产业技术研发组织方式,加强产业技术创新资源的统筹整合,完善产业技术研发体系。更好地发挥省产业技术研究院对苏南国家自主创新示范区技术创新的推动作用,支持研究院深化一所两制、合同科研、项目经理以及股权激励等改革,提高项目研发组织程度及技术创新效率,打通从"科学"到"技术"转化的通道,加快重大基础研究成果产业化。围绕"一区一战略产业"的创新布局,建设一批具有国际影响力的产业科技创新中心,加强技术集成、产业组织方式创新和商业模式创新,引领支撑形成一批特色鲜明、具有核心竞争力的高新技术产业和创新型企业。鼓励支持新型产业技术研发组织与企业、高等院校、科研院所联合承担国家科技重大专项和省重大科技攻关项目。

（十三）建设苏南人才管理改革试验区

推动苏南地区人才支持政策相互衔接、人才工作体系相互配套、人才资源市场相互贯通、人才发展平台相互支撑,构建与国际接轨、有利于人才发展的体制机制,加快构筑国际化人才高地。实施海外高层次人才居住证制度,大规模引进海外高层次人才。大力培养造就创新创业领军人才包括科技人才和管理人才,特别注重培养既懂科技又懂市场的科技企业家。加大股权激励力度,鼓励企业以股票期权、限制性股票等方式对科技人员给予股权激励,使企业科技收益与研发人员个人收益有机结合;引导高校院所、国有控股的院所转制企业建立健全科技成果所有权的认定和激励机制,鼓励科技人员以自有知识产权作价入股企业或转让,加快科技成果转化,激发人才创新创造活力。深化事业单位人事制度改革,加快建立符合事业单位特点和人才成长规律的人事管理制度,实现由固定用人向合同用人转变、由身份管理向岗位管理转变。加强人才公共服务体系建设,研究制定政府购买人才公共服务办法,充分发挥社团作用,完善支持人才服务企业发展的政策措施。支持中国苏州人力资源服务产业园等集聚区建设。健全配套保障机制,努力为高层次人才提供社保、医疗、住房、子女入学、配偶就业、出入境等综合服务。

（十四）打造苏南科技金融合作示范区

发挥金融创新对技术创新的助推作用,培育壮大创业投资和资本市场,提高信贷支持创新的灵活性和便利性,形成各类金融工具协同支持创新发展的良性局面。建立科技资源与金融资源融合机制,提高科技金融的市场化、国际化水平,加快构建以科技金融专营机构、科技金融特色机构和新型科技金融组织为支撑的科技金融服务体系。大力引进海外创投机构和专业化管理团队,积极探索与国际知名创投机构联合设立天使投资基金。探索建立人才基金,鼓励自然人开展天使投资。着力发展以"首投"为重点的创业投资、以"首贷"为重点的科技信贷、以"首保"为重点的科技保险,促进投、贷、保深度融合,创新支持科技型小微企业的科技金融模式。省、苏南五市及高新区通过调整优化科技专项资金结构与投入方式等办法,进一步增加科技金融风险补偿资金(基金)投入,3到5年内达百亿元规模。采取与商业化投融资机构合作的方式,通过增加风险补偿比例、提高财政资金风险容忍度,引导社会资金和金融资本支持科技型中小微企业创新发展。支持不同发展阶段的企业开展直接融资,推进科技企业挂牌上市,利用多层次资本市场加快发展。

四、统筹推进,建设区域创新一体化先行区

(十五) 优化区域创新布局

打破现有行政区划的限制,统筹整合创新资源,推动创新要素在城市之间、园区之间、城乡之间的合理流动和高效组合,着力构建协同有序、优势互补、科学高效的区域创新体系。明确发展定位,突出发展特色,完善空间布局,推进南京、无锡、常州、苏州、镇江等国家创新型试点城市建设,提升8个国家高新区和苏州工业园区发展水平,建设各具特色的创新型园区,努力形成"五城九区多园"的一体化创新发展格局。支持符合条件的省级高新区创建国家级高新区,支持有条件的县(市)建立省级高新区,加快实现苏南县(市)省级以上高新区全覆盖。引导高新区与苏中、苏北地区加强合作,通过挂钩支持、共建分园等方式,实现空间拓展、协作共赢。推进名城名校、产城互动融合发展,加快建设研究型大学,支持高校院所与地方聚焦产业发展需求建设科教协同创新中心,推动各地围绕特色发展建设一批高新技术产业研发与产业化基地。推进科技创新工作重心下移,加快创新型县(市、区)、创新型乡镇建设,加大"科技镇长团"、"科技副总"选派力度,大力促进人才、项目、成果等创新要素向基层流动集聚,不断激发基层创新驱动发展活力。

(十六) 统筹重大科技设施建设

面向国际前沿和苏南战略发展需求,强化顶层设计,部署建设特色明显、支撑作用强、具有影响力的重大科技设施。积极创建通信技术国家实验室和微结构国家实验室,加快建设未来网络技术研究院、纳米真空互联实验站、超级计算中心等重大科技平台,打造若干世界一流的大科学研究中心,努力取得一批具有重大科学意义或应用价值的原创性成果,突破一批制约经济社会发展的关键核心技术,在有效解决重大科技问题上作出引领性、系统性重大创新贡献。推进国家知识产权局专利局专利审查协作江苏中心、国家技术转移中心苏南中心等跨地区综合性科技服务平台建设,提升苏州自主创新广场、国家知识产权服务业集聚发展试验区、南京麒麟科技创新园、宜兴环境医院等科技服务示范区建设水平,更好地服务科技创新和战略性新兴产业发展。

(十七) 完善开放高效的科技要素市场

突出提高科技资源配置效率和公平性,加快完善科技要素市场,建立公开透明的市

场规则,努力实现科技资源配置最优化和效益最大化。推进苏南各要素交易市场规范发展,着力打造面向苏南、辐射长三角的集股权、知识产权、债权等交易服务为一体的综合性产权交易服务机构,加快构建以技术转移为重点的现代技术市场体系。鼓励社会资本投资设立知识产权运营公司,开展知识产权收储、开发、组合、投资等服务,盘活知识产权资产,加快实现知识产权市场价值。大力培育科技咨询、技术评估、专利代理、科技投融资、知识产权法律服务等中介机构,促进创新要素跨区域流动整合。建立区域协作机制,健全高校院所科研设施和仪器设备开放运行制度,逐步形成示范区各类科技资源互通共享的格局。

(十八) 建立协调统一的科技管理平台

着力完善科学高效的科技管理体制,健全重大科技创新与产业化任务的组织方式和区域协调机制。建立统一的科技项目管理平台,聚焦技术创新和产业发展,集成各级政府和各高新区科技计划,完善联合招标等项目组织方式,提高项目组织程度和资金使用效益。建立统一的科技管理信息系统和科研项目数据库、统一的科技报告制度和科技信用管理制度,加强科研诚信建设,及时公开科研项目及研究成果信息,避免重复立项和资源浪费。进一步完善科研项目知识产权归属管理,由财政科研资金资助形成的知识产权收益权和处置权归承担单位所有。

五、优化环境,努力为苏南国家自主创新示范区建设提供有力保障

(十九) 建立工作机制

省政府设立省苏南国家自主创新示范区建设领导小组,加强组织领导和统筹协调,建立完善沟通协同推进机制,高度重视规划引导,更好地凝聚各部门和苏南五市的智慧和力量,合力推动示范区又好又快发展。积极争取国家部际协调小组的指导与支持,研究解决发展中的重大问题,共同推进重大政策先行先试。建立示范区建设工作推进服务机构,落实示范区建设各项部署和工作任务。研究编制苏南国家自主创新示范区建设规划纲要和实施方案。苏南五市及各国家高新区、苏州工业园区要建立相应的组织领导和工作推进服务机构,完善各自建设规划和方案,形成上下联动、统一高效的工作机制。

(二十) 强化责任落实

建立工作责任制,分解任务,明确责任,狠抓落实。省有关部门和苏南五市要按照任务分工和要求,结合实际制定具体推进方案和措施。开展绩效评估和社会评价,引导示范区建设科学有序推进。加强督促检查,确保示范区建设各项部署要求落到实处。健全示范区建设统计制度,完善示范区建设统计监测工作。

(二十一) 加大支持力度

舍得花本钱,在优化整合相关资金的基础上,省和苏南五市政府进一步加大科技创新投入。省政府通过优化整合、新增投入,设立省苏南国家自主创新示范区建设专项资金,积极探索市场化机制,强化对示范区重大科技创新载体建设、科技金融发展等的支持。统筹省有关支持产业发展专项资金,集成支持示范区重大科技成果转化和产业项

目发展。研究制定《苏南国家自主创新示范区促进条例》,为示范区建设提供有力的法律保障。推进交通、能源、水利、生态、信息等基础设施建设,为示范区建设提供重要支撑。

（二十二）营造良好氛围

大力弘扬"三创三先"新时期江苏精神,积极倡导尊重知识、崇尚创新、诚信守法,着力形成敢为人先、敢冒风险、敢于竞争、鼓励创新、宽容失败的鲜明导向,着力增强领导干部的创新意识和创新思维,着力提升全民科学素养和创新能力,充分发挥创新文化在苏南国家自主创新示范区建设中的引领作用。强化宣传和舆论引导,加强对重大科技创新成果、典型创新创业人才和创新型企业的宣传,加大对创新创业者的奖励力度,努力营造有利于创新创业的舆论氛围,进一步激发全社会的创新创造活力。

《科技部关于进一步推动科技型中小企业创新发展的若干意见》

（国科发高〔2015〕3 号）

各省、自治区、直辖市及计划单列市科技厅（委、局），新疆生产建设兵团科技局：

为深入贯彻党的十八大、十八届三中全会精神，全面落实《中共中央国务院关于深化科技体制改革加快国家创新体系建设的意见》（中发〔2012〕6 号），实施创新驱动发展战略，深化科技体制改革，充分发挥市场在资源配置中的决定性作用和更好发挥政府作用，激发科技型中小企业技术创新活力，促进科技型中小企业健康发展，现提出以下意见：

一、推动科技型中小企业创新发展的重要意义

科技型中小企业是指从事高新技术产品研发、生产和服务的中小企业群体，在提升科技创新能力、支撑经济可持续发展、扩大社会就业等方面发挥着重要作用。长期以来，在党中央国务院和各部门、各地方的大力支持下，科技型中小企业取得了长足发展。但是，我国科技型中小企业仍然面临创新能力有待加强、创业环境有待优化、服务体系有待完善、融资渠道有待拓宽等问题。因此，需要进一步凝聚各方力量，培育壮大科技型中小企业群体，带动科技型中小企业走创新发展道路，为经济社会发展提供重要支撑。

二、鼓励科技创业

（一）支持创办科技型中小企业

鼓励科研院所、高等学校科研人员和企业科技人员创办科技型中小企业，建立健全股权、期权、分红权等有利于激励技术创业的收益分配机制。支持高校毕业生以创业的方式实现就业，对入驻科技企业孵化器或大学生创业基地的创业者给予房租优惠、创业辅导等支持。

（二）加快推进创业投资机构发展

鼓励各类社会资本设立天使投资、创业投资等股权投资基金，支持科技型中小企业创业活动。探索建立早期创投风险补偿机制，在投资损失确认后可按损失额的一定比例，对创业投资企业进行风险补偿。

（三）加强创新创业孵化生态体系建设

推动建立支持科技创业企业成长的持续推进机制和全程孵化体系，促进大学科技园、科技企业孵化器等创业载体功能提升和创新发展。加大中小企业专项资金等对创

业载体建设的支持力度。

三、支持技术创新

（四）支持科技型中小企业建立研发机构

支持科技型中小企业建立企业实验室、企业技术中心、工程技术研究中心等研发机构，提升对技术创新的支撑与服务能力。对拥有自主知识产权并形成良好经济社会效益的科技型中小企业研发机构给予重点扶持。

（五）支持科技型中小企业开展技术改造

鼓励和引导中小企业加强技术改造与升级，支持其采用新技术、新工艺、新设备调整优化产业和产品结构，将技术改造项目纳入贷款贴息等优惠政策的支持范围。

（六）通过政府采购支持科技型中小企业技术创新

进一步完善和落实国家政府采购扶持中小企业发展的相关法规政策。各级机关、事业单位和社团组织的政府采购活动，在同等条件下，鼓励优先采购科技型中小企业的产品和服务。鼓励科技型中小企业组成联合体共同参加政府采购与首台（套）示范项目。

四、强化协同创新

（七）推动科技型中小企业开展协同创新

推动科技型中小企业与大型企业、高等学校、科研院所开展战略合作，探索产学研深度结合的有效模式和长效机制。鼓励高等学校、科研院所等形成的科技成果向科技型中小企业转移转化。深入开展科技人员服务企业行动，通过科技特派员等方式组织科技人员帮助科技型中小企业解决技术难题。

（八）鼓励高校院所和大型企业开放科技资源

引导和鼓励有条件的高等学校、科研院所、大型企业的重点实验室、国家工程（技术）研究中心、大型科学仪器中心、分析测试中心等科研基础设施和设备进一步向科技型中小企业开放，提供检验检测、标准制定、研发设计等科技服务。

（九）吸纳科技型中小企业参与构建产业技术创新战略联盟

以产业技术创新关键问题为导向、形成产业核心竞争力为目标，引导行业骨干企业牵头，广泛吸纳科技型中小企业参与，按市场机制积极构建产业技术创新战略联盟。

五、推动集聚化发展

（十）充分发挥国家高新区、产业化基地的集聚作用

以国家高新区、高新技术产业化基地、现代服务业产业化基地、火炬计划特色产业基地、创新型产业集群等为载体，引导科技型中小企业走布局集中、产业集聚、土地集约的发展模式，促进科技型中小企业集群式发展。

（十一）引导科技型中小企业走专业化发展道路，提升产品质量、塑造品牌

支持科技型中小企业聚焦"新技术、新业态、新模式"，走专业化、精细化发展道路。

鼓励科技型中小企业做强核心业务，推进精益制造，打造具有竞争力和影响力的精品和品牌。

六、完善服务体系

（十二）完善科技型中小企业技术创新服务体系

充分发挥地方在区域创新中的主导作用，通过政策引导和试点带动，整合资源，加快建设各具特色的科技型中小企业技术创新公共服务体系。鼓励通过政府购买服务的方式，为科技型中小企业提供管理指导、技能培训、市场开拓、标准咨询、检验检测认证等服务。

（十三）充分发挥专业中介机构和科技服务机构作用

开放并扩大中小企业中介服务机构的服务领域、规范中介服务市场，促进各类专业机构为科技型中小企业提供优质服务。充分发挥科技服务机构作用，推动各类科技服务机构面向科技型中小企业开展服务。

七、拓宽融资渠道

（十四）完善多层次资本市场，支持科技型中小企业做大做强

支持科技型中小企业通过多层次资本市场体系实现改制、挂牌、上市融资。支持利用各类产权交易市场开展科技型中小企业股权流转和融资服务，完善非上市科技公司股份转让途径。鼓励科技型中小企业利用债券市场融资，探索对发行企业债券、信托计划、中期票据、短期融资券等直接融资产品的科技型中小企业给予社会筹资利息补贴。

（十五）引导金融机构面向科技型中小企业开展服务创新，拓宽融资渠道

引导商业银行积极向科技型中小企业提供系统化金融服务。支持发展多种形式的抵质押类信贷业务及产品。鼓励融资租赁企业创新融资租赁经营模式，开展融资租赁与创业投资相结合、租赁债权与投资股权相结合的创投租赁业务。鼓励互联网金融发展和模式创新，支持网络小额贷款、第三方支付、网络金融超市、大数据金融等新兴业态发展。

（十六）完善科技型中小企业融资担保和科技保险体系

引导设立多层次、专业化的科技担保公司和再担保机构，逐步建立和完善科技型中小企业融资担保体系，鼓励为中小企业提供贷款担保的担保机构实行快捷担保审批程序，简化反担保措施。鼓励保险机构大力发展知识产权保险、首台（套）产品保险、产品研发责任险、关键研发设备险、成果转化险等科技保险产品。

八、优化政策环境

（十七）进一步加大对科技型中小企业的财政支持力度

充分发挥中央财政资金的引导作用，逐步提高中小企业发展专项资金和国家科技成果转化引导基金支持科技创新的力度，凝聚带动社会资源支持科技型中小企业发展。加大各类科技计划对科技型中小企业技术创新活动的支持力度。鼓励地方财政加大对

科技型中小企业技术创新的支持,对于研发投入占企业总收入达到一定比例的科技型中小企业给予补贴。鼓励地方政府在科技型中小企业中筛选一批创新能力强、发展潜力大的企业进行重点扶持,培育形成一批具有竞争优势的创新型企业和上市后备企业。

(十八)进一步完善落实税收支持政策

进一步完善和落实小型微利企业、高新技术企业、技术先进型服务企业、技术转让、研究开发费用加计扣除、研究开发仪器设备折旧、科技企业孵化器、大学科技园等税收优惠政策,加强对科技型中小企业的政策培训和宣传。结合深化税收制度改革,加快推动营业税改征增值税试点,完善结构性减税政策。

(十九)实施有利于科技型中小企业吸引人才的政策

结合创新人才推进计划、海外高层次人才引进计划、青年英才开发计划和国家高技能人才振兴计划等各项国家人才重大工程的实施,支持科技型中小企业引进和培养创新创业人才,鼓励在财政补助、落户、社保、税收等方面给予政策扶持。鼓励科技型中小企业与高等学校、职业院校建立定向、订单式的人才培养机制,支持高校毕业生到科技型中小企业就业,并给予档案免费保管等扶持政策。鼓励科技型中小企业加大对员工的培训力度。

(二十)加强统计监测与信用评价体系建设

建立公平开放透明的市场规则,加大对市场中侵害科技型中小企业合法利益行为的打击力度。研究发布科技型中小企业标准,建立科技型中小企业资源库,健全科技型中小企业统计调查、监测分析和定期发布制度。加快科技型中小企业信用体系建设,开展对科技型中小企业的信用评价。

推动科技型中小企业创新发展既是一项事关创新型国家建设的长期战略任务,也是加快转变经济发展方式的迫切需求,更是进一步落实创新驱动发展战略的关键路径之一。各地方科技管理部门要高度重视科技型中小企业工作,加强与有关部门的沟通协调,结合各地情况,制定本意见的贯彻落实办法,采取有效政策措施,切实推动科技型中小企业创新发展。

《中共科学技术部党组关于落实创新驱动发展战略加快科技改革的意见》

（国科党组发〔2015〕1号）

2014年，在党中央、国务院的正确领导下，科技体制改革取得重大突破，科技创新支撑引领经济社会发展取得新成效，科技工作在党和国家全局中的战略地位进一步提升。2015年是全面落实重大改革任务的关键之年，是全面推进依法治国的开局之年，也是全面完成"十二五"规划、谋划"十三五"的承上启下之年。为贯彻落实中央对科技工作的新要求，加快实施创新驱动发展战略，提出如下意见。

一、深入学习贯彻习近平总书记系列重要讲话精神，明确2015年工作总体思路

当前，全球科技革命和产业变革正在孕育新突破，我国经济发展进入速度变化、结构调整、动力转换的新常态，要素的规模驱动力减弱，经济增长将更多依靠人力资本质量和技术进步，突破发展瓶颈制约比任何时候都更需要强大的科技支撑。面对新的发展形势和国际竞争格局，以习近平同志为总书记的党中央把实施创新驱动发展战略摆在了更加突出的位置，为科技工作指明了方向，提出了新要求。我们要认真学习、深刻领会中央决策部署，切实增强落实创新驱动发展战略、加快科技改革发展的使命感、紧迫感和责任感。

2015年科技工作的总体思路是：全面落实党的十八大和十八届三中、四中全会精神，认真学习贯彻习近平总书记系列重要讲话精神，围绕全面建成小康社会、全面深化改革、全面推进依法治国、全面从严治党的任务部署，聚焦实施创新驱动发展战略，以深化科技体制改革为动力，切实增强自主创新能力，推动以科技创新为核心的全面创新，推进科技治理体系和治理能力现代化，努力完成"十二五"规划各项任务，为适应和引领经济发展新常态提供有力支撑。

做好2015年科技工作要重点把握以下四个方面：一要突出重大需求和问题导向，面向世界科技前沿、面向国家重大需求、面向国民经济主战场，加强创新发展的战略谋划和系统布局，强化基础研究和原始创新能力，着力解决制约我国发展的重大科技问题，打造创新发展加速度，支撑经济中高速发展和提质增效；二要继续破除体制机制障碍，既要加大已出台的改革举措落实力度，又要找准新的改革突破方向和重点，不断激发广大科技人员和各类创新主体的创新活力，营造大众创业、万众创新的环境和氛围；三要务求实效，加速科技成果转化，把创新成果变成实实在在的产业活动和市场效益，创造新的增长点，培育新业态，带动新就业；四要依法行政，进一步转变政府职能，加强党建和自身能力建设,提高科技创新治理能力。

二、主动适应经济发展新常态,做好创新驱动发展的统筹布局

1. 加强创新驱动发展战略整体谋划和落实

制订实施创新驱动发展战略总体方案,明确实施思路、目标任务和保障措施。建立落实工作机制,明确任务分工,推动出台一批针对性强、可操作的政策措施,形成促进创新驱动发展的体制机制和政策环境。

2. 编制国家"十三五"科技创新发展规划

系统梳理"十二五"科技发展重大成就,加强经验总结和宣传。围绕重大战略需求,组织重点领域技术预测及国家关键技术选择,找准主攻方向和突破口,统筹谋划未来5年科技创新发展的总体布局。加强地方、行业部门科技规划的协调衔接,引导科技资源合理优化配置。

3. 凝练实施一批重大科技项目和重大工程

对现有重大科技专项进行聚焦调整,进一步明确战略目标和重点任务。围绕面向2030年我国经济社会发展的重大战略需求,在新一代信息技术、新能源和环境、生物和健康、智能制造等领域,凝练一批体现国家战略意图的重大科技项目和重大工程,加强与已有专项布局的衔接和统筹,启动若干项目、工程论证和实施。

4. 加强创新政策法规体系和监督评估体系总体设计

根据创新驱动发展和依法行政要求,系统梳理现有创新政策法规,加强政策法规制定预评估,研究提出政策调整和完善重点,凝练新的政策方向,制定科技立法工作计划,形成多种政策工具有机衔接的政策法规体系。建立统一的评估监管和动态调整机制,构建全链条的监督评估体系。

三、系统推进科技体制改革,进一步营造创新生态环境

1. 以科技计划管理改革为突破口,优化科技创新资源配置

落实《国务院关于改进加强中央财政科研项目和资金管理的若干意见》和《关于深化中央财政科技计划(专项、基金等)管理改革的方案》,构建公开统一的国家科技管理平台,优化科技计划(专项、基金等)布局,再造科研项目和资金管理流程。制定符合改革要求的科技计划和资金管理办法,开展重点专项试点,加强分类指导。组建部际联席会议、战略咨询与综合评审委员会,完善科技计划管理统筹决策和咨询机制。制定专业机构管理制度及遴选办法,结合试点对现有科研管理类事业单位进行改造,构建专业化的项目管理机制。初步建成统一的国家科技管理信息系统和中央财政科研项目数据库。加强对计划实施和资金使用的监督评估,完善科研信用体系和责任倒查机制。

2. 推进"三评"改革,充分调动科技人员积极性创造性

继续推进科研评审、人才评价和机构评估改革,规范"三评"工作的时间、周期和方式等,形成合理的评价机制。推动完善科技人才分类评价标准和操作办法,结合重大人才工程实施开展分类评价试点工作。修订《国家科学技术奖励条例》及实施细则,健全

公开提名推荐制度,规范评审流程和办法,完善评价标准和指标体系。修订《社会力量设立科学技术奖管理办法》,推动社会力量设奖有序发展。推动研究制定科研事业单位科研人员薪酬制度改革办法,建立与创新业绩和贡献相适应的激励机制。

3. 推动《促进科技成果转化法》修订和相关配套措施制定,加快构建科技成果转化体系

总结和推广科技成果使用处置收益管理改革试点政策,做好《促进科技成果转化法》宣传、落实和配套措施制定工作。修订和完善科技计划知识产权管理制度,将知识产权管理纳入全流程管理。推动科研院所和高校、企业等创新主体健全知识产权组织机构。制订国家科技报告共享服务管理办法,建立科技报告质量控制体系,规范科技报告的使用和服务。落实《国务院关于国家重大科研基础设施和大型科研仪器向社会开放的意见》,建立统一开放的网络管理平台,制定标准规范和评估激励办法,开展平台服务共享后补助试点,推进科技资源开放共享。加快发展技术市场,研究制定技术转移服务标准,推进高校和科研院所建立健全技术转移机构,以信息化网络连接各区域技术转移平台,推动跨行业、跨区域、跨国技术转移。

4. 健全企业主导的产学研协同创新机制,提升企业技术创新能力

建立政府与企业创新对话机制,让更多的企业参与科技发展战略、规划、政策和指南制定。支持大中型企业建立健全高水平研发机构,牵头组织实施关键共性技术和重大产品研发项目,引导其加大基础前沿技术研发的投入。激发中小企业创新活力,制定科技型中小企业标准,开展科技型中小企业培育工程试点,完善区域性中小企业技术创新服务平台建设布局,发展壮大一批"科技小巨人"。促进产学研用深度融合,建立产业技术创新联盟形成市场化、运行规范化、管理社会化的发展机制,支持联盟编制产业技术路线图,承担重大科技项目,制定技术标准,构建产业创新链,提升产业核心竞争力。

5. 深化科研院所分类改革,推进现代院所制度建设

结合事业单位分类改革,完善公益类科研院所分类改革方案。研究制定科学研究事业单位领导人员管理暂行办法。制定科研机构创新绩效评价工作办法和指标体系,开展创新绩效评价试点。支持地方围绕区域重大产业发展技术需求,建设一批产业导向明确、产学研紧密结合的新型研发机构,探索非营利性运行模式和市场化用人机制,完善税收扶持政策。

四、进一步发挥科技创新支撑引领作用,培育发现新的增长点

1. 部署若干重大基础和前沿科学任务,抢占未来战略制高点

自由探索类基础研究聚焦前沿,注重学科发展与学科交叉,鼓励原始创新。需求导向类基础研究更加聚焦国家重大战略任务,强化顶层设计和统筹协调。加强脑科学、量子通信与量子计算等战略部署,加强干细胞与转化医学、合成生物学、石墨烯与新型电子器件等重点专项创新链设计,加强纳米、蛋白质、发育与生殖、全球气候变化、"深空"、"深海"、"深地"、"深蓝"等重大科学研究前瞻性布局。

2. 加快实施科技重大专项,提升重点领域核心竞争力

准确把握技术路线和方向,聚焦重点,协同攻关,着力攻克一批核心关键技术,研制

一批重大战略产品,建设一批重大示范工程。推动重大技术研发与创新基地建设、人才队伍培养相结合,提升相关领域的自主创新能力。发挥市场机制和企业主体作用,产学研用紧密结合,边研发边转化,通过完善市场准入和示范应用等政策措施,加速重大专项成果应用和产业化。

3. 全链条部署重点研发计划,解决经济社会发展突出问题

以核心技术研发和商业模式创新为抓手,培育新兴产业生长点。加强清洁能源、新能源汽车、信息网络、遥感与导航、生物等领域的部署和研发,实现关键部件技术突破,提高系统集成能力。加大对云计算、移动互联网、物联网、大数据等技术开发和应用的支持,加快形成新业态。落实《国务院关于加快科技服务业发展的若干意见》,开展区域和行业试点示范,培育科技服务业新模式,打造一批特色鲜明、功能完善、布局合理的科技服务业集聚区。

以夯实制造业基础技术能力为重点,推动传统产业向中高端发展。围绕现代制造企业管控、智能车间、高端成套工艺装备、制造基础共性技术、智能机器人、3D打印等内容进行重点部署,推动制造业智能化、绿色化、服务化发展。围绕结构、功能、电子、纳米等新材料前沿方向及钢铁、有色、石化、纺织、轻工、建材等行业需求,实施一批重点专项,突破和解决产业发展中瓶颈和技术短板问题。

以提质增效、安全生态为方向,大力发展现代农业。重点部署生物育种、农机装备、信息技术等重大关键技术攻关,推动农业和农村发展方式向一二三产业融合、全链条增值、品牌化专业化发展转型。大力实施粮食丰产、渤海粮仓等科技示范工程,依托国家农业科技园区及其联盟,搭建农业科技金融、农村信息、创新品牌公共服务平台。进一步完善科技特派员制度,培育新型职业农民,加快构建新型农业社会化科技服务体系。

以提高生活质量和改善人居环境为目标,推动科技创新惠及民生。聚焦人口健康、资源环境、公共安全等民生重点领域,组织实施大气污染防治、土壤环境整治、水安全、医疗器械、重大疾病防控、食品安全等一批重点专项。研究制定新型城镇化系统技术解决方案,推进智慧城市建设试点。以国家可持续发展实验区等为载体,发挥科技创业者作用,完善转化推广体系,加快推进民生科技成果应用。

4. 完善技术创新引导专项的市场导向实施机制,促进大众创业万众创新

扩大科技成果转化引导基金规模,健全完善理事会和受托管理单位工作机制,吸引优秀创业投资管理团队联合成立一批子基金。采取以奖代补等方式扶持企业共性技术平台和服务体系建设。试点启动贷款风险补偿支持方式,为科技企业创新创业建立贷款"绿色通道"。开展第二批科技和金融结合试点,面向市场需求,推动产品、组织和服务创新,推进各具特色的科技金融专营机构和服务中心建设。开展科技企业信用体系建设试点。发展专业孵化器和创新型孵化器,探索基于互联网、创客等新型孵化方式,提升专业服务能力。实施"创业中国行动",加强创业教育和培训,举办中国创新创业大赛。

5. 优化整合基地和人才专项,夯实科技创新基础

深入实施创新人才推进计划、"千人计划"、"万人计划"等重大人才工程,制定人才、

项目、基地紧密结合的措施。突出以用为本,完善推荐办法、评议程序、支持机制和政策保障,引进培养一批高层次创新创业人才。全面梳理现有国家重点实验室、工程实验室、工程中心、科技基础条件平台等,按照功能定位研究提出合理归并和分类整合方案,优化科研基地布局。围绕重大科技任务、重大科学工程、重大科学方向推进国家实验室建设。支持青岛海洋科学与技术国家实验室建设,探索新的管理体制和运行机制。在整合共享基础上,加强科研条件资源开发应用和科学考察、计量计准、物种标本、科学数据等科研基础性工作。

6. 加强区域创新分类指导,推动区域协同发展

制定实施方案和支持措施,推动北京、上海等建设具有全球影响力的科技创新中心。编制京津冀协同发展科技专项规划,推动京津冀协同创新共同体建设。完善政策机制、强化资源整合,支撑长江经济带创新发展。优化国家自主创新示范区布局,按照"东转西进"设想,加大培育指导力度,坚持高标准依托创新特色鲜明、综合实力和区域代表性强的国家高新区建设国家自主创新示范区,支持示范区深化改革和政策先行先试。以升促建,稳步推进省级高新区升级。开展高新区创新驱动发展示范工程,加快创新型产业集群建设,推动高新区提质增效。研究制定推动区域全面创新改革试验总体方案,选择若干省区市启动试点,推动创新型省和创新型城市建设。继续推进对口援疆、援藏、援青和科技扶贫工作。

7. 积极融入全球创新网络,拓展创新发展国际空间

优化塑造国际科技创新合作区域新格局,落实"一带一路"战略,制定国际科技合作区域布局总体规划,推动内蒙古向北开放桥头堡建设,推动新疆同中亚国家、西南省区同东盟南亚国家的科技合作。进一步加强政府间科技合作,深入开展创新对话和合作,实施以高水平联合研究中心为代表的若干国际科技合作旗舰项目和"科技伙伴计划",建设对外科技合作示范平台,建立国际科技合作开放新机制。积极参与大科学计划和国际科技组织,加大主导开展应对全球性挑战的协同合作。完善与港澳台地区科技合作机制,大力推动两岸四地科技创新协同发展。组织实施国际科技合作重大项目,引导和支持行业领军企业设立海外研发中心,鼓励国内产业技术联盟等参与国际技术转移。

五、加强党建和自身能力建设,保持良好工作作风和精神状态

1. 加强思想理论武装,把学习贯彻习近平总书记重要讲话精神引向深入

深入开展学习贯彻习近平总书记系列重要讲话精神活动,用讲话精神武装头脑、指导实践、推动工作,把讲话精神落实到忠诚信仰上、严于律己上和勇于担当上,不断强化政治意识、大局意识,以更加奋发有为的精神状态做好科技工作。

2. 加强党建工作

坚持党要管党、全面从严治党,将党建工作放在全部工作的重要位置,融入中心工作、推动中心工作、服务中心工作。进一步严明党的政治纪律、组织纪律和廉政纪律,杜绝"七个有之"。按照"三严三实"专题教育活动要求,开展党课教育,召开专题民主生活会,推动改进作风规范化、常态化、机制化。严肃党内政治生活,严守党内政治生活准

则。落实制度治党要求,不断提高党建工作制度化水平。落实《科技部党组关于进一步落实党建责任制加强基层党组织建设的意见》,强化一把手抓党建的责任,严格履行"一岗双责"。加强对科技系统党建工作指导。

3. 发挥部党组领导核心作用

坚持民主集中制,加强科技工作重大事项统筹协调和决策部署,严格执行"三重一大"决策制度,完善党组领导科技工作制度化建设。健全党组中心组(扩大)理论学习务虚会和党组重大问题调研制度,加强科技改革发展重大问题的战略研究。建立重大任务台账制度,明确时间进度安排和责任单位,加强督促检查,狠抓落实。

4. 加快政府职能转变,推进依法行政

进一步调整完善科技部机构职能设置,加强创新发展与改革的宏观管理,重点做好战略、规划、政策、布局、评估、监管等工作。加强依法行政,深化行政审批改革,扎实推进科技创新立法,建立规范性文件合法性审核机制,全面推进政府信息公开,提高科技管理法治水平。

5. 加强反腐倡廉建设

认真落实党风廉政建设主体责任和监督责任,大力加强党风廉政建设。落实中央八项规定精神,坚决纠正"四风"。完善、推进惩治和预防腐败体系建设,深入推进廉政风险防控机制建设。强化干部监督和重大科技决策部署、科研项目实施和经费管理使用等重点领域及关键环节的监督检查,加大巡视检查和案件查办力度,确保权力规范运行。

6. 加强科技管理干部队伍建设

进一步加强领导班子建设,完善干部选拔任用和考核评价机制,推动交流转任和多岗位锻炼,健全、落实日常从严管理和监督制度。落实干部教育培训规划,加强理想信念、道德品德教育和业务学习,提高科技管理能力。围绕复合型机关干部、专业化事业单位干部和职业化驻外干部建设,打造一支信念坚定、为民服务、勤政务实、敢于担当、清正廉洁的干部队伍。

7. 加强机关作风建设和文化建设

巩固拓展群众路线教育实践活动、专项巡视和跟踪审计整改工作取得的重大成果,继续抓好整改工作,建立长效机制。引导广大干部践行社会主义核心价值观,树立"讲政治、守纪律,讲大局、肯奉献,讲学习、懂科技,讲团结、善沟通"的良好形象,做"正雅之人"、树"正雅之风"。"倡导君子之交、反对市井庸俗,倡导五湖四海、反对团团伙伙,倡导干事谋发展、反对官油子,倡导在状态、反对慵懒散",营造风清气正的正气场,人人输出正能量。

《江苏省科学技术厅江苏省财政厅关于组织申报2015年度省科技型企业技术创新资金项目的通知》

各省辖市、县（市）科技局（科委）、财政局，国家和省级高新区管委会：

　　为深入实施创新驱动发展战略，推进科技创新工程，以苏南国家自主创新示范区建设为重点，加快建设创新型省份，2015年省科技型企业技术创新资金将围绕强化企业技术创新主体地位，深入实施科技企业"小升高"计划，激发中小微企业创新活力，进一步加强对科技型中小微企业技术创新的扶持，加快推进高端科技人才创业，增强科技型中小微企业技术创新能力，促进科技型中小微企业加快成长为高新技术企业，培育一批科技"小巨人"企业，营造大众创业、万众创新的良好环境。现将2015年度省科技型企业技术创新资金项目（以下简称"省创新资金项目"）的组织申报工作有关事项通知如下：

一、支持重点和额度

　　2015年度省创新资金项目的组织，坚持"支持创新、鼓励创业、竞争择优、优化环境"的原则，围绕战略性新兴产业、新兴业态培育，主要支持省级以上科技创业园内高成长性科技型中小微企业开发具有自主知识产权的创新产品，提升企业竞争力。项目分重点项目和面上项目，重点项目主要支持科技创业孵化链条建设试点、国际创业园和专业孵化器内的科技型小微企业。重点项目省资助经费不超过50万元，面上项目省资助经费不超过30万元。

二、申报条件

　　1. 申报2015年度省创新资金项目的科技型企业须在国家和省级高新技术创业服务中心、大学科技园、留学生创业园、软件园等科技创业园以及高校院所在苏南国家自主创新示范区建立的具有孵化功能的研究院内注册经营。

　　2. 申报企业及项目须符合《江苏省科技型中小企业技术创新资金管理办法》规定的相关条件，项目所属技术领域原则上属于《江苏省科技型企业技术创新资金支持的重点领域》确定的范围。

　　3. 项目目标产品明确、具有自主品牌、技术含量高、竞争力强，在项目实施期结束后能进入中试阶段或小批量生产，并形成自主知识产权。

　　4. 优先支持战略性新兴产业、新兴业态科技型小微企业申报的研发设计、文化科技创新、大数据、云计算、基于互联网的内容服务等项目。

　　5. 优先支持有发明专利授权、R&D投入较高、成立时间不超过三年的科技型小微企业申报的项目;优先支持入选国家"千人计划"、省"双创人才"计划等高端人才或创新团队牵头申报的项目;优先支持大学生科技创业、天使投资和创业投资支持的项目;优先支持高新技术企业申报的项目。

6. 优先支持获得 2014 年第二届江苏科技创业大赛一、二、三等奖的初创组企业及创业团队的参赛项目。

7. 项目实施周期原则上不超过两年。

三、组织方式

1. 项目按属地化原则申报

县(市)辖区内企业申报的项目,经所在县(市)科技局、财政局审核后上报省科技厅、省财政厅;省辖市市辖区内企业申报的项目,经省辖市科技局、财政局审核后上报省科技厅、省财政厅;国家和省级高新区内企业申报的项目,经高新区管委会审核后上报省科技厅、省财政厅。

2. 实行限额申报

苏南国家自主创新示范区内国家级和省级科技创业园每家推荐的项目分别不超过6 项和 4 项,其他国家级和省级科技创业园每家推荐的项目分别不超过 4 项和 2 项;高校院所在苏南国家自主创新示范区内设立的具有孵化功能的研究院每家推荐的项目不超过 4 项。获得 2014 年第二届江苏科技创业大赛决赛一、二、三等奖的初创组企业及创业团队(获奖后 6 个月内在我省科技创业园注册成立企业)的参赛项目不在限额范围内。

四、申报要求

1. 项目主管部门负责辖区内项目形式审查。

严格按照《江苏省科技型中小企业技术创新资金管理办法》,认真对照申报材料原件进行审核,对申报项目单位的经营状况、资信风险、承担能力等方面进行全面审查,项目法人及项目主管部门在申报项目时需出具信用承诺。各项目主管部门要强化责任意识,严格把关,坚决防止和杜绝弄虚作假,确保申报材料真实可靠,对未认真履行形式审查职责的项目主管部门,将根据《江苏省科技计划项目相关责任主体信用管理办法(试行)》,予以全省通报批评,并在下一年度相应减少该地区推荐申报数。各省辖市、县(市)科技局、财政局以及高新区管委会要在认真总结 2014 年项目申报和管理工作的基础上,认真履行职责,加强统筹协调,做好 2015 年项目组织申报的指导和服务工作,保证项目组织质量和项目水平。

2. 有在研省科技计划、国家创新基金项目的项目负责人和企业一般不得再申报本年度项目;同一企业或项目负责人限报一个项目;同一企业或项目负责人已申报其他类省科技计划的,不能同时申报本计划。

3. 有不良信用记录的单位和个人,不得申报本年度计划项目。在项目申报和立项过程中相关责任主体有弄虚作假、冒名顶替、侵犯他人知识产权等不良信用行为的,一经查实,将记入信用档案,并按《江苏省科技计划项目相关责任主体信用管理办法(试行)》作出相应处理。

4. 项目第一负责人原则上应为第一申报单位的在职人员,并确保在职期间能完成项目任务。申报单位须提供必要保障条件和自筹资金,自筹资金与申请省资助经费比例为1∶1以上。

五、其他事项

1. 申报企业除按本通知要求填报《江苏省科技型企业技术创新资金项目申报书》、《江苏省科技计划项目信息表》外,还需按照《江苏省省级财政专项资金使用全过程承诺责任制暂行规定》(苏财规【2013】21号)的要求,填报《省级财政专项资金申请使用全过程承诺责任书》(见附件3),并提供企业2014年度财务报表(包含损益表、资产负债表、现金流量表)。除申报企业2014年度财务报表外,其他项目相关佐证材料统一由项目主管部门审查并填写《项目附件审查表》,不再在网上填报上传。获得2014年第二届江苏科技创业大赛决赛一、二、三等奖的初创组企业及创业团队(获奖后6个月内在我省科技创业园注册成立企业)的参赛项目,按上述要求提交相关材料后,由项目主管部门统一汇总上报。

2. 申报材料需在江苏省科技计划管理信息系统进行网上报送,网址:http://www.jskjjh.gov.cn。相关科技创业园等名单、申报材料表格请在网站查询和下载。项目申报材料经主管部门网上确认后,一律不予退回重报。

3. 申报材料统一用A4纸打印,按封面、项目信息表、项目申报书、信用承诺书顺序装订成册,一式两份(纸质封面,平装订)。各项目主管部门对申报项目进行审查,汇总推荐,汇总表加盖科技、财政部门或高新区管委会公章后,一式两份,随同项目申报材料统一报送江苏省高新技术创业服务中心(地址:南京市广州路37号四楼418室)。项目申报受理截止时间为2015年4月30日,逾期不予受理。

联系人、联系电话:

省创业中心创新基金部　高亚平　025 - 83232318

省科技厅高新处单华宁　025 - 83367509

省财政厅工贸发展处蔡海翔　025 - 83633109

附件:1. 2015年江苏省科技型企业技术创新资金支持的重点领域

2. 2015年江苏省科技型企业技术创新资金项目推荐汇总表

3. 省级财政专项资金申请使用全过程承诺责任书

(此页无正文)

江苏省科学技术厅　江苏省财政厅

2015年3月23日

附件 1

2015 年江苏省科技型企业技术创新
资金支持的重点领域

一、电子信息

（一）软件产品

1. 基础软件
2. 支撑软件
3. 嵌入式软件
4. 计算机辅助工程管理/产品开发软件
5. 中文及多语种处理软件
6. 图形和图像软件
7. 地理信息系统
8. 电子商务软件
9. 电子政务软件
10. 企业信息化应用和企业管理软件
11. 电力系统应用软件产品
12. 医学网络信息系统与软件产品
13. 大数据与云计算
14. 物联网应用软件

（二）微电子技术

1. 集成电路设计工具开发
2. 集成电路产品设计开发
3. 集成电路封装技术
4. 集成电路测试

（三）计算机及网络产品

1. 计算机终端产品和外围设备及关键部件
2. 网络产品
3. 空间信息获取及综合应用集成系统

（四）通信产品技术

1. 光传输交换设备
2. 宽带移动通信设备
3. 宽带综合业务接入设备
4. 业务与运营支撑系统
5. 网络增值业务应用系统

（五）广播电视技术产品

1. 演播室与运营中心系统

2. 网络传输、监测与管理系统

3. 用户终端系统

（六）新型电子元器件

1. 半导体发光器件

2. 片式元件和集成无源元件

3. 片式半导体器件

4. 电力电子器件

5. 中高档机电组件

（七）信息安全产品

1. 安全测评和管理类产品

2. 安全基础类产品

3. 网络安全类产品

4. 专用安全类产品

（八）智能交通产品

1. 先进的交通管理和控制系统

2. 交通基础信息采集、处理设备和软件系统

3. 先进的公共交通管理设备和系统

4. 城市轨道交通安全控制与综合调度产品

二、生物技术和新医药

（一）医药生物技术与产品

1. 常见重大疾病防治用生物技术药物

2. 新型疫苗和生物诊断产品

3. 生物分离纯化技术与检测产品

4. 生物技术加工天然产物

（二）中药天然药物技术与产品

1. 中药创新药物

2. 中药新品种的开发

3. 中药资源可持续利用

4. 中药制药装备及其集成

（三）化学药技术与产品

1. 常见重大疾病治疗用新药

2. 药物合成新技术

3. 药物制剂新技术与新剂型

4. 药物制剂新辅料

5. 新型体外诊断技术与产品

（四）医疗仪器、设备

1. 医学影像技术与产品

2. 治疗、急救及康复技术与产品

3. 医学检测、检验、监护技术设备与产品

4. 康复治疗技术与产品

（五）医用敷料与器材

1. 手术专用器械及新型敷料

2. 组织工程材料

3. 介入治疗材料与产品

4. 其他生物医用材料

（六）轻化工生物技术及产品

1. 生物催化技术及产品

2. 微生物发酵新技术和新产品

3. 新型、高效工业酶制剂

4. 天然产物有效成分的分离提取及加工技术

5. 生物技术在食品安全和食品添加剂领域的应用

（七）生物医药高技术服务

三、新材料

（一）金属材料

1. 钢铁冶金材料

2. 有色金属冶金材料及深加工产品

3. 稀土功能材料及电子信息金属功能材料

4. 特殊合金及粉末冶金新材料

5. 低成本、高性能金属基复合材料

（二）无机非金属材料

1. 高性能无机非金属结构材料

2. 高性能功能陶瓷

3. 人工晶体

4. 功能玻璃

5. 半导体材料

6. 超细、纳米粉体制备与加工技术

（三）高分子材料

1. 高分子结构材料

2. 新型功能高分子材料

3. 高分子材料的低成本化和高性能化

4. 新型橡胶材料

5. 新型纤维材料

6. 生态和环境友好高分子材料

7. 高分子材料的加工应用技术

（四）精细化学品

1. 电子化学品

2. 新型催化剂

3. 新型橡胶塑料助剂

4. 精细及功能化学品

5. 非石油路线制备专用和高附加值化学品

（五）新材料高技术服务

四、高端装备

（一）工业生产过程控制系统

1. 现场总线、工业以太网及现场局域网技术产品

2. 可编程序控制器（PLC）产品

3. 基于 PC 的控制系统

4. 新型控制技术和产品的前端研究

（二）高性能、智能化仪器仪表

1. 新型自动化仪器仪表

2. 面向行业配套的传感器

3. 新型传感器和微系统

4. 科学分析仪器、检测仪器

5. 精确制造中的测控仪器

（三）先进制造技术

1. 先进制造系统

2. 数控系统及加工技术和装备

3. 机器人开发及应用

4. 激光加工技术及设备

5. 纺织行业专用设备

6. 轻工行业专用设备

（四）新型机械产品

1. 机械基础件

2. 通用机械

3. 专用机械

（五）电力与电工行业技术产品

1. 智能电网技术

2. 电力系统自动化技术

3. 电力电子技术和电工设备

（六）交通相关技术产品

1. 汽车发动机关键技术

2. 新型汽车关键零部件

3. 高铁与城市轨道交通机车关键零部件

（七）智能装备高技术服务

五、环境与资源

（一）水污染防治技术

1. 典型重金属工业废水污染控制与治理技术

2. 高浓度、难降解、有毒有害工业废水处理

3. 城市环保设施与二次污染处理及资源化技术

4. 中小城镇污水和面源污染控制与农村饮用水安全保障

（二）大气污染防治技术

1. 煤燃烧污染防治技术

2. 工业向大气排放有毒污染物防治技术及服务

3. 局部环境空气质量安全保护与污染防治技术

（三）固体废弃物的处理与综合利用技术

1. 危险固体废弃物的处置技术

2. 工业固体废弃物的资源综合利用技术及服务

3. 生活垃圾分类处理、处置与资源化技术

4. 有机固体废物的处理和资源化技术

5. 社会源有害固体废物处置和资源化技术

（四）环境监测、应急和预警技术

1. 在线连续自动监测系统

2. 环境应急与常规监测仪器设备

3. 环境应急处理处置技术与设备

4. 环境样品的采集与样品制备技术

（五）清洁生产与循环经济的关键技术

1. 重点行业污染减排和"低排放"关键技术

2. 水回用工艺技术和设备

3. 清洁生产关键技术

4. 清洁生产与循环经济高技术服务

（六）资源高效开发与综合利用技术

1. 提高资源回收利用率的开采技术与设备

2. 低品位资源综合利用和共、伴生矿产的分选提取技术

六、新能源与高效节能

(一) 可再生清洁能源技术及相关产品

1. 太阳能
2. 风能
3. 生物质能
4. 其他新能源

(二) 新型高效能量转换与储存技术和相关产品

1. 高性能绿色电池(组)及其相关产品
2. 新型储能电池(组)及其相关产品
3. 燃料电池技术及其相关产品
4. 其他新型能量转换与储能技术与产品

(三) 高效节能技术和相关产品

1. 生产过程余热、余压、余能的回收利用技术及相关产品
2. 建筑节能技术及相关产品
3. 分布式能源相关技术与装备

(四) 新能源与节能高技术服务

七、新能源汽车

(一) 电动汽车动力系统平台关键技术

1. 纯电动汽车动力系统平台关键技术
2. 燃料电池汽车动力系统平台关键技术
3. 混合动力汽车(含插电式)动力系统平台关键技术

(二) 电控相关技术与产品

1. 整车控制器及关键零部件控制器
2. 电控产品生产装备、开发及标定工具
3. 电控系统共性元器件技术与产品

(三) 电池相关技术与产品

1. 车用动力电池/超级电容
2. 车用燃料电池

(四) 电机驱动相关技术与产品

1. 电机及控制器技术与产品
2. 电驱动系统总成技术与产品
3. 电驱动系统开发与生产装备

(五) 电动化底盘及车载信息系统

1. 电动化底盘及电动辅件系统
2. 电动汽车车载信息系统

（六）充电、加氢基础设施相关技术与产品

1. 电动汽车充电、加氢技术与装备

2. 电动汽车综合能源供给系统

（七）电动汽车技术开发与集成应用高技术服务

1. 电动汽车技术开发服务

2. 电动汽车商业模式创新及集成应用服务

省科技厅印发《关于拓展科技创新工程的实施方案（2014—2015 年）》的通知

为贯彻党的十八届三中全会和省委十二届六次全会精神，落实省委省政府拓展"八项工程"的意见，更大力度实施创新驱动发展战略，现就拓展科技创新工程提出如下实施方案。

一、总体要求与目标

（一）总体要求

贯彻科技创新工程"1234"基本思路，进一步深化科技体制改革，紧扣"两推进、一提升"的目标方向，着力推进创新型省份建设，优化创新环境，提高区域创新体系整体效能；着力推进知识产权强省建设，营造激励创造、保护产权的制度环境，形成激发全社会创新创造的动力机制；全面提升企业自主创新能力，进一步优化政府科技服务，让企业真正成为技术创新的主体和创新驱动发展的主导者，加快经济转型升级。

（二）主要目标

"十二五"末，在全国率先基本建成创新型省份，主要指标达到创新型国家和地区水平，成为全国创新驱动发展的先行区。主要体现在三个方面：一是创新能力显著提升，企业技术创新主体地位全面强化，形成若干战略性新兴产业创新集群，全社会研发投入占地区生产总值的比例达 2.5% 以上，科技进步对经济增长的贡献进一步增强。二是创新创业高度活跃，区域创新体系愈益完善，人才激励、科技金融、知识产权、技术转移和产业化等方面的体制机制改革取得一系列重要突破，高新技术企业总数达 1 万家。三是创新国际化水平大幅提升，国际科技合作和交流更加活跃，融入全球创新网络成为企业成长的重要路径，我省成为全国经济全球化、创新国际化并举的重要地区。

二、主要任务

（一）强化企业主体地位，着力提升技术创新能力

实施科技企业培育"百千万工程"。深化创新型企业培育机制，加快形成以 100 家创新型领军企业、1 000 家科技拟上市企业、10 000 家高新技术企业为骨干的创新型企业集群。全面落实高新技术企业税收减免和企业研发费用加计扣除等科技税收优惠政策，鼓励支持企业按照市场需要开展技术创新，推动企业真正成为创新需求、研发投入、技术开发和成果应用的主体。发挥中小企业在技术创新、商业模式创新和管理创新方面的生力军作用，支持企业牵头承担国家科技重大专项以及国家和省重大科技攻关项目，提高企业研究开发活动的层次和水平。

提高企业研发机构建设水平。以高水平研发机构建设带动企业自主创新能力提升,按照"稳定规模、提升质量、发挥作用"的方向,重点培育建设120家国家级企业研发机构、1 000家"江苏省重点企业研发机构"、10 000家市级企业研发机构。发挥省企业研发机构建设联席会议的作用,成立省企业研发机构协会,通过政府和社会力量的有效协同,推动创新政策的普遍落实、人才站点和科技副总全覆盖以及科研项目的集成支持,引导企业加大研发投入,充实研发队伍,提升创新能力和市场竞争力。

实施科技企业"小升高"计划。把服务科技小微企业发展作为推进科技创业的关键举措,促进一批成长期小企业加快成为高新技术企业,到2015年,培育4 000家以上"小升高"高新技术企业,全省高新技术企业达10 000家。依托国家级高新区、特色产业基地、技术转移机构等,建立高新技术企业培育基地。完善"苗圃-孵化器-加速器"科技创业孵化链条建设,形成有利于企业快速成长的空间载体。鼓励各类孵化机构提升专业化服务功能,建立健全"创业孵化、创新支撑、融资服务"的抚育体系。大力发展以市场为纽带的产业联盟和协同创新,推动面广量大的中小企业向高成长、新模式与新业态转型,加速成长为行业有影响的高新技术企业,带动企业创新集群发展。

(二)加快突破核心关键技术,着力推动产业高端发展

建设省产业技术研究院。按照需求引导、多元共建、统分结合、体系开放、接轨国际、水平一流的要求,加快建设省级产业技术研究院,通过会员制、合同研发、项目经理制等市场化手段,加强产业共性技术研发,编制产业技术路线图,构建新型产业技术研发的体制机制,促进企业、高校和科研机构在产业链、创新链等战略层面的有机融合,使之成为全省深化科技体制改革的"试验田"。

加强产业重大核心技术突破。把突破重点应用领域的核心技术作为主攻方向,力争在高性能战略材料、大品种创新药物、新能源、新型节能装备、物联网核心器件及应用系统等重点领域,加快形成一批技术含量高、特色鲜明的战略性新兴产业链。面向产业发展长远目标,在纳米材料、石墨烯、大数据、未来网络、三维打印、新一代通讯、小核酸和抗体药物等重点高技术领域超前部署基础研究和前沿技术研究,年组织100个重大前瞻性技术研发项目,抢占未来产业发展制高点。加快高新技术及其产业发展,推动技术改造,完善新技术新工艺新产品的应用推广机制,提升传统产业创新发展能力。

推进产学研协同创新。培育建设产学研产业协同创新基地,引导各地围绕目标产业共建创新载体和产业技术创新战略联盟,加快集聚国内外各类优质创新资源。深入开展"科技副总(企业创新岗)"试点,柔性引进高层次科技人才到我省企业担任技术副总或副总工程师,促进企业综合创新能力的提升。推动高校技术转移中心加强内涵建设,鼓励高校技术转移中心在基层建立分支机构,健全技术转移服务网络。

大力推进科技成果转化。组织实施省科技成果转化专项资金,在新一代电子信息、新材料、生物技术与新医药、新能源与环保、先进制造、现代高科技农业等领域,重点支持创新水平高、产业带动强、具有自主知识产权的重大科技成果加快转化和产业化,年实施省科技成果转化项目100项。突出转化环节的研发创新,重点支持技术领先、发展质态好、有望成为行业技术领跑者的创新型企业加快做大做强。突出高端攀升和前瞻部署,加快推进一批处于国际科技前沿、引领未来发展的战略产品的产业化进程,促进产业优化升级。加大"金太阳"、"十城千辆"、"十城万盏"、国产创新医疗器械产品等产业化示范工程的组织力度,积极推进重大装备应用,打通重大科技成果走向市场的通道。

(三)建设高水平科技园区,着力打造自主创新高地

高标准建设创新核心区。深化苏南创新一体化布局,统筹苏中、苏北高新区发展,到 2015 年全省国家和省级高新区达 30 家以上。加快无锡太湖国际科技园、常州科教城、苏州独墅湖科教创新区、苏州科技城等创新核心区建设,打造引领区域经济转型升级的引擎。加强对高新区分类指导,建立健全以创新绩效为主的考核评价机制。按照精简高效和服务型政府的管理理念,优化高新区"小机构、大服务"的管理和服务体系,强化高新区管委会综合服务功能和科技创新促进功能。选择有条件的高新区开展省地产业联合招标,提升高新区战略性新兴产业的创新发展能力,引导和推动高新区加快步入创新驱动、内生增长的轨道。

提升科技创业园、科技产业园建设水平。按照"一区一战略性产业、一县一主导产业、一镇一特色产业"的发展布局,推动技术、人才、资金、信息等要素集聚,加快打造一批产业特色鲜明的专业园区。加快提升留学生创新园、高新技术创业服务中心、科技创业园等建设水平,重点建设一批以高科技企业和高层次人才为主体,以创新组织网络、商业模式和创新文化为依托的科技创业园。围绕经济转型升级需求,加快建设一批具有国际竞争力的科技产业园,使之成为战略性新兴产业和特色产业发展的重要基地。

(四)创新人才发展体制机制,着力强化人才支撑

大力培养引进优秀人才。依托重大科技计划、重点科技平台和重大创新项目,大力引进国际高端人才和创新团队,吸引和推动国家"千人计划"人才,带团队、带项目、带资金来苏创新创业。推动高校、科研院所、科技园区和企业联合引进和使用海内外人才,充分发挥企业聚才引才主体作用,提升企业院士工作站、研究生工作站、博士后工作站等人才载体建设水平。建立更为灵活的人才管理机制,选聘优秀科技企业家到高校担任产业教授,推进产学研联合培养研究生的"双导师制",努力把江苏建设成为全国最具影响力的人才集聚高地。

支持人才创新创业。进一步完善现有大学科技园、留学人员创业园、科技企业孵化器的运行机制,建立从创业项目植入到市场评估、法律咨询、政府资助、投融资服务、转化发展的全过程服务体系,为各类人才创业提供更广阔空间。建设一流的科研平台,支持企业与高校、科研院所共建共享,为高端人才开展前沿技术研究和自主创新提供条件。通过国家"千人计划"、"万人计划",省"双创计划"、"333 工程"等人才计划,加大对优秀人才支持力度,扩大青年人才的资助规模和支持范围。完善科学技术奖励制度,突出对青年科技人才、企业创新人才的奖励导向,创新人才发展体制机制,完善以创新绩效为主导的资源配置模式,探索股权和分红激励机制,支持科研人员自主选题、自主聘任科研团队、按照规定自主使用研究经费。注重发挥"科技镇长团"的桥梁纽带作用,最大限度地支持和帮助科技人员创新创业。

(五)加强科技开放合作,着力提升创新国际化水平

拓展国际化发展渠道。加强与我省对外友好城市的科技交流,积极拓展与美国、欧盟、俄罗斯等地区的科技合作,深入实施江苏—以色列产业研发合作计划和江苏—芬兰产业研发合作计划,提升整合利用全球研发创新资源的能力。积极争取国家驻外机构支持,充分发挥省驻外机构作用,引导推动有条件的地区或园区在发达国家或地区设立形式多样的驻外站点,促进全球创新资源与江苏创新需求有效对接。围绕产业发展需求,加强国际技术转移转化机构建设,实施海外科技成果转化专项,着力引进关键核心技术,加大消化吸收再创新力度,提升产业创新发展水平和国际竞争力。

搭建国际科技合作交流平台。深化我省与美国麻省理工学院产业合作伙伴关系,鼓励与海外高水平高校、科研机构合作,面向我省产业技术创新需求开展联合研发与成果转化。依托科技园区,加快推进无锡中美科技创新园、苏州国家纳米技术国际创新园、常州国家医疗器械国际创新园(武进)、苏州国家先进制造技术国际创新园(太仓)等国家级国际科技合作载体建设,到2015年引进或共建30家以上国际技术转移转化机构。支持地方实施海外高端研发机构集聚计划,鼓励支持海外知名大学、研发机构、跨国公司等在我省设立研发机构,充分发挥其在技术、人才和管理制度方面的溢出效应,到2015年建设30家由海外机构或跨国公司设立的区域性独立研发中心。鼓励企业到海外建立或兼并研发机构,就地消化吸收国际先进技术。

(六)实施知识产权战略,着力建设知识产权强省

加强知识产权创造和运用。制定知识产权强省实施方案,加速从知识产权大省向知识产权强省跨越,力争到2020年,知识产权综合实力达到中等发达国家水平。实施知识产权创造提升计划,重点在高新技术领域、战略性新兴产业和传统优势产业获取核心自主知识产权,确保专利授权量、发明专利授权量年均增长12%以上,万人发明专利拥有量达12件。实施知识产权管理运营计划,强化科技创新的知识产权导向,全面推行企业知识产权管理规范,实现大中型企业、创新型企业、高新技术企业贯标全覆盖。进一步健全价值评估、市场交易、投融资、托管、保险等知识产权价值实现机制,促进具有良好市场前景的知识产权成果转化。

加大知识产权保护力度。制定出台江苏省知识产权保护与促进条例,完善知识产权法制体系。推动成立知识产权法院,建立知识产权行政执法局,提升司法审判和行政执法专业化水平。推行知识产权服务机构管理规范化,打造高端化集聚式发展的服务体系。深化国际知识产权服务合作,推动境内外知识产权研究、服务和教育机构建立高层次合作联盟,建立境外知识产权争端快速反应机制,帮助企业有效应对境外知识产权纠纷。积极开展跨国知识产权转移对接,重点推进我省与美国联邦政府专利商标局知识产权保护合作备忘录的落实。

(七)加快发展民生科技,着力促进科技惠民富民

强化农业技术集成与创新示范。加强农业前瞻性高技术和农业特色产业关键共性技术的自主创新,培育转基因品种、生物农兽药、智能化农机装备、农业物联网和农产品生物加工保鲜等农业高技术新兴产业,推动经济林果、设施蔬菜、畜禽水产等农业特色

产业升级。突出优质高产多抗农业新品种选育,培育现代种业。加强粮食种植、加工和流通全产业链的科技创新,为现代高效农业发展提供支撑。强化农业机械、设施装备等农用工业领域的技术创新部署,促进和支撑农业现代化。推进常熟等国家和省级农业科技园区建设,进一步加强创新、创业和服务平台载体建设,加快提升农业科技园区的融合创新能力。加强农村科技服务超市网络体系建设,深入农村一线开展成果转化应用、职业农民技术培训等多种形式的科技服务活动。

发挥科技对改善民生的促进作用。实施民生科技示范工程,重点围绕生态环境、人口健康、公共安全、绿色建筑、智能交通等老百姓关心的民生需求,大力开展先进技术攻关与成果的示范应用,显著提升自主创新水平和集成创新能力。加大省临床医学科技专项组织实施力度,加快医学最新科研成果的临床应用,到2015年,重点开展100项新型诊疗技术攻关,建设20个临床医学研究中心,开发50项疾病的规范化、个性化治疗方案。针对大气环境质量保障重大技术需求,以PM2.5污染防治为重点,加强大气环境监测与预警、工业污染源减排、大气环境改善与管理等关键技术研发与示范。以科技强警、建设平安江苏为目标,加快高新技术在社会综合治理领域的示范应用,大力提高科技支撑社会治理的能力和水平。

（八）优化创新创业环境,着力激发全社会创造活力

健全创新创业政策支撑体系。进一步深化南京国家科技体制综合改革试点工作,并适时在全省总结推广。进一步探索改革公共财政支持企业创新的方式,加大科技税收优惠政策落实等政府间接性科技投入,激发企业创新内生动力。完善支持人才发展的政策,加快建立健全人才引进、培养、任用和评价制度,推进科技成果收益权和处置权改革,充分调动科技人员积极性。完善科技创业服务体系,建设技术信息、检验检测、中试孵化、技术交易、国际化发展等公共服务平台,推动高校院所科技资源向企业开放共享。

完善科技与金融结合机制。更好地发挥政府的引导作用,通过省、市、县联动,设立科技金融风险补偿资金池,加大风险补偿比例,大力引导资金流向,着力发展以"首投"为重点的创业投资、以"首贷"为重点的科技信贷、以"首保"为重点的科技保险,吸引和推动千亿元社会资金支持数万家科技型小、微企业发展。深入推进国家科技与金融结合试点省建设,继续建设一批科技金融专营机构,创新科技金融产品与服务,实行专门的管理考核机制,营造良好的科技金融发展环境。

深化科技管理体制改革。整合科技规划和资源,完善政府对基础性、前沿性、战略性科学研究和共性技术研究的支持机制,建立健全鼓励原始创新、集成创新、引进消化吸收再创新的体制机制。研究制定关于加强和改进省科技计划管理的意见,进一步完善省科技计划体系,建立创新调查制度和创新报告制度,构建公开透明的科研资源管理和项目评价机制。健全技术创新市场导向机制,全面落实好已有各项重点政策,发挥市场对技术研发方向、路线选择、要素价格、各类创新要素配置的导向作用,营造公平竞争、包容宽松的创新环境。

三、加大组织推进力度

(一)加强组织领导

各级科技管理部门要围绕实施方案要求,结合本地实际,加强组织领导,加大工作力度,认真做好组织实施工作。要把丰富拓展科技创新工程作为科技工作的首要任务,对重点工作和任务进行细化分解,有针对性地抓重点、攻难点、带一般。要深入推进创新型城市、创新型县(市、区)和创新型乡镇建设,努力把创新发展和创新型省份建设的目标任务落实到具体行动上,落实到各项工作推进中,力争在科技体制机制创新上实现新的突破。

(二)加大科技投入

强化政府对科技创新工程的引导作用,建立公共财政投入稳定增长机制,保证财政科技支出增幅高于财政一般预算支出增幅。充分发挥市场机制作用,实行财政风险补助、贴息等办法,吸引风险投资、金融机构特别是天使投资基金积极支持科技创新项目,鼓励和引导社会资本、民间资本投向科技创新领域。

(三)强化督查考核

建立考核评价导向机制,把创新型省份建设目标纳入"两个率先"指标体系,科技创新成效纳入干部政绩考核的重要内容,促进一把手抓第一生产力,推动科技创新工程各项工作落实到位。根据区域创新发展布局,探索对市、县(市、区)设立不同的科技创新考核目标。建立创新调查制度,完善科技进步统计监测工作。

(四)营造良好氛围

大力弘扬"三创三先"新时期江苏精神,组织开展"江苏创业大赛",加强科学普及,激发全社会创造活力。加强科研诚信和科学伦理的社会监督,扩大公众对科研活动的知情权和监督权,加大对学术不端行为的惩处力度。强化宣传和舆论引导,重点宣传科技创新的重大成就、科技体制改革的重要进展和先进典型,形成推进创新驱动发展的浓厚氛围。

附件:1. 2014—2015年省科技创新工程主要目标分解表
      2. 2014年主要科技工作指标按地区任务分解表

附件1:

省科技创新工程主要目标分解表
(2014—2015 年)

指标	2013 年	"十二五"目标	2014 年	2015 年
一、三个"翻一番"				
1. 全社会 R&D 投入(亿元)	1 430	1 680	1 540	1 680
2. 研发人员数量(万人年)	47(预测)	61	54	61
3. 高新技术产业增加值(亿元)	11 800	14 000	12 800	14 000
二、三个"翻两番"				
4. 发明专利授权量(件)	16 790	28 840	21 815	28 840
5. 创业投资规模(亿元)	预计超 1 500	2 000	1 750	2 000
6. 民营科技企业数(家)	70 000	100 000	85 000	100 000
三、其他主要科技指标				
＊7. 每万劳动力中研发人员数(人年)	90(预测)	90	95	100
＊8. 研发经费支出占 GDP 比重(%)	2.42	2.5	2.45	2.5
＊9. 万人发明专利拥有量(件)	7.84	8	8.5	9.0
＊10. 高新技术产业产值占规模以上工业产值比重(%)	38.54	40	39	40
＊11. 省级及以上工程技术研究中心等企业研发机构数量(个)	2 376	2 000	2 500	2 600
＊12. 科技进步贡献率(%)	57.5	60	59	60
13. 全省专利授权数(件)	239 645	280 000	260 000	280 000
14. 高新区研发投入占其生产总值比重(%)	4.4(预测)	5	4.7	5
15. 高新区万名从业人员拥有授权发明专利数(件)	50(预测)	60	55	60
16. 高新技术企业数(家)	6 769	7 000	7 000	7 500
17. 企业科技减免税额(亿元)	230	240	240	245

注:带"＊"指标为科技创新工程监测指标。

附件2:

2014年主要科技工作指标按地区任务分解表

地区	R&D投入占地区GDP比重(%)	高新技术产业		民营科技企业数(家)	科技服务业总收入(亿元)
		产值(亿元)	产值占其规模以上工业比重(%)		
南京市	2.94	5 500	41.8	10 000	330
无锡市	2.8	6 300	41.3	8 500	110
徐州市	1.9	3 950	35.0	6 500	60
常州市	2.7	4 350	41.5	8 500	75
苏州市	2.7	13 800	43.5	8 800	140
南通市	2.6	5 000	41.5	7 500	110
连云港市	1.8	1 550	35.5	3 200	25
淮安市	1.6	1 300	25.0	4 500	20
盐城市	2.0	1 900	28.5	4 200	21
扬州市	2.35	3 600	40.3	7 500	50
镇江市	2.55	3 550	46.3	7 200	80
泰州市	2.4	3 550	41.0	4 800	50
宿迁市	1.35	650	20.0	3 800	12
全省	2.45	55 000	39.0	85 000	1 083

2014年主要科技工作指标按地区任务分解表(续)

地区	大中型工业企业建有研发机构比率(%)	科技创业园载体面积(万平方米)	培育创新型领军企业(家)	当年新认定高新技术企业数(家)	企业科技减免税额(亿元)	创业投资规模(亿元)
南京市	88	450	17	280	63	290
无锡市	90	360	16	370	34	420
徐州市	90	85	2	65	8.5	15
常州市	95	400	12	280	22	85
苏州市	90	560	13	770	63	720
南通市	95	300	8	150	13	55
连云港市	95	65	5	40	7	15
淮安市	92	90	2	40	3.2	4
盐城市	90	100	2	65	3.3	34
扬州市	85	100	8	150	7	24
镇江市	95	150	6	150	8.5	53
泰州市	85	80	7	100	6.5	32
宿迁市	95	60	2	40	1	3
全省	88	2 800	100	2 500	240	1 750

江苏省科学技术厅办公室2015年3月23日印发

省政府关于更大力度实施技术改造
推进制造业向中高端迈进的意见

为主动适应和引领经济发展新常态,进一步激发企业追求技术进步、实现内涵式发展的内生动力,充分发挥技术改造在创新引领技术升级、调整存量做优增量、节能减排绿色发展中的重要作用,深化信息技术在制造业的集成应用,推动两化深度融合,加快发展智能制造、绿色制造,更大力度推进经济结构战略性调整,推进制造业向中高端迈进,切实提高经济发展质量和效益,现提出以下意见。

一、总体要求

(一)指导思想

深入贯彻党的十八大、十八届三中四中全会精神和习近平总书记 2014 年 12 月视察江苏时的重要讲话精神,切实落实国务院常务会议更大力度推进企业技术改造的新要求,主动适应国际需求调整、国内消费升级新变化和科技进步新趋势,坚持企业技术改造主体地位,引导企业更大力度、更高水平开展技术改造,更加注重发挥市场配置资源的决定性作用,更加注重科技进步和全面创新,更加注重创新成果同产业对接、创新项目同现实生产力对接,把转方式、调结构放到更加重要位置,以智能制造、绿色制造为主攻方向,以示范工程为引领,以先进技术装备为支撑,以信息技术深度应用为手段,着力提升我省企业智能化、绿色化制造整体水平,构建现代产业体系,推进生态文明建设,打造江苏制造业升级版,全力推动经济发展迈上新台阶。

(二)主要目标

到 2017 年,技术改造水平明显提高,工业技改投资年均增长 15％以上,占工业投资比重每年提高 2 个百分点左右,每年新增工业技改投资 1 500 亿元以上,工业技改投资占工业投资比重达 50％以上,工业技改投资中高新技术产业投资比重每年提高 2 个百分点,智能化绿色化改造投资占工业技改投资比重不断增加。智能制造水平明显提高,创建 200 个“智能车间”,两化融合示范企业达到 500 家、试点企业 3 000 家;全省新增使用工业机器人 1 万台,重点行业机器人密度达到国际先进水平,规模以上工业企业全员劳动生产率年均提高 10％以上;大中型企业电子商务应用全覆盖,重点 B2B 平台在线交易额超过 2.5 万亿元。绿色制造水平明显提高,高效节能技术与装备使用率由目前不足 15％提高到 50％左右,实现年节能能力 200 万吨标准煤,单位工业增加值能耗明显降低,全省规模以上工业企业单位增加值能耗比 2014 年降低 12％以上;主要污染物排放大幅削减,节能、节水、环境标志产品大幅增加。质量效益水平明显提高,工业产品质量合格率稳步提高,其中产品质量国家监督抽查合格率稳定在 90％以上;产品附加值持续提高,资金利税率达到 15% 左右。

二、重点任务

(三)加快企业智能化改造

加速装备智能化更新,定期发布《省重点推广应用的新技术新产品目录》《省重点节能技术推广目录》《省优先发展的高新技术产品参考目录》《省智能装备知识产权分析评议》,以工业机器人、数控机床、智能仪器仪表、节能环保装备等首台(套)重大装备推广应用为重点,支持企业同等条件下优先选用省内重点推广应用的新技术新产品;搭建供需对接平台,帮助企业开拓培育新技术新产品市场;鼓励企业引进先进技术装备,缩小与国际水平差距。推进智能研发设计,推动研发设计与生产联动协同,应用图形化建模、快速成型与虚拟仿真等智能化设计系统,开展众包设计与定制服务,建立及时响应、持续改进、全流程创新的研发设计体系。推进智能生产,采用自动识别、在线监控诊断、自动报警、数据挖掘等智能化技术,应用制造执行系统、分布式控制系统及数字化控制系统,提高在线监控、故障诊断和分析水平。推进智能管理,以供应链管理为核心,深入推进产品数据管理、企业资源计划、客户关系管理等系统集成,促进生产与销售、业务与财务、产业链上下游企业间的联动协同。推进智能服务,应用产品性能监控、物联网智能终端技术,提升产品的智能运行、诊断与维护水平,构建基于云计算的互联网主动营销与服务平台;加强客户行为分析,推行小批量定制生产模式,促进企业由生产型制造向服务型制造转变。

(四)加快企业绿色化改造

实施节能技术改造,围绕火电、钢铁、建材、石化、纺织等重点行业和重点耗能企业,推动实施重点用能装备节能改造;全面开展电机系统节能、能量系统优化、余热余压利用、绿色照明等节能改造,提高能源利用效率;推进企业能源管理中心建设,对能源的购入存储、加工转换、输送分配、最终使用和回收处理等环节实施动态监控和优化管理,加快能耗在线监测系统建设。实施环保技术改造,鼓励企业加快源头减量、减毒、减排以及过程控制等绿色智能装备的改造升级,推进清洁生产。加快推进重点行业脱硫、脱硝、除尘提标改造,推进电力行业采用超低排放技术设备改造燃煤机组。2015 年年底前,石油炼制企业的催化裂化装置全部配套建设烟气脱硫设施;有色金属冶炼行业完成生产工艺设备更新改造和治理设施改造;现役干法水泥生产线全部实施低氮燃烧,熟料生产规模在 4000 吨/日以上的全部实施脱硝改造。2017 年年底前,所有干法水泥生产线完成脱硝改造。推进循环再利用,提高大宗工业固体废弃物、废旧金属、废旧轮胎、废弃电子产品等废物转化为再生资源的能力,以汽车零部件、内燃机、工程机械、机床等为重点,推进再制造产业发展。推行节能环保服务新业态,推动重点用能企业采用合同能源管理方式实施改造;在烟气脱硫脱硝、工业污染治理等重点领域,推进环保服务总承包和环境治理特许经营模式。

(五)加快绿色智能制造支撑能力建设

增强先进技术装备研制能力,实施工业强基行动,围绕关键基础材料、核心基础零部件(元器件)、先进基础工艺、产业技术基础等领域,突破关键共性环节,组织重点领域质量攻关;以汽车、电子、工程机械、数控加工、食品、医药等领域为重点,开发一批焊接、涂装、装配、搬运等专用机器人,提升高性能控制器、高精度伺服驱动器、RV减速器的自主配套能力;自主研制高精度复合型数控机床、三维增材制造装备、专用智能设备、智能传感器及仪器仪表,开发食品、医药、纺织、消费类电子产品等智能化生产线;开发固体废弃物智能化分拣、智能化除尘、大气污染防治、污水处理等节能环保装备。提升新一代信息技术和软件发展水平,着力突破高端服务器CPU、专用集成电路、数字信号处理器、可编程逻辑控制器、嵌入式系统、工业大数据处理等关键技术,支持云计算、大数据、物联网等新一代信息技术研发和产业化,大力发展关键设计工具软件、数字化设计与仿真分析软件、行业应用软件等。建设绿色智能制造平台,推动企业技术中心、工程技术(研究)中心等研发机构建设,推动有条件的企业建立海外研发机构;支持能够提供智能制造、绿色制造整体解决方案的中介服务机构建设,培育一批智能制造、绿色制造咨询服务企业;加强公共技术平台、专利信息公共服务平台、中小企业公共技术服务平台建设,提供技术研发、技术交易、咨询评估、检验检测、人才培训、专利信息分析利用等服务;建设一批产业技术基础平台,支持建设工业产品质量控制和技术评价实验室。推进电商拓市,鼓励企业基于互联网开展市场开拓、供应链管理和创新服务,建设一批行业特色B2B电子交易平台和面向行业生产要素配置及供应链管理的综合信息服务平台,支持小微企业利用第三方电商平台拓展市场。

(六)加快产品更新换代步伐

提高产品智能化水平,在产品中嵌入传感器、数控装置及控制系统,推动信息技术与产品的渗透融合,丰富产品功能,提升产品性能;鼓励发展智能手机、智能电视、可穿戴设备、服务机器人等智能产品,增强新型消费类信息产品的供给能力。开发绿色节能产品,在产品全生命周期推行生态设计模式,降低资源消耗,减少有毒有害物质使用,积极发展高能效等级环境标志产品,提升产品能效环保低碳水平。加强质量品牌建设,以提高食品、药品、婴童用品、家电等重点消费品的质量和安全性为目标,促进企业采用信息技术加强生产过程的质量控制,建立产品全生命周期的质量管理和溯源系统;以提高重大装备可靠性为目标,促进装备制造企业采用先进制造工艺,提升质量管理水平;实施品牌发展战略,以打造商标密集型产业为主攻方向,推进商标战略实施示范工程,加强区域公共品牌和企业品牌建设。

(七)加快实施重点示范工程

实施机器人研制应用示范工程,加大工业机器人集成研制应用力度,推进智能物流立体仓库系统、电器自动化装配生产线、激光自动化焊接生产线等领域机器人的示范应用,总结推广典型应用案例,加快流程制造关键工序智能化、关键岗位机器人替代步伐。实施智能车间建设工程,研究制定智能车间标准体系,加快智能车间认定,总结推广典型经验,推动生产车间智能化改造。实施节能改造示范工程,支持钢铁、建材、化工、电力等重点耗能行业,综合采用节能技术及高效节能系统,实施节能改造。实施减排改造示范工程,在钢铁、电力、化工、建材等重点行业,支持企业采用低氮燃烧技术、烟尘排放在 10 mg/m³ 以下的工业炉窑除尘技术、1 000 MW 等级及其以上机组电袋复合/湿式静电除尘技术、重金属超磁分离处理一体化技术、活性炭吸附—电解技术等,实施减排改造,减少工业 PM2.5、氮氧化物、废水等污染物排放。实施再制造示范工程,支持企业开展汽车发动机、变速箱、发电机等零部件再制造和工程机械、工业电机设备、机床、矿采机械、铁路机车装备、船舶及办公信息设备等再制造。

三、保障措施

(八)加大财政支持力度

充分发挥财政资金导向作用,引导企业资本、社会力量在推动产业智能化、绿色化转型升级方面更好发挥作用。加大财政投入,优化省级工业和信息产业转型升级专项资金支出结构,加大对企业智能化、绿色化改造的支持力度,重点支持智能车间建设、高端智能装备研制与应用、提供智能制造与绿色制造整体解决方案的系统集成商服务能力建设等。改革财政性资金支持方式,逐步提高市场化运作的投资基金在专项资金中的比重,充分发挥财政资金的政策引导和杠杆作用,吸引更多的社会资本支持我省企业智能化、绿色化改造。各地也要加大对企业智能化、绿色化改造的支持力度。对符合智能化、绿色化改造鼓励方向的项目,免征相关建设类行政事业性收费、政府性基金。

(九)落实税收优惠政策

进一步落实引进技术设备免征关税、重大技术装备进口关键原材料和零部件免征进口关税及进口环节增值税、企业购置机器设备抵扣增值税等鼓励企业引进先进技术装备的相关优惠政策。加快落实固定资产加速折旧政策,减轻税负,加快企业设备更新、科技创新。更加有效地落实资源综合利用企业及产品免征或即征即退增值税、合同能源管理减免税、节能节水环保设备投资抵免税、节能减排技术改造"三免三减半"等各种税收优惠政策。

(十)实行差别化资源价格政策

对超过产品能耗(电耗)限额标准的企业和产品,实行惩罚性电价;对使用国家明令淘汰的电机、风机、水泵、空压机、变压器等落后用能设备的企业实施淘汰类差别电价;对电解铝企业、水泥熟料生产企业实行差别化电价政策,并逐步扩大到其他高耗能行业和产能过剩行业。严格落实燃煤电厂脱硫、脱硝、除尘电价政策,鼓励燃煤发电企业进行环保设施改造。落实最严格的水资源管理制度,建立节水减排的用水机制,对高污染、高耗水行业实行差别水价。

(十一)拓宽多元融资渠道

加大对企业智能化、绿色化改造的信贷支持力度,通过货币政策工具运用、差别化监管、风险补偿等手段,引导各类金融机构不断增加智能化、绿色化改造信贷投放规模,鼓励对符合智能化、绿色化改造方向的项目贷款给予优惠利率。大力推进直接融资,支持企业境内外上市融资,鼓励企业发行短期融资券、中期票据、企业债券、中小微企业私募债等各类债券。大力发展融资租赁,支持企业通过融资租赁购买设备进行智能化、绿色化改造。鼓励企业采用股权投资方式,吸引风险投资、创业投资等民间资本参与企业智能化、绿色化改造。

(十二) 加大用地支持保障

树立节约集约用地理念,鼓励项目建设零用地、少用地、集约用地,鼓励企业采取厂房改建、建设多层高标准厂房等措施进行挖潜改造。加强重点智能化、绿色化技术改造项目用地保障,各地在省下达的用地计划指标中统筹安排支持智能化、绿色化改造项目。对列入省年度重大项目的智能化、绿色化技术改造项目,符合"点供"条件的优先安排用地指标。鼓励智能化、绿色化改造项目盘活使用存量建设用地。

(十三) 加强组织引导

瞄准国内外智能化、绿色化制造技术发展方向和趋势,组织专家诊断精准选择关键薄弱环节,研究制定行业推进重点,编制"十三五"技术改造中长期发展规划和年度推进计划,科学引导技术改造投资方向。引导企业加大智能化、绿色化技改投入力度,建立三年滚动实施项目库。各地要加大对企业智能化、绿色化发展引导和支持力度,建立部门联动、上下互动的协调配合推进机制。

(十四) 创新工作方法

大力推进简政放权,加快政府职能转变,简化审批程序,推行并联审批,强化事中事后监管。加强信息引导,完善技术改造投资统计体系,及时发布智能化、绿色化技术改造投资信息,引导企业加快智能化、绿色化改造升级步伐。加强交流合作,总结推广智能化、绿色化改造升级的经验做法和成效,组织行业、企业间合作交流。

(十五) 营造良好发展环境

完善知识产权保护制度,加大知识产权保护力度,依法严厉打击各种侵犯知识产权行为,保障企业权益。建立完善首台首套智能装备保险体系,积极创新保险产品和服务,推广国产首台首套装备的保险风险补偿机制。建设高素质产业工人队伍,鼓励企业全面开展职业技能培训,培养一大批掌握智能装备操作技能的熟练工人。切实减轻企业负担,全面落实国家和省有关减轻企业负担的各项政策规定,建立涉企收费清单制度,除法律另有规定外,涉及技术改造的各种鉴定、检验检测等结果实行互认互通,各地、各有关部门不得重复进行、重复收费。加强企业信用体系建设,健全守信激励和失信惩戒机制,引导企业树立诚信经营理念,提高社会责任意识,健全企业信用信息征集、整合、记录、披露和使用制度,规范企业行为。加大智能化、绿色化改造宣传力度,加强对成功案例、示范项目的宣传,发挥典型示范的带动引领作用,进一步营造全社会关注、支持企业开展智能制造、绿色制造的良好氛围。